JN418523

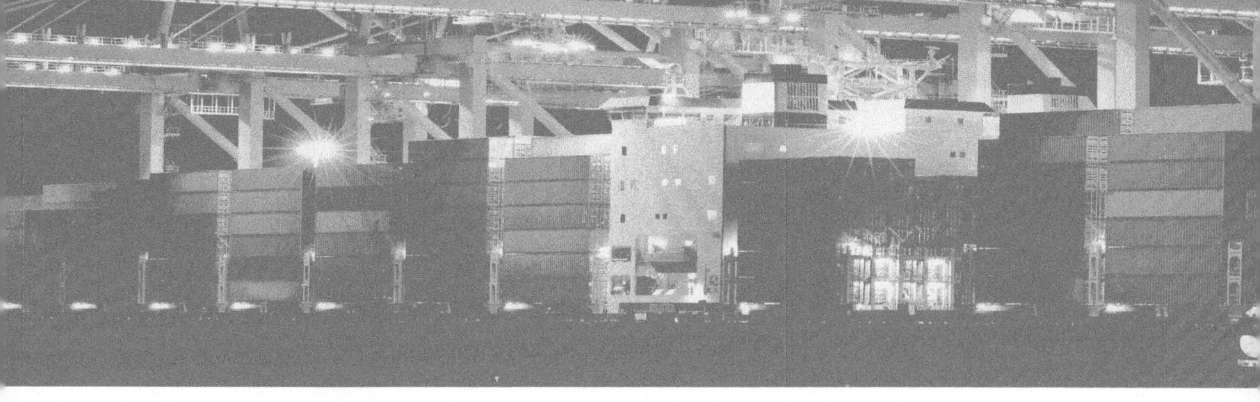

개정2판

국제물류론

유창권 저

도서출판 두남

개정2판 머리말

P·R·E·F·A·C·E

국제물류(International Physical Distribution)는 생산과 소비가 2개국 이상에 걸쳐 이루어지는 경우 그 생산과 소비의 시간적, 공간적 차이를 극복하기 위한 유형, 무형의 재화에 대한 물리적인 국제 활동이라 할 수 있다.

이러한 국제물류는 국내물류보다 확대된 영역으로 원료조달, 생산가공, 제조판매활동 등이 생산지와 소비자가 동일국내가 아닌 국경을 초월하여 이루어지고 물품의 이동과 관련하여 수·출입 수속 및 통관절차, 운송방법의 다양화로 인하여 물류관리가 국내물류보다 훨씬 복잡하며, 운송영역이 넓고 대량화물을 운송해야 하기 때문에 환경적 제약을 많이 받게 된다.

국제물류의 개념에 대해서 미국의 물류관리 협의회(NCPDM)에서는 완성된 제품을 생산원료에서 시작하여 소비자에게 가장 효율적으로 이전시키기 위하여 직접, 간접으로 관련되는 제반 활동으로 정의하고 있다.

국제물류의 합리화를 위해서는 운송, 재고, 포장, 하역, 정보 등 다양한 물류 기능들을 적절히 통합하여 각 기능들의 상호작용이 효율적으로 이루어질 수 있는 최적 물류시스템의 구축이 필요하다. 국제물류는 물자의 시간적, 공간적인 효용의 창출이 중요함으로 각 기능들 중에서 특히 운송 부문이 차지하는 비중이 크다. 따라서 각종 운송 수단의 효율적인 연결과 각 운송 수단의 효율적인 항만, 공항, 내륙 터미널에서 시간과 비용을 줄일 수 있도록 운송 효율의 제고가 도모되어야 한다. 이러한 점에서 항구에서 항구까지(Port to Port)의 해상운송과 항공운송의 합리화에서 나아가 문전에서 문전(Door to Door)까지의 복합 일괄운송이 국제물류의 주도적 역할을 수행하고 있다.

따라서 국제물류 분야는 국제무역과 국제무역의 중심이라 할 수 있는 국제운송과 더불어 발전을 거듭해 오고 있다. 이에 본서는 국제물류의 기초개념과 국제물류의 최근 동향을 분석하고, 국제물류의 핵심분야라 할 수 있는 국제무역 분야를 국제무역의 기초, 수출입절차, 무역계약, 해상보험 및 무역클레임과 중제제도 등으로 세분화하여 설명하였다. 또한 국제물류와 국제무역의 주축이라 할 수 있는 국제운송 분야를 운송모드, 운송서류, 운송업자 및 운송관리시스템으로 구분하여 설명하였다.

구체적으로 본서는 물류관리사를 준비하는 수험생들을 위해 국제물류의 핵심분야를 세 가지 분야로 구분하여 기술하였다. 제1부 국제물류론에서는 국제물류의 일반 기초 개념은 물론이고 최근 물류의 동향 및 물류보안제도 등을 설명하고, 제2부 국제무역론에서는 국제무역의 개념과 형태를 설명하고 수출입절차 및 무역계약, 무역관리제도와 원산지관리제도, 해상보험 및 무역클레임과 중재제도를 중심으로 기술하였다. 제3부 국제운송론에서는 국제운송모드의 형태와 특징을 비교설명하고 운송서류, 운송업자 및 효율적 운송관리시스템 구축방안을 기술하였다.

하지만 막상 출판을 앞두고 보니 본래 의도한 목적이 제대로 이루어질지 두려움이 앞선다. 앞으로 부족한 내용은 지속적으로 수정·보완하여 개정할 것을 약속하며, 본서의 출판을 기꺼이 승낙해 주시고 편집과정에서 정성을 다해 주신 두남출판사의 이승구 상무님과 편집부 여러분의 노고에 진심어린 감사의 마음을 전한다.

모쪼록 이 책이 국제물류, 국제무역 및 물류관리 분야를 공부하고자 하는 모든 분들께 하나의 입문서가 되기를 바라며 사랑하는 아내와 딸 벼리, 아들 라온에게 이 책을 바친다.

저자 씀

차 례

C·O·N·T·E·N·T·S

제1편 국제물류론

제2편 국제무역론

제3편 국제운송론

부록

Part 1

국제물류론

01 Chapter 국제물류

제1절 국제물류의 개요

1. 국제물류의 의의

국제물류(International Physical Distribution)는 생산과 소비가 2개국 이상에 걸쳐 이루어지는 경우 그 생산과 소비의 시간적, 공간적 차이를 극복하기 위한 유형, 무형의 재화에 대한 물리적인 국제 활동이라 할 수 있다.

이러한 국제물류는 국내물류보다 확대된 영역으로 원료조달, 생산가공, 제조판매활동 등이 생산지와 소비지가 동일국내가 아닌 국경을 초월하여 이루어지고 물품의 이동과 관련하여 수출입 수속 및 통관절차, 운송방법의 다양화로 인하여 물류관리가 국내물류보다 훨씬 복잡하며, 운송영역이 넓고 대량화물을 운송해야 하기 때문에 환경적 제약을 많이 받게 된다.

국제물류의 개념에 대해서 미국의 물류관리 협의회(NCPDM)에서는 완성된 제품을 생산원료에서 시작하여 소비자에게 가장 효율적으로 이전시키기 위하여 직접·간접으로 관련되는 제 활동으로 정의하고 있다.

국제물류의 합리화를 위해서는 운송, 재고, 포장, 하역, 정보 등 다양한 물류 기능들을 적절히 통합하여 각 기능들의 상호작용이 효율적으로 이루어질 수 있는 최적 물류시스템의 구축이 필요하다. 국제물류는 물자의 시간적, 공간적인 효용의 창출이 중요함으로 각 기능들 중에서 특히 운송 부문이 차지하는 비중이 크다. 따라서 각종 운송 수단의 효율적인 연결과 각 운송 수단의 효율적인 항만, 공항, 내륙 터미널에서 시간과 비용을 줄일 수 있도록 운송 효율의 제고가 도모되어야 한다. 이러한 점에서 항구에서 항구까지(Port to Port)의 해상운송과 항공운송의 합리화에서 나아가 문전에서 문전(Door to Door)까지의 복합 일괄운송이 국제물류의 주도적 역할을 수행하고 있다.

2. 국제물류의 발전배경

1) 기업경영 활동의 세계화

WTO체제의 출범과 무한경쟁시대 돌입, 세계시장의 글로벌화 진전, 생산부문 합리화·제품차별화의 한계, 다품종 소량생산시대의 도래 및 전자무역의 활성화, 수요의 고급화, 다양화, 개성화의 충족을 위한 고객선호도에 따른 다품종 소량생산과 적기공급의 중요성이 증대됨으로써 기업경영활동의 세계화 현상이 진전되고 있다. 이러한 세계화 현상은 시장범위를 확대하고 생산자와 소비자의 물리적 거리를 확장하여 국제물류의 중요성을 증대시키고 있다.

2) 기술적 환경의 발달

적기공급시스템(JIT), 공급사슬관리 시스템(SCM), 효율적 소비적응(ECR), 신속대응(QR) 등의 통합적 운영 관리체제를 구축함으로써 생산자와 소비자 사이의 시간적, 공간적 거리가 축소됨에 따라 국제물류의 발전이 촉진되었다. 이에 따라 기업들은 국제물류체계의 고도화, 조달, 생산, 판매 활동의 전 세계화, 직접적인 통제보다 정보에 의한 통제 가능성 증대, 정보시스템과 선진화된 물류관리 기법의 구축이 가능하게 되었다.

3) 국제운송 환경의 변화

컨테이너 선사와 항공사 복합운송업체의 환경 급변, 운송수단의 대형화, 공항과 항만의 대형화 거점화, 하역장비의 현대화 대형화 추세, 정보시스템을 바탕으로 화물추적 정보의 제공, 물류업체 간의 전략적 제휴와 인수합병의 확산, 주요거점 공항·항만을 중심으로 Hub & Spoke 등과 같은 운송 시장의 변화는 국제물류의 발전을 촉진하는 획기적인 전기를 마련하였다.

3. 국제물류의 발전단계

글로벌 기업의 글로벌한 경영관점에서 시장규모와 생산비 격차의 이용을 통해, 편재되어 있는 자원의 최적 활용에 따른 국제 분업화를 촉진, 제품의 시간적, 공간적 이동을 통해 가치창출을 극대화하기 위하여 국제무역이 발전하고 있다. 이러한 무역의 발전 과정에 힘입어 국제물류의 단계도 점진적으로 고도화 되고 있다. 국제물류의 발전 단계는 다양한 기준의 의해 구분할 수 있으나 물류관리의 범위와 통합정도에 따라 구분하면 다음의 4단계로 분류할 수 있다.

표 1-1 국제물류의 발전단계

구분	연대	특징	생산거점	물류체계
1단계 수출입 중심 물류체계	1970~ 1980년대 초	수출 중심의 일련의 물류활동을 관리하는 단계	자국	수출입체계
2단계 현지국 물류체계	1980년대 중반	국가별 현지자회사를 중심으로 물류, 생산 활동을 수행하는 단계	현지국	현지국 물류 시스템이용(자체/현지물류)
3단계 Hub & Spoke 기반 물류체계	1980년대 후반 ~1990년대 중반	지역물류, 생산거점을 중심으로 지역경제권 전체를 담당하는 물류체계	지역거점	거점중심 물류체계(물류 전문업자 이용)
4단계 SCM기반 글로벌네트워크체계	1990년대 말~	SCM기반 글로벌 네트워크구축: 조달, 생산, 물류, 판매 등 전 경영체계의 글로벌화 실현, 전문화된 물류관리 체계 수요 증대(3PL, 4PL)	글로벌 네크워크	아시아/미주경제권 및 EU 경제의 글로벌 네트워크 물류체계

제2절 국제물류의 구조와 형태

1. 국제물류의 구조

국제물류에서의 기업 활동은 정보와 상품의 흐름으로 크게 나뉘는데 일반적으로 다음 그림과 같이 도식화할 수 있다.

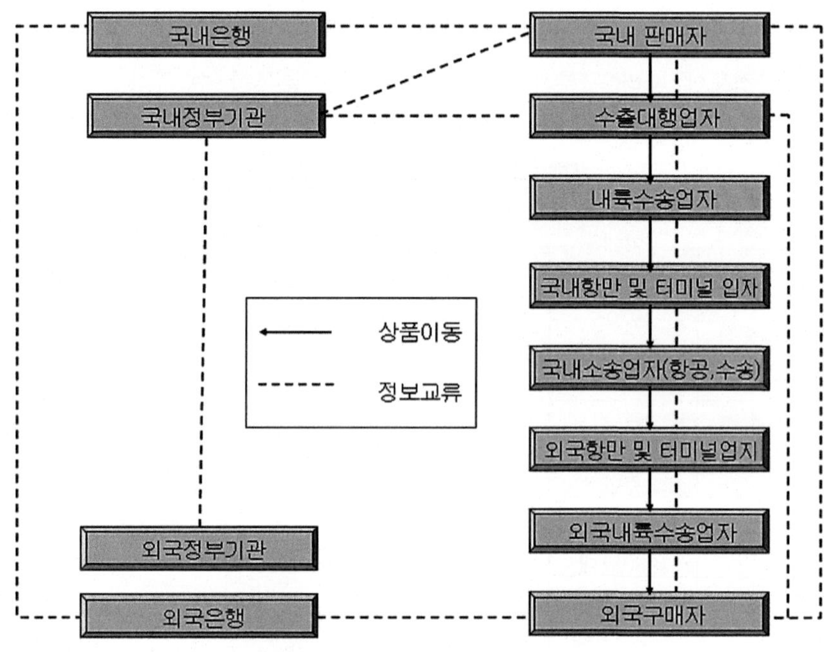

그림 1-1 국제물류의 구조와 경로

이 그림은 국제물류의 흐름을 간략하게 도식화한 것이며 내륙수송을 거쳐 항만에서 출항하는 과정에서는 보세운송과 세관이 포함된다. 이러한 국제물류과정에서 관련된 기반들을 세분화하면 다음과 같다.

첫째, 수송수단 제공자로서는 자가용 또는 영업용 화물자동차 및 컨테이너 운영업자가 있으며, 둘째, 보세창고업자에는 자가 장치장, 국유부두 장치장, 컨테이너전용 장치장, 세관구내 창고 등이 있다. 셋째, 보세운송업자로는 일관보세운송업지와 특별간이 보세운송업자가 있으며, 넷째, 하역관련 업체로는 항만하역업, 통신 중개업, 도선관련업자 등이 있다. 다섯째, 해상운송업자로는 해상화물 운송사업자, 해상화물 운송주선업자, 해운 중개업자, 해운대리점업, 선박대여업, 선박관리업자 등이 있으며, 여섯째, 이 밖에 관세사, 통관법인, 보세업, 검수업, 검량업, 감정업자 등이 수출입 화물유통에 관여하고 있다.

2. 국제물류의 형태

국제물류는 지역 간 분업의 확대, 국가 간 활발한 자본이동, 세계교역량의 확대와 지역주의 심화 등과 같은 특징을 나타내고 있는 가운데 다품종·소량화로의 변화에 의한 상품이 유동량이 증가하고 있다.

국제물류의 형태는 크게 수출물류와 수입물류로 구분된다. 여기서 수출물류란 대외판매의 목적물이 되는 물품을 대상으로 하여 외화 또는 그에 상응하는 물품의 대가로 외국에 물품을 판매하는 것과 관련된 물류활동을 말하며, 수입물류란 매매·교환·임대차·사용대차·증여 등을 원인으로 외국으로부터 국내로 물품을 이동하거나 유상으로 외국에서 외국으로 물품을 인수하는 것과 관련된 물류활동을 뜻한다.

① 제조업자로부터 수출자, 수입자를 거쳐 판매자로 유통하는 전통적인 간접무역형태
② 수출자가 수입국에 지점 및 기타 기관을 설치, 유통단계를 합리화한 단계
③ 수입자가 수출국에 진출하여 유통단계를 합리화한 형태
④ 제조자가 수입지의 수입자와 직거래한 직접무역형태
⑤ 제조자가 수입국에 출장소 또는 대리점을 설치하고 거기에 제품이나 부품을 조립부품(Knock-Down)방식 등으로 수출
⑥ 제조자가 수입국에 공장을 설치하고 수입국에서 생산으로부터 유통, 판매까지 일관하여 수행하는 형태

상기 형태에서 수입국의 마케팅이 불안한 경우나 상표의 선호도가 낮은 상품에 대해서는 ①과 ②의 형태를 많이 취하는 경우가 많으며, 그 반대의 경우에는 ④ ~ ⑥의 형태를 취하는 경우가 많다. 특히 가전제품, 전자기구, 카메라, 자동차 등 브랜드의 선호도가 높은 내구성 소비재의 경우에는 ⑤와 ⑥의 형태가 전략적으로 전개되는 경향이 강하다. 또한 ⑥의 해외공장설치의 경우 국제물류의 변화는 ①과 ②와 같이 해외공장을 중심으로 부품수출, 제품수입 및 3국간 물류가 새로운 흐름으로 전개된다.

제3절 국제물류의 동향과 전망

1. 세계 물류의 동향

1) 글로벌 물류네트워크 구축

글로벌 기업들은 대륙단위 거점물류관리체계를 구축하고 이들 거점을 연계하는 네트워크를 통해 국제물류를 관리하고 있으며, 국제물류관리를 전문물류업체에 위탁함으로써 물류관리의 효율성 제고를 추구하고 있다.

이에 따라 기업의 물류활동도 종래의 물류 코스트 절감에 그치지 않고 국제복합 일관수송체제의 기본으로서 항공 및 Sea & Air 수송 등에 대한 수요가 급증하고 있으며, Global Supply Chain 개념 및 초국적 기업, 전문물류서비스제공업체의 등장에 따라 메가허브항(Mega Hub Port)을 중심으로 대륙간 국제물류네트워크 형성이 가속화되고 있다. 특히 컨테이너터미널 운영업체들은 세계적인 항만민영화 추세를 배경으로 성장잠재력이 높은 지역의 항만운영에 적극 진출하여 독자적인 글로벌 항만네트워크 구축전략을 수행하고 있다.

2) 중심항만 개념변화와 경쟁심화

중심항만(Hub Port)은 세계간선항로상에 위치하면서 Hub & Spoke 운항전략에 따라 주변항만에 화물의 운송과 관련된 제반서비스를 제공하는 항만으로, 대형고속 컨테이너선반이 기항하는 항만 일정지역의 물류중심지 및 환적중심항(Load Center)을 말하며 넓은 의미에서 상공업중심지를 지칭한다.

포스트파나막스급시대에서는 1백만TEU 이상 컨테이너 화물을 처리하는 항만이 직기항선 투입이 고려될 수 있는 능력을 가지며 3백만TEU 이상인 경우 지역중심항만(Regional Hub Port), 1천만TEU 이상은 거대중심항만(Mega Hub Port)으로 평가되었다.

이 시기에 유럽항로 출발은 동경항, 미주항로 출발은 싱가폴항이었고, 중간기항지로서 홍콩항, 상해항이 급속히 발달하였다.

2010년대 들어 1만 TEU급 이상의 초대형선박 주도시대 하에서는 3백만TEU 이상을 처리해야만 직기항선 투입이 고려될 수 있으며, 9백만TEU 이상일 경우 지역중심항만, 3천만TEU 이상을 처리해야만 거대중심항만으로 간주되면서 중심항만 개념의 변화가 예상된다. 그 결과 유럽항로 출발은 싱가폴항과 홍콩항, 미주항로 출발은 동경항과 부산항으로 전환될 것으로 보이며 중국(환황해권)을 중심으로 기간항로가 재편되고 항해권역 3대항만(청도항, 대련항, 천진항)에 8천 TEU급 이상의 모선 직기항이 이루어질 것으로 전망된다. 이는 향후 중국선사(Cosco, Chain Shipping, Sinotrans 등)들에 의해 글로벌 얼라이언스가 장악되면서 자연스럽게 모항(Main Port)을 중국으로 결정될 가능성이 높다는 것을 의미한다.

3) 국제물류 주도권의 이동

국제물류 주도권은 20세기 해운중심에서 21세기 들어 복합운송, 3PL, 4PL 및 e-Logistics 시대로 전환되고 있다. 20세기의 국제물류가 해운을 중심으로 하면서 일부 다른 수송수단을 이용하는 형태의 복합운송 시대였다면, 21세기의 국제물류는 해운과 항공운송은 물론 텔레커뮤니케이션을 모두 갖춘 4PL(Fourth Party Logistic)의 시대라 할 수 있다.

따라서 21세기형 국제물류의 Hub-port를 지향하는 항만도시는 해운에서의 세계 중심기지가 되는 것은 물론, 항공 및 정보통신에서도 세계중심기지가 되어야 할 것이다. 즉, 21세기형 중심항만은 IT기술 활용, 정보신경망 및 인적자산을 보유한 항만이며 물류기지 및 정보 제공, 재고관리 등에 관한 Logistics Control Center의 역할을 수행해야 한다. 아시아에서는 싱가폴과 홍콩이 해운과 항공에 있어서 세계중심기지가 되어 있으며, 동경의 경우에는 인접한 요코하마 항만을 연계한 해운, 항공운송 및 텔레커뮤니케이션을 골고루 갖춘 21세기형 Hub-항만도시로의 발전가능성을 보이고 있다.

2. 동북아물류의 동향

1) 중국의 물류동향

우리나라 항만의 동북아 허브전략의 핵심은 중국경제의 급성장에 따른 환적화물 유치에 있다. 그동안 중국항만은 폭증하는 항만물동량을 처리할 수 있는 물류시설을 충분히 갖추지 못한 채, 수심이 얕아 대형 컨테이너선박의 입출항에 태생적인 제한이 있었고 그 반사적인 이익을 우리항만이 향유했던 것이 사실이다. 우리나라 환적화물의 약 60%는 대 중국화물이며 이중 75%는 상해항을 포함한 북중국(청도, 대련, 천진)이 기종점이다. 그런데 중국정부는 폭증하는 항만 물동량을 소화하기 위해 상해항이 안고 있는 얕은 수심 문제해결과 항만시설 확충에 초점을 맞춘 장강구 증심항로계획을 추진하고 있다. 특히 양산항은 장강 상류에서 유입되는 토사로 인해 수심이 낮기 때문에 대형선박이 정박하기에 적합하지 않은 단점을 보완하기 위하여 개발된 심수항(16m)이다. 양산항은 2005년 개장 된 이후 3기 공사를 마친 현재 16개 선석에서 연간 1천 5백만 여개의 컨테이너화물을 처리하는 거대항만으로 변해있다. 또한 양산항은 5기 공사를 통해 완성한다는 계획에 따라 2020년까지 총 50선석을 갖추어 세계에서 가장 큰 항구로 성장한다는 목표아래 태평양지역의 항만물류의 허브가 되게끔 설계되어 있다.

중국은 상해 양산항 뿐만 아니라 북중국의 주요 항만들도 대규모 시설확충을 추진 중에 있다. 특히 완공 후 양산항의 처리능력의 여유가 생기면 천진, 청도, 대련지역의 미주 및 유럽행화물도 양산항에서 처리되거나 상해이북지역에서 1차화물 선적 후 양산항에서 나머지 물량을 채워 미주 및 유럽으로 직항할 것으로 예상되어 우리나라 항만의 환적 물량은 점차 감소할 것으로 전망된다.

그리고 중국은 2013년 9월 27일 '상하이자유구역 시험구'를 출범시켜 비중국선사의 상해항과 중국 국내항만간의 수출입을 허용하였다. 그동안 중국은 중국선박이 아닌 해외선박에 대해서는 국제환적을 허용하지 않았으나, 이번 '상하이자유무역 시험구' 출범과 함께 중국자본이 투입된 회사가 보유 또는 최대주주로 있는 비중국 국적선에 대해 부분적으로 허용키로 방침을 정했다. 따라서 그에 해당하는 비중국선이 상해항-중국 항만간 수출입환적화물을 취급할 경우 부산항 환적화물 물동량 유치에 영향을 미칠 것으로 예상된다.

2) 일본의 물류동향

일본 항만도 국토교통성 주관으로 2002년 7월 수퍼중추항만 육성계획을 수립하여 동북아 허브항만 경쟁에 본격적으로 뛰어들고 있다.

이러한 수퍼중추항만 계획이 기존의 항만정책과 구분되는 특징은 지금까지 지역균형개발 전략을 지향해 온 항만정책을 일대 전환하여 선택과 집중 전략을 추진하겠다는 것이다.

이러한 동북아 경쟁항만들의 급부상속에 추락한 일본항만들은 국제기간항로에서 벗어나고 있어 북미 및 구주항로의 본선이 일본에 기항하는 빈도가 줄어들어 리드타임의 증가 및 운송비용증가로 일본산업의 경쟁력이 저하될 가능성이 커져 특단의 조치가 절실했다. 특히 중국환적화물의 적극 유치를 통해 일본 항만의 재도약을 실현하기 위한 전략으로 분석된다.

3) 한국의 물류동향

한국의 경우에는 부산항과 광양항을 중심으로 동북아 물류허브 항만을 구축하여 중국과 일본의 화물을 환적함으로써 동북아시아의 물류거점으로 발돋움하기 위해서 동북아 물류중심전략을 추진하고 있다. 한국의 동북아 물류 중심전략이 성공하기 위해서는 다음과 같은 사항이 필요하다.

첫째, 항만개발의 우선순위를 통한 선택과 집중전략이 필요하다. 현재 국내에서 동북아 중심항만으로 거론되고 있는 모든 항만을 제한된 자본과 시간을 가지고 동일하게 개발할 수는 없기 때문에 급박하게 변화하고 있는 국제물류환경의 변화를 직시하고 국내 항만개발의 우선순위를 정해서 항만을 개발해야 한다.

둘째, 광양항과 부산항의 역할분담과 통합체계구축이 필요하다. 급변하고 있는 국제물류환경 변화 속에 지금까지 지역균형 발전이라는 정치적 미명하에 추진해 온 양항체제가 현재와 같은 비생산적인 출혈경쟁시스템으로 과연 국제경쟁력 있는가에 대한 냉철한 판단이 필요하다.

셋째, 종합물류시스템 관점에서 적기에 항만개발이 필요하다. 화물의 처리능력과 선박의 접안능력 등 항만의 고유기능만을 효율화할 수 있는 컨테이너부두시설 위주의 개발정책에 집중되었는데 우리나라 항만이 변화된 국제물류환경하에서 물류중심기지가 되기 위해선 컨테이너부두시설과 항만배후단지 및 내륙운송수단 간의 연계가 종합적으로 고려된 항만을 개발 하여야 한다.

넷째, 환적화물 유치를 위한 다양한 인센티브제도 도입이 필요하다. 항만시설 부족문제가 해결된다고 해서 우리나라 항만이 저절로 동북아 중심항만이 되는 것은 아니다. 항만물동량이 지속적으로 증가해야 된다. 국제물류 환경변화 속에서 항만물동량의 증가는 글로벌 선사들의 국내 항만의 취항여부에 달려있다. 국내 항만에 취항하고 있는 선사의 지속적인 취항과 기항빈도 증가뿐만 아니라 신규선사의 취항이 이루어져야 된다. 이를 위해서는 글로벌 선사를 대상으로 한 다양한 인센티브제도를 개발하고 적극 홍보해야 한다.

다섯째, 남북철도와 시베리아횡단철도를 연결하는 TSR의 조속한 연결과 최근 새로운 항로로 대두되고 있는 북극항로의 적극적인 활용을 모색해야만 한다. 이를 통해 부산항을 동북아 물류거점 항만으로 발전시켜야만 한다.

02 Chapter 국제물류의 표준화와 공동화

제1절 물류의 표준화

1. 물류표준화의 의의

물류표준화란 "물류 관련 포장의 규격·구조, 물류기기 및 장비의 규격·구조 등을 통일하고 단순화하는 것"으로 정의 할 수 있다. 물류표준화는 물류의 일관성과 경제성을 확보하여 과다한 물류비를 줄이고, 보관 및 하역의 기계화, 자동화, 수배송의 합리화 등을 통하여 물류활동의 효율성을 제고시킨다는 점에서 의의가 있다.

특히 물류표준화를 통해 유닛 로드 시스템을 도입할 수 있다. 유닛로드 시스템을 구축하는 물류시설이나 장비들을 표준화하여 유닛로드 물동량을 처리하는 정합성을 갖추고 이들을 연결할 수 있는 표준화된 물류정보시스템을 구축하는 것이 물류비 절감을 위한 최우선 과제가 될 것이다.

2. 물류표준화의 필요성

1) 국가 경제적 측면

우리나라는 GDP의 16.5%인 국가물류비를 물류 선진국과 같은 10% 수준으로 절감한다는 목표를 수립하고 있어 물류표준화를 통한 물류비용을 절감하여 국제경쟁력을 제고하는 것이 시급하다. 또한 우리나라는 유가 및 인건비의 상승, 교통체증의 심화 등에 따라 물류시설 및 장비의 이용효율 향상을 위해 기계화·자동화·공동화가 필수적이며 이를 위해 물류시설 및 장비 간 호환성을 확보하는 국가차원의 물류표준화의 추진이 필요하다.

2) 개별 기업적 측면

1990년대 이전에는 소비자가 다소 불편해도 질보다 가격이 싸고 양이 많은 것을 선호함에 따라 각 기업은 비교적 적은 품목을 다량으로 생산 공급하고, 경제규모도 크지 않아 물류관리에 커다란 애로사항이 없었으나, 2000년대 이후 소비자의 소득수준 향상과 삶의 질적 수준 향상을 선호하면서 욕구가 다양화해짐에 따라 다품종, 소량, 다빈도 납품시대가 도래하였다.

이에 따라 물류수요가 증대되는 반면 사회간접자본의 부족으로, 수·배송 차량의 회전율 둔화, 공차발생, 적재효율저하, 상하차대기 시간과다, 창고보관시설 및 작업 환경열악, 물류시설의 자동화, 생력화 부진 등으로 물류코스트 상승이 문제되고 있다. 그동안 개별 기업을 중심으로 물류비 절감에 많은 노력을 해온 것은 사실이나 물류주변 환경 특히 유통환경의 급속한 변화에 따라 공동보관, 공동 수·배송, 일관파렛트시스템 등 개별 기업이 아닌 관련된 기업전체의 공동물류 시스템을 구축해야 할 필요성이 증대되고 있다. 또한 물동량의 크기, 중량, 형상이 서로 다르고 다양하며 시간적으로나 공간적으로 이동하거나 변화가 많음으로 물류효율을 높여 물류코스트 상승을 억제하기 위해 물류표준화가 필요하며 이런 표준화는 개별기업차원이 아닌 관련기업전체의 공동차원 더 나아가 국가단위 차원의 표준화가 추진되어야 한다.

3. 물류표준화의 효과

물류표준화는 물류 관련 포장의 규격·구조, 물류기기 및 장비의 규격·구조 등을 통일하고 단순화함으로써 다음과 같은 효과를 얻을 수 있다.

첫째, 재료의 경량화, 적재효율의 향상, 작업의 기계화·자동화·표준화를 통한 물류코스트를 절감 할 수 있다. 또한 자원 및 에너지 절약을 통해 물류채산성을 향상 시킬 수 있다.

둘째, 물류장비 및 시설의 호환성 증대, 물류 전문업체 및 공동 유통시설의 정

보화 진전 등에 따른 물류 공동화의 실현이 가능하다.

셋째, 각종 공정의 단순화에 따른 인건비 절감, 제품파손의 감소 및 보관효율 증가 등으로 인한 물류생산성을 향상시킬 수 있다

넷째, 포장, 운송, 배송, 보관 등의 물류 분야에서 표준화를 추구함으로써 물류 코스트 절감은 물론 고객 서비스 수준을 향상시킬 수 있다.

다섯째, 부족한 사회간접 자본을 개별 기업들이 공동으로 활용함으로써 국가 차원의 물류비 수준을 절감하고 더 나아가 국제 경쟁력 강화를 도모할 수 있다.

4. 물류표준화의 분야

1) 소프트웨어 부문

물동량의 거래단위 표준화이다. 거래방식의 표준화로서 전표, 코드 등의 표준화가 필요하고, 거래단위의 표준화를 위하여 포장단위, 치수의 표준화가 필요하다. 그러나 물품의 크기에 따라 포장규격을 결정하는 한 물류표준화의 발전은 어렵다.

2) 하드웨어 부문

물류분야에서 사용하는 시설이나 장비의 연계비용을 위한 규격의 통일성 확보가 시급한 과제이다. 물류기능들인 하역, 보관, 운송 과정의 파렛트와 지게차, 파렛타이저 등의 하역장비 그리고 보관시설인 자동창고의 랙 규격, 천장높이, 기둥간격 등의 정합화를 추진할 필요가 있다. 또한 운송 장비로서는 화물트럭의 적재함과 컨테이너의 적재함, 철도화차의 적재함의 규격통일이 반드시 필요하다.

5. 물류표준화의 대상

운송, 보관, 포장, 하역, 기반시설 등과 같이 모든 물류 영역이 물류표준화의 대상이 되고 있다. 구체적으로 운송 물류에서는 트럭, 철도화차, 선박, 항공기 등과 같은 운송수단의 표준화, 보관 물류에서는 창고, 물류센터 등과 같은 보관시설의 표준화, 포장 물류에서는 포장재료 및 포장기기의 표준화, 하역 물류에서는 하역

기기의 표준화, 마지막으로 물류 인프라 분야에서는 표준화가 운송링크를 중심으로 이루어지고 있다. 이러한 물류표준화의 주요대상을 정리하면 다음과 같다.

표 1-2 물류표준화의 주요대상

구분	영역	표준화대상
운송	트럭, 철도화차, 선박, 항공기	트럭적재함, 화차, 파렛트
보관	창고, 물류센터	보관 랙, 하역시설
포장	운송용 외포장	포장단위 및 치수
하역	물류기기	파렛트, 컨테이너, 화차, 지게차, 컨베이어, 팔레타이저, 무인반송차 등
물류 인프라	도로, 철도, 항만, 화물터미널, 기차화물역	하역시설 및 장비

자료원: 추창엽·홍영준, 물류의 이해, 도서출판 두남(2005), p.253.

6. 물류표준화의 운영형태

1) 파렛트 표준화

우리나라의 표준 파렛트는 KS규격의 운송용 표준파렛트(KS A2155)인 1,100mm × 1,100mm(T11형)와 1,100mm × 800mm(T8형)의 두 종류가 있고 그 중에서 1995년에 제정된 유닛 로드 시스템 통칙에서는 T11형 표준 파렛트로 지정하고 있으나 아직도 수많은 종류의 파렛트가 사용되고 있어서 엄청난 물류비의 추가적인 손실을 발생시키고 있는 실정이다. 따라서 업종 및 업태 물론 개별기업차원에의 파렛트의 표준화가 절실히 요구된다.

2) 컨테이너의 표준화

물류표준화는 우리나라 산업 전부분에 물류시스템을 구축하게 하고 물류비 절감과 물류 효율화를 통한 국가 경쟁력을 강화시키는 데 큰 역할을 담당하고 있다. 특히 우리나라 총 운송량의 80%를 점하고 있는 자가용 도로화물을 컨테이너화를

통한 철도운송으로의 전환과 날로 증가하는 수출입화물의 컨테이너화를 통한 일관수송 체계의 구축은 시급한 과제 중에 하나이다. 이 과제를 효율적으로 달성하기 위한 하나의 방편으로 고려해야 할 부문이 컨테이너의 표준화이다. 세계 컨테이너의 규격은 전반적으로 대형화하는 추세이다. 하지만 효율적 물류관리 시스템 구축을 위해서는 세계표준기구(ISO)에서 제정한 높이 8피트 6인치 규격으로 맞추어야 할 필요가 있다.

3) 물류시설 및 장비의 표준화

물류표준화를 추진하기 위한 방안으로서 물류와 관련된 시설과 장비들을 유닛로드 시스템에 적합하도록 표준화할 필요성이 있다. 즉, 표준파렛트의 규격인 1,100mm × 1,100mm를 기본치수로 설정하고, 이의 배수나 분할치수의 조합인 물류모듈의 치수들이 활용되도록 물류시설이나 장비의 규격을 정합화하여야 한다.

4) 포장의 표준화

포장의 표준화는 포장재료, 포장기법, 포장치수 및 포장강도의 네 가지 요소의 표준화를 의미한다. 이러한 포장의 표준화는 하역능력의 향상을 통한 유통비의 절감, 업계로 하여금 발주·가공의 신속화를 가능하게 하여 생산원가 절감, 종합유통원가를 절감하는 동시에 상품의 품위 향상을 도모할 수 있다.

5) 물류거점의 표준화

물류의 표준화에 있어서 효율화가 가장 중요한 문제가 되는 것은 물류상의 여러 과정들이 연결되기 때문이다. 즉 물류시스템은 물류경로와 물류거점이 연계되어 성립되는 것이다. 여기서 물류경로는 주요 운송모드인 도로·철도·선박·항공운송 등을 의미하고 물류거점은 물류경로와 물류경로가 연결되는 물류기능을 수행하는 화물역·항만·공항·트럭터미널·물류센터·배송센터 등의 물류연결점(node)을 의미한다.

최소의 비용으로 최고의 화물회전을 수행하기 위해서는 취급하는 화물을 가능한 한 단위화된 상태로 취급할 수 있는 환경을 조성하는 것이 대단히 중요하다. 이러한 물류거점에서의 효율적 작업을 위해서는 물류거점의 표준화가 최우선 과제이다.

6) 물류정보의 표준화

물류표준화를 구축하기 위해서는 소프트웨어 부문에서 물류정보 분야의 표준화가 시급하다. 최근에는 통신기술과 컴퓨터기술의 눈부신 발전으로 물류정보 분야의 기술도 상당히 발전되어 전체적인 물류발전에 크게 이바지하고 있다.

물류정보의 표준화에 의하여 물류거래상에서 상호 자료의 교환, 자동화에 의한 사무처리의 효율화, 원재료의 조달 및 생산판매에 이르기까지 물류업무의 일관화를 통한 JIT 물류 등 고도의 서비스 실현, 기업 및 국제간 정보 연계의 용이화에 따른 사업의 확대, 중복 정보시스템에 대한 투자절약 등의 효과가 기대된다.

제2절 물류의 공동화

1. 물류공동화의 의의

물류비를 절감하기 위한 물류합리화 방안에는 국가에서 국책사업으로 수행해야 할 사회간접자본의 투자확대를 통한 시설의 확충과 기업들이 스스로 수행해야 할 새로운 물류관리기법의 도입 및 각종 물류시설의 건설과 확보 방안을 들 수 있다. 이중에서 기업이 주최가 되어 최소의 비용으로 물류비를 절감할 수 있는 물류관리기법에는 물류공동화의 도입이 있다. 개별기업이 할 수 없는 물류사업은 각 기업이 공동화 조직을 편성하여 공동화 노력에 의하여 기업이익을 모색해야 할 것이다.

물류공동화는 물류시스템의 일환으로서 동일지역과 동일업종을 중심으로 하는 것이 원칙으로 수배송의 효율을 높이고 비용을 절감하기 위해 2인 이상 공동으로 수행하는 물류활동을 말한다. 물류공동화 정책의 수단으로는 공동 수배송의 도입,

물류자회사와 공동물류회사의 설립, 공동 집배송단지의 건립(물류센터와 물류단지), 제품공동화 등을 들 수 있다.

2. 물류공동화의 필요성

물류합리화의 방안으로 거시적 측면에서는 사회간접시설의 확충이 있으며 미시적 측면에서는 기업들이 스스로 수행하여야 할 물류관리기법과 각종 물류관련 시설의 도입과 확보 방안을 들 수 있다. 사회간접시설의 경우 개별기업 차원에서 수행하기에 한계가 있어 기업들이 스스로 행할 수 있는 물류관리기법으로 물류공동화의 도입과 활용을 들 수 있다. 물류공동화는 단독기업으로는 한계가 있는 처리물량을 증대시키기 때문에 대량화를 유도하기 위한 유효한 시책이며 처리량의 기복은 참여업체에 의해 평균화로 인한 효율화를 도모할 수 있다. 물류활동을 위한 경영자원은 '노동력, 토지, Energy' 3가지로 대별될 수 있다. 이 3가지 자원 중 하나라도 조달이 어렵거나 불가능할 경우 물류활동이 위기에 빠질 수 있다. 물류를 지탱하고 있는 이들 자원이 언제까지나 지금처럼 손쉽게 조달할 수 없다는 것을 인식하는 것이야 말로 물류공동화를 활성화 시키는 중요한 요소가 될 것이다.

3. 물류공동화의 효과

공동물류의 구축을 통한 구조조정전략은 업종에 관계없이 또는 적대적 기업까지 포함하여 "영업은 경쟁하되 물류는 공동으로"의 캠페인과 같이 공동 수·배송, 공동하역 등을 통하여 이룩할 수 있다. 이러한 물류공동화는 물류비의 절감, 물류서비스의 안정공급, 물류서비스 수준의 유지, 향상을 가져올 수 있다. 구체적으로 물류공동화는 물류비 절감에 기여할 뿐만 아니라 화물자동차 적재율 향상, 공차율 감소와 불필요한 차량보유로 인한 수송비용의 과다발생방지를 통해 물류생산성이 향상된다. 또한 배달 소요기간, 차량수행거리, 근무인원 감소, 출하작업의 시스템화 기능, 하역작업, 검품 등의 간소화, 차량 및 설비의 유지, 검품사고 등의 처리 불필요, 설비투자 감소 등에 있어 큰 효과가 있다.

이외에도 운전기사의 직접고용 불필요, 요금체계의 명확화 및 요금계산 간편, 중복교차 배송배제로 교통난 완화에 기여, 복잡한 도심을 매일 운행하는 데서 오는 시간적 손실과 위험부담의 완화, 사무처리의 합리화, 환경에 대한 악영향 감소 등에서 오는 유형, 무형의 효과를 기대할 수 있다.

4. 물류공동화의 대상

물류 공동화 대상을 기능별 형태에 따라 분류하면 수·배송 공동화, 물류센터 공동화, 물류정보 공동화 등으로 구분할 수 있다.

1) 수·배송 공동화

수·배송 공동화는 각각의 화주가 개별적으로 수·배송하는 방식에서 벗어나, 화주 또는 트럭업자가 공동으로 통합 적재 운송하는 방식이다. 수·배송 공동화를 통해 한정된 물류자원을 최대한 활용함으로써 비용을 절감하고, 고객 서비스 수준을 향상시키고, 대기오염, 소음, 교통체증 등의 환경문제를 최소화할 수 있다.

최근 고객의 욕구가 다양화되고, 재고압축이 부담이 가중됨에 따라 소량·다빈도 수·배송 요구가 증가하고 있다. 그러나 이러한 경향은 납품업자 측의 물류비 증가를 가져와 이에 대한 대책마련이 주요한 과제가 되고 있으며, 더욱이 최근에는 3D산업이라는 사회적인 인식 때문에 물류 인력을 채용하는 것 자체가 어려운 실정이다. 이와 같은 물류서비스 요구의 고도화와 노동력 확보문제를 동시에 극복할 수 있는 접근방법 가운데 하나가 공동 수·배송 시스템이다.

2) 물류센터 공동화

창고 및 물류센터 등과 같은 보관시설을 공동으로 활용하는 형태이다. 현재 우리나라에서는 물류공동화 시설과 관련하여 유통단지개발촉진법상의 "유통단지," 유통산업발전법상의 "공동집배송단지," 화물유통촉진법상의 "화물터미널" 이 각각 따로 규정되어 있어 개념상의 중복과 법령 간의 연계성이 부족한 실정이다. 관련

시설 간의 개념을 정리하면 다음과 같다.

표 1-3 물류 공동화 시설의 개념 비교

	개념	근거법률
유통단지	• 상품의 수송, 보관, 포장, 하역, 가공, 도소매, 정보처리 등을 위한 유통시설과 지원시설을 집단적으로 설치하고 육성하기 위해 개발된 일단의 단지 • 상품이 공급자로부터 수요자에게 전달되기 위해 경유하는 모든 물류시설을 갖춘 가장 포괄적인 개념	유통단지 개발 촉진법
공동 집배송 단지	• 도시의 소매점에 상품을 공급하기 위해 유통업자 또는 제조업자가 상품을 생산지로부터 집하하여 보관, 가공, 포장, 배송하고 관련 유통정보를 종합, 분석, 처리하는 유통업무설비 단지	유통산업 발전법
복합화물 터미널	• 화물의 보관, 집하, 하역, 분류, 외부포장 등에 필요한 시설을 갖춘 창고로 두 종류 이상의 운송수단 간 연계 수송이 가능한 규모 및 시설을 갖춘 화물터미널 • 수송기능 중심의 물류시설로 화물취급장, 철송취급장, 주차장. 배송센터 시설을 보유	화물유통 촉진법

자료원: 전준수, 종합물류의 이해, 박영사(2004), p.106.

3) 물류정보 공동화

화물을 생산자로부터 소비자까지 이동시키는 것과 관련된 물류활동은 운송, 보관, 하역, 포장, 유통가공 등과 같은 제반물류활동을 통해 이루어진다. 이러한 물류활동을 수행하는 과정에서 필수 불가결 하게 발생하는 화물정보를 신속정확하게 처리하는 것은 기업의 판매성과를 결정짓는 매우 중요한 요인이다. 그러나 물류정보를 처리하는 데에는 상당한 시간과 비용이 소요되며 시스템 구축비용도 비싼 편이다. 이러한 맥락에서 물류정보를 생산자, 유통업자, 판매자 등이 공동으로 처리하거나 전달하는 물류정보의 공동화가 요구된다. 대표적인 물류정보의 공동화 시스템으로는 ERP시스템의 상호연결을 통한 ERP시스템을 들 수 있다. ERP시스템은 통합적인 컴퓨터 데이터베이스를 구축해 회사의 자금, 회계, 구매, 생산,

판매 등 모든 업무의 흐름을 효율적으로 자동 조절해 주는 전산시스템을 의미한다. 이러한 ERP시스템을 외부 기업과 연계함으로써 화물정보의 공동처리 및 전달이 가능하다.

5. 물류공동화의 유형

1) 경쟁회사간 공동화

자동차, 대형 가전사 및 기계류 등 대형 제조회사들이 상호 공동화 시스템을 구축하여 공장과 물류센터 간에 물동량을 공동으로 수·배송하는 형태이다.

2) 수직적 공동화

제조회사 - 판매회사 - 도매점과의 물류공동화를 형성한 형태로서 제조회사가 계획적으로 광역물류센터를 구축하고 여기에 생산된 상품을 구비하고 도매점은 재고 없이 판매회사와 도매점의 배송상품을 공동으로 배송하는 형태이다.

3) 대형 소매업체에 의한 계열적 공동화

대형 소매체인이 물류센터를 건립하여 도매점과 제조회사에서 납품물류를 통합하여 납품자와 수령자의 상호 이익을 도모하는 공동화 형태이다. 한편으로는 제조회사가 원재료나 부품을 공급하는 공급자나 협력업체에 대해 공동 납품센터를 운영하던지 특정 운송업자에게 모아서 공동 배송하는 형태도 존재한다.

4) 수평적 계열화

다수의 동종 제조회사가 거래 도매점과 공동으로 정보와 물류를 공동화하는 것으로 업계 간 공동화가 대표적이다. 또한 도매 상업단지에 있는 도매점들이 창고운영, 재고관리, 수·배송 및 정보망을 공동화하는 형태도 있다.

5) 화주와 물류전문업자의 파트너쉽에 의한 공동화

물류전문업사가 특정 화주에 전속하여 하청 기업화하든지 파트너쉽으로 협력관계를 형성하는 형태로서, 납품대행 서비스, 계약창고서비스(Contract Warehouse Service) 등을 들 수 있다.

6) 물류기업의 동업자 공동화

노선화물이나 택배의 수송제휴 형태로써 우리나라나 일본에서는 보기 힘들지만 구미의 경우에는 Ferry이용, 피드백(Feedback)에 의한 무운전자운송, 철도 및 내항컨테이너에 의한 복합운송 등이 있다.

7) 지역적 집약화와 광역화

개별기업이 물류센터를 독자적으로 건립하는 것보다 지역적인 수요에 적합한 개발계획을 수립하여 물류거점을 집약하여 입주시키도록 하며, 집중적이고 효율적인 환경대책을 수립하여 집약거점과 도로사정이 일체화되도록 고속도로 인근의 인터체인지와 연결되어 운영되는 형태이다.

8) 물류와 판매의 제휴공동화

물류공동화는 영업전략과 제휴를 통해 물류와 영업이 일체화되는 방향으로 공동화가 진행되어야 한다. 종래의 공동화는 주로 동업자 조합이 주류를 이루었으나 이종업체와도 제휴하여 공동화를 시도하는 공격적인 공동화 계획이 실시되어야 한다. 공동화는 단순한 물류비 절감만으로는 경쟁력을 강화하기는 어렵다. 따라서 참가기업이 장점을 도출하여 경쟁력 강화 위주의 공동배송과 수송경로의 단축에 의한 유통재편으로 수·발주와 영업의 공동화까지 진전되어야 목적달성이 가능하다.

9) 국제복합운송의 공동화

다국적 기업과 무국적 기업이 글로벌 경영을 시도하고 있는 현대에는 물류도 국제로지스틱화로 이행되어야 한다. 많은 기업이 해외로 진출하면서 현지에 공장을 설치하고 아웃소싱이 일반화되고 있는 현실을 감안하여 국제적으로 이동하는 물동량을 처리할 수 있는 국제 로지스틱스의 입지와 운영이 필요하게 된 것이다. 이러한 맥락에서 다국적 기업의 물류수요를 충족시키기 위한 국제복합운송의 공동화가 추진되고 있다.

03 Chapter 국제물류 보안제도

제1절 국제물류 보안제도의 개요

1. 국제물류 보안제도의 대두배경

국제물류는 시대적 환경변화에 따라 영향을 받아 발전해 왔다. 1980년대 국제물류는 규제철폐(Deregulation)에 의해 비약적으로 발전하게 되는 계기를 맞이하였다. 특히 1970년대에 컨테이너운송이 본격화되면서 내륙까지 복합운송에 대한 필요성이 높아졌는데, 1980년에 미국에서 제정된 스태거스법(Staggers Act)과 주간교통법(Interstate Transportaation Act)으로 각 주간(洲間)운송에 대한 규제가 철폐되어 미국내 운송이 발전하게 되었다. 특히 스태거스법으로 미국의 철도운영권이 연방정부로부터 분리되고, 요금이 시장원리에 의해 결정되어 화물운송수요가 크게 증가하였다. 이와 같은 영향이 전세계적으로 퍼져 규제철폐에 의한 국제운송 발전이 가속화 되었으며, 물류의 각 분야별 전문서비스가 발달하게 되었다.

1990년대는 기업의 글로벌화가 본격화되고, 물류에 대한 기업의 니즈가 전체 통합서비스를 요구하게 됨으로써 물류기업도 통합서비스(Integration)를 제공하는 체제를 갖추게 되었다. 복합운송업체, 통관업체, 육상운송업체, 또는 IT(Information Technology)업체 등이 통합물류서비스를 제공하는 전문물류업체로서 변화를 꾀하게 되었다. 즉 제3자 물류업자(3PL)가 탄생하게 되었다.

2000년대 들어서는 2001년 미국에서 발생한 9.11테러사건으로 물류에서 안전·보안(Security)이 중요하게 되었다.[1] 국제물류의 안전과 보안에 관한 중요성은 해

---

1) 홍석진 편저, 국제물류론, (사)한국물류협회/박문각/에듀스파(주), 2007, p.86.

상운송 및 항공운송은 물론이고 복합운송 분야로까지 확대되어 그 중요성이 날로 증대되고 있다. 국제물류의 보안제도는 해상운송과 항공운송 분야에 집중되어 있으며, 미국을 포함한 주요국에서 시행되고 있는 물류보안제도와 국제협약을 중심으로 살펴보기로 한다.

2. 미국의 물류보안 제도

1) 미국의 해상화물운송 물류보안제도

미국의 해상화물 물류보안제도는 컨테이너안정협정(CSI), 24시간 규칙, 화물안보구상(SFI) 등과 같은 다양한 제도가 운영되고 있다. 구체적으로 24시간 규칙은 미국에 수출하는 화물의 경우 선적 전 24시간 전에 미국에 사전 통보해야 하는 제도이며, 화물안보구상은 지정된 항만의 화물 검색 비율을100%로 하는 제도이다.

한편 미국의 대표적인 물류보안제도라 할 수 있는 컨테이너안정협정(CSI)는 선박이 출항하기 전에 출항할 국가에서 컨테이너에 관한 안전을 확인한 후에 수출하자는 취지로 미국이 9.11사태 이후 주도한 협정이다.

표 1-4 미국의 물류보안제도 현황

미국의 컨테이너화물 검색제도		
명칭	적용시기	내용
컨테이너안전협정(CSI)	2002년 1월	미국행 화물에 엑스레이, 방사능 탐지기로 위험화물 사전 검색
24시간 규칙	2003년 2월	미국에 수출하는 화물의 목록을 적재하기 24시간 전에 신고
화물안보구상(SFI)	2007년 3월	지정된 항만(총 7곳)은 화물 검색 비율을 100%로 높이는 시범사업
10+2 규칙	2009년 1월	기존 24시간 룰을 강화하는 조치로 적하목록에 없는 추가 항목을 선적하기 24시간 전까지 제출
컨테이너 100% 검색 의무화	2014년 7월	미국행 컨테이너를 외국 항만에서 100% 검색

미국 세관 직원이 주요 항만에 주재하며 미국행 컨테이너에 대한 보안 검색 수행하도록 합의한 협정이다. 검사 대상 컨테이너선별은 우리나라 선사가 미국 관세청으로 선적 24시간 전에 전자적으로 제출하는 선적 정보를 토대로 미국 적하목록 선별 시스템인 ATS(Automated Targeting System)를 이용한 분석을 통해 우범 컨테이너를 선별하여 검사를 실시하고 있다. 미국 세관은 25개국 47개 항만에 세관요원을 파견, 대미국 고위험물품에 대해 사전 보안 검색을 실시하고 있으며, 우리나라는 2003년 8월 4일부터 미국 세관요원이 부산항에 주재하며 활동하고 있다.

2) 미국의 항공화물운송 물류보안제도

(1) 관세국경보호국(Customs and Board Protection: CBP)의 조치

① Trade Act of 2002 Final Rule상의 항공화물 보안 규정

Trade Act of 2002는 2002년 8월 6일 미 107차 국회에서 상하원에 의해 Public Law 107-210으로 입법화 된 것으로 무역과 관련된 주요 내용을 모두 망라하고 있는 117페이지에 이르는 법이다. 그 가운데 Sec. 343.(Mandatory Advanced Electronic Information for Cargo and Other Improved Customs Reporting Procedures) (a) Cargo Information은 미국의 수출입 화물에 대한 정보를 사전에 세관에 전송하도록 규정하고 있다.

24시간 rule이 해상화물에 대한 주요 정보를 사전에 전송하도록 대한 규정이었다면 Trade Act of 2002는 해상뿐만 아니라 항공, 철도, 트럭을 통해 수입되는 화물에 한 상세정보를 획득할 수 있도록 하고 있다. 이렇게 미국 세관으로 전송되는 사전 화물정보는 다양한 법과 상업데이터베이스와 연결한 자동선별시스템(Automated Targeting System ; ATS)을 통해 처리되어 고위험 화물이 미국내에 도착하기 전에 차단하고 확인할 수 있도록 하고 동시에 합법적인 화물에 대한 흐름의 지연 없이 보다 효과적으로 테러에 대항하여 국토안보에 기여할 수 있게 되었다,

미국으로 수입되는 항공화물에 있어서 수입업자 또는 관세사, CFS, 특송화물운송인시설(Express Consignment Carrier Facility ; ECCF), 항공운송인 등 자사화물 자료를 전송하도록 승인된 당사자는 수입되는 화물과 관련된 정보를 미국 세관에

전자적으로 전달해야 한다. 화물정보의 전송기한은 적도 북위에 위치하는 남아메리카, 중앙아메리카, 멕시코, 케리비안, 버뮤다로부터 미국으로 운송되는 항공화물의 경우 항공기 이륙 전에 미 관세청에 화물정보를 전송해야 한다. 기타 외국지역은 미국에 항공기가 도착하기 4시간 전에 화물정보를 전송해야 한다.

② C-TPAT와 항공화물운송 보안

가. C-TPAT의 출현배경

9.11 테러의 직접적인 반응으로 미국세관, 즉, 지금의 관세국경보호국(CBP)은 무역업계에게 CBP와의 파트너관계를 요구했다. 이러한 파트너관계는 적법화물과 운송수단의 흐름을 신속히 함과 동시에 안전을 향상시킴으로써 테러행위에 대항해 미국을 보호하고자하는 목적의 공급망 안전에 대한 새로운 접근방식 이다. 그 구체적인 결과물이 C-TPAT(Customs-Trade Partnership Against Terrorism ; 대테러방지 세관 -기업 파트너쉽)로, 이는 혁신적이고 자발적인 정부와 민간부분의 협력프로그램이다.

9.11 테러 이후 2001년 11월 세관무역심포지엄에서 생산공장으로 부터 해외 판매자, 육로 국경과 항구에 이르기까지 전 공급망에 걸쳐서 보안을 크게 개선시켜줄 방안을 미국 세관이 무역업계에 제안하였다. 이러한 제안에 대해 공급망의 안전성에 대한 필요성을 인식하고 있던 미국의 7개 주요 수입업자가 동의함으로써 이것이 C-TPAT 출범의 계기가 된 것으로 볼 수 있다. 그 후 2002년 4월 정식으로 미국세관은 테러방지 목적만의 새로운 업체협력 프로그램을 창설하게 되는데 이것이 'C-TPAT' 프로그램이다. C-TPAT의 목표는 미 관세청이 테러에 대항하여 해외 판매자로부터 미국의 국경에 이르는 전체 공급망에 대한 안전을 강화하여 국경의 안전과 안보를 보장하면서 동시에 무역을 원활화하기 위해 안전망을 유지, 발전시키는 것이다.

나. C-TPAT 항공운송인을 위한 안전기준

C-TPAT는 항공운송인이 이미 항공운송보안법(the Aviation and Transportation Security Act ; PL 107-71)과 같은 법과 규정을 통해 규정된 보안 명령을 따르고 있다는 것을 인식하고 있다.

C-TPAT는 이들 요구사항을 반복해서 규정하려는 것이 아니라 오히려 국제공급망을 통해서 총체적 보안을 향상시키기 위한 추가적인 보안 조치와 관행을 요구하며 확립된 기초를 구축하는 것을 추구한다. 그러므로 C-TPAT 프로그램은 C-TPAT 인가절차와 뒤에서 살펴볼 TSA의 "Known Shipper" 프로그램 사이의 연관성을 구축하기 위해서 TSA와 긴밀하게 협력하고 있다. 인증된 C-TPAT 항공운송인은 CBP 기타 DHS 법집행기관과 밀접하게 협력해야 하며 요구시 법에서 허용하는 범위 내에서 외국으로부터의 화물/항공기/승객의 도착과 관련된 정보를 제공해야 한다.

항공운송인을 위한 C-TPAT의 보안 표준(security criteria)은 사업파트너에 대한 요구사항(Business Partner Requirements), 컨테이너 또는 단위탑재용기 안전(Container or Unit Load Devices(ULD) Security), 물리적 접근 통제(Physical Access Controls), 인적 안전(Personnel Security), 절차적 안전(Procedural Security), 안전훈련과 위협에 대한 인식(Security Training and Threat Awareness), 물리적 안전(Physical Security), 정보기술 안전(Information Technology Security) 에 대한 사항을 규정하고 있다.

(2) 교통안전청(TSA)[2]의 조치

① "Known Shipper" 프로그램

"Known Shipper" 프로그램은 포워더나 항공운송인과 과거 거래관계가 있고 잘 알려진 신뢰할만한 화주(Known Shipper)와 항공운송인이나 포워더와 이에 거래관계가 없거나 제한적으로 행했던 알려지지 않은 화주(Unknown Shipper)를 사업거래를 하기 전에 구별하여 검색과 검사 등에 있어서 차별화하기 위한 절차를 구축하기 위해 만들어진 프로그램이다. "Known Shipper" 프로그램은 1990년 중반 의회와 업계 전문가들에 의해 촉진되었으며 이들은 항공 화물 안전과 보안을 보다 잘 보장하기 위해서는 항공화물에 대한 관리를 강화할 필요가 있다는 것을 인식하였다. 주요 관심사는 위해물품의 선적에 대한 지침을 보다 잘 준수할 것과 테러리스트들이 항공기에 폭발물이나 발화물을 두는 수단으로 화물을 이용하는 것

2) TSA는 "Transportation Security Administration"의 약어임.

을 근절하는 데 있다.

이 프로그램하에서 "Unknown Shipper"로부터 접수된 포장물에 해서는 위험확인을 위해 추가적인 검색과 검사를 할 수 있으며 또한 항공운송인과 포워더는 화물을 추적하고 검사하는 것에 동의하지 않는 "Known Shipper"로부터 받은 어떤 화물도 운송하는 것을 거절해야 한다. 현재 알려지지 않고 확인되지 않은 근원으로부터 온 선적품은 여객기에 탑재가 금지된다.

2001년 9.11 테러 공격 이후 국토안보부(DHS)는 "Known Shipper"의 감독과 감시를 위한 절차의 적절성, 통합된 "Known Shipper" 데이터베이스의 확립이 필요하여 이를 해서 2006년 5월에 TSA는 여객기에 적재되는 모든 선적품을 검사하기 해서 "Known Shipper"에 대한 데이터베이스를 구축하는 최종법안을 발행했다. "Known Shipper" 데이터베이스는 화주의 적법성을 결정하고 위험을 평가함에 있어서 체계적인 접근을 가능하게 한다.

② CCSP

미국 부시대통령은 2007년 8월 '2007 9/11 위원회 법의 이행 권고(the Implementing Recommendations of the 9/11 Commission Act of 2007)'에 서명하였다. 이 법은 여객기로 운송되는 모든 화물은 2010년 8월 1일까지 폭발물에 대해 100% 검색하도록 요구하고 교통안전청(TSA)에게 여객기를 통해 운송되는 화물에 대해 100% 검색하는 시스템을 구축하도록 요구하고 있다. 여객기로 운송되기 전에 여객기로 운송되는 모든 선적품은 개품단위(Piece Level)로 검색되어야 한다.

TSA는 업계가 100% 검색 명령을 맞추는 것을 돕기 위한 해법으로 CCSP(Certified Cargo Screening Program ; 공인된 화물 검색 프로그램)을 개발하였다. 이 프로그램은 포워더와 화주가 공항에 도착하기 전에 화물을 미리 검색하는 것을 가능하게 한다. 대부분의 CCSP 화주 참가자는 적은 비용으로 그들의 기존의 선적절차에 물리적 검사를 신속히 결합할 수 있었다.[3)]

3) 송선욱, 미국의 국제항공화물 보안강화조치에 관한 연구, 관세사, 한국관세사회, 2012년 가을호.

3. 한국의 물류보안제도

1) 관세청 AEO제도

9.11 테러 이후 강화되던 국제물류 안전조치를 세계관세기구(WCO)에서 국제표준으로 수용하면서 2005년 6월에 수출입안전관리우수업체(AEO)의 개념이 도입되었다. 이제도는 안전관리기준 등의 충족여부를 심사하여 수출입안전관리우수업체로 공인하고 공인업체의 경우 신속통관·검사생략 등 혜택을 부여하는 제도로 우리나라는 물류보안제도의 일환으로 2009년 4월부터 도입하여 실시하고 있다.

2) 관세청 AEO제도의 운영목적

AEO제도는 각국에서 안전에 중점을 두되 자국의 무역 및 경제환경에 따라 무역원활화 및 무역촉진을 위해 탄력적으로 운영하고 있다. 우리나라는 안전과 무역원활화 모두에 중점을 두고 본 제도를 운영하고 있다. 세계 주요국의 AEO제도 실시 현황과 운영목적을 정리하면 다음과 같다.

표 1-5 주요국의 AEO제도 운영현황

국 가	프로그램 명칭	특 성	공인업체수('09.6월)	시행시기
미 국	C-TPAT	안전	9,386개	'02년
싱가포르	STP-PLUS	안전	20개	'08년
뉴질랜드	SES	원활화&안전	116개	'04년
일 본	AEO	원활화&안전	354개	'07년
E U	AEO	원활화&안전	1,459개	'08년
중 국	CACC	원활화&안전	1,140개	'08년

4. 주요국의 물류보안 제도

1) 스웨덴

EU 회원국인 스웨덴은 세관 법규준수도 및 서플라이체인 보안을 개선하기 위한 목적으로 Stairsec Program을 개발하였는데, 이 프로그램은 세관법규준수도의 질을 제고하는데 초점을 둔 기존의 Stairway세관인정프로그램(Stairway Customs Accreditation Program) 내에서 개발된 통합서플라이체인보안(Integrated Supply Chain Security : ISCS) 프로그램이다.

Stairsec Program의 목표는 수입업자, 수출업자, 관세사, 포워더, 터미널, 운송인(항공, 해상, 육상) 등 국제적인 서플라이체인에 참여하는 모든 민간부문 이해관계자들을 위한 인정절차(Accreditation Process)를 통해서 서플라이 체인 보안을 제고하는 것이다. 본 프로그램은 2004년 1월 15일 파일럿 운영자들에 대한 인증을 통해 운영되었으며, 현재 40개 이상의 스웨덴 기업들이 인증되었거나 인증과정에 참여하고 있다. Stairsec Program은 미국 CBP에 의해서도 C-TPAT의 목표와 매우 밀접하게 일치하는 프로그램으로 인정받았다. C-TPAT와 Stairsec Program은 양립할 수 있을 정도로 유사한 프로그램으로써 미국과 스웨덴은 두 프로그램이 더욱 동일하게 될 수 있도록 협의를 진행하고 있다.

2) 캐나다

캐나다의 BSA(Border Services Agency)가 도입한 PIP(Partners in Protection) 프로그램은 국경보안 강화, 세관의 법규준수 관련 문제에 대한 자각성 제고, 금지물품의 밀수출입 예방, 조직적인 범죄 및 테러리즘 대응을 위해서 BSA와 무역거래에 종사하는 민간부문의 기업들 사이에 도입된 자발적 참여 프로그램이다. 자발적인 MOU(BSA와 PIP 참여자들 간에 개발된 공동이행계획(Joint Action Plans)를 토대로 이행되는 협력으로 보안조치의 평가, 보안인식회의 참여 등이 수행되고 있다.

PIP 참여자들은 화물처리시간 단축, 개선된 보안 수준 등의 혜택을 얻게 되며 캐나다와 미국 간에 공동으로 개발한 FAST Program에 참여할 자격이 주어진다.

캐나다 정부는 C-TPAT와 PIP 프로그램의 상호인정을 달성하기 위해서 PIP에서 개발된 조치를 C-TPAT와 조화시켜 운영하고 있다.

3) 뉴질랜드

2004년 뉴질랜드 세관이 도입한 SES(Secure Exports Schemes) 프로그램은 수출 중심의 세관-수출업자간 자율적 파트너십 프로그램으로써, SES의 보안조치는 WCO SAFE Framework에 규정된 표준과 일치하며, 이는 컨테이너가 포장되고 선적을 위해 적재될 때 불법침입으로부터 물품을 보호하기 위한 보안조치를 강화하기 위한 것이다.

SES 참여자들은 사전 수출정보를 제출하고 뉴질랜드 세관당국에 의해 승인된 보안조치를 유지해야 하며, 이에 대한 혜택으로 "Greenlane" 또는 신속한 세관절차의 혜택이 주어진다.

SES의 파트너들은 컨테이너 적입지점으로부터 수출물품 선적을 위한 장소에서 인도되기까지 침입, 파괴, 도난 등으로부터 물품을 보호하는 조치를 취한다는 확실한 약속을 이행해야 한다. 즉, 뉴질랜드로부터 수출되는 물품을 보안조치에 따라 포장, 물품보안을 확보하기 위한 적절한 조치 마련, 보안조치에 따라 운반되고 선적장소에서 침입되지 않아야 하며, 해상운송컨테이너 또는 기타 포장용기들은 세관승인 봉인 또는 세관의 통제하에 있고 해외 세관에 의해 안전하다고 고려되는 표시를 한 화인으로 보안조치 되어야 한다.

2007년 7월 1일 뉴질랜드는 미국과 상호인정협정(Mutual Recognition Agreement)에 서명하였으며, 이로 인해 C-TPAT와 SES 인증을 받은 무역업자들은 각국의 프로그램에 의해 상호 혜택을 받게 되었다. SES 인증 무역업자들은 수출물품에 대해 미국에 도착시 신속한 세관통관과 세관검사의 경감 혜택을 받게 된다.

4) 싱가포르

싱가포르 세관은 무역흐름과 보안을 유지하는 것이 중요하다는 인식하에 무역원활화 및 서플라이 체인 보안을 확보하는 2가지 목표가 정부와 산업 이해당사자들 사이의 책임이며, 따라서 싱가포르 세관과 산업 이해관계 당사자들이 긴밀한 파트너십 접근을 통해서 이를 달성해야 한다고 인식하고 있다.

이에 따라 2007년 5월 25일 도입·시행된 것이 STP(Secure Trade Partnership) 프로그램인데, STP는 싱가포르 세관에 의해 운영되는 자발적인 인증프로그램으로써, 기업들이 거래활동에 확고한 보안조치를 채택함으로써 글로벌 서플라이 체인의 보안을 개선하는데 기여하도록 하는 제도이다.

STP 프로그램을 통해서 싱가포르 세관은 화물보안을 위한 서플라이 체인 전체적인 보안 프로그램 채택의 중요성 인식, 서플라이 체인에 포함된 기업들의 프로세스 보안활동 강화, 글로벌 서플라이 체인의 보안확보 및 화물 흐름의 원활화, 안전한 교역허브 인식 등의 목적을 달성하고자 한다.

STP는 모든 서플라이 체인의 이해관계자(수입업자, 수출업자, 창고업자, 운송업자, 터미널운영인 등)에게 개방되어 있으며, WCO SAFE Framework를 준수하고 있다. 싱가포르 세관은 STP에 참여하고자 하는 기업들을 인증하고 검증하는 업무를 수행하고 있으며, 이외에도 STP를 이행하는데 있어서 운송부, 내무부, 이민국 및 항만당국 등과 긴밀하게 업무를 협력하고 있다.

STP 인증 기업들은 싱가포르 세관의 신뢰할 수 있는 파트너로써 인식되며 화물검사비율 축소, 저위험 기업으로 인식(기업의 브랜드가치 증대), 주요국과의 상호인정을 통해 외국에서 인증지위에 따른 화물검사 축소 또는 신속통관 등의 이익을 받게 된다. 한편, 국내에서의 서플라이체인 보안 프로그램을 이행하는 것과 동시에 싱가포르 세관은 STP 프로그램의 상호인정을 위해서 주요 국가의 세관당국과 긴밀한 협력을 추진하고 있다.

제2절 물류보안관련 국제협약

1. 해상화물 보안관련 국제협약

국제 해상화물 보안관련 국제협약에는 다음과 같은 협약들이 체결되어 운영되고 있다.

1) 해상인명안전협약(SOLAS 1974)

(1) SOLAS 협약의 제정배경

해상인명안전협약(이하 SOLAS)은 상선의 안전에 관한 협약 중 일반적으로 가장 중요한 협약으로 여겨지고 있다. 1914년 타이타닉호의 침몰의 영향으로 최초로 채택되었으며 1929년, 1948년, 그리고 1960년에 개정이 되었다.

1960년 개정된 SOLAS 협약은 1960년 6월 17일에 채택되었으며 1965년 5월26일에 발효되었다. 이 협약은 IMO(국제해사기구)가 조직된 이후 제일 중요한 과업중의 하나이었다. 이 협약을 정기적으로 개정을 통한 협약의 최신화 하려고 지속적으로 노력하였으나 실제적으로 개정절차는 매우 늦어 합리적이고 적절한 기간 내에 개정사항이 발효되도록 하는 것은 불가능하게 보였다.

이에 따라 1974년에 IMO는 그때까지의 개정사항을 모두 포함하는 완전한 새로운 협약을 채택하게 된다. 또한 개정사항 발효가 한정된, 합리적인 기한 내에 발효될 수 있도록 묵시적 발효요건에 관한 새로운 규정을 포함시켰다. 1974년 SOLAS 이전엔 개정사항이 발효되기 위해선 3분의 2 이상의 협약체약국의 동의가 요구되었지만 새로운 묵시적 합의요건은 특정한 기일 내에 합의된 숫자의 체약국이 이의가 없을 경우 개정사항을 발효할 수 있게 되었다. 그 결과, 1974 협약은 다양한 상황에 대한 개정이 원활하게 될 수 있었다. 오늘날 발효 중인 이 협약은 종종 개정된 '74 SOLAS'(SOLAS, 1974 as amended)로 불리게 되었다.

(2) SOLAS 협약의 내용

현재 SOLAS 협약은 일반의무규정, 개정절차와 12장의 부록으로 이루어져 있다. 각 장에 대하여 간단히 살펴보면 다음과 같다.

가. 제1장 : 일반사항

여러 선종에 대한 검사와 증서의 발행에 관한 규정이다. 이 장은 타체약국에 항만에서 선박을 통제할 수 있는 규정이 있다.

기국은 자국선박이 SOLAS 협약을 준수하도록 하여야 하고 많은 증서는 선박이 협약을 준수하고 있다는 것을 증명한다. 통제 규정은 선박과 선박의 설비가 협약 규정을 충족치 못하고 있다는 명확한 근거가 있을 경우 체약국이 타체약국 선박에 대하여 검사를 할 수 있도록 하고 있다. 이 규정은 항만국통제로 알려져 있다.

나. 제2-1장 : 구조 - 구획과 복원성, 기관과 전기설비

여객선은 선체가 손상을 받았을 경우에도 안정되게 부력을 유지하도록 수밀구획의 구조로 만들어져야 한다. 이 장은 여객선에 대한 수밀성과 빌지배출장치에 대한 규정과 여객선과 화물선의 복원성에 관한 규정이다.

최대로 허용되는 두 개의 인접한 격벽 사이를 측정한 구획의 길이는 선박의 길이와 선박의 항행구역에 따라 다르다. 가장 높은 구획도는 여객선에 적용된다.

기관과 전기설비에 관한 규정은 매우 다양한 비상 상황에서 선박, 여객과 선원의 안전을 위한 필수적인 것을 규정하고 있다. 이 장에서 타기장치는 특별히 중요하다.

다. 제2-2장 : 화재 예방, 화재탐지와 소화

모든 선박의 화재 안전에 관한 사항과 여객선, 화물선과 유조선에 대한 특별한 강화된 조치에 대한 장이다. 열과 구조 경계면에 의한 수직면으로의 분할, 거주구역의 분리, 가연재료사용의 엄격한 통제, 화재 탐지, 소화, 비상탈출장치와 소화설비 접근에 대한 보호시설, 소화설비의 관리 유지 그리고 인화성가스의 발화 가능성의 최소화에 대한 기준을 정하고 있다.

2000년 12월에 채택된 새로운 개정된 2-2장은 2002년 7월 1일 발효되었다.

라. 제3장 : 구명설비

1996년 개정안이 채택되어 1998년 7월 1일 발효되었다. 개정사항은 1983년에 마지막으로 개정된 이후, 기술의 발전을 고려하여 만들어졌다. 1996년 개정규정에서 세밀한 기술적 조항은 새로운 국제구명설비코드(LSA 코드)로 별도 제정되었으며 모든 구명설비는 LSA 코드 규정에 적합하여야 한다.

이장은 1998년 7월 1일 발효되었으며 1998년 7월 1일 이후 건조되는 선박에 적용되나 일부조항은 이전에 건조된 현존선에도 적용이 된다.

개정된 이 장은 1980년대와 1990년대에 발생한 연속적인 사고에 의해 부각된 안전문제에 관한 일반대중의 관심도 역시 반영하고 있다. 많은 여객선에 관한 조항은 현존선에도 적용토록 하였으며 로로여객선에 대해서는 추가적인 조치를 하도록 하고 있다.

마. 제4장 : 무선통신

이 장은 전세계해사조난신호체계(GMDSS)의 도입으로 1988년 완전하게 개정되었다. 1999년 2월 1일까지 완전하게 발효되도록 단계적으로 1992년 2월 1일부터 발효되었다. 발효일부터 전통적으로 오랜 세월 선박에서 통신수단으로 사용하여 온 모스신호(Morse Code)는 사라지게 되었으며 국제항해에 종사하는 모든 여객선과 300톤 이상의 모든 화물선은 사고에 따른 조난자를 보다 쉽게 구조할 수 있도록 EPIRB, SART, 또 INMARSAT 같은 새로운 설비를 갖추게 되었다.

이 장은 국제무선통신협회(International Telecommunication Union)의 무선통신 규정과 매우 밀접한 관련을 가지고 있다.

바. 제5장 : 항해안전

이 장은 항해안전에 관한 규정이다.

이 장은 국제항해에 종사하는 규정톤수 이상의 선박에 적용되는 다른 장과 달리 체약국 정부가 항해안전에 필요한 사항을 제공하도록 하고 있다. 즉, 빙산순찰, 통항분리, 구조수색활동 등을 포함한다.

또한 이 장은 체약국은 안전의 관점에서 모든 선박이 충분하고 효율적으로 배승하도록 하고 있고 비상 상황 시 구조를 요청해야 하는 선장의 일반적 의무에 대한 사항을 포함하고 있다.

2000년 12월에 새로운 개정안이 채택되었으며 2002년 7월 1일 발효되었다. 새로운 장은 특정선박에 항해기록장치(VDRs)와 선박식별장치(AIS)를 탑재하도록 하고 있다.

사. 제6장 : 화물운반

이 장은 산적상태의 액체와 기체 상태의 화물을 제외한 모든 화물운송에 관한 사항을 기술하고 있다. 또한 화물과 컨테이너 같은 화물단위의 고박과 선적에 관한 규정을 포함한다.

1991년 전, 이 장은 적절하게 선적되지 않을 경우에 선박의 복원성에 심각한 영향을 끼치는 유동성 있는 화물, 즉 곡물운송에 관한 사항만 한정하고 있었다. 현재의 규정은 곡물운송선박은 국제곡물운송코드(IMO Grain Code)를 준수하도록 되어 있다.

아. 제7장 : 위험물의 운반

이 규정은 네 부분으로 나누어져 있다.

- Part A : 산적의 고체상태 또는 포장형태 위험화물의 운송에 관한 사항이다. 체약국은 IMO에 의해 제정된 국제해상위험물코드(IMDG Coce)의 준수와 정부차원의 지침을 제공하도록 하고 있다.
- Part B : 화학제품운송선에 대한 구조와 설비에 관한 사항이며, 1986년 7월 1일 이후 건조된 화학제품운반선은 국제산적화학제품운송코드(IBC Code)를 준수하여야 한다.
- Part C : 액화가스운송선에 대한 구조와 설비에 관한 사항이며, 1986년 7월 1일 이후 건조선 가스운반선은 국제가스운송코드(IGC Code)를 만족하여야 한다.
- Part D : 포장형태의 핵연료, 플루토늄과 핵폐기물의 운송에 관한 특별한 규정이며 이런 종류의 화물을 운송하는 선박은 국제핵물질안전운송코드(INF Code)에 적합하여야 한다. 2004년 1월 1일부터, 위험물을 운송하는 선박은 국제해상위험물규칙(IMDG Code)를 준수하도록 개정안이 2002년에 채택되었다.

국제해상위험물규칙은 IMO에 의해 1965년 처음 채택되어 모든 운송에 관한 기본규칙에 대한 사항을 담고 있는 국제연합의 위험물운송권고를 수용하였고 정기적인 개정을 통하여 최신화하고 있다.

자. 제8장 : 핵추진선박

핵추진선박에 대한 기본적인 규칙과 방사능의 위험에 대한 사항을 담고 있다.

1981년 IMO 총회에서 핵추진상선에 관한 코드가 채택되었고 이를 참고하도록 하고 있다.

차. 제9장 : 선박의 안전관리

이 장은 국제안전경영코드(ISM Code)를 강제적인 사항으로 발효시켰다.

국제안전경영코드는 선박에 대한 책임이 있는 자 또는 선주(회사)에 의해 안전관리체계를 구축하도록 하고 있다. 이장은 1994년 5월에 채택되어 1998년 7월 1일 발효되었다.

카. 제10장 : 고속선에 관한 안전조치

이 장은 국제고속선안전코드(HSC Code)를 강제적인 사항으로 발효시켰다.

이 장은 1996년 1월 1일 이후 건조된 고속선에 적용된다. 이 장은 1994년 5월 채택되어 1996년 1월 1일 발효되었다. 개정된 HSC 코드는 2000년 12월에 채택되어 2002년 7월1일 이후 건조되는 선박에 적용된다.

타. 제11장 : 해상안전증진을 위한 특별조치

이 장은 1994년 5월 채택되어 1996년 1월 1일 발효되었다. 이 장은 체약국을 대신하여 선박의 검사를 시행하는 인정된 기관에 관하여 정의하고 있다. 또한 강화검사, 선박식별번호제도와 운용요건에 관한 항만국통제에 관하여 규정하고 있다.

아. 제12장 : 산적화물선에 대한 추가적 안전조치

이 장은 1997년 11월에 채택되어 1999년 7월 1일 발효되었다. 1999년 7월 1일 이후 건조되는 화물밀도 1000kg/m^3 이상 되는 길이 150미터 이상의 산적화물선과 화물밀도 1780kg/m^3 이상의 현존하는 산적화물선에 대한 구조적 요건에 대한 규정이다.

2) 국제 선박 및 항만시설 보안에 관한 규칙(ISPS Code)

선박과 항만의 보안제도는 두 가지로 분류할 수 있는데 2002년에 만들어진 미국의 해운보안법(MSA 2002)과 국제해사기구(IMO)의 국제 선박 및 항만시설 보안에 관한 규칙(ISPS Code, International Code for the Securty of Ships and of Port Facilities) 등이다. 전자가 미국의 개별적인 법률인데 비해 후자는 2004년 7월 1일부터 국제적으로 시행되고 있는 국제규범이라는 점에서 차이가 있다. 하지만 IMO는 ISPS Code를 제정할 당시 미국의 해운보안법을 모태로 활용한 바, 두 가지 규범은 일부 조항을 제외하고는 거의 유사한 것이 특징이다. 이에 ISPS Code의 내용을 중심으로 선박 및 항만 보안제도를 살펴보고자 한다.

(1) ISPS Code 제정 배경

미국 9.11 항공기 테러사건을 계기로 IMO는 제22차 총회('01.11)에서 해상보안 강화대책 추진을 결의하였다. 전문가 회의를 통해 국제해상보안규칙(안) 마련('02.2 ~ 9)하고 SOLAS 제11-2장(해상보안 강화 조치) 및 ISPS Code를 신설하여 IMO 외교회의에서 ISPS Code 채택('02.12.12)하여 2004년 7월 1일부터 발효되었다.

표 1-6 ISPS Code의 주요내용

구분	주요내용	적용대상
선박(회사포함)	선박 및 회사보안책임자 지정 훈련 선박보안평가서 및 계획서 작성 국제선박보안증서(5년) 소지 운항 선박보안경보장치 탑재	선박 - 국제항해 취항 여객선, 총톤수 500톤 이상 화물선 및 이동식 해상구조물
항만시설	항만시설보안평가서 및 계획서 작성 항만시설보안책임자 지정 보안장비 설치·운용	선박 - 국제항해 선박들이 이용하는 항만
정부	아국적선박 보안심사 및 증서발급 회사 및 선박보안책임자 교육 및 훈련 항만시설적합확인서(5년) 발급 선박 및 항만시설 보안관련사항 IMO통보 외국적선에 대한 보안검검 실시	지방청 수행

(2) ISPS Code의 내용

본 협약은 선박, 여객(선원), 화물 및 항만시설 등의 안전저해 행위를 예방하기 위하여 정부 및 선사가 행하여야 할 의무를 규정하고 있다. 구체적으로 선박은 보안계획서(SSP)승인 및 보안심사를 받은 후 국제선박보안증서(ISSC) 소지하고 운항하여야 하며, 항만은 보안평가를 실시하고 보안계획 수립 및 시행을 의무화하고 있다.

3) 컨테이너안정협정(CSI)

미국의 대표적은 물류보안제도라 할 수 있는 컨테이너안정협정(CSI)는 선박이 출항하기 전에 출항할 국가에서 컨테이너에 관한 안전을 확인한 후에 수출하자는 취지로 미국이 2002년 9.11사태 이후 주도한 협정이다. 미국 세관 직원이 주요 항만에 주재하며 미국행 컨테이너에 대한 보안 검색 수행하도록 합의한 협정이다. 검사대상 컨테이너 선별은 우리나라 선사가 미국 관세청으로 선적 24시간 전에 전자적으로 제출하는 선적 정보를 토대로 미국 적하목록 선별 시스템인 ATS(Automated Targeting System)를 이용한 분석을 통해 우범 컨테이너를 선별하여 검사를 실시한다. 우리나라의 경우 2003년 1월 17일부터 한·미 컨테이너안전협정에 따라 대미 컨테이너 수출 화물에 대해 선적 전 보안 검색을 실시하고 있다. 미국 세관은 25개국 47개 항만에 세관요원을 파견, 대미국 고위험물품에 대해 사전 보안 검색을 실시하고 있으며, 우리나라는 2003년 8월 4일부터 미국 세관요원이 부산항에 주재하며 활동하고 있다.

2. 항공화물 보안관련 국제협약

국제항공화물 보안관련국제협약에는 다음과 같은 협약들이 체결되어 운영되고 있다.

1) 동경협약

상업 항공운송업에서 최초로 발생한 항공기 납치사건은 1931년 페루에서 혁명

가들이 미국 팬암(Pan American)의 우편항공기를 공격하여 광고물을 낙하시키는 범죄행위를 저질렀다. 특히 민간항공기 납치사건은 항공운송이 급성장한 1960년대 초부터 증가하기 시작하였으며 주로 정치적인 동기에 의한 것이었다. 이러한 항공범죄를 방지하기 위하여 제정된 최초의 국제협약은 1963년 채택된 "항공기 기내에서 발생한 불법행위에 관한 협약"(Convention on offences and Certain Other Acts Committed on Board Aircraft) 일명 동경협약이다. 그러나 이 협약은 항공기 납치에 관한 범죄를 막는 데 기여하지 못했다. 따라서 각국은 이를 방지하기 위해 국내법을 마련하였으나 큰 성과를 낼 수 없었다.

2) 헤이그협약

동경협약이 실효성을 거두지 못하고 있는 상황에서 국제민간항공기구(ICAO)는 1970년 헤이그에서 채택한 "항공기의 불법납치 억제를 위한 협약(Convention for the Suppression of Unlawful Seizure of Aircraft)" 일명 헤이그 협약을 채택하였다. 헤이그 협약은 항공기 납치에 대한 구체적인 정의와 항공기 불법납치행위에 영향을 받은 국가들에 대한 관할권을 인정하도록 하였다. 그러나 헤이그 협약은 항공기 불법납치 및 항공기내의 범죄만을 다루고 있어서 공항시설 등에 대한 불법행위에 대해서는 동 협약으로는 보호하지 못하였다.

3) 몬티리올 협약

헤이그협약의 보완을 위해 1971년 몬티리올에서 체결한 "민간항공안전에 대한 불법행위 억제를 위한 협약(Convention for the Suppression Unlawful Acts against the safety of Civil Aviation)" 일명 몬티리올 협약을 채택하였다. 이 협약은 항공기 사보타지(Sabotage) 범죄자를 체포, 처형, 발본색원 하도록 하는 것을 주 내용으로 하고 있다.

1988년 몬티리올에서 1971년 몬티리올 협약을 국제공항에서 발생하는 범죄에 대해서도 적용할 수 있도록 "몬트리올 협약을 보충하는 의정서(Protocol for the Supperssion of Unlawful Acts of Violence at Airports Serving International Civil

Aviation, Supplementary to the Convention for the Suppression of Unlawful Acts against the Safety of Civil Aviatiin)"를 채택하였다.

4) 플라스틱폭발물 표시에 관한 협약

1991년 플라스틱 폭발물이 공항 검색대에서 식별되도록 각국에서 생산되는 플라스틱 폭발물에 화학물질에 의한 표시를 하도록 규정한 "플라스틱폭발물 표시에 관한 협약(Protocol for the Suppression of Unlawful Acts of Violence at Airports Serving International Civil Aviation, Supplymentary to the Convention for the Suppression of Unlawful Acts against the Safety of Civil Aviation)"을 채택하는 등의 노력으로 항공범죄를 감소키기 위해 노력하였다.

5) 베이징 협약 및 베이징 의정서

위에 열거한 기존의 국제협약은 갈수록 지능화되고 있는 항공범죄를 막아내기에는 역부족이었다. 특히 2001년 항공기납치를 통한 항공기 자체의 무기화를 위한 미국의 9.11테러, 2006년 8월 액체폭탄을 이용한 테러미수사건, 런던 히드로공항에서 액체폭탄의 발견으로 인한 기내 액체류 반입금지사태, 2010년 11월 우편물 폭발사건 등 새롭고 다양한 유형의 항공범죄가 발생하고 있다. 이에 따라 2010년 9월 베이징에서 1971년 몬티리올 협약을 대체하는 베이징 협약과 1970년 헤이그 협약을 일부 개정한 베이징 의정서를 각각 채택하기에 이르렀다.

이 협약의 주요내용은 민간항공기를 납치하여 무기로 사용하는 행위, 민간항공기내에서 무기를 사용하는 행위, 민간항공기에 대해 무기 공격 행위를 신규 항공범죄로 규정하여, 해당 국가들이 이를 처벌할 의무를 부여하였다. 또한 민간항공기를 활용하여 무기 및 관련 물자를 불법 운송하는 행위를 신규 항공 범죄로 규정하여, 상기와 마찬가지로 해당 국가들이 이를 처벌할 의무를 부여 하였다. 그리고 무력 충돌 시 군대의 활동에 대해서는 동 협약이 적용되지 않고 국제인도법이 적용되며, 범죄가 발생한 영토의 국가 또는 항공기의 등록 국가, 범인이 발견된 영토의 국가뿐만 아니라 범죄자 국적국가, 피해자의 국적국가 및 무국적자가 주소지를 둔 국가도 관할권 행사가 가능하도록 하였다. 또한 이 협약의 적용범위를 비행

시에서 서비스 범위내로 확대하였다. 이 협약을 통해 민간항공기 자체의 무기화 및 민간항공기에 대한 공격, 민간 항공기를 이용한 무기 및 관련 물자 불법 운송 행위를 추가 항공 범죄로 규정함으로써, 민간 항공 안전의 확보 및 테러 행위 억제에 기여할 것으로 기대된다.[4)]

4) 베이징협약, 외교통상부 발표문, 2011/05/30.

Part 2
국제무역론

04 Chapter 국제무역

제1절 국제무역의개요

1. 국제무역의 의의

무역(貿易)이라는 용어는 물품의 교환을 의미하므로 국가 내에서 이루어지는 거래도 무역(국내무역 : Home or Domestic Trade)이라고 할 수 있으나, 일반적으로 물품을 대상으로 국가와 국가 사이에 이루어지는 거래를 말한다. 이를 국내무역과 구분하기 위하여 국제무역(International Trade or Foreign Trade)이라고 하기도 하나 보통은 무역이라고 칭하고 있다. 여기서 무역거래의 대상이 되는 물품(Goods)은 넓은 의미로는 상품과 자본 및 노동의 생산요소와 서비스까지 포함시키나 좁은 의미로는 실질재인 협의의 상품만의 거래를 말한다.

무역은 국가 간의 거래라는 점에서 '거래'의 의미를 살펴볼 필요가 있다. 넓은 의미의 거래는 상품이동에 따라 대가를 지불하는 유상거래와 대가없이 이루어지는 무상거래 모두를 포함한다. 그러나 무역이라 하면 유상거래를 의미하는 것이 일반적이다.

이러한 무역은 관점에 따라서 국제무역, 세계무역, 외국무역 또는 대외무역이라는 용어로 사용되기도 한다. 국제무역(International Trade)은 무역거래 현상을 국민 경제적 입장에서 국제간에 행하여지는 물자의 교류로서 객관적으로 이야기할 때에 사용되는 표현이며, 세계무역(World Trade)은 세계의 모든 나라들이 교역에 참가하여 세계 전체로 확대될 때 사용되는 표현이다. 외국무역(Foreign Trade) 또는 대외무역(External Trade)은 무역이 이루어지는 현상을 주관적인 입장에서 본 것으로 자국을 중심으로 자국과 타국 간에 이루어지는 무역을 말한다. 다시 말해서 한 나라 국민경제의 대외 상거래 활동이라 할 수 있으며, 거래 상대방 국가와의 무역을 표현할 때 대일, 대중, 대미무역 등으로 표시한다. 한편 우리나라의 무역법령[1)]에서는 대외무역이라는 용어를 공식명칭으로 사용하고 있다.

2. 국제무역의 성격

무역은 국가 간의 상거래라는 기본개념에서 나타나듯이 국민 경제적 성격이 강하다. 무역거래의 최소단위는 개인 또는 기업이라는 점과 국가 간에 이루어진 거래는 결과적으로 세계 경제를 형성한다는 면에서 무역은 ① 개별 경제적 성격 ② 국민 경제적 성격 ③ 세계 경제적 성격을 띠고 있다.

1) 개별 경제적 성격

무역은 기본적으로 개인(기업)과 개인(기업)간에 이루어지는 사적(私的) 물품매매활동이다. 즉, 영리추구를 목적으로 하는 개인(기업)의 경제활동이다. 이러한 측면에서 무역은 개별 경제적 성격, 기업 경제적 성격 또는 경영 경제적 성격을 갖고 있다.

무역은 개별 경제적 성격을 띠고 있기 때문에 개별 거래 주체인 개인 또는 기업이 각각의 이해관계에 따라 자유롭게 거래를 이행할 수 있는 무역환경이 조성되어야 한다. 이러한 개별경제의 무역환경이 최대한 보장될 때 무역은 확대되고 이는 국민 경제와 세계 경제의 발전에 도움이 된다.

2) 국민 경제적 성격

무역거래에서 개인 또는 기업은 수출입 기능을 수행하는 기본단위이나 이들 개별경제 단위간의 상행위는 결국 국가와 국가 사이의 물품교류라는 결과를 가져온

1) 헌법 125조에 "정부는 대외무역을 육성하며 이를 규제 조정할 수 있다."고 규정하고 있으며 이를 근거로 "대외무역법"을 제정하여 무역을 관리하고 있다.

다. 따라서 의식적이든 무의식적이든 개인 또는 기업의 무역행위는 당사국 국민 경제에 다양한 형태로 영향을 미치게 된다. 이를 무역의 국민 경제적 성격이라 한다.

예를 들면 기업의 수출거래는 해당기업의 이익증대를 도모하기 위하여 추진되는 것이지만 그 결과는 해당국가의 생산, 고용, 소득 증가의 효과를 가져다준다. 뿐만 아니라 대량생산에 의한 비용절감과 국제 경쟁력 강화로 산업합리화가 촉진되고 국제수지가 개선되며 이에 따라 일국의 통상정책 나아가 경제정책 전반에 영향을 미치는 형태로 나타난다.

3) 세계 경제적 성격

개인 또는 기업이라는 개별 경제단위에 의하여 이루어지는 무역은 국민 경제의 범주 안에서 이루어지게 되고 이는 결국 세계 경제를 형성하게 되는데, 이런 점에서 무역은 세계 경제적 성격을 띠고 있다.

개인 또는 기업의 무역이 활발해지면 국민 경제에 긍정적인 효과를 가져 오고 이는 세계 경제를 활성화시킨다. 역사적으로도 무역이 자유롭게 이루어지던 시기에는 세계 경제가 발전해왔고, 보호무역이 성행하던 시기에는 세계경제가 침체되었다.

3. 국제무역의 특징

무역은 사회, 문화, 언어, 법제도, 통화 등이 상이한 국가 간에 이루어지므로 국내 거래와는 다른 다음과 같은 특징을 갖고 있다.

1) 해상의존성

무역은 옛날부터 바다를 중심으로 이루어져 왔기 때문에 해상운송의 발달과 함께 발전해 왔다. 오늘날의 무역에서는 수송문제에 있어서 육상운송과 항공운송의 발달로 예전보다는 해상운송이 차지하는 비중이 낮아지기는 하였으나, 여전히 해상운송이 무역거래의 주된 운송수단으로 남아 있어 해상의존성은 높은 편이다.

따라서 무역거래를 원활하게 수행해 나가기 위해서, 해상운송은 물론 이와 관련된 상품창고, 보세창고, 가공창고 등의 창고보관업이나 해상보험업과 밀접한 관계를 유지해야 한다.

2) 기업위험성

무역에 참여하는 기업은 국내경영에서와는 다른 환경에서 업무를 수행해 나가야 하므로 국내거래에서는 볼 수 없었던 다음과 같은 경영상의 여러 가지 위험에 직면하게 된다.

(1) 상품자체에 관한 위험

무역거래에서의 상품운송은 국내거래에 비해 장기간에 걸친 장거리 운송이 일반적이다. 따라서 거래상품의 운송 및 보관과 관련하여 상품 자체에 물리적 손상을 입을 위험이 크다. 이러한 위험은 해상보험과 이에 부수되는 각종의 손해보험에 의해 보험자에게 전가되고 있다.

(2) 대금결제의 위험

무역거래는 언어, 통화, 상관습 등이 상이한 국가 간에 이루어지므로 대금결제면에서 국내거래에서 보다 훨씬 큰 위험이 내재되어 있다. 즉, 상대방이 지급불능상태에 처하거나 고의적인 지급거절로 인하여 나타나는 경제적 위험이 발생할 수 있다. 이러한 위험에 대해서는 신용장제도나 무역보험제도로 어느 정도 보호되고 있다.

(3) 환율변동에 따른 위험

무역거래에서는 이국(異國)통화가 개입되어 환율문제가 대두된다.[2] 또한 무역계약이 체결되고 거래가 이행되어 대금결제가 이루어질 때까지는 상당한 시간이

---

2) 환율문제가 발생하는 것은 변동환율제도를 전제로 한다. 고정환율제도하에서는 환율문제가 발생하지 않으나 오늘날에는 대부분의 국가들이 변동환율제도를 채택하고 있다.

소요된다. 따라서 계약 시에 기대한 가격과 대금결제시의 가격은 크게 달라질 수 있다.

예를 들어 한국의 수출업자가 수출 시에 US$10,000로 계약하고 당시의 환율은 1달러 당 1,200원이었다고 하자. 이 수출업자는 1,200만원의 매출을 기대할 것이다. 그러나 수출절차를 거쳐 선적하고 대금회수를 하는 시점에 환율이 1달러 당 1,100원이 된다면 이 수출업자는 1,100만원을 회수하게 되어 예상보다 100만원의 손실을 입게 된다.

환율변동은 무역거래에 참여하는 당사자, 즉 수출업자 또는 수입업자에 따라 그리고 환율이 오르느냐 내리느냐에 따라 환차익을 볼 수도 있고 환차손을 입을 수도 있다.

(4) 무역실무절차상의 위험

무역거래에서는 국내거래에서는 필요하지 않은 여러 가지 절차와 이에 수반되는 각종의 서류가 존재한다. 즉 무역계약에서부터 거래가 종료될 때까지 관련법규에 의한 인·허가 등의 제반관리가 이루어지고, 이 과정에서 신용장(L/C), 수출입승인서, 수출입신고서, 선하증권(B/L), 환어음 등 여러 가지 서류를 작성하여 제시하여야 한다. 따라서 무역실무 절차에 대한 폭넓은 이해와 전문성의 확보가 반드시 요구된다.

3) 산업 연관성

오늘날 무역은 일국의 산업은 물론 세계 각국의 산업과 밀접한 상호작용의 관계를 맺고 있다. 수출은 국민 경제의 유지·발전에 필요한 원자재나 자본재 등의 수입을 가능하게 해주는 확실한 외화획득 수단이며, 국제수지의 구조적 균형을 달성하기 위한 가장 효과적인 방안이다. 뿐만 아니라 수출은 그 상품의 생산에서 선적에 이르기까지 관련 산업 전반에 걸쳐 광범위한 파급효과를 유발하고 이를 통하여 생산, 고용, 소득유발의 효과를 창출하며 신기술의 도입 및 개발에 기여하여 경제성장에 크게 이바지한다.

수입은 국내자본을 유출시켜 국제수지를 악화시키는 요인으로 작용한다는 점에서 부정적 시각이 있기는 하나 수입의 긍정적 효과를 간과해서는 안 된다. 수입은 공업화에 필수적이면서도 국내에서 생산이 불가능한 원자재, 선진자본재 확보를 가능케 하여 경제발전을 촉진시키는 중요한 역할을 한다.

또한 수입은 국내생산자로 하여금 외국기업과의 경쟁을 유도하여 기술개발을 통한 품질의 고급화, 생산성 향상을 통한 원가절감 등 기업경영의 합리화를 도모하게 하여 경쟁력을 제고시킨다. 이는 결국 소비자 후생이 증대되는 효과를 가져온다.

4) 국제 상관습성

무역거래는 물품매매가 본질이므로 수출상은 거래 상품을 인도하고, 수입상은 이를 수령하여 그 대금을 지급함으로써 거래가 완료된다. 이러한 거래 과정에서 거래 당사자들에게는 당연히 법률상의 권리 및 의무가 발생한다. 따라서 무역거래에서는 권리·의무의 이행과정에서 나타날 수 있는 분쟁의 소지를 없애기 위해서 국제적으로 통일된 규칙 또는 협약의 필요성이 대두된다.

그동안의 무역거래과정에서 여러 가지로 마찰과 시련, 그리고 시행착오를 거쳐오면서 국제 매매와 관련된 여러 형태의 국제규칙이나 협약이 마련되었는데 Incoterms와 UCP 등이 대표적이다. 그러나 언어, 관습, 법률 등이 다르고 이해관계가 복잡한 국가들 간에 무역거래의 모든 것을 관리할 수 있는 통일된 국제법규의 제정은 아직 기대하기 어렵다.

따라서 무역거래에서는 현존의 국제규칙 또는 협약에 의해서 관리될 수 없는 거래이거나 또는 발생된 문제를 해결할 수 없는 경우에는 오랜 무역거래과정에서 정형화된 국제 상관습에 근거하여 처리하게 된다.

제2절 국제무역의 종류

무역의 종류와 유형은 무역을 보는 관점 또는 거래 당사자의 약정에 따라 여러 가지 형태로 구분된다.

1. 물품의 이동방향에 따른 구분

물품의 이동 방향에 따라 즉 자국을 중심으로 국내에서 외국으로 물품이 이동되는 것을 수출이라 하고, 이와 반대로 외국에서 국내로 이동되는 것을 수입이라 한다.

2. 물품의 형태에 따른 구분

거래되는 물품을 육안으로 식별할 수 있느냐의 유무에 따라 분류하는 것으로서 유형재의 무역을 유형무역(Visible Trade), 무형재 즉 형체가 없는 서비스 형태의 무역을 무형무역(Invisible Trade)이라고 한다. 무형무역에는 지적재산권, 특허권, Know-How 등은 물론 기술무역, 관광무역까지 포함시키며 이러한 무역은 세관에서의 수출입 통관절차가 필요하지 않으므로 무역통계에 나타나지 않는다.

3. 거래 대상에 따른 구분

무역거래의 상대가 누구인가에 따른 분류로 남북무역, 동서무역, 수평무역, 수직무역 등이 있다.

4. 무역의 주체에 따른 구분

무역을 영위하는 주체에 따른 분류로 민간무역과 공무역으로 구분되며 공무역은 다시 공산주의 국가에서와 같이 국가가 직접 무역을 영위하는 국영무역과 비영리를 목적으로 정부의 특정기관이 무역을 하는 정부무역으로 구분된다.

5. 국가의 간섭정도에 따른 구분

국가가 무역에 대하여 어떠한 관리 또는 통제를 하느냐에 따라 자유무역, 보호무역, 관리무역, 협정무역으로 구분된다.

자유무역이란 국가가 수출입 행위에 대하여 일체의 간섭을 하지 않고 자유롭게 맡겨두는 형태로 오늘날 완전한 자유무역을 취하는 나라는 하나도 없는 실정이다. 보호무역은 국가가 자국 산업의 보호, 국제수지 개선, 기타 군사 및 외교상의 이유로 무역을 간섭하는 형태로 오늘날 모든 국가는 간섭의 정도 차이는 있지만 이를 채택하고 있다. 관리무역이란 국가가 무역의 일부 또는 전부에 대하여 그 총액이나 내용, 품목, 결제시기 및 방법 등을 규제하는 형태이며, 협정무역이란 두 나라 상호간에 무역을 증진시키거나 또는 무역의 균형을 유지하기 위하여 협정이란 조약을 체결하고 이에 따라 시행하는 무역을 말한다.

6. 물품의 수송경로에 따른 구분

수출입의 경로 및 운송방법에 따른 분류로 육상무역, 해양무역, 연안무역, 항공무역, 하천무역이 있다.

7. 물품매매의 직·간접에 따른 구분

무역이 양국의 거래당사자 사이에 직접 이루어지느냐 제3자를 통하여 간접적으로 이루어지느냐에 따라 직접무역과 간접무역으로 구분된다. 직접무역은 양국의 거래 상대자가 직접 매매계약을 체결하여 이루어지는 형태이며, 간접무역은 거래에 제3자가 개입되는 형태로 다음과 같이 구분된다.

1) 중개무역(Merchandising Trade)

수출국과 수입국의 중간에서 제3국의 상인이 수출입을 중개·알선함으로써 이루어지는 무역형태이다.

• 중계무역 - Merchandising Trade

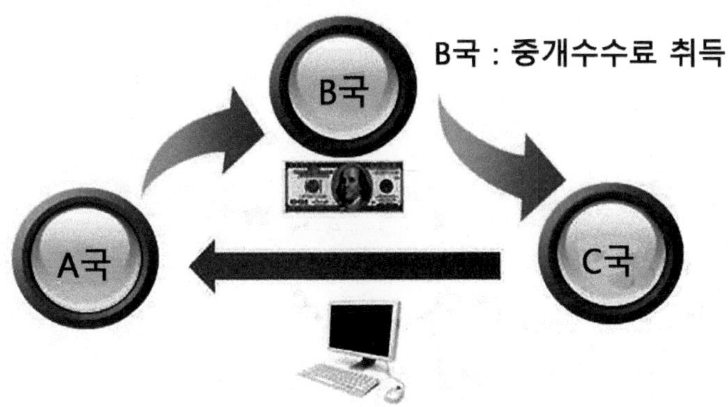

그림 2-1 중개무역

2) 중계무역(Intermediary Trade)

수출할 것을 목적으로 외국에서 물품을 국내로 반입하여 가공 과정 없이 원형 그대로 다시 제3국으로 수출하는 무역형태이다.

• 중계무역 - Intermediate Trade

그림 2-2 중계무역

3) 통과무역(Transit Trade)

수출되는 물품이 수출국에서 수입국으로 직접 운송되지 않고 제3국을 경유하여 수입국으로 운송되는 무역형태로서 이는 제3국의 입장에서 본 무역을 말한다.

4) 스위치무역(Switch Trade)

물품의 수출입계약을 수출업자와 수입업자가 직접체결하고 수출입물품도 수출국에서 수입국으로 직접 송부하지만 대금결제가 제3국의 업자를 통해서 간접적으로 이루어지는 무역 형태이다.

5) 우회무역(Round-About Trade)

외환의 통제나 수입규제 또는 높은 관세 장벽이 있는 경우 이를 회피하기 위하여 제3국을 경유하여 이루어지는 무역형태이다.

8. 물품의 매매형태에 따른 구분

판매방법의 특수성을 고려한 분류로서 위탁판매수출, 수탁판매수입, 전자상거래무역이 있다.

1) 위탁판매 수출

물품을 무환으로 수출하여 당해 물품이 판매된 범위 안에서 대금을 회수하는 형태의 수출을 말한다. 이는 위탁자의 입장에서 불리한 거래 형태이나 신시장의 개척 또는 신규상품의 수출 등 시장성이 확실하지 않은 경우에 활용되는 무역방식이다.

2) 수탁판매 수입

물품을 무환으로 수입하여 당해 물품이 판매된 범위 안에서 대금을 결제하는 방식이다. 판매되지 않은 물품은 위탁자(수출자)의 지시에 따라 처리하는 것이 일반적이다.

3) 전자상거래무역

Internet의 전자쇼핑몰(Electronic Shopping Mall)을 통하여 기업과 외국의 소비자 간에 상품이나 서비스가 직접 거래되고 전자화폐로 대금이 결제되는 무역형태이다. 최근 급증하고 있는 온라인을 통한 해외직접구매 활동이 대표적이다.

9. 물품의 가공·조립 형태에 따른 구분

물품의 가공·조립 형태에 따라 다음과 같은 무역형태가 있다.

1) 일반가공무역

가공에 따른 용역비(가공임) 획득을 목적으로 원료의 전부 또는 일부를 수입하여 가공 후 수출하는 거래로서 능동적 가공무역이라 한다. 가공 후 제3국으로 수출하는 형태를 통과적 가공무역이라고 한다.

2) 위탁가공무역

원자재의 일부 또는 전부를 거래 상대방에게 공급한 다음 가공을 위탁하여 가공임을 지급하고 가공된 물품을 위탁자가 다시 수입하거나 제3자에게 판매 또는 수출하는 형태이다.

3) 수탁가공무역

거래 상대방의 가공위탁을 받아 원자재의 일부 또는 전부를 수입하여 이를 가공한 후 위탁자 또는 위탁자가 지정하는 제3자에게 수출하는 형태로서 위탁가공무역에서 거래 상대자 입장에서 본 무역형태이다. 수탁가공무역은 수탁자가 원자재를 위탁자로부터 무상으로 공급받아 가공임만 취득하고 가공된 물품을 위탁자에게 무상으로 보내주는 형태의 무환수탁가공무역과 수탁자가 원자재를 수입하면서 원자재 수입대금을 지급하고 가공된 제품을 수출할 때 수출대금을 회수하는 유환수탁가공무역으로 구분된다.

4) OEM방식 무역

OEM(Original Equipment Manufacturing)방식 무역이란 수입상(주문자)으로부터 상품생산을 의뢰받아 생산된 상품에 수입상(주문자)이 요구한 상표를 부착하여 인도하는 거래로 주문자상표부착방식이라 한다. 이 거래에서 수입상은 주요 원자재를 별도로 공급하지 않는 것이 보통이다.

5) KD방식 무역

KD(Knock-Down)방식의 무역이란 완제품 생산에 필요한 부품 또는 반제품을 공급하는 수출상과 최종제품을 조립할 수 있는 설비와 능력을 갖춘 수입상 사이에 이루어지는 무역으로 물품은 부품이나 반제품 상태로 거래되고 수입국에서 현지 조립 후 판매된다. 이 방식은 자동차 등 주로 기계류 거래에서 흔히 볼 수 있는데, 이 방식에 의하면 완제품에 대한 수입 제한이나 고율의 관세가 부과되는 것을 피해 상대 시장에 침투할 수 있는 장점이 있다.

6) 플랜트무역

플랜트무역은 공장(Plant)뿐만 아니라 선박, 철도, 교량 등 광범한 의미의 산업설비 수출입을 말한다. 플랜트 무역 중에서도 플랜트의 설계에서부터 시작하여 기계, 설비의 조달, 시설공사, 시운전에 이르기까지 모든 것을 수출자가 일괄적으로 이행하는 무역거래를 턴키(Turn-Key)방식이라 한다.

플랜트무역에서는 기계나 설비라는 유형무역과 기술과 인력이라는 무형무역이 혼합되어 일어나게 되어 대외 경제협력을 공고히 할 수 있다는 점과 채산성 면에서도 유리한 장점이 있다.

10. 수출입의 연계형태에 따른 구분

수출과 수입이 어떠한 형태로든 연계되어 있는 형태를 연계무역(連繫貿易 : Counter Trade)이라 하는데, 이는 대금의 청산 형태, 교역되는 상품들 간의 관계 등을 기준으로 여러 가지 유형으로 구분된다.

1) 물물교환

물물교환(Barter Trade)이란 환거래가 발생하지 않고 상품이 직접 교환되는 단순한 무역거래로 연계무역 중 가장 초보적인 거래 형태이다.

2) 구상무역

구상무역(Compensation Trade)은 수출입 물품대금의 전부 또는 그 일부를 그에 상응하는 수입 또는 수출로 상계하는 무역형태로 무역균형이 목적이다. 물물교환과는 달리 환거래가 발생하고 대응의무도 제3국으로 전가할 수 있는 특징이 있다. 따라서 대응결제가 상계되어야 하므로 Back to Back L/C, Escrow Credit, Tomas L/C 같은 특수신용장이 사용된다.

3) 대응구매

대응구매(Counter Purchase)는 무역을 국영으로 하는 동유럽 국가들이 동서 무역에서 활용된 것으로 연계무역의 대표적인 형태이다. 즉, 수출자가 수출계약과 함께 일정기간에 수입국으로부터 상품을 구매하겠다는 별개의 다른 구매계약을 체결하여 이루어지는 무역형태이다.

이 거래방식은 수출자가 수출하는 대가로 수입국의 상품을 일정한 비율만큼 다시 구입해야 한다는 점에서 앞에서 살펴본 구상무역과 유사하다. 그러나 구상무역은 하나의 계약서에 의해 거래가 이루어지지만 대응구매는 두 개의 무역이라는 개념에서 두 개의 계약서, 즉 수출계약과 수입계약이 별도로 체결되어 거래가 이루어진다는 점에서 차이가 있다. 따라서 수출대금과 수입대금이 상계되지 않으며

2개의 신용장이 발행된다.

4) 선구매

선구매(先購買 : Advance Purchase) 방식은 대응구매와는 달리 미리 수입을 하고 나중에 수출하는 형태의 무역이다. 즉, 수출자가 수출하기에 앞서 수입자로부터 제품을 먼저 수입하고, 수입자로 하여금 수출자의 제품을 일정기간 내에 구매할 것을 약속하게 하는 거래방식이다.

5) 제품환매무역

제품환매(Product Buy-Back)무역이란 기술, 설비 또는 플랜트를 수출한 수출자가 이의 수출대금을 수주한 기술, 설비 또는 플랜트에서 직접 파생되는 제품이나 또는 이를 이용하여 생산된 제품으로 회수하는 거래방식이다. 이 방식은 단순한 생산기기의 수출에 따른 제품 환매로부터 첨단기술의 이전을 수반하는 거래에 이르기까지 광범위하게 이루어지고 있는데 특히 기술 이전을 수반하는 형태를 산업협력(Industrial Cooperation)방식이라고 한다.

6) 상계무역

상계무역(相計貿易 : Offset Trade)은 상쇄무역이라고도 하는데 고도 기술상품의 거래에서 이용되는 것으로 수출상품의 일부 부품을 수입국에서 조달하거나, 제품생산의 기술을 수입국으로 이전하도록 하는 방식이다. 이러한 방식은 항공기, 무기 및 첨단기술 제품 등의 거래에서 흔히 나타나는데, 우리나라의 고속전철의 도입에서도 활용되고 있다.

05 Chapter 무역관리

제1절 무역관리의 개요

무역은 개별기업의 입장에서 본다면 아무런 제한이나 간섭 없이 자유롭게 할 수 있는 것이 가장 바람직할 것이다. 국제적으로 무역의 규범을 다루는 WTO에서도 자유무역을 원칙으로 하고 이의 실현을 위해 다각적인 노력을 기울이고 있다.

무역거래라는 경제현상은 거래 당사자의 한쪽이 외국에 있다는 특수성이 있고, 기업 또는 개인이라는 개별거래자의 상거래 행위이지만 그 거래의 결과가 집계되어서 한나라의 수출과 수입으로서 독립적 의미를 갖게 되어 결국 개별거래 당사자가 예상하지 못하는 국민경제적 효과를 발휘한다. 즉, 수출은 일국의 고용이나 소득을 높이고 국민생활 향상에 필요한 외화 획득의 원천이 되며 또한 국내산업의 구조를 고도화함으로써 경제발전에 미치는 파급효과가 크다. 수입 또한 자본재나 원자재 수입의 경우 자국의 자본축적과 기술진보에 도움이 되고, 소비재 수입의 경우에는 국내 산업의 경쟁력을 강화시키는 계기가 되는 등의 긍정적 효과도 있으나 소비확대, 국제수지적자 확대 등의 부정적 효과가 나타나기도 한다.

그러나 무역거래에 참여하는 당사자들은 개별이익에 따라 거래하는 것이지 국가가 기대하는 방향으로만 행동하는 것이 아니다. 따라서 국가는 무역의 흐름을 국가적 목표와 일치시키기 위해서 정책 수단을 사용하여 영향력을 행사한다.

국가는 정책적으로 무역거래를 촉진하든지 억제하고자 개별거래자의 수출·수입에 대하여 여러 가지 방법으로 개입한다. 국가가 개인 또는 기업들의 무역행위에 대하여 아무런 간섭을 하지 않고 자유무역을 허용하는 것이 교역 당사국 모두의 경제 발전에 유익하다는 고전적 자유무역론이 존재하고 있지만 세계 대부분의

나라들은 정도의 차이를 두면서 무역거래에 대하여 개입하고 있다. 즉, 국가의 궁극적인 국익을 위해서는 무역에 대해 다소간의 제한은 불가피한 것으로 인식하고 있다. WTO에서도 이러한 점을 인식하여 국가의 안전, 미풍양속의 보호, 인간 및 동식물의 생명 또는 건강보호를 위해 이와 관련된 무역거래나 불공정무역 등의 규제를 예외적으로 인정하고 있다. 이러한 국가의 무역관리 정도는 선진국의 경우 느슨하고 개발도상국의 경우는 엄격하게 이루어지는 것이 일반적이다.

제2절 한국의 무역관리

우리나라의 무역관리는 무역규모의 확대와 함께 계속적인 자유화가 추진되어 이제는 선진국들의 무역관리에 근접하는 수준에 이르고 있다. 그러나 아직도 무역이 국민경제에 미치는 영향을 고려하여 여러 가지 관리형태가 남아 있다. 따라서 무역 업무를 제대로 수행해 나가기 위해서는 먼저 무역에 대한 관리 제도를 이해하여야 한다. 이는 수출 또는 수입행위의 전제 조건이 되기 때문이다.

우리나라에서의 무역관리는 직접관리와 간접관리로 구분된다. 직접관리는 수출입 물품 자체를 관리하는 물적 관리와 수출입거래에 수반되는 대금결제와 관련한 외국환 관리를 말하고 간접관리는 관세에 의한 관리를 말한다. 물적 관리를 다루는 대표적인 법률이 대외무역법이고 외국환 관리와 관련된 법률은 외국환거래법이며, 관세에 의한 관리의 대표적인 법률은 관세법이다. 따라서 본서에서는 대외무역법을 중심으로 관세법과 외국환거래법에서 규정하고 있는 우리나라의 무역관리 제도에 대하여 살펴보기로 한다.

1. 대외무역법에 의한 무역관리

대외무역법은 무역거래의 대상인 거래물품의 흐름을 관리하는데 중점을 두고 있기 때문에 무역관리라고 하면 바로 이 법을 떠올리게 된다. 실제로 대외무역법은 우리나라 무역거래를 전반적으로 관리하는 법으로서 이 법을 무역에 관한 기준법 또는 일반법이라 한다. 대외무역법에서 규정하고 있는 무역관리를 그 대상 또는 방법에 따라 나누면 다음과 같이 정리된다.

1) 무역관련업자에 대한 관리

대외무역법상 관리 대상이 되는 무역관련업자는 무역업자와 무역대리업자이다. 무역업자란 무역을 업으로 영위하는 자를 말하고, 무역대리업자란 외국의 수입업자 또는 수출업자의 위임을 받은 자(외국의 수입업자 또는 수출업자의 지사 또는 대리점을 포함)가 국내에서 수출용품을 구매하거나 물품을 수입함에 있어 그 계약의 체결과 이에 부대되는 행위를 업으로 영위하는 자를 말한다.

무역거래의 주체인 무역업자 및 무역대리업자에 대한 관리는 허가제에서 등록제로, 그리고 신고제로 변화되면서 관리되어 왔으나 그동안 시행되던 신고제도도 1999년 12월 31일자로 종료되면서 무역관련업자에 대한 관리는 폐지되어 현재는 완전히 자유화된 상태이다.

2) 수출입 거래 품목에 대한 관리

우리나라에서는 무역거래에 대해 외국과의 조약, 그리고 국제법규에서 규정하고 있는 바에 따라 자유롭고 공정한 무역의 실천을 위해 노력하고 있다. 그러나 우리나라 또는 교역상대국에 전시·사변 또는 천재지변이 있거나 교역상대국이 조약과 일반적으로 승인된 국제법규에서 정한 우리나라의 권익을 부인할 때 등에는 수출입을 제한하거나 금지하고 있다.

또한 생물자원의 보호, 교역상대국과의 경제협력증진, 그리고 방위산업용 원료·기재의 원활한 물자수급, 과학기술의 발전 및 통상·산업정책상 필요하다고 인정되는 경우에는 지정된 일정한 품목에 대해 수출입의 제한 등의 관리가 이루어지고 있다. 이러한 목적을 달성하기 위해 개별 품목에 대한 수출입 제한 등의 관리를 하기 위한 제도로서는 수출입공고와 통합공고가 있다.

수출입공고는 대외무역법에 근거하여 산업통상자원부 장관이 고시하는 것으로서 수출제한품목과 수입제한품목을 열거하고 있으며, 수출입공고에서 제한 대상으로 지정된 품목은 수출입이 금지되거나, 산업통상자원부 장관이 지정한 기관에서 수출 또는 수입 승인을 얻어야 수출입할 수 있다. 이를 수출입 승인기관이라 하는데 구체적 승인기관은 수출입공고상에 해당품목과 함께 고시된다.

통합공고는 대외무역법 이외의 법률과 기타 국제협력 등에서 수출입을 제한하고 있는 규정을 통합하여 산업통상자원부 장관이 일괄 공고하는 것이다. 예를 들어 의약품의 수출입, 독극물의 수출입, 산업폐기물의 수출입 등에 대해서는 해당 물품의 관련법에서 수출입요건 및 절차 등을 규정하여 별도의 무역관리를 하고 있는데, 이와 같은 다양한 수출입 요령을 하나의 공고로 통합하여 단순화함으로써 수출입승인 및 통관업무의 간소화와 무역질서를 도모하고자 하는 것이다.

통합공고상에 게시되어 있는 품목에 대해서는 당해 규정에 따라 허가·추천·검사·확인 등을 받아야 수출입할 수 있다.

3) 거래 형태별 관리

대외무역법에서는 11가지 종류의 무역거래를 특정거래형태로 지정하여 이에 대해 별도의 관리를 하고 있다.[1)] 무역업자들이 외국의 무역업자와 거래하는 방법은 계약당사자들의 이해관계가 합치되는 한 다양하게 강구될 수 있다. 즉, 당사자 간의 교섭능력, 마케팅 기법 등에 따라 자유롭게 거래할 수 있는 것이다. 이러한 거래 기법은 가능한 거래 당사자들의 아이디어와 추진력에 따라 다양하게 개발되어야 하며 국가는 무역업체들이 무역거래 기법의 다양화를 추진할 수 있도록 지원하고 보호하여야 할 것이다.

그러나 무역거래 기법이 다양화되면서 나타나는 부정적인 측면을 간과할 수는 없다. 예를 들어 물품의 거래는 외국에서 이루어지면서 거래대금의 수급은 국내에서 이루어지는 형태의 무역거래에서는 물품의 이동과 자금의 흐름이 시간적, 공간적으로 차이가 발생하여 외화도피의 수단으로 악용될 소지가 있다.

---

1) 특정거래형태는 위탁가공무역, 수탁가공무역, 위탁판매수출, 수탁판매수입, 임대수출, 임차수입, 중계무역, 연계무역, 외국인도수출, 외국인수수입, 무환수출입 11가지로 지정되어 있다.

따라서 무역관리의 부작용을 초래할 특정거래 형태에 대해서는 별도의 관리를 하고 있다. 즉, ① 수출 또는 수입의 제한을 면할 우려가 있거나 산업보호에 지장을 초래할 우려가 있는 거래, ② 외국에서 외국으로 물품의 이동이 있고 그 대금의 지급 또는 영수가 국내에서 이루어지는 거래로서 대금결제상황의 확인이 곤란하다고 인정되는 거래, ③ 대금결제가 수반되지 아니하고 물품의 이동만 이루어지는 거래에 대해서는 대외무역법에서 정한 기준에 따라 거래를 하기 전에 미리 「인정」을 받아야 한다.

4) 수출입의 질서유지를 위한 관리

대외무역법에서는 수출입의 건전한 질서 유지를 위해 불공정한 수출입 행위에 대한 규제제도, 원산지 표시제도, 산업피해의 구제제도, 조정명령제도 등을 두고 있다.

불공정 수출입 행위란 덤핑, 보조금지급, 상표 및 특허권 등 지적재산권의 침해 또는 불공정 경쟁행위를 말하며, 이러한 불공정 수출입 행위에 대해서는 우리나라뿐만 아니라 세계 각국이 금지하고 있다.

수출입물품에 대한 원산지표시제도도 공정한 무역질서의 확립을 위한 무역관리의 하나이다. 이 제도는 국적불명의 상품이 수출입 됨으로 인해 발생하는 우리나라 상품의 이미지 손상이나 국내 소비자의 피해 또는 수출입제한 규정의 면탈 등을 방지하기 위한 것이다.

조정명령제도는 수출입질서를 교란하거나 대외신용을 손상하는 행위를 방지하기 위하여 필요한 경우 산업통상자원부 장관이 무역거래자에게 조정명령을 할 수 있도록 한 제도이다. 조정명령은 수출입하는 물품의 가격, 수량, 품질, 기타 거래조건 또는 대상지역 등에 대해서 내려질 수 있으며, 조정명령에 위반되는 자는 처벌을 받게 된다.

한편 불공정 수출입행위는 아니지만 특정물품의 수입증가 등에 의해 국내 산업에 피해가 발생하는 경우에는 산업피해구제제도에 따라 관리가 이루어지고 있다.

2. 관세법에 의한 무역관리

수출입상품은 매매당사자간의 매매계약에 따라 인도·인수과정을 통하여 국제적으로 이동이 이루어진다. 즉, 거래상품은 수출자가 속한 나라의 영역을 떠나서 수입자가 속한 나라의 영역으로 옮겨진다. 물론 물품이 이동하기 위해서는 사전에 대외무역법 등 관련법규에 따른 합법적인 절차가 이행되어져야 한다. 이러한 과정에서 대부분의 국가들은 물품의 국가 간 이동과정을 최종적으로 확인·점검하기 위하여 세관에서 통관절차를 거치도록 하고 있는데 이러한 내용은 관세법에 의하여 규정되고 있다.

관세법에 의거 세관이 행하는 통관은 무역관리의 최종적인 집행이라는 점에서 중요한 의미를 갖는다. 세관은 수출의 경우에는 최종적으로, 수입의 경우에는 최초로 물품 자체를 직접 확인하고 통제할 수 있는 사실상 유일한 기관이기 때문이다. 무역업자의 입장에서 보면 관세법에 따라 통관절차를 이행하고 세관장의 수출·수입에 대한 최종허가를 받지 않고는 수출물품을 외국으로 보낼 수 없고 수입물품을 국내에서 처분할 수가 없다.

특히 관세법에 의한 무역관리는 대외무역법과의 관계에서 시간적으로 연결되는 선후관계에 있다. 먼저 대외무역법에 의하여 수출·수입이 허용되고 그 수출·수입이 이행되는 과정에서 관세의 부과·징수 및 통관절차가 발생하는데 이는 관세법에 의해 적용된다.

한편 무역에 대한 관리가 여러 가지 형태로 이루어지고 있지만 관리의 중심은 수출입물품의 관리와 수출입질서 유지를 위한 관리라 할 수 있다. 이와 같은 관리업무는 물품자체에 대한 직접적인 확인과 통제를 통해서만 최대의 실효성을 거둘 수 있기 때문에 무역관리에 있어 통관의 의미는 더욱 크다 할 수 있다.

3. 외국환거래법에 의한 무역관리

국가 간의 경제거래는 외국환거래를 수반하게 되며, 상품의 수출입을 위주로 하는 무역거래에서도 당연히 외국환 거래가 수반된다. 외국환은 내국환과 달리 이종통화간의 교환절차를 거쳐야 하기 때문에 환율의 등락에 따라 외국환의 수요와 공급이 영향을 받게 됨으로 이를 시장기능에 완전히 맡기지 않고 정부가 직·간접적으로 환율변동에 개입한다든지 또는 비가격통제를 함으로써 외국환의 수급을 조정한다. 즉, 외국환의 이용결과에 따라 일국의 국제수지가 영향을 받기 때문에 국가에서는 외국환에 대한 관리를 하게 된다.

우리나라에서도 그동안 외국환거래법을 통하여 무역거래과정에서 이루어지는 대외지급과 영수에 대하여 여러 가지 형태로 제한을 하여 왔다. 그러나 1986년 이후 국제수지가 흑자로 전환됨에 따라 무역자유화 확대에 따른 개방경제의 분위기가 확산되었고 외국환 관리부문에 대해서도 대폭적으로 규제가 완화되었다. 특히 1999년 4월 1일부터는 대외거래의 합리적인 조정과 관리를 목적으로 하는 기존의 외국환관리법을 폐지하고 외국환거래법을 제정·시행함으로써 외환거래에 대한 자유화 조치를 취하였다.

외국환거래법에서는 대외거래의 자유화를 보장하고 시장기능의 활성화를 목적으로 외국환거래에 대해 과거 총량위주의 사전규제방식을 지양하고 사후 모니터링 중심으로 전환하여 외환거래를 원칙적으로 자유화하였다.

06 Chapter 원산지 관리

제1절 원산지 관리의 개요

1. 원산지 관리의 필요성

원산지란 상품이 생산 또는 제조된 국가나 지역을 말한다. 상품의 생산은 한 국가 또는 한 지역에서 완전히 생산될 수도 있지만, 대부분의 공산품은 여러 국가가 관련되면서 생산 또는 제조되는 것이 일반적이다. 생산에 여러 국가가 관련되는 상품의 원산지에 관하여는 1970년대부터 각국의 관심이 크게 증가하여 왔는데 그 이유는 크게 보아 다음과 같은 두 가지 이유 때문이다.

첫째는, 관세와 관련된 무역정책 효과의 확보문제 때문이다. 한나라가 관세와 비관세상의 특혜를 부여하거나 규제를 행할 때 무차별원칙을 적용하는 경우도 있지만, 수입상품의 원산지에 따라 차별적인 조치를 하는 경우도 많이 있다. 선진국이 개발도상국에 부여하는 일반특혜관세제도(GSP)나 WTO 개발도상국간 양허관세(TNDC), 방콕협정(ESCAP) 양허관세, UNCTAD 특혜무역제도에 관한 협정의 양허관세(GSTP), 그리고 우리나라의 북한산 물품에 대한 무관세 적용 등은 모두 상품의 원산국에 따라 특혜 적용여부가 결정된다.

또한 EU나 NAFTA와 같이 자유무역지대 혹은 관세동맹 등의 지역경제통합은 통합 역내국에서 생산된 상품에 대하여는 상호 무관세를 적용하나, 역외국에서 생산된 상품에 대하여는 관세를 부과하기 때문에 이 경우에도 수입상품에 대한 원산지의 판단은 중요한 의미를 갖는다. 특히 지역경제통합에 따라 역외국들이 관세상의 혜택을 목적으로 통합지역 내에 생산·조립공장의 설립 등 직접투자를 증대시키거나, 제3국을 통한 우회수출을 도모함에 따라 경제통합 가맹국들은 통합의 효과증대를 위해 원산지에 대한 판단을 더욱 까다롭게 하는 경향을 보여 왔다.

둘째는, 소비자에 대한 "원산지효과" 때문이다. 이는 오늘날의 세계화와 밀접한 관계가 있다. 소비자의 상품구매에 영향을 미치는 요소는 다양한데 그 중에는 상품이 생산된 원산지가 어디냐 하는 점도 중요한 요소이다. 같은 브랜드의 동일한 성능과 품질을 가진 상품이라 할지라도 생산국이 어디인가에 따라 소비자의 선호도는 달라진다. 이를 원산지효과라고 한다. 우리나라 국민들이 농·수산물의 거래에서 국산을 선호하는 현상도 일종의 원산지효과라고 할 수 있다. 이러한 원산지효과를 고려하여 소비자를 보호하고 상거래의 공정성을 제고하기 위해 원산지에 대한 관심이 높아지게 된 것이다.

원산지에 대한 관심이 높아짐에 따라 각국은 원산지의 결정기준, 상품에 대한 원산지의 표시와 관련한 각종 규정을 만들어 운용하여 왔다. 원산지 규정은 그 자체로서는 무역에 영향을 미칠 목적을 가진 조치는 아니라 할지라도 결과적으로 무역에 장애요인이 되는 경우가 많이 발생하였다. 각국의 원산지 규정이 서로 상이하여 분쟁의 원인이 되었고, 각국의 통관당국도 원산지 규정을 규제적인 무역정책의 목적을 달성하기 위한 방편으로 간주하여 차별적으로 원산지를 판정하는 사례가 늘어났기 때문이다. UR에서 "통일원산지 규정"(Harmonized Rules of Origin)의 제정을 위한 협상은 이러한 배경 하에 이루어졌다. WTO협정에서 다자간 협정의 하나로 "원산지 규정에 관한 협정"이 포함되어 있다는 것은 적정한 원산지의 관리가 국제무역의 발전에 그만큼 중요하게 되었다는 것을 시사하는 것이다.

2. 원산지 규정

자유무역 협정의 체결로 세계경제가 점차 블럭화되는 경향을 보이자 수출국들은 자유무역협정에 의한 관세혜택을 받기 위하여 현지공장설립 등 해외직접투자를 증대시키거나 제3국을 통한 우회수출을 도모하여 이에 대응해 왔다. 그 결과 이러한 생산공정의 세계화(Internationalization of Manufacturing Processes) 현상은 더욱 가속화되었다. 이에 따라 수입통관 시 관세결정, 쿼터적용, 반덤핑관세,

상계관세 부과 등에 있어서 2개국 이상에 걸쳐 생산된 물품의 원산지 결정이 필연적인 문제로 등장하게 되었다. 특히 원산지 규정은 수출국의 식별을 통하여 지역경제통합의 경제적 효과를 확인하고 역외국의 우회침투를 방지하는 주요수단으로 사용된다.

원산지 규정이란 국제무역상 거래되는 물품의 원산지를 결정하는데 적용되는 법률, 규정, 판례 그리고 행정결정 등을 의미한다. 이러한 원산지 규정은 실제적으로 상품의 원산지를 결정하기 위한 판정기준과 절차적으로 통관과정에서 세관공무원이 상품의 원산지를 결정 또는 확인하는 절차 및 과정 등 크게 2가지 부분으로 구성되어 있다.

현재 국제적으로 이용되고 있는 원산지 판정기준은 ① 세번변경기준, ② 부가가치 기준, ③ 주요 공정기준을 들 수 있으며 원산지의 확인절차로서 각종 원산지 관련 증명서의 제출을 의무화하거나 또는 수입국의 통관부처에서 관련서류에 대해 조회를 통해 원산지를 확인 가능하게 함으로써 원산지 규정의 실효성에 대한 확보를 기하는 것이 보통이다.

3. 원산지증명서

1) 원산지증명서의 의의

원산지증명서(Certificate of Origin; C/O)란 수입통관 또는 수출대금의 결제 시 구비서류의 하나로서 당해물품이 당해국에서 생산, 제조 또는 가공되었다는 사실을 증명하는 서류이다.

원산지증명서는 ① 특정국가나 지역으로부터 수입을 금지 또는 제한하기 위한 정책적 목적, ② 호혜통상협정이 체결된 국가간의 수입물품에 대한 협정세율의 적용을 위한 관세의 감면혜택의 부여목적, ③ 선진국의 대개발도상국에 대한 특혜관세의 공여 목적, ④ 기타 국별 수입통계의 목적으로 발급되는 경우 등이 있다.

2) 원산지증명서의 기재사항

원산지증명서는 당해물품의 기호·번호·품명·수량·가격 및 생산지와 수출업자·수화인명 등 기타 필요한 참고사항이 기재된 것이어야 하며, 원산지증명서의 표준양식은 별표 1과 같으며, 원산지증명서를 제출받은 세관장은 당해 원산지증명서가 표준양식에 준하여 작성된 것인지를 확인하여야 한다. 또한 원산지증명서는 한국어·영어 또는 불어로 표기한 것이라야 한다.

3) 원산지증명서의 발급

교역상대국의 관세양허를 받기 위하여 수출하는 물품의 원산지증명서를 발급받고자 하는 자는 산업통상자원부장관이 정하는 바에 따라 원산지증명서의 발급을 신청하여야 한다.

제2절 원산지의 표시

1. 원산지표시 대상물품 지정 및 공고

산업통상자원부장관이 공정한 무역질서의 확립을 도모하기 위하여 원산지를 표시하여야 하는 대상으로 공고한 물품(이하 "원산지표시 대상물품"이라 한다)을 수출 또는 수입하고자 하는 자는 그 물품에 대하여 원산지의 표시를 하여야 한다.

이 경우 원산지의 표시방법·확인, 기타 표시에 관하여 필요한 사항은 대통령령으로 정한다. 그리고 산업통상자원부장관은 원산지표시를 하여야 할 물품(이하 "원산지표시 대상물품"이라 한다)을 공고하고자 하는 경우에는 당해물품을 관장하는 관계행정기관의 장과 미리 협의하여야 한다.

2. 수입물품 원산지표시방법

1) 원산지표시 대상물품 지정

수입물품의 원산지표시 대상물품은 대외무역관리규정 〈별표 6-1〉에 게기된 물품으로 하며, 그 물품을 수입할 때에는 원산지를 표시하여야 한다. 수입물품에 대한 원산지표시제는 수출물품에 대해서도 적용을 하고 있으나 원래는 수입물품에 대한 원산지를 관리하는데 주목적이 있다. 따라서 수입물품의 원산지표시 대상품목은 주로 일반소비자가 직접 구매·사용하는 물품으로서 HS 4단위 기준으로 678개 품목을 대상으로 하고 있고 원산지표시의 범위는 당해 수입물품 및 부장품까지 포함하고 있다.

2) 원산지표시방법의 일반원칙

원산지표시 대상물품을 수입하고자 하는 자는 다음의 각 방법에 따라 당해물품에 원산지를 표시하여야 한다. 다만, 원산지를 표시하는 것이 곤란하거나 또는 원산지를 표시할 필요가 없다고 인정하여 산업통상자원부장관이 정하여 고시하는 기준에 해당하는 경우에는 그에 따라 원산지를 표시하거나 원산지표시를 생략할 수 있다.

① 다음과 같은 방식으로 한글·한문 또는 영문으로 표시할 것
- "원산지 : 국명" 또는 "국명 산(産)"
- "Made in 국명" 또는 "Product of 국명"
- "물품 제조자의 회사명, 주소, 국명"
- 수입물품의 크기가 작아 1호 내지 3호의 방식으로 당해물품의 원산지를 표시할 수 없을 경우에는 국명만을 표시할 수 있음
- "Brewed in 국명" 또는 "Distilled in 국명" 등 기타 최종구매자가 원산지를 오인할 우려가 없는 방식

② 최종구매자가 당해물품의 원산지를 용이하게 판독할 수 있는 크기의 활자체로 표시할 것

③ 최종구매자가 식별하기 용이한 곳에 표시할 것. 식별하기 용이한 곳이라 함은 최종구매자가 정상적인 물품구매과정에서 표시된 원산지를 용이하게 발견할 수 있는 곳을 의미한다.

④ 표시된 원산지는 쉽게 지워지지 않으며 물품(또는 포장·용기)에서 쉽게 떨어지지 않아야 한다. 고의적인 행위로 원산지표시를 제거하지 않는 한 물품의 정상적인 유통·보관과정에서 표시된 원산지가 손상되지 아니하고 최종구매자에게 전달될 수 있으면 쉽게 떨어지지 않는 상태로 본다.

⑤ 수입물품의 원산지는 제조단계에서 인쇄(Printing), 등사(Stenciling), 낙인(Branding), 주조(Molding), 식각(Etching), 박음질(Stitching) 또는 이와 유사한 방식으로 표시하는 것을 원칙으로 한다. 다만, 물품의 특성상 위와 같은 방식으로 표시하는 것이 부적합하거나 물품을 훼손할 우려가 있는 경우에는 날인(Stamping), 라벨(Label), 스티커(Sticker), 꼬리표(Tag)를 사용하여 표시할 수 있다.[1)]

⑥ 최종구매자가 수입물품의 원산지를 오인할 우려가 없는 경우에는 통상적으로 널리 사용되고 있는 국가명의 약어를 사용하여 원산지를 표시할 수 있다(예: United States of America를 "USA"로 표기).

위의 표시요령 이외에 수입물품의 원산지표시방법에 관하여 필요한 사항은 산업통상자원부장관이 정하여 고시한다. 다만, 수입물품을 관장하는 중앙행정기관의 장은 수입물품으로부터 소비자를 보호하기 위하여 필요한 경우에는 산업통상자원부장관과 협의하여 당해물품의 원산지표시에 관한 세부적인 사항을 따로 정하여 고시할 수 있다.

---

1) 종전(2000.7.1 시행 이전)에는 인쇄, 라벨 등 폭넓은 원산지 표시방법을 인정하여 왔으나, 원산지 표시가 유통과정에서 손상·변경되는 것을 방지하기 위하여 영구적인 방법으로 원산지를 표기하는 것을 원칙으로 하고, 이와 같은 표시방법이 물품을 훼손할 우려가 있을 경우에만 예외적인 표시방법을 인정한다. 이는 세계적인 추세로 美·日 등 대부분의 국가들이 소비자 보호를 위하여 제조단계에서 영구적인 방법으로 표시된 원산지표시만을 인정하는 추세이며, 이에 따라 유통과정에서 위·변·개조시킬 가능성을 원칙적으로 봉쇄하기 위하여 표시방법 강화하기 위한 수단이다.

그리고 수입된 원산지표시 대상물품에 대하여 단순한 가공활동을 수행함으로써 당해물품의 원산지표시를 손상 또는 변형한 자는 그 단순 가공한 물품에 위 표시요령의 규정에 따라 당초의 원산지표시를 하여야 한다.

수출물품에 대하여 원산지를 표시하는 경우에는 원산지표시방법에 따라 표시하되, 당해물품에 대한 수입국의 원산지규정이 이와 다르게 표시하도록 되어 있는 경우에는 동 규정에 의하여 원산지 표시를 할 수 있다. 다만, 수입한 물품에 대하여 국내에서 단순한 가공활동을 수행하여 이를 수출하는 경우에도 우리나라를 원산지로 표시하여서는 안 된다.

3) 원산지표시방법의 특례

(1) 원산지 오인가능 수입물품의 원산지표시

원산지 오인 표시물품은 원산지표시 대상물품이 다음 하나에 해당되는 물품을 말한다.

① 주문자 상표부착(OEM)방식에 의해 생산된 수입물품의 원산지와 주문자가 위치한 국명이 상이하여 최종구매자가 당해물품의 원산지를 오인할 우려가 있는 물품

② 물품 또는 포장·용기에 현저하게 표시되어 있는 상호·상표·지역·국가 또는 언어명이 수입물품의 원산지와 상이하여 최종구매자가 당해물품의 원산지를 오인할 우려가 있는 물품

그리고 원산지 오인가능 표시물품에 해당되는 수입물품은 당해물품 또는 포장·용기의 전면에 수입물품 원산지표시의 일반원칙에 따라 원산지를 표시하여야 한다. 다만, 다음 사항을 충족하는 경우에는 그러하지 아니할 수 있다.

① 한글로 "원산지 : 국명" 또는 "국명 산(産)"의 형태로 원산지를 표시

② 원산지표시에 사용된 활자체의 크기 및 색상이 주변 활자체와 명확히 구별되어 최종구매자가 정상적인 구매과정에서 당해물품의 원산지를 분명하게 식별할 수 있도록 원산지를 표시

③ 식별이 용이한 곳에 원산지표시를 표시하거나 표시원산지가 쉽게 지워지거나 떨어지지 않도록 하는 방식으로 원산지를 표시

한편 원산지 오인가능 수입물품을 판매하는 자는 판매 또는 진열시 소비자가 알아볼 수 있도록 상품에 표시된 원산지와는 별도로 스티커, 푯말 등을 이용하여 원산지를 표시하여야 한다.

(2) 단순가공물품의 원산지표시

단순가공물품이라 함은 외국산 원재료를 수입하여 국내에서 제조·가공된 물품이 실질적 변형을 겪지 않은 경우를 말하며, 단순가공물품은 다음 규정에 따라 수입물품의 원산지를 당해 가공물품에 표시하여야 한다.

① 원산지표시 대상물품이 수입된 후, 최종구매자가 구매하기 이전에 국내에서 단순 제조·가공처리되어 수입물품의 원산지가 은폐·제거되거나 은폐·제거될 우려가 있는 물품의 경우에는 제조·가공업자(수입자가 제조업자인 경우를 포함한다)는 완성 가공품에 수입물품의 원산지가 분명하게 나타나도록 원산지를 표시하여야 한다.

② 원산지표시 대상물품이 대형 포장 형태로 수입된 후에 최종구매자가 구매하기 이전에 국내에서 소매단위로 재포장되어 판매되는 물품인 경우에는 재포장 판매업자(수입자가 판매업자인 경우를 포함한다)는 재포장 용기에 수입물품의 원산지가 분명하게 나타나도록 원산지를 표시하여야 한다. 재포장되지 않고 낱개 또는 산물로 거래되는 수입물품이 판매되는 경우에도 물품 또는 판매용기·판매장소에 스티커 부착, 푯말부착 등의 방법으로 수입품의 원산지를 표시하여야 한다.

③ 원산지표시 대상물품이 수입된 후에 최종구매자가 구매하기 이전에 다른 물품과 결합되어 판매되는 물품인 경우에는 제조·가공업자(수입자가 제조업자인 경우를 포함한다)는 수입된 당해물품의 원산지가 분명하게 나타나도록 "(당해 물품명)의 원산지 : 국명"의 형태로 원산지를 표시하여야 한다.

이와 같이 단순가공물품의 원산지표시에 해당하는 경우에는 세관장이 수입자에게 수입 통관 후 법령에 따른 원산지표시를 준수하도록 명할 수 있다. 그에 해당되는 물품을 수입하는 자가 동 물품을 제3자(중간 구매업자 또는 판매자 등)에게 양도(제3자가 재양도하는 경우 포함)하는 경우에는 양수인에게 서면으로 법령에 따른 원산지표시의무를 준수하여야 할 것을 통보하여야 한다.

또한 단순가공물품의 경우에도 이와 같은 원산지표시를 함과 동시에 원산지표시의 일반원칙, 원산지 오인가능 수입물품의 원산지표시, 수입세트물품의 원산지표시에 해당하는 원산지표시에 해당하는 사항에 대하여는 동 표시요령에 따른 원산지표시를 하여야 한다.

(3) 수입세트물품의 원산지표시

수입세트물품의 경우 당해 세트물품을 구성하는 개별물품들의 원산지가 동일한 경우에는 개별물품 및 세트물품의 포장·용기에 원산지를 표시하여야 한다.

그리고 세트물품을 구성하는 개별물품들의 원산지가 2개국 이상인 경우에는 개별물품에 각각의 원산지를 표시하고, 세트물품의 포장·용기에는 개별물품의 원산지를 모두 나열·표시하여야 한다(예: Made in China, Taiwan).

(4) 수입용기의 원산지표시

관세율표에 따라 용기로 별도 분류되어 수입되는 물품의 경우에는 용기에 "(용기명)의 원산지 : (국명)"에 상응하는 표시를 하여야 한다(예: "Bottle made in 국명").

위 규정에도 불구하고 1회사용으로 폐기되는 용기의 경우에는 최소 판매단위의 포장에 용기의 원산지를 표시할 수 있으며, 실수요자가 이들 물품을 수입하는 경우에는 용기의 원산지를 표시하지 않아도 무방하다.

(5) 수입물품의 포장·용기 등의 원산지표시

원산지표시단위는 최소 포장단위로 당해 물품에 표시하는 것이 원칙이다. 즉 원산지를 표시해야 하는 물품이라 하더라도, 당해 물품에 원산지를 표시하는 것이 곤란하거나 원산지를 표시할 필요가 없다고 인정되는 다음의 하나에 해당되는 경우에는 당해물품에 원산지를 표시하지 않고 당해물품의 포장, 용기 등에 수입물품의 원산지표시를 할 수 있다.

① 당해물품에 원산지를 표시하는 것이 불가능한 경우
② 원산지표시로 인하여 당해물품이 크게 훼손되는 경우(예: 당구공, 콘텍트렌즈, 집적회로 등)
③ 원산지표시로 인하여 당해물품의 가치가 실질적으로 저하되는 경우
④ 원산지표시의 비용이 당해물품의 수입을 막을 정도로 과도한 경우(예: 물품값보다 표시비용이 더 많이 드는 경우)
⑤ 상거래 관행상 최종구매자에게 포장, 용기에 봉인되어 판매되는 물품 또는 봉인되지는 않았으나 포장, 용기를 뜯지 않고 판매되는 물품(예: 비누, 칫솔, VIDEO TAPE 등)
⑥ 실질적 변형을 일으키는 제조공정에 투입되는 부품 및 원재료를 수입후 실수요자에게 직접 공급하는 경우
⑦ 기타 관세청장이 산업통상자원부장관과 협의하여 정한 경우

(6) 원산지표시방법의 세부사항

관세청장은 산업통상자원부장관과 사전협의를 거쳐 원산지표시방법에 따라 물품의 특성을 감안한 세부적인 표시방법을 정할 수 있으며, 관세청장은 수입물품의 원산지표시방법에 관한 세부사항을 정할 경우 이를 고시하여야 한다.

4) 원산지표시의 면제

원산지표시 대상품목으로 지정된 물품이 다음 하나에 해당하는 경우에는 수입물품 원산지표시의무를 면제할 수 있다.

① 외화획득용 원료 및 시설기재로 수입되는 물품
② 개인에게 무상 송부된 탁송품·별송품 또는 여행자 휴대품
③ 수입 후 실질적 변형을 일으키는 제조공정에 투입되는 부품 및 원재료로서 실수요자가 직접 수입하는 경우(실수요자를 위하여 수입을 대행하는 경우를 포함)

④ 판매 또는 임대목적이 아닌 물품 제조에 사용할 목적으로 수입되는 제조용 시설 및 기자재(부분품 및 예비부품을 포함)로서 실수요자가 직접 수입하는 경우(실수요자를 위하여 수입을 대행하는 경우를 포함)
⑤ 연구개발용품으로서 실수요자가 수입하는 경우(실수요자를 위하여 수입을 대행하는 경우를 포함)
⑥ 견본품(진열 판매용이 아닌 것에 한함) 및 수입된 물품의 하자보수용 물품
⑦ 보세운송·환적 등에 의하여 우리나라를 단순히 경유하는 통과 화물
⑧ 재수출조건부 면세대상물품 등 일시 수입물품
⑨ 우리나라에서 수출된 후 재수입되는 물품
⑩ 외교관 면세대상물품
⑪ 기타 관세청장이 산업통상자원부장관과 협의하여 타당하다고 인정하는 물품

한편, 세관장은 외화획득용 원료 및 시설기재로 수입되는 원산지표시가 면제되는 물품에 대하여 외화획득이행여부, 목적 외 사용 등을 사후 확인할 수 있다.

5) 원산지표시방법 사전확인 및 이의제기

원산지표시방법에 관한 확인업무는 산업통상자원부장관이 관세청장에게 위탁하고 있다. 따라서 원산지표시방법에 따라 원산지를 표시해야 하는 자는 그 물품이 수입되기 전에 문서로 당해물품의 적정한 원산지표시방법을 관세청장에게 요청할 수 있다.

관세청장은 적정한 원산지표시방법에 관한 확인을 요청받은 경우에는 신청을 접수한 날로부터 30일 이내에 수입물품의 원산지표시방법의 규정에 따라 당해물품의 적정한 표시방법을 확인하여 요청인에게 통보하여야 한다.

관세청장의 원산지표시방법의 확인에 관하여 이의가 있는 자는 확인결과를 통보받은 날부터 30일 이내에 서면으로 관세청장에게 이의를 제기할 수 있다.

따라서 적정한 원산지표시방법의 확인에 관한 통보내용에 대하여 이의제기를 접수한 관세청장은 접수한 날부터 30일 이내에 이의제기에 대하여 결정을 하고 이를 요청인에게 통보하여야 한다.

6) 원산지표시의 확인·검사

산업통상자원부장관은 원산지표시 대상물품의 원산지의 표시의무 및 규정준수 의무를 위반하였는지의 여부를 확인하기 위하여 필요하다고 인정하는 때에는 수입물품을 검사할 수 있다.

〈별표 6-1〉의 원산지표시 대상물품을 수입하고자 하는 자는 당해물품의 통관시 원산지표시여부에 대하여 세관장의 확인을 받아야 한다. 세관장은 수출입되는 물품이 규정에 위반되는 것으로 인정되는 경우에는 원산지의 표시·정정·말소 등 적절한 조치를 지시할 수 있다. 관계행정기관의 장, 서울특별시장, 광역시장 또는 도지사는 수입신고 후 통관된 물품이 규정에 위반되는 것으로 인정되는 경우에는 원산지의 표시·정정·말소 등 적절한 조치를 지시할 수 있다.

3. 원산지 판정제도

1) 수입물품의 원산지 사전판정절차

(1) 사전판정 요청

물품을 수입하기 전에 수입물품의 원산지에 관하여 판정을 받고자 하는 자는 대상물품의 관세·통계통합품목분류표(관세법시행령 제53조의5의 규정에 의한 관세·통계통합품목분류표를 말한다. 이하 같다)상의 품목번호, 품목명(모델명을 포함한다), 요청사유, 요청자가 주장하는 원산지 등을 기재한 요청서에 견본 1개 기타 원산지판정에 필요한 자료를 첨부하여 관세청장에게 제출하여야 한다.

다만, 물품의 성질상 견본을 제출하기 곤란하거나 견본이 없어도 그 물품의 원산지판정에 지장이 없다고 인정되는 경우에는 견본의 제출을 생략할 수 있다.

그리고 관세청장은 대외무역법시행령의 규정에 의하여 제출된 요청서 등이 미비하여 수입물품의 원산지를 판정하기 곤란한 경우에는 일정한 기간을 정하여 자료의 보정을 요구할 수 있으며 동 기간 내에 보정을 하지 아니할 때에는 이를 반려할 수 있다

또한 관세청장은 원산지 사전판정 요청을 받은 경우에는 60일 이내에 원산지

사전판정을 하고 그 결과를 문서로 요청인에게 통보하여야 한다. 다만, 당해 판정과 관련된 자료수집 등을 위하여 필요한 기간은 이에 산입하지 아니한다.

그리고 원산지 사전판정결과가 요청인의 주장과 다른 경우에는 판정의 근거 등을 기재하여야 하며, 원산지 사전판정의 요청방법, 기타 사전판정에 관하여 필요한 사항은 관세청장이 정하여 고시한다.

(2) 이의제기

수입물품의 원산지판정을 통보를 받은 자가 원산지판정에 대하여 불복이 있는 경우에는 통보를 받은 날부터 30일 이내에 관세청장에게 이의를 제기할 수 있다. 이에 따라 원산지판정에 이의를 제기하고자 하는 자는 대상물품의 관세·통계통합품목분류표상의 품목번호, 품목명(모델명을 포함한다), 이의제기의 사유, 신청자가 주장하는 원산지 등을 기재한 이의신청서에 원산지판정에 필요한 자료를 첨부하여 관세청장에게 제출하여야 한다.

한편 관세청장은 제출된 신청서 등이 미비하여 이의제기에 대한 결정을 하기 곤란한 경우에는 기간을 정하여 자료의 보정을 요구할 수 있으며, 동 기간내에 보정을 하지 아니할 때에는 이를 반려할 수 있다.

전술한 보정기간은 법 제24조 제6항에 규정한 이의제기 결정기간에 산입하지 아니한다. 그리고 관세청장은 이의제기에 대한 결정을 하고자 하는 경우에는 제58조의 규정에 의한 원산지판정위원회의 심의를 거쳐야 한다.

한편 관세청장은 이의를 제기 받은 경우에는 이의제기를 받은 날부터 150일 이내에 이의제기에 대한 결정을 통보하여야 한다. 그리고 원산지판정의 요청, 이의제기 등 원산지판정의 절차에 관하여 필요한 사항은 대통령령으로 정하고, 이에 따른 원산지판정에 대한 이의의 제기절차 등에 관하여 필요한 세부적인 사항은 관세청장이 정한다.

2) 원산지 판정기준

원산지 판정의 기준은 대통령령이 정하는 바에 따라 산업통상자원부장관이 정하여 공고한다. 이에 따라 대외무역법 시행령에서는 수입 또는 수출물품에 대한 원산지 판정기준을 다음과 같이 규정하고, 완전생산물품·실질적 변형 및 단순가공활동의 기준 등 원산지 판정기준에 관한 구체적인 사항은 관계행정기관의 장과 협의하여 산업통상자원부장관이 정하여 고시한다.

(1) 완전생산기준

완전생산기준이라 함은 수입물품에 대하여 당해물품의 전부를 생산한 국가를 원산지로 보는 기준을 말하며, 이는 천연생산품 또는 천연생산품으로 물품의 전부를 제조한 물품에 주로 적용되는 기준이다.

여기서 다음 각 호에 해당되는 물품을 완전생산물품으로 본다.

① 해당국 영역에서 생산한 광산물, 농산물 및 식물성 생산물

② 해당국 영역에서 번식, 사육한 산 동물과 이들로부터 채취한 물품

③ 해당국 영역에서 수렵, 어로로 체포한 물품

④ 해당국 선박에 의하여 체포한 어획물, 기타 물품

⑤ 해당국에서 제조, 가공공정 중에 발생한 잔여물

⑥ 해당국 또는 해당국의 선박에서 제1호 내지 제5호의 물품을 원재료로 하여 제조·가공한 물품

(2) 실질적 변형기준

"실질적 변형"이란 최종적으로 실질적 변형을 행하여 그 물품의 본질적 특성을 부여하는 활동으로서, 당해국에서의 제조·가공과정을 통하여 원재료의 세 번과 상이한 세 번(HS 6단위기준)의 제품을 생산하는 것을 말하는데, 수입물품의 생산·제조·가공과정에 2 이상의 국가가 관련된 경우에는 "실질적 변형"을 수행한 국가를 당해물품의 원산지로 한다.

즉 물품이 2개국 이상에 걸쳐 생산된 경우 당해물품이 실질적으로 변화되는 생산공정을 최종적으로 행한 국가를 원산지로 보는 기준이다. 따라서 해외 위탁가공물품은 설령 원부자재를 모두 위탁국에서 공급하였다 하더라도 당해물품이 실질적 변형을 일으키는 가공공정을 실행한 가공국가가 원산지가 된다. 다만, 실질적인 변형

에도 불구하고 산업통상자원부장관이 별도로 정한 품목에 대하여는 부가가치, 주요 부품 또는 주요 공정 등에 의하여 당해 물품의 원산지를 판정할 수 있다.

(3) 단순가공활동 기준

수입물품의 생산·제조·가공과정에서 2 이상의 국가가 관련된 경우 다음과 같은 단순가공활동을 수행하는 국가를 원산지로 하지 아니하는 것을 말한다.

① 운송 또는 보관 목적으로 물품을 양호한 상태로 보존하기 위해 행하는 가공활동

② 선적 또는 운송을 용이하게 하기 위한 가공활동

③ 판매목적으로 물품의 포장 등과 관련된 활동

④ 제조, 가공 결과 HS 6단위의 변경이 발생하지 않은 가공활동

⑤ 제조·가공 결과 HS 6단위가 변경되는 경우라도 다음 각목의 1에 해당되는 가공과 이들이 결합되는 가공은 최소가공의 범위에 포함된다.

- 통풍
- 건조 또는 단순가열(볶거나 굽는 것 포함)
- 냉동, 냉장
- 손상부위의 제거, 이물질 제거, 세척
- 기름칠, 녹방지 또는 보호를 위한 도색, 도장
- 거르기 또는 선별(Sifting or Screening)
- 정리(Sorting), 분류 또는 등급선정(Classifying, or Grading)
- 시험 또는 측정
- 표시나 라벨의 수정 또는 선명화
- 가수, 희석, 흡습, 가염 또는 가당, 전리(Ionizing)
- 각피(Husking), 탈각(Shelling or Unshelling), 씨제거, 단순절단 및 단순혼합
- 〈별표 9〉에서 정한 HS 01류의 가축을 수입하여 국내에서 도축하는 경우 같은 별표에서 정한 품목별 사육기간 미만의 기간 동안 국내에서 사육한 가축의 도축(Slaughtering)
- 펴기(Spreading Out), 압착(Crushing)

- 위의 통풍으로부터 압착에 이르는 것에 준하는 가공으로서 산업통상자원부장관이 별도로 판정하는 단순한 가공활동

(4) 원산지 판정기준의 특례

기계·기구·장치 또는 차량에 사용되는 부속품·예비 부분품 및 공구로서 기계 등과 함께 수입되어 동시에 판매되고 그 종류 및 수량으로 보아 정상적인 부속품, 예비 부분품 및 공구라고 인정되는 물품의 원산지는 당해 기계·기구·장치 또는 차량의 원산지와 동일한 것으로 본다.

그리고 포장용품의 원산지는 당해 포장된 내용품의 원산지와 동일한 것으로 본다. 다만, 법령에 의하여 포장용품과 내용품을 각각 별개로 구분하여 수입신고하도록 규정된 경우에는 포장용품의 원산지는 내용품의 원산지와 구분하여 결정한다. 촬영된 영화용 필름에 대하여는 그 영화제작자가 속하는 나라를 원산지로 한다.

3) 원산지 판정위원회의 구성

원산지 판정위원회는 위원장 1인을 포함한 10인 이내의 위원으로 구성한다.

위원장은 산업통상자원부 무역업무를 담당하는 국장급공무원이 되고, 위원은 관계 행정기관·단체 또는 관련기업의 임원·직원, 기타 원산지 판정에 관한 전문지식을 가진 자 중에서 산업통상자원부장관이 임명 또는 위촉하는 자가 되며, 위촉위원의 임기는 2년으로 하되, 연임할 수 있다.

한편, 원산지 판정위원회의의 운영에 관하여 필요한 사항은 원산지 판정위원회의 의결을 거쳐 위원장이 정한다.

제3절 원산지표시 위반에 따른 제재

무역거래자 또는 물품의 판매업자는 그 물품의 원산지표시와 관련하여 다음 하나에 해당하는 행위를 하여서는 아니 된다.

① 원산지를 허위로 표시하거나 이를 오인하게 하는 표시를 하는 행위
② 원산지의 표시를 손상하거나 변경하는 행위
③ 원산지의 표시대상물품에 대하여 원산지 표시를 하지 아니하는 행위

산업통상자원부장관은 원산지표시방법을 위반하거나 상기의 행위가 있었는지 여부를 확인하기 위하여 필요하다고 인정하는 때에는 수입한 물품 등과 관련서류를 검사할 수 있다. 또한 당해 행위자에 대하여 원상복구 등 대통령령이 정하는 시정조치를 명하거나 3천만원 이하의 과징금을 부과할 수 있다.

1. 벌칙

1) 징역 또는 3천만원 이하 벌금

원산지표시와 관련하여, 다음의 하나에 해당하는 자는 3년 이하의 징역 또는 3천만원 이하의 벌금에 처한다.

① 원산지표시 대상물품에 대하여 원산지의 표시를 하지 아니하고 물품을 수출 또는 수입한 자
② 원산지의 허위·오인표시금지 및 원산지표시의 손상·변경행위금지규정에 위반하여 원산지를 허위로 표시하거나 원산지를 오인하도록 표시한 자 또는 원산지의 표시를 손상하거나 변경한 자
③ 원산지허위표시물품 또는 원산지표시의 손상·변경물품의 수출입행위금지규정에 의한 원산지를 허위로 표시한 물품 또는 원산지의 표시를 손상하거나 변경한 물품을 수출 또는 수입한 자

2) 2천만원 이하 벌금

원산지표시와 관련하여, 다음 하나에 해당하는 자는 2천만원 이하의 벌금에 처한다.

① 중대한 과실로 원산지표시 대상물품에 대하여 원산지의 표시를 하지 아니하

고 물품을 수출 또는 수입한 자

② 중대한 과실로 원산지의 허위·오인표시금지 및 원산지표시의 손상·변경행위금지규정에 위반하여 원산지를 오인하도록 원산지를 표시한 자 또는 원산지의 표시를 손상하거나 변경한 자

③ 중대한 과실로 원산지허위표시물품 또는 원산지표시의 손상·변경물품의 수출입행위금지규정에 위반하여 원산지를 허위로 표시한 물품 또는 원산지의 표시를 손상하거나 변경한 물품을 수출 또는 수입한 자

2. 시정조치 및 과징금

1) 시정조치 명령

시정조치의 내용은 다음과 같다.

① 원산지표시의 원상복구·정정·말소 또는 원산지 표시명령

② 위반물품의 거래 또는 판매행위 중지

상기의 시정조치명령은 다음의 사항을 명시한 서면으로 하여야 한다.

① 당해 위반행위의 내용

② 시정조치명령의 사유 및 내용

③ 시정기한

2) 과징금 부과

산업통상자원부장관은 과징금을 부과하고자 할 때는 그 위반행위의 종별과 과징금의 금액을 명시하여 이를 납부할 것을 서면으로 통지하여야 한다. 과징금의 납부를 통지받은 자는 납부통지일로부터 20일 이내에 과징금을 산업통상자원부장관이 정하는 수납기관에 납부하여야 한다. 다만, 천재·지변 기타 부득이한 사유로 인하여 그 기간 내에 과징금을 납부할 수 없는 때에는 그 사유가 없어진 날부터 7일 이내에 납부하여야 한다. 과징금은 이를 분할하여 납부할 수 없다.

산업통상자원부장관은 과징금을 부과 받은 자가 납부기한 내에 납부하지 아니한 때에는 국세체납처분의 예에 의하여 이를 징수할 수 있다. 과징금을 부과할 위반행위의 종별과 과징금의 금액은 표와 같다. 산업통상자원부장관은 당해 무역거래자 등의 수출입의 규모, 위반행위의 정도 및 위반횟수 등을 참작하여 제1항의 규정에 의한 과징금 금액의 2분의 1의 범위 안에서 이를 가중 또는 경감할 수 있다. 다만, 가중하는 경우에도 과징금의 총액은 3천만원을 초과할 수 없다.

표 2-1 위반행위의 종별 및 과징금의 금액

(단위 : 만원)

위 반 행 위	해당조항	과징금금액
1. 원산지 표시대상물품을 수출입하는 자가 법 제33조 제2항의 규정에 의한 원산지의 표시방법을 위반한 때	법제33조 제1항	2,000
2. 무역거래자 또는 물품 등의 판매업자가 원산지를 허위로 표시하거나 이를 오인하게 하는 표시한 때	법제33조 제3항 제1호	3,000
3. 무역거래자 또는 물품 등의 판매업자가 원산지 표시를 손상하거나 변경한 때	법제33조 제3항 제2호	3,000
4. 무역거래자가 원산지표시대상물품에 대하여 원산지 표시를 하지 아니한 때	법제33조 제3항 제3호	2,000

07 Chapter 수출입 절차와 통관

제1절 수출절차

수출거래가 이루어지는 과정은 일반적으로 수출상과 수입상 간에 거래에 대한 계약이 체결되고 계약조건에 따라 발행된 신용장을 입수한 후, 수출승인, 수출품의 확보, 수출검사, 수출통관, 선적 그리고 수출대금의 회수 순으로 진행된다. 물론 이러한 과정은 일반적인 것으로서 거래에 따라서 모든 과정이 적용되기도 하고 또는 일부과정이 생략되어 진행되기도 한다.

1. 수출계약 체결

기업이 처음 수출하게 되는 동기는 다양하나 내수기업이 스스로 수출에 관심을 가지고 수출계약까지 진행되는 과정을 보면 다음과 같다.

1) 해외시장조사 및 거래상담

먼저 수출거래에 임하는 기업이 가장 우선적으로 고려해야 할 사항은 자신이 취급하는 상품을 어느 지역으로 판매할 것인가를 결정하는 것이다. 이를 위해 수출상은 자기회사 상품의 특징이나 판매 전략을 고려하여 판매 대상시장을 선정하는 해외시장조사를 실시한다. 해외시장조사는 수출입절차의 최초단계로서 특정상품에 대한 판매 또는 구매가능성을 조사하는 것을 말한다. 해외시장조사에서는 지리적 거리, 기후, 시장규모, 문화, 경제수준, 언어, 생산 및 유통구조, 상도덕 및 관습 등의 환경조사와 관세 및 비관세 장벽, 외국환관리 및 결제방법 등의 무역관리제도와 관련되어 무역거래에 영향을 미칠 수 있는 모든 요인이 조사의 대상이 된다.

최근에는 해외시장조사와 관련된 내용들은 인터넷을 통해서 필요한 다양한 자료를 손쉽게 얻을 수 있다. 인터넷상에는 전 세계의 모든 비즈니스 관련정보를 망라해 놓은 사이트도 있고, 또는 국가별로 사회, 경제, 문화, 정치, 환경 등을 정리해 놓은 사이트도 많다.

대상 시장이 선정되면 한국무역협회, 대한상공회의소, 대한무역투자진흥공사 등의 무역 관련 기관의 당해 시장 내 상공인명부(Directory)를 조사하거나 관련 인터넷 사이트를 검색하여 거래 상대 후보를 물색한 다음 상대방에게 거래관계를 모색하는 거래제의 또는 거래권유를 하게 된다. 이 단계에서의 거래제의는 상대방이 상황을 전혀 모르는 상태에서 이루어지는 것이 일반적이므로 상대방 입장이 난처해지거나 기분을 상하지 않도록 세심한 주의를 기울여야 한다. 수출상의 거래제의에 대해 상대방으로부터 관심이 나타나면 거래조건에 대한 자세한 정보와 카탈로그나 견본 등의 송부를 통해 상품에 대한 정보를 제공하면서 상담을 진행한다.

2) 신용조사

무역거래는 일반적으로 언어, 제도, 관습 등의 사회·경제적 조건이 상이한 국가 간에 이루어지는 거래이므로 국내 거래와는 달리 여러 가지 위험에 직면하게 된다. 이러한 무역거래상의 위험 및 불안을 제거하기 위해서는 각종 위험을 보완하는 제도를 제대로 숙지하여 활용하는 것이 필수적이지만 가장 우선시 되는 것은 거래 당사자 간의 신뢰성 확보라 할 수 있다.

특히, 무역거래는 신의성실의 원칙에 기반을 둔 상거래로서, 무역을 관리하는 국제제도, 국제법규 등이 존재하더라도 당사자 간의 신뢰가 무너질 때는 여러 가지 어려움이 발생할 수 있다.

따라서 무역거래의 당사자들은 거래가 본격적으로 진행되는 단계에 들어서면 서로 상대방에 대한 신용조사를 하게 된다. 신용조사를 통해 상대방의 재정상태, 영업방침, 현지에서의 평판, 대표자의 인물, 사업능력, 성실성 등을 판단하고 그

결과에 따라 거래의 계속여부를 결정하게 된다.

신용조사는 일반적으로 거래 상대방이 지명한 현지의 은행 또는 상사, 주재국 영사관, 관련협회, 각 국 소재 상업회의소 등을 통하여 이루어진다. 그러나 언급된 기관들을 통한 신용조사에서는 국가에 따라 차이가 있기는 하나 관계 법규의 제약에 있어 좋은 정보를 기대하기 힘들다. 즉, 대부분의 국가들은 국내회사의 신용이나 명성을 해치는 행위를 법으로 규제하고 있기 때문에 불리한 내용에 대한 정확한 정보의 제공을 꺼리고 있다.

이러한 이유로 상대방에 대한 정확한 정보를 얻기 위해서는 국내의 경우 신용보증기금이나 한국무역보험공사, 대한무역투자진흥공사 등의 신용조사를 전문적으로 하는 기관을 이용하는 것이 좋다. 이와 함께 세계 각처에 광범위한 조사망을 갖고 있는 Dun & Brad Street 또는 각국에 소재하여 신용조사업무를 전문적으로 취급하는 상업흥신소(Mercantile Credit Agency, Credit Inquiry Agency) 등을 이용하는 것이 비용은 들지만 보다 상세한 신용정보를 얻을 수 있다.

3) 계약의 체결

무역거래에 임하는 수출상과 수입상간에 신용조회를 통해서 그 결과가 상호 만족스러운 것으로 나타나면 거래당사자들은 본격적으로 거래의 세부내용에 대한 협상에 들어간다. 거래 협상과정에서 거래조건에 관해 이견을 좁히고 전반적인 거래내용에 합의가 되면 거래형태에 따라 포괄계약(Master Contract) 또는 개별계약(Case by Case Contract)을 체결하게 된다.

포괄계약이란 동일한 거래가 지속되는 경우에 매번 거래가 이루어질 때마다 계약을 체결하는 불편을 해소하기 위해 연간 또는 일정기간을 정하여 일반적인 거래조건을 합의하는 계약형태를 말한다. 그러나 당사자 간의 거래가 1, 2회에 그치는 단발적인 거래의 경우에는 포괄계약서를 작성하지 않고 수출상의 오퍼(Offer : 청약)나 수출상의 주문(Order)에 대해 상대방의 승낙이 있게 되면 계약이 이루어지게 되는데 이에 의거하여 개별거래가 이루어질 때마다 개별계약을 체결하여 거래를 진행한다.

여기서 오퍼란 그에 응하는 승낙과 결합하여 계약을 성립시키려는 의사표시를 말한다. 따라서 오퍼는 수출상이나 수입상 모두 발행할 수 있다. 그러나 실무상으로는 보통 매매 당사자의 일방인 수출상이 상대방인 수입상에게 일정한 물품을 일정한 가격, 선적, 결제 등 기타의 조건으로 판매하겠다는 의사표시를 말한다. 우리나라 대외무역법에서도 오퍼를 물품매도확약이라고 칭하고 있어 수출상의 판매의사표시로 사용되고 있음을 알 수 있다.

오퍼에는 일반적으로 ① 품명, ② 규격, ③ 원산지, ④ 단위, ⑤ 단가, ⑥ 대금결제조건, ⑦ 선적시기, ⑧ 포장조건, ⑨ 보험조건, ⑩ 발행일 및 유효기간, ⑪ 발행자 및 상대방 이름, ⑫ 기타 필요한 사항이 기재된다.

오퍼는 특정한 방식에 의해 발행될 필요는 없어 구두(口頭)로 하여도 무방하지만 무역에서는 보통 일정한 형식을 갖춘 Offer Sheet를 작성하여 서한이나 팩스 또는 E-Mail을 이용하여 송부한다.

수출상이 발행한 오퍼에 대해 그 내용(거래조건)을 받아들이겠다는 의사표시를 승낙(Acceptance)이라 하며, 계약은 오퍼에 대해 승낙이 있음으로써 성립된다. 승낙은 원칙적으로 오퍼의 모든 조항에 대해 무조건적으로 동의하는 것이어야 하며, 오퍼의 내용에 어떠한 추가나 제한 그리고 기타의 변경을 가한 승낙은 사실상 승낙이 아니고 오퍼에 대한 거절이며 새로운 오퍼인 Counter Offer(반대청약, 역오퍼)가 된다.

Counter Offer란 수출상이 발행한 원래의 오퍼의 내용에 대해 변경을 요구하면서 수입상이 발행한 오퍼이다. 무역거래에서는 수입상이 Counter Offer를 보내고, 이에 대해 다시 수출상이 Counter Offer를 보내는 식으로 여러 차례 Counter Offer가 교환되면서 일방의 최종 승낙으로 계약이 성립되는 것이 보통이다.

2. 신용장의 수령

수출계약이 체결되고 수입상으로부터 신용장이 오게 되는 것은 계약의 내용 중 대금결제조건이 신용장에 의한 결제조건인 경우에만 해당된다. 무역거래에서 대금결제형태는 우선 직접결제형태와 간접결제형태로 구분된다. 직접결제는 현지에

서의 직접구매의 경우나 거래대금을 직접 가져와 결제하는 경우에서와 같이 소액거래에 이용되는 형태로서 무역거래에서 일반적으로 이용되는 결제형태는 아니다. 따라서 무역거래에서의 결제는 대부분이 간접결제형태로 이루어지며, 이는 수출상과 수입상 간에 제3자(일반적으로 은행)가 개입되어 이루어지는 외환(Foreign Exchange)에 의한 결제방식을 말한다.

외환에 의한 결제방식은 송금방식과 추심방식으로 구분된다. 여기서 송금방식이란 수입상(채무자)이 은행을 통해 거래대금을 보내주는 방식이고, 추심방식이란 수출상(채권자)이 은행을 통해 거래대금의 지급을 요구하여 대금을 회수하는 방식을 말한다. 한편 추심방식은 신용장방식과 추심결제방식으로 다시 구분된다. 추심결제방식에는 지급인도조건(Document Against Payment : D/P)과 인수인도조건(Document Against Acceptance : D/A)이 있다.

무역거래에서의 대금결제방식은 이외에도 물물교환방식(Barter Trade), 팩토링방식, 상호계산방식(Open Account), 포페이팅방식(Forfaiting), 트레이드카드(Trade Card) 등 다양하므로 거래 당사자들은 이러한 여러 가지 결제방법 중에서 무역거래에서의 대금결제의 중요성을 감안하여 적절한 방법을 선택하게 된다.

신용장은 Letter of Credit 또는 단순히 Credit라고 하며 보통은 약해서 L/C라고 한다. 신용장은 한마디로 요약한다면 신용장 개설은행이 수입상의 거래대금지급을 보증하는 제도이다. 단 수출상이 신용장에서 요구하는 대로 거래를 이행하여야 한다는 조건이 붙는다. 즉, 신용장은 수출상이 수출을 이행한 후 신용장조건과 일치하는 선적서류를 제시하면 신용장 개설은행이 대금결제를 약속하는 증권이다.

따라서 수출상에게는 대금회수와 관련된 위험을 제거해주고, 수입상에게는 수출상이 신용장 조건대로 거래를 이행하리라는 믿음을 주게 되어 양당사자들이 안심하고 거래에 임할 수 있다. 신용장의 이러한 기능으로 인하여 오늘날 무역거래의 상당부분이 신용장에 의한 결제방식으로 이루어지고 있다.

무역계약에서 대금결제조건이 신용장방식으로 합의되면 수입상은 자신의 거래은행에 의뢰하여 수출상 앞으로 신용장을 발행하게 된다. 신용장을 수령한 수출상은 ① 신용장의 기재내용과 계약서 내용의 일치여부, ② 신용장 개설은행의 신용상태, ③ 신용장의 조건이행이 불가능하거나 곤란한 문언의 존재 유무 등을 자세히 검토하여야 한다. 만약 계약내용과 다르거나 조건이행이 불가능한 조건이 있으면 조건변경을 요청해야 한다. 발행된 신용장은 취소불능신용장일지라도 당사자들이 합의하면 신용장조건은 변경(Amend)될 수 있다.

3. 수출승인

수출승인이라 함은 대외무역법에 의하여 수출이 제한되는 물품을 수출이 가능하게 하는 절차이다. 우리나라에서는 모든 수출입거래에 대해 원칙적으로 예외 없이 수출입승인을 받아야 수출 또는 수입할 수 있는 제도를 운영하여 왔으나, 1997년 1월 1일부터는 수출입의 자유화 원칙에 따라 예외적인 경우에만 수출입 승인을 받도록 하고 나머지 거래에 대해서는 수출 또는 수입승인을 받지 않고도 수출입거래를 할 수 있는 제도로 전환되었다.

즉, 1997년 1월 1일 이전에는 모든 수출입행위에 대해 매 거래 건 별로 거래의 이행이전에 당해 거래의 이행을 사전에 허가해 주는 엄격한 관리가 이루어졌으나, 현재는 수출입승인을 받아야 하는 품목만을 열거해 놓고, 그 외의 품목에 대해서는 아무런 제한 없이 수출입 할 수 있는 Negative System으로 운영되고 있다. 따라서 수출승인절차 역시 모든 거래에 적용되는 것은 아니다.

수출입승인을 받아야 하는 물품은 산업통상자원부장관이 따로 지정하여 고시하게 되는데 이를 수출입공고라 한다. 따라서 수출하고자 하는 물품이 수출입 공고상에 게재되어 있으면 수출상은 수출입 공고상의 수출승인요령에 따라 승인을 받아야한다. 현재 수출입승인 기관은 대상품목에 대해 산업통상자원부장관이 지정·고시한 기관 또는 단체가 된다. 그러나 수출입공고에서 수출입승인 대상으로 지정·고시되어 있는 품목일지라도 긴급을 요하는 물품, 기타 수출입절차를 간소화하기 위한 물품, 예를 들어 여행자들이 휴대하여 반출·입하는 물품에 대해서는 수출입의 승인이 면제된다.

한편 대외무역법 이외의 각종 국내법령에 의하여 수출입이 제한되는 품목에 대하여는 산업통상자원부장관이 이를 종합하여 고시하는데 이를 통합공고라 한다. 통합공고에 고시된 물품에 대해서는 통합공고에서 요구하는 요건을 충족하여야

수출 또는 수입할 수 있다. 예를 들어 녹용을 수입하는 경우에는 대외무역법이 아닌 약사법에 의해 규제를 받고 있어 한국의약품수출입협회장에게 신고를 한 후 수입할 수 있는데, 이러한 규정들을 통합하여 고시해 놓은 것을 통합공고라 한다.

4. 수출물품의 확보

계약된 수출물품을 확보하는 방법은 크게 두 가지이다. 하나는 수출상이 제조시설을 갖춘 경우 자신이 직접 생산하는 방법이고, 다른 하나는 국내에서 다른 업체가 이미 생산한 완제품을 구매하는 방법이다. 후자의 경우에는 자기자금으로 필요한 수출품을 조달하여야 하나 전자의 경우에는 무역금융제도를 활용하여 수출품 생산에 필요한 자금을 조달할 수 있다. 무역금융이란 수출지원제도의 일종으로 수출물품의 제조 또는 조달과 관련된 자금을 융자해 주는 제도이다. 무역금융을 활용하여 수출품의 직접생산을 통하여 수출물품을 확보하는 과정은 다음과 같다.

수출물품을 수출상이 직접 생산하는 경우 소요되는 자금은 생산에 투입되는 원자재 구입비용과 조달된 원자재로 상품을 생산에 소요되는 비용으로 구분된다. 또한 원자재를 조달하는 방법은 국내에서 구매하는 방법과 외국에서 수입하는 경우의 두 가지가 있다. 현행 무역금융제도에서는 이에 소요되는 자금 모두를 융자해주고 있다. 즉, 수출용원자재를 해외에서 수입하는데 필요한 자금과 원자재를 국내에서 구매하는데 필요한 자금을 융자해 주는데 이를 원자재금융이라 한다. 또한 국·내외에서 조달한 원자재로 수출물품을 생산하는데 필요한 자금을 융자해 주는데 이를 생산자금이라 한다. 다시 말해서 신용장에 의한 수출의 경우 수출업자는 수출물품 생산에 필요한 자금을 적절하게 융자받을 수 있어 자기 자금부담 없이 수출물품을 확보할 수 있다.

5. 수출검사

무역거래 상품의 품질은 수출상과 수입상 간의 계약에 의해 결정된다. 따라서 수출물품의 품질에 대해서는 거래당사자간에 논의될 사항이지 정부가 관여할 문제는 아니다. 그러나 우리나라에서는 수출품의 품질 및 대외성과의 유지·향상을 도모하여 건전한 수출무역의 조성을 목적으로 수출품에 대한 검사를 시행해왔다. 이 제도가 그동안 우리나라 수출품의 품질수준 향상에 많은 기여를 해온 것은 사실이나 기술수준이 발전하고, 수출물량이 급속히 증가하면서 이 제도는 오히려 비용과 시간적으로 수출업자에게 부담이 되는 부작용을 나타내었다.

이러한 문제점을 고려하여 정부에서는 의무적으로 실시하던 수출 검사 제도를 폐지하고 민간기업의 수출품 품질향상을 위한 자율적 노력을 지원하기 위한 수출품 품질향상에 관한 법률을 제정하였다. 이로서 수출검사제도는 1994년부터 의무검사제에서 자율검사제로 바뀌었다. 그러나 국제협약에 의한 필요가 있거나 인체의 안전에 대한 위해(危害)의 우려가 있는 일부품목에 대해서는 수출검사품목으로 고시하여 수출검사를 받도록 하고 있다. 따라서 수출검사품목으로 지정된 품목을 수출할 경우에는 수출검사에 합격하여야만 수출할 수 있다.

6. 운송계약 및 보험계약

수출물품의 운송을 위한 운송계약과 보험계약은 수출거래과정에서 정해진 시점이 있는 것은 아니나 일반적으로 수출물품이 확보되고 수출통관이 진행되는 과정에서 이루어진다.

이 두 가지 계약의 체결의무는 무역계약의 가격조건에 따라 달라진다. 즉, 무역가격조건이 FOB, FAS, FCA 등 운송비 미지급조건과 적출지인도조건인 EXW의 경우에는 수입상에게 그 의무가 있고 CIF, CIP 등 운송비지급인도조건과 DAT, DAP, DDP 등 양륙지인도조건의 경우에는 수출상에게 그 의무가 있다. 단 CFR, CPT조건에서는 해상운송계약은 수출상이, 해상보험계약은 수입상이 체결한다.

따라서 CIF 등의 가격조건인 경우에 수출상은 신용장상에 약정된 선적기일 내에 확실히 선적할 수 있는 선박을 수배하고 필요한 선복(船腹 : Ship's Space)을 확보하여 해당 선박회사와 화물의 운송을 의뢰하는 해상운송계약을 체결하여야 한다. 이와 함께 신용장상의 보험조건대로 해상보험계약을 체결해야하는데, 해상보험계약은 전화 또는 구두로도 할 수 있지만 일반적으로는 수출상이 보험회사의

보험청약서에 필요한 사항을 기재하여 보험료와 함께 보험회사에 제출하며 보험회사는 계약이 성립한 증거로 보험 증권을 발행한다.

7. 수출통관

수출물품의 생산이 완료되면 수출품을 외국으로 반출하게 되는데 이에 앞서 국내에서 최종적으로 거치는 단계가 수출통관이다. 수출통관이란 수출하고자하는 물품에 대해 세관에 수출신고를 하고 이에 대해 세관장이 수출신고 된 사항을 확인하여 그 내용이 적법하고 정당하다고 인정되는 경우 수출신고수리를 하는 일련의 과정을 말한다. 수출통관과정을 통하여 세관장은 대외무역법, 관세법 등 각 종 법령상의 수출요건의 이행여부를 서류상으로 또는 실제 물품의 확인을 통하여 최종적으로 확인하게 된다.

수출통관은 수출신고 → 서류심사에 의한 요건검사 → 수출물품의 검사 → 수출신고수리의 과정으로 진행되는데, 이때 수출신고는 원칙적으로 EDI에 의해 처리되고 있으며, 예외적인 경우에 한해 수출신고서 및 증빙서류를 세관장에게 제출하도록 하고 있다. 수출통관에서의 수출신고는 화주, 관세사 등이 할 수 있으나 대부분 관세사에게 위탁하여 처리하고 있다. 한편 수출통관 과정에서 수출물품의 실물검사는 대부분 생략되고 있다.

8. 물품선적

수출통관이 완료된 물품은 외국물품으로서 외국으로의 송부가 가능하게 되어 선적절차가 진행된다. 선적이란 수출상(송하인)이 수출화물을 본선 상에 인도하는 것을 의미하지만 거래조건에 따라 화물의 인도장소가 달라진다. 컨테이너화물의 경우에는 CIF나 FOB조건에서도 대개 선박회사의 지정선적업자가 정한 집하 장소에 수출화물을 인도한다. 그러나 특수화물 또는 대량화물의 경우에는 수출상이 직접 본선에 인도하기도 한다.

수출상(화주)으로부터 화물을 인수한 선박회사는 화물의 수량 또는 중량, 손상

유무 등을 점검하는 검수를 한 다음 화물수취증을 발급하는데, 화물수취증은 컨테이너 화물인 경우에는 D/R(Dock's Receipt : 부두수취증)이 되고 재래식 화물인 경우에는 M/R(Mate's Receipt : 본선수취증)이 된다. 이러한 D/R 또는 M/R과 상환하여 B/L(Bill of Lading)이 발급된다.

한편 선적 시 유의해야 할 사항은 선적기일의 준수와 선적통지이다. 선적기일의 준수는 수입상과 약속한 계약의 이행이라는 점에서 철저하게 지켜져야 함은 당연하다. 선적기일 내 선적을 이행할 수 없는 불가피한 상황이 발생하면 이를 즉시 수입상에게 통지하고 상황을 이해시켜 선적기일 연장 등과 같은 조치를 받아내야 한다. 단 하루가 늦어지는 지연선적도 신용장조건을 제대로 이행하지 못하는 것이어서 대금지급거절과 같은 불이익을 초래할 수 있다. 보통의 경우 수출상은 선적 후에 수입상에게 선적통지를 하지만, CFR조건 등의 경우는 수입상이 적하보험에 부보 할 수 있도록 선적 전에 선적통지를 하여야 한다. 수입상은 선적통지를 받음으로써 화물을 적재한 선박의 도착예정일을 미리 알게 되어 수입대금결제 준비 및 국내에서의 수입화물처리 등의 업무에 안전을 기할 수 있으며, 선적통지에 동봉되는 제반 운송서류의 사본을 미리 입수함으로써 수입국내에서 처리할 필요한 조치를 취하는 등 수입상은 계획적으로 업무를 수행해 나갈 수 있다.

9. 수출대금의 회수

선적을 완료한 수출상은 선하증권, 상업송장(Commercial Invoice), 포장명세서(Packing List), 원산지증명서(Certificate of Origin), 보험증권(Insurance Policy) 등 신용장에서 요구하는 서류들을 정비하여 수출대금의 회수준비를 한다. 신용장 거래에서는 이와 같은 준비된 운송서류와 함께 환어음(Bill of Exchange, Draft)을 발행하여 거래은행에 매입을 의뢰하여 대금을 회수하는 것이 일반적이다.

여기서 환어음이란 수출상이 거래대금의 최종지급자(신용장 개설은행 또는 수입상) 앞으로 발행하는 것으로 환어음의 금액을 환어음상의 지시인에게 무조건으로 지급할 것을 위탁하는 유가증권이다. 환어음은 신용장거래에서 일종의 대금회수 수단이라고 할 수 있다.

한편 매입(Negotiation : Nego)은 보통 네고라고 칭하는데, 수출상이 운송서류를 첨부한 환어음을 국내 외국환은행에 매각시키고 환어음상의 금액을 받는 과정을 말한다. 이를 외국환은행의 입장에서는 수출상이 제시한 환어음을 돈으로 바꾸어 준다는, 즉 수출상의 환어음을 돈을 주고 산다는 면에서 매입이란 용어를 쓰고 있다.

외국환은행이 수출거래과정의 거래당사자가 아님에도 불구하고 수출상이 발행하여 제시하는 환어음을 매입해 주는 것은 이 환어음이 신용장을 근거로 발행된 것이어서 최종적으로 신용장 개설은행이 이 금액의 지급을 약속하고 있기 때문이다.

물론 수출상의 환어음을 매입한 외국환 은행(매입은행)은 이를 신용장 개설은행 앞으로 추심한다. 여기서 추심이란 대금지급을 요청하는 것을 말한다. 신용장 개설은행은 송부된 운송서류와 환어음에 대해 신용장조건과의 일치여부를 확인하고, 이상이 없으면 매입은행으로 해당 대금을 송금·지급한다.

10. 관세 환급

물품의 수출이 종료되면 수출대금의 회수절차와는 별도로 관세 환급을 받기 위한 준비를 해야 한다. 물론 이 과정도 모든 수출거래에 적용되는 것은 아니다. 관세 환급이란 수출용원자재를 수입할 때 납부하였던 관세를 수출용원자재를 사용하여 생산한 물품을 수출하면 되돌려주는 제도이다. 따라서 수출상이 수출품 생산에 수입원자재를 사용하였다면 수입 시 납부한 관세를 되돌려 받기 위한 조치를 취하여야 한다. 현재 관세 환급의 신청은 수출신고수리일로부터 2년 이내에 하여야 한다. 2년이 경과하면 관세 환급의 신청권리가 상실되므로 유의해야 한다.

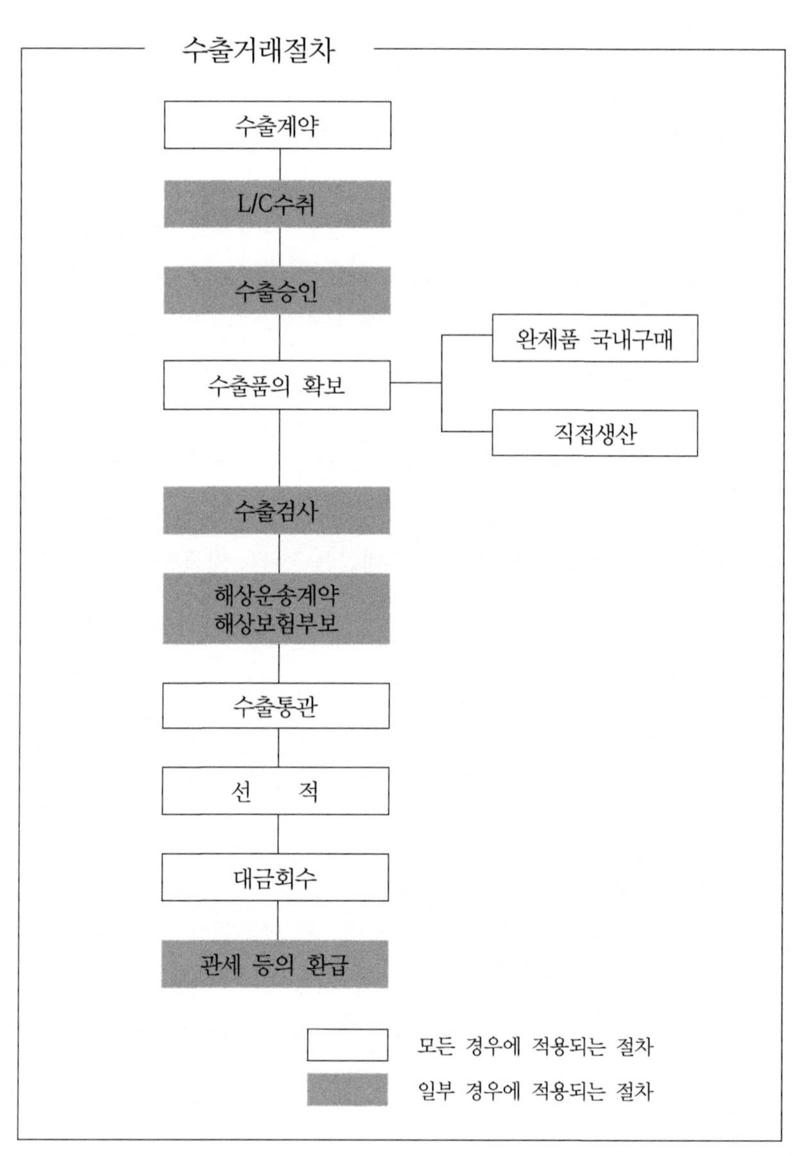
수출거래절차
수출계약
L/C수취
수출승인
수출품의 확보
완제품 국내구매
직접생산
수출검사
해상운송계약
해상보험부보
수출통관
선 적
대금회수
관세 등의 환급
모든 경우에 적용되는 절차
일부 경우에 적용되는 절차

그림 2-3 수출거래절차

제2절 수입절차

수입절차라 함은 수입이 허용되는 품목인가를 검토하여 수입계약을 체결하고 필요한 경우에 해당기관에서 수입승인을 받은 다음, 계약상 대금결제조건에 따라 신용장을 개설한 후에 수입화물과 운송서류가 도착되면 수입대금을 결제하고 수입물품을 수령하여 수입통관을 거쳐 국내에 반입하는 일련의 절차를 말한다.

수입의 경우에도 수출의 경우와 마찬가지로 대외무역법, 관세법, 외국환거래법 등의 법규에서 규제하는 바에 따라 거래가 진행되는데, 수입계약과 수입승인은 수출거래절차에서 살펴본 내용과 동일하므로 본 절에서는 수입신용장의 개설, 수입대금의 결제, 그리고 수입통관의 내용을 중심으로 살펴보기로 한다.

1. 수입신용장의 개설

수출거래절차에서도 언급된 바와 같이 무역거래에서 신용장이 개설되는 것은 수출상과 수입상간에 대금결제를 신용장방식에 의해 하기로 합의된 경우에 해당되므로 모든 수입거래에 적용되는 것은 아니다.

신용장방식의 대금결제를 약속하였으면 수입상은 수입상의 거래은행에 신용장의 개설을 요청하게 된다. 수입상의 거래은행이 신용장 개설은행이 되는 것은 신용장의 수익자에게 대금지급을 확약하는 것이므로 수입상에 대한 일종의 여신행위이다.

즉, 수입상이 수입거래대금을 지급할 수 없는 상황이 발생하면 개설은행이 거래대금을 지급해야하는 것이 신용장이기 때문에 개설은행은 신용장 개설을 요청하는 수입상을 신뢰할 수 있을 때 신용장을 개설해 준다. 실무적으로는 신용장 개설은행은 수입상과 신용장개설에 관한 전반적인 사항을 규정하는 신용장거래 약정서를 체결한다.

이 약정서의 주요 내용은 신용장거래와 관련된 일체의 채무와 제반비용을 신용장개설 요청인인 수입상이 부담한다는 것과 신용장상의 거래대금이 수입상에 의해 결제될 때까지 관계 수입화물은 개설은행의 담보로서 그 은행의 소유로 한다는 것이다.

수입상과 신용장거래약정서를 체결한 개설은행은 수출상 소재지의 은행을 통하여 수출상에게 개설된 신용장을 전달한다.

2. 운송서류 도착과 수입대금 결제

신용장조건대로 거래를 이행한 수출상은 신용장에서 요구하는 선하증권을 비롯한 운송서류에 환어음을 첨부하여 수출지의 매입은행을 통하여 개설은행에 대금결제를 요청한다.

운송서류를 접수한 신용장 개설은행은 해당 신용장의 제 조건과 일치하는지의 여부를 검토·확인한 후 수입상에게 인도하여 대금결제를 청구한다. 이에 대해 수입상은 수입대금을 결제하고 선하증권을 포함한 운송서류를 인수하여 선박회사에 선하증권과 교환으로 수입화물을 인수함으로써 일련의 과정이 완료된다.

운송서류 도착, 수입화물 도착, 수입대금결제의 과정에서는 수입화물 신탁적 양도와 수입화물선취보증제도가 이용되기도 한다.

1) 수입화물 신탁적 양도

운송서류와 수입화물이 정상적으로 도착되어 있으나 수입상의 대금결제 능력이 부족한 상태에서 이용되는 제도이다. 즉, 수입화물 신탁적 양도(Trust Receipt : T/R)는 일명 대도(貸渡)라고도 하는데 수입상에게 수입대금의 결제 전에 수입화물의 인수를 허용하게 하는 제도이다.

원칙적으로 수입업자는 수입대금의 결제 전에는 선하증권 등의 운송서류를 인수할 수 없다. 이러한 규제를 하는 것은 신용장 개설은행이 수입대금의 채권을 확보하기 위해서이다.

그러나 수입상에 대한 충분한 신뢰가 있는 경우, 즉 수입상의 대금결제에 대한 확실한 믿음이 있는 경우에 신용장 개설은행은 수입상의 대금결제 전에 선하증권을 비롯한 운송서류를 수입상에게 인도하여 수입화물을 미리 처분케 하고 나중에 거래대금을 회수하는 T/R제도를 활용한다. T/R은 이와 같이 수입상의 결제자금

부족문제에 대해 편의를 주기 위한 제도이다.

2) 수입화물선취보증제도

수입상이 선박회사로부터 수입화물을 인도 받기 위해서는 선하증권 원본을 선박회사에 제공하여야 한다. 그러나 수입화물은 정상적으로 도착되어 있고 수입상의 대금결제능력도 충분하나 선하증권 등의 운송서류 원본이 도착하지 않아 결제는 물론 수입화물을 인수하지 못하는 상황이 발생할 수 있다. 이러한 상황은 근거리 무역에서 흔히 발생하는데, 그 이유는 화물은 선박 편에 운송되나, 운송서류 원본은 선적을 완료한 수출상이 서류를 정비하여 매입은행을 통하여 우편으로 신용장 개설은행에 인도되므로 화물 운송기간이 운송서류 운송기간보다 짧기 때문이다.

이러한 경우가 발생하면 수입상은 물론 선박회사와 관련은행도 여러 가지 불편을 겪게 된다. 수입업자 입장에서는 수입화물을 조기에 인수하지 못함으로써 창고료 부담, 판매 적기 상실, 부패성 화물의 경우 화물의 손상 등의 어려움을 겪게 된다. 선박회사도 항구 내 보세창고 활용이 어려워져서 하역작업이 지연되고 이에 따른 항만 적체 등의 불편이 따른다.

이와 같은 불편을 해결하기 위한 수단으로 생긴 제도가 수입화물선취보증제도이다. 즉, 수입화물 선취보증장(Letter of Guarantee : L/G)이라 함은 은행을 통하여 인도되는 선하증권 등의 운송서류 원본보다 수입화물이 먼저 도착하였을 경우 선박회사에 대해 나중에 B/L원본을 필히 제출하겠다는 서약서를 수입상과 신용장 개설은행이 연대 보증하는 보증장이다. 즉, L/G를 선박회사에 제출함으로써 수입업자는 수입화물을 B/L원본 도착 전에 인수할 수 있게 된다.

3. 수입통관

선박회사로부터 화물을 인수한 수입상은 수입거래절차의 최종단계인 수입통관절차를 거치게 된다. 수입통관이란 수입하고자 하는 물품에 대해 세관에 수입신고를 하고 이에 대해 세관장이 수입신고 된 사항을 확인하여 그 내용이 적법하고 정당하다고 인정되면 수입신고수리를 하는 일련의 과정을 말한다. 수입 통관과정을 통하여 세관장은 대외무역법, 관세법 등 법령상 수입요건의 이행여부를 서류상 또는 실제 물품의 확인을 통하여 최종적으로 확인하게 된다.

수입통관은 수입신고 → 서류심사에 의한 요건 심사 → 수입물품의 검사 → 관세의 부과·납부 → 수입신고수리의 과정을 거친다. 수입신고도 수출신고와 마찬가지로 전자신고(EDI 등)에 의해 진행되고 있으며, 예외적인 경우에 한해 수입신고서 및 증빙서류를 세관장에게 제출하도록 하고 있다. 수입신고 역시 화주, 관세사 등이 할 수 있으나 대부분 관세사에 위탁하여 처리하고 있다.

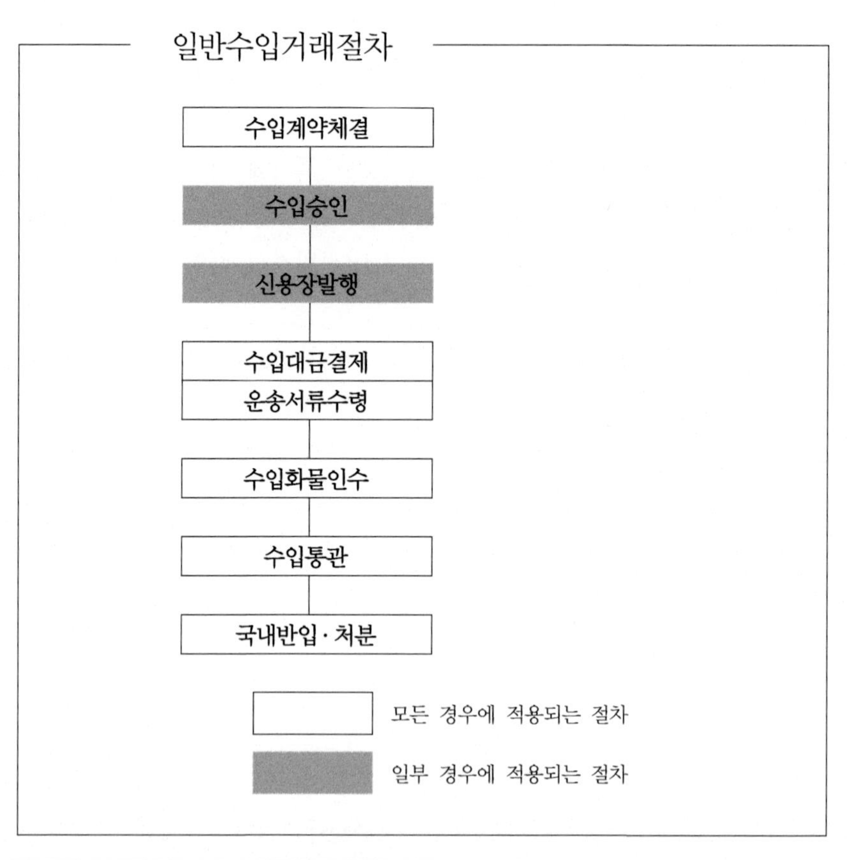

그림 2-4 수입거래절차

수입 통관 시 수입물품의 검사는 수출통관에서의 물품검사와는 달리 엄격하게 시행되고 있다. 즉, 모든 수입물품은 세관장의 검사대상으로서 세관공무원은 수입하고자 하는 물품에 대하여 검사를 할 수 있다. 그러나 수입통관의 효율화를 기하기 위하여 관세청장은 검사대상, 검사범위, 검사방법 등 필요한 기준을 정하여 검사대상을 한정 운영하고 있다. 따라서 수입물품의 검사대상은 선별적으로 등록된 선별검사기준에 의거 결정하며, 이러한 선별 검사대상이 아닌 품목에 대해서도 우범성 정보가 있거나 적용관세율 또는 수입제한 여부 등의 확인을 위하여 필요한 경우에는 실물검사를 할 수 있다.

수입통관에서는 수출통관과 달리 관세의 부과·납부의 과정이 있다. 우리나라 관세법에는 모든 수입물품에 관세를 부과한다고 규정하고 있다. 관세는 수입가격 ×관세율로 산정되므로 수입 통관 시 세관공무원은 수입가격이 적정하며, 관세율의 적용이 제대로 되어 있는지를 면밀히 검토하게 된다. 수입가격은 보통 과세가격이라 하는데 우리나라에 도착할 때까지의 모든 비용을 포함한 CIF가격을 기준으로 한다.

제3절 통관절차

1. 통관의 의의와 기능

통관이란 관세법에 규정한 절차를 이행하여 물품을 수출, 수입 또는 반송하는 과정을 말한다. 누구나 수출, 수입 또는 반송하고자 하는 물품을 세관장에게 수출, 수입 또는 반송신고를 하여야 하고 서류상의 내용과 현물의 대조, 확인을 받아야 한다.

통관은 세관행정의 핵심을 이루고 있으며, 수출입물품에 대한 통관절차에 의하여 국가는 관세의 부과, 징수를 행하고 수출 또는 수입에 있어서의 제 법령에 의한 규제사항을 실물에 의하여 최종적으로 확인하게 된다. 이러한 통관은 수출통관, 수입통관, 반송통관으로 분류되고 통관절차는 정상통관절차와 간이통관절차로 분류되는데 그 통관기능은 다음 2가지가 있다.

첫째, 실물의 통관절차과정에서 우리나라의 산업·경제·사회·문화·교육·보건·환경 등의 입장을 적용하여 수출입의 가부를 결정함으로써 관세법 또는 기타 수출입관계 규제법의 효과를 확보해 주는 기능이 있다.

둘째, 통관현장에서 관세 및 내국세를 징수함으로써 국가의 재정수입을 확보하는 기능이 있다.

따라서 통관은 관세법과 관세행정의 핵심이라 할 수 있다.

2. 수출입통관 금지물품

수출입의 규제는 모두 관세법에서 규정하는 것이 입법적으로 타당하겠지만 물품의 수출입을 규제하는 목적·취지·내용·정도 등이 각각의 물품에 따라 다르기 때문에 관세법에서 모두 규정하는 것은 사실상 어려우므로 대부분 관세법 이외의 법령에서 규제하고 있다. 다만 타 법령이 수출입규제의 대상으로 하는 물품을 관세법에서는 집약적·최종적으로 확인하여 규제를 실효성 있게 확보하기 위하여 수출입절차의 최종단계인 관세법상의 수출입신고필증을 결부시켜 규제하고 있다. 따라서 타 법령에서 화물의 수출입에 관하여 주무관청의 승인 등을 받도록 규정하였을 때에는 당해 화물에 대하여 통관절차를 취할 때에 승인된 사실을 세관에 증명하여야 한다. 관세법에서는 공서양속 또는 기타 사회질서에 위배되는 성질의 물품에 대한 수출입을 절대적으로 금지하고 있는데 그 구체적인 내용은 다음과 같다.

① 국헌을 문란하게 하거나 공안 또는 풍속을 해할 서적·간행물·도화·영화·음반·조각물 기타 이에 준하는 물품(관세법 제146조 1항)
② 정부의 기밀을 누설하거나 첩보에 공하는 물품
③ 화폐·지폐·은행권·채권·기타 유가증권의 위조품·변조품 또는 모조품
④ 상표법에 의하여 등록된 상표권을 침해하는 물품

WTO협정은 무역관련 지적재산권[1]을 국제적으로 보호하도록 규정하고 동 재산권을 침해하는 물품의 수출입을 사실상 금지하도록 하고 있다. 따라서 상표권을

1) 지적재산권은 저작권, 저작 인접권, 상표, 지리적 표시, 의장, 특허, 집적회로배치설계, 미공개 정보 등에 관한 권리를 말한다.

침해하고 있는 물품은 기본적으로 수출입할 수 없다. 다만 여행자 휴대품 또는 우편물 등 상업적 목적이 아닌 개인용도에 사용하기 위하여 소량으로 수출입 되는 물품은 수출입할 수 있다. 세관장은 상표권 또는 저작권을 침해하는 물품에 대하여 유치·보관할 수 있으나 상표권자 또는 저작권자의 동의를 받아 통관할 수 있다. 수출입신고자가 세관장에게 담보를 제공하고 통관을 요청하는 경우에도 세관장은 통관을 허용할 수 있다.

우리나라 관세법에서는 상표권과 저작권만을 그 보호대상으로 규정하고 있으나 우리나라가 이미 WTO에 이미 가입하고 있는 이상 국제조약을 이행할 의무가 있다고 보므로 사실상 모든 지적재산권을 침해하는 물품의 수출입은 사실상 금지되었다고 할 것이다.

3. 수출통관

1) 수출통관의 의의

물품을 외국에 수출하기 위해서는 국내의 각종 법령이 정하는 바에 따라 소정의 절차를 거쳐야 하는데, 이 절차 중에서 최종적으로 거쳐야 할 단계가 수출통관절차이다. 여기서 물품이라 함은 우리나라에 있는 물품으로서 외국물품이 아닌 관세법에서 정하고 있는 내국물품을 말한다. 내국물품을 수출하기 위하여 세관장에게 수출신고를 하고 그 신고를 수리하는 일련의 세관절차를 수출통관절차라 한다.

2) 수출통관의 대상

통관의 대상이 되는 것은 물품이며, 관세행정상 모든 물품을 외국물품과 내국물품으로 구분하고 있다. 관세법상 수출신고필증을 교부받은 물품과 수입신고필증이 교부되기 이전의 물품을 외국물품이라 한다. 그리고 이와 반대로 수출신고필증이 교부되기 이전의 물품 및 수입신고필증이 교부된 이후의 물품을 내국물품이라 한다. 즉, 내국물품이란 국내에 있는 것으로서 외국물품이 아닌 물품이다. 이러한 구분은 그 물품 자체의 속성에 따라 분류하는 것이 아니고 수출입의 대상이 되는 물품에 대하여 관세법상의 제 규제를 가할 필요에 따라서 편의상 분류하는 것에 불과하다.

관세법상 규제대상으로 하는 것은 원칙상 외국물품이다. 외국물품이란 ① 외국에서 우리나라에 도착된 물품으로 수입신고필증이 교부되지 않은 물품, ② 수출신고필증이 교부될 물품이다. 외국으로부터 우리나라에 도착된 물품에는 외국에서 생산된 물품, 우리나라 생산품으로서 일단 수출되었다가 재수입된 물품, 외국의 선박에 의하여 공해에서 체포된 수산물 등이 있다.

수출신고필증이 교부된 물품은 사실상 우리나라 물품이지만 이를 외국물품이라 하는 이유는 이러한 물품은 수출신고가 취소되거나 재수입의 신고가 되지 않는 한 국내에서 인취하여 사용·소비할 수 없고, 최종적으로 외국에 수출됨으로써 관세법·대외무역법규·외국환거래법 등에서 의도하는 수출에 관한 효과가 완전히 발생하게 되므로 이를 국내물품과 구별하여 세관의 특별한 감독 하에 둘 필요가 있기 때문이다. 따라서 내국물품을 제외한 우리나라의 모든 물품과 공해상에서 외국의 선박에 의하여 체포된 수산물을 외국물품이라 한다.

외국물품이라도 수입신고필증이 교부된 것은 내국물품이며, 관세법의 적용상 수입신고필증이 교부된 것으로 간주되는 우편물 등은 내국물품이다. 내국물품이 예외적으로 ① 수출의 대상이 되었을 때, ② 외국무역선에 의하여 내국운송이 될 때, ③ 외국물품과 혼합 사용되기 위하여 보세공장에 반입되었을 때에는 관세법상의 규제를 받는다.

3) 수출통관절차

수출통관절차라 함은 수출하고자 하는 물품을 수출자의 공장 또는 창고 등 수출검사를 받고자 하는 장소에 장치한 후 세관에 수출신고를 하고, 필요한 검사 및 심사를 거쳐 수출신고필증을 교부받아 수출하고자 하는 화물을 선박 또는 항공기에 적재하기까지의 일련의 절차를 말한다. 세관에서는 이러한 절차를 통해서 관세법은 물론 대외무역법, 외국환거래법 등 각종의 수출규제에 관한 법규의 이행사항을 최종적으로 확인하게 된다.

우리나라는 1996년 7월부터는 수출입면허제가 폐지되고 수출입신고제로 변경하여 시행하고 있으며, 수출물품의 소재장소에 관계없이 수출 신고할 수 있다. 물품을 수출하려고 하는 자는 그 수출하려는 물품의 품명·규격·수량 및 가격 등에 관하여 소정의 양식에 의거 세관장에게 신고를 하고 세관의 심사 및 필요한 검사를 거쳐 수출신고필증을 교부받아야 한다.

수출신고는 화주, 관세사, 관세사법인 또는 통관취급법인의 명의로 하여야 한다. 그러나 수출물품을 제조하여 화주에게 공급한 경우에는 그 공급자의 명의로 할 수 있다. 여기에서 화주라 함은 수입신고할 물품에 대하여는 그 물품을 수입한 화주와 수출 신고할 물품에 대하여는 수출승인서상의 수출자를 말하고, 무역업자가 대행 수입할 경우에 수입한 화주는 그 물품의 수입을 위탁한 자를 의미한다.

관세사라 함은 관세법의 규정에 따라 관세사의 자격을 얻어 기획재정부에 등록한 자로서 세관장에게 통관업의 신고를 하여 수출입의 신고인이 되는 자를 말한다. 관세사에는 타인의 수출입물품의 통관을 대리하는 관세사가 있고, 화주가 채용하여 당해 화주의 물품에 대한 통관만을 담당하는 관세사가 있다.

수출신고는 소정의 일정한 서류를 첨부하여 세관에 EDI 방식에 의하여 수출신고서를 제출함을 원칙으로 하며, 세관은 수출신고에 따라 실제로 수출되는 물품여부를 검사하여 밀수출, 위장수출, 허위신고 또는 부정수출 등 외화 및 재산의 해외도피 여부를 세밀하게 검사한다. 수출신고서의 접수 시에 구비서류의 충족여부와 수출 승인된 품명, 규격, 수량 등 승인사항과 수출신고사항의 일치여부 등을 심사함으로써 수출신고필증을 발급할 것인가를 결정하게 되는데 위조상품수출 등 지적재산권을 침해할 우려가 있거나 관세 환급과 관련하여 위장수출의 우려가 있을 경우 또는 불법수출에 대한 우범성의 정보가 있는 경우에는 현품검사를 할 수도 있다. 시간과 노력 그리고 소요경비의 절감을 위해 현품검사를 생략하고 서면검사로 대신할 수도 있다.

서면검사대상물품의 경우에는 그 물품이 수출검사기관 등의 검사합격증이 제출된 물품일 때는 당해 검사합격증에 표시되어 있는 규격, 그 물품이 관세청장의 지정에 의하여 서류 검사하는 물품인 때에는 수출승인서상에 표시되어 있는 규격에 의하여 심사를 행한다.

심사의 결과 신고사항과 상이할 때에는 다음과 같이 처리된다.

① 수출승인서에 표시된 품명, 규격, 수량 등이 현품과 일치하나 수출승인서에 표시된 HS 번호가 일치하지 않을 때에는 현품에 의한 HS 번호에 따라 통관을 허용한다.

② 수출승인서에 표시된 물품의 중량(용적)보다 현저한 차이가 있을 때에는 관세법 위반혐의로 입건·조사하며 그 차이가 인정할 수 있는 범위 이내이면 현품에 의한 중량(용적)에 따라 통관을 허용한다.

③ 수출금지품 또는 위장수출 등의 혐의가 인정될 때에는 관세법 위반혐의로 입건·조사한다.

④ 수출승인서 및 기타 구비서류의 기재사항과 상이할 때는 통관을 허용하지 아니하고 당해 서류의 정정 등 보완을 요구한다.

⑤ 대외무역법의 규정에 의한 수출의 특례에 해당하는 물품일 때는 각 특별법 및 대외무역법의 규정에 의한 제한조건의 구비여부를 관계서류에 의하여 확인하여 구비되어 있지 않을 시에는 보완요구를 한다. 반면 수출승인서에 의하여 수출되는 물품의 경우에는 당해 승인서발급기관에서 특별법의 규정에 의한 조건의 구비여부를 확인한 것이므로 세관에서는 다시 확인하지 아니한다.

⑥ 그러나 각 특별법에 의한 제한조건이 수출물품 자체에 관한 제한조건인 경우에는 그 조건의 충족여부를 확인한다.

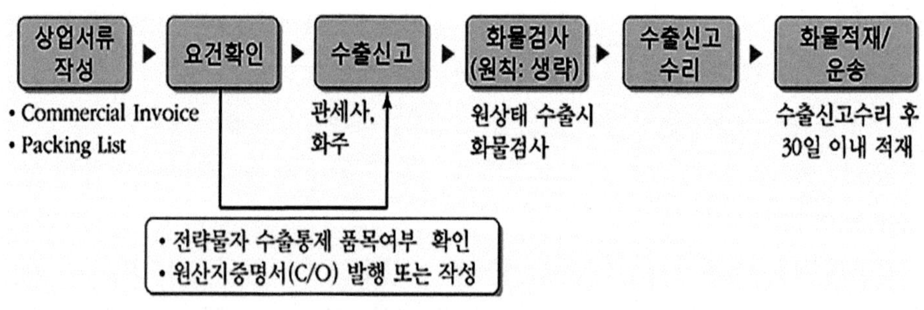

그림 2-5 수출통관절차

특히 품목분류에 따른 HS번호를 세율이 낮은 쪽으로 결정하여 자진 수입신고하였다가 차후에 분류세번(HS번호)이 품목분류위원회에 의해서 다시 결정되면 무거운 가산세와 함께 소급 추징당할 위험이 있으므로 수입자는 항상 성실한 자세로 올바른 HS번호로 신고하여야 한다. 상품분류가 어렵거나 품목분류번호가 애매한 경우에는 세관에 정식으로 서면 질의하여 서면으로 회신 받아 성실한 자세로 수입신고할 필요가 있다.

4. 수입통관

1) 수입통관절차의 개요

수입통관절차는 우리나라에 도착된 물품과 수출신고가 수리된 물품을 세관장에게 수입신고를 하고 납부하여야 할 관세 및 내국세를 납부한 후 우리나라에 인취[2]하는 통관절차를 말한다. 일반적으로 수입이란 물품이 외국에서 국내에 도착하여 적법한 절차를 거쳐 최종적으로 국내에 인취 될 때까지의 연속적 행위라 하며, 대부분의 물품은 보세구역을 경유하여 수입하고 있다. 그러나 관세법에서는 최종단계인 국내에 인취하는 시점을 잡아 수입이라 하며 적법한 절차 없이 국내에 인취하는 경우에도 수입에 포함된다.

물품을 수입하고자 할 때에는 세관장에게 수입신고를 하여야 하고 세관장이 그 수입신고를 수리하여야 수입할 수 있다. 다만 고가품 등 신속한 통관이 필요한 경우에는 물품이 입항되기 전에 세관에 수입신고를 하고 수입신고필증을 교부받아 하역 즉시 수입물품을 반출 받을 수 있어 선박의 입항 전 수입신고로 통관시간 단축효과를 극대화시킬 수 있다.

휴대품, 탁송품 또는 별송품, 우편물, 관세법 제29조 1항(재수출면세) 및 30조(정부용품 면세)의 규정에 의하여 관세가 면제되는 물품과 기본세율이 무세인 국제운송을 위한 컨테이너에 대해서는 그 물품의 특수성을 감안하여 수입신고를 생략하거나 관세청장이 정하는 간이한 방법으로 수입신고를 할 수 있다.(관세법 제137조)

---

2) 물품이 관세법에 의한 구속으로부터 벗어나 내국물품이 되거나 자유유통의 상태로 되는 것을 의미한다.

이처럼 외국물품이 선박 또는 항공기에 의하여 반입되면 그때부터 그 물품은 관세법의 기속을 받게 되고, 그 물품이 다시 관세법의 기속으로부터 해방되기 위해서는 일련의 수입통관절차를 필하여야 한다.

2) 수입과세확정

관세법은 통관의 신속·적정 및 기타 사정을 고려하여 화주, 관세사, 관세사법인 또는 통관취급법인의 명의로 수입신고를 할 수 있도록 제한하고 있다. 통관 업무는 상당한 기술업무일 뿐 아니라 통관의 신속을 기하기 위해서 통관 업무에 숙련된 전문인을 필요로 하므로 관세법에서는 원칙적으로 수입신고인을 수출신고인의 경우와 같이 동일하게 제한하고 있다.

과세물건 확정시기는 원칙적으로 수입신고를 한 때가 되며 수입신고할 때의 물품의 성질과 수량에 의하여 부과된다. 예컨대, 외국으로부터 물품이 선적되어 운송되어 오다가 도중에서 화물이 손상을 입었거나 보세구역에 양륙된 후 손상을 입어 수입신고를 하기 전에 과세물품의 성질 또는 수량에 변화가 발생하였을 때에는 그 변화된 상태에서 과세하게 된다.

수입신고는 적용법규, 통관여부, 면세적격여부의 확정 등 중요한 법률효과를 가져오므로 그 시기를 명백히 하여야 한다. 수입신고는 물품을 적재한 선박 또는 항공기가 입항 전이나 입항 후 언제든지 가능하다. 수입신고를 하게 되면 신고 시에 시행되는 법규의 적용을 받게 되며 신고일 이후 법규가 개정되어도 이의 적용을 받지 않는다.

수입신고는 일정한 요식행위에 해당한다. 따라서 수입신고 시에는 세관이 수입물품에 대하여 심사 및 검사를 하여 적정한 관세를 부과·징수할 수 있도록 기타 서류를 제출하여야 한다.

수입신고 시에 세관에 제출해야 할 중요한 서류는 다음과 같다.

① 수입신고서

② 수입승인서(필요시)

③ 상업송장 및 포장명세서

④ 납부서

⑤ 세액계산명세서
⑥ B/L 사본
⑦ 기타 법률에 의하여 세관장이 제출을 요구하는 서류
(예를 들어 원산지 증명서 등)

3) 수입물품의 검사·감정

수입물품의 검사와 감정이란 수입신고 된 물품이 무엇인가를 확인하여 과세하는 절차이므로 수입신고 된 모든 물품은 수출검사 때보다 원칙적으로 엄격한 검사를 받아야 한다. 그러나 검사를 받지 아니하더라도 신고 된 물품이 무엇인가를 확인할 수 있을 때에는 검사를 생략하고 서류에 의해서만 감정을 한다. 수입서류검사는 수입신고할 때의 물품의 종류, 성질, 수량, 수입자의 성실성 등을 감안하여 물품검사를 생략하는 관세행정의 효율화를 위한 절차로서 세관장은 서류신고내용에 따라 관세를 부과할 수도 있다.

검사는 수입물품이 무엇인가를 확인하는 작업이기 때문에 검사절차에 의해서 수입물품이 무엇인가를 알게 됨으로써 먼저 그것이 수입금지품인가의 여부, 물품의 원산지·적출지·상표 등과 수량·용적·중량·단위 등을 확인한다. 그리고 최종적으로 관세 및 기타 특별소비세의 세율적용과 무역통계상 필요한 통계품목번호의 결정도 자동적으로 이루어지는 것이다.

수입물품에 대해 검사와 감정을 하는 목적은 ① 수입물품의 규격과 수량을 확인하여 수입승인사항과 현품을 대조하는 동시에 그 물품의 HS를 확인해서 세율을 결정하고, ② 물품의 손상·변질 등을 확인하며, ③ 과세가액을 결정하고, ④ 정상무역을 가장하여 밀수품이 수입되는 것을 막는 데 있다. 이 밖에 특히 단가표(Unit Price List)나 송장(Invoice)과 대조하여 저가신고나 고가신고의 여부를 확인하고 물품손상에 대한 손상정도를 확정시킴으로써 합리적인 감면세조치가 가능하게 된다.

수입검사는 과세표준을 결정하기 위하여 행하여지며 수입물품에 대한 과세표준은 종량세물품의 경우 중량·길이·용적이 되고, 종가세물품의 경우에는 그 물품의 가격이 과세표준이 된다. 신고서 및 송장에 기재되어 있는 물품의 중량·길이·용적과 가격의 정당성 여부는 현물을 검사함으로써 확인하는 것이다.

수입물품의 검사에는 서류검사와 현품검사로 구분된다. 서류검사는 예외적으로 서류에 의해서, 즉 참고문헌, 카탈로그 등을 이용하여 물품의 실체를 파악할 수 있는 경우에 한하여 행하여지며 원칙적으로 현물검사를 행한다. 현품검사에도 다음과 같이 견본검사, 일부지정검사, 전부검사 등을 행한다. 견본검사는 수량사정이 필요하지 않은 물품에 대하여 그 일부를 견본으로 채취하고 그 견본에 의하여 관세율표 분류, 통계품목표 분류, 가격감정, 타 법령의 확인, 기타의 검사·감정을 할 수 있을 때에 행한다. 일부지정검사는 성질 및 수량의 확인을 필요로 하는 물품 중 균질·등량으로 포장된 물품으로서 그 일부에 대하여 수량사정을 하여 물품 1개당의 실측수량의 평균치에 물품의 전개수를 곱하여 산출하는 방법에 의존할 수 있다고 인정되는 것에 한한다. 물품 및 각 포장의 내용 및 수량이 다르나 포장마다 내용 및 정미수량이 표시되어 있는 물품 또는 포장번호별 내용 및 수량이 기재된 포장명세서 등이 첨부된 물품으로서 그 일부에 대한 검사로써 검사된 물품 전체의 성질 및 수량에 대한 인정이 가능한 물품에 대하여 행하여진다. 전부검사는 견본검사 또는 일부지정검사에 의해서는 물품의 성질·수량 등 확인이 곤란한 물품에 대하여 행하여진다.

이와 같이 여러 가지 검사방법이 있지만 일반적으로 신고인으로부터 설명을 듣거나 카탈로그 등의 참고자료를 얻어 성실신고에 의존하고 있는 실정이며, 검사결과 물품이 신고서에 기재한 사항과 상이할 때에는 상이한 점을 체크하여 종합적인 재검사를 하게 된다.

세관은 다음에 해당하는 실질적인 통관심사사항을 확인한 후 통관가능여부를 결정하는데 통관심사 시에 세율, 과세표준, 납부세액은 원칙적으로 심사하지 않는다.

① 수입승인사항과 수입신고사항의 일치 여부
② 대외무역법령 및 기타 법령에 의한 조건의 구비 여부
③ 세 번의 정확 여부(세액세출은 면허 후 심사)
④ 분석의뢰 필요성 여부
⑤ 기타 수입물품통관을 위하여 필요한 사항

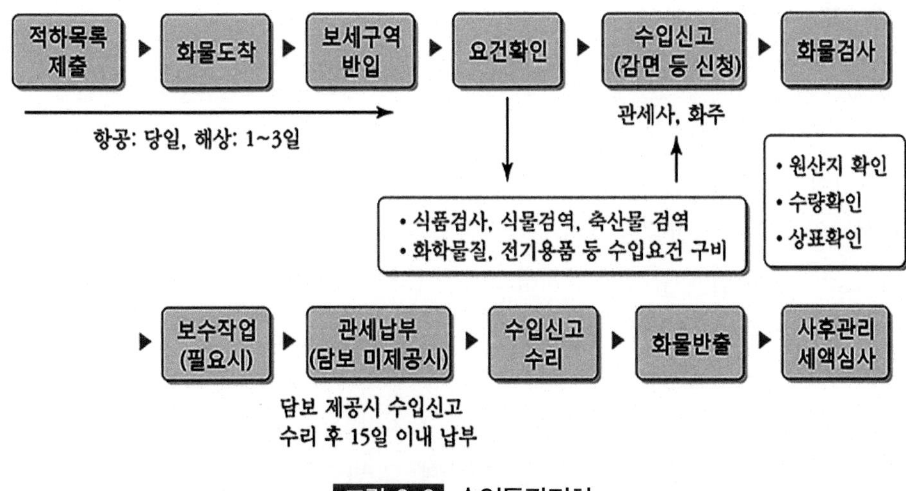

그림 2-6 수입통관절차

5. 반송통관

1) 반송의 대상물품

물품의 반송이라 함은 외국물품을 외국으로 반출하는 것으로 다음에 해당하는 물품을 대상으로 하고 있다.

① 보세공장에서 보세작업에 의하여 생성된 제품을 외국으로 반출하는 경우

② 외국에서 우리나라에 도착한 외국물품을 보세전시장에 전시한 후 그대로 다시 외국으로 반출하는 경우

③ 중계무역을 위하여 외국에서 우리나라에 도착한 외국물품을 보세창고에 반입한 후 다시 외국으로 반출하는 경우

④ 외국으로부터 우리나라에 도착한 외국물품이 계약내용과 상위하여 수입신고 수리 전에 다시 외국으로 반출하는 경우

⑤ 외국으로부터 우리나라에 도착한 외국물품의 수입신고의 형식적 요건을 갖추지 못하여 그 신고가 수리되지 아니하여 그대로 다시 외국으로 반출하는 경우

2) 반송기간의 제한

물품을 반송하고자 할 때에는 세관장에게 반송신고를 하여야 한다. 세관공무원은 그 물품을 검사할 필요가 있다고 인정할 때에는 검사를 한다. 세관장은 반송신고의 형식적 요건을 심사하여 신고가 적법하고 정당하다고 판단되면 이를 수리하고 신고인에게 신고필증을 교부한다. 반송절차는 수출절차와 같은 점이 많으나 반송신고는 관세법에 규정한 장치장소에 물품을 장치하고 있는 경우에 한하여 할 수 있다. 관세법에 규정한 장치장소라 함은 보세구역, 보세구역이 아닌 장소로서 타소장치 허가를 받은 물품, 재해 기타 부득이한 사유로서 임시 장치하여야 하는 물품, 검역물품, 압수물품, 우편물을 각각 장치한 장소를 말한다.

반송신고자는 관세법에 규정한 장치장소에 그 반입일 또는 타소장치허가일로부터 30일 이내에 반송신고를 하지 않으면 가산세[3)]가 부과된다. 이와 같이 반송신고기간을 제한하는 것은 신속히 물품을 통관하여 보세구역의 활용을 효율화하고 불법수입을 방지하는 데 그 목적이 있다.

3) 반송신고 수리 및 취하

반송신고서를 접수한 세관공무원은 신고서에 기재되어 있는 물품과 동일성을 확인하기 위하여 그 물품을 검사할 수도 있고 물품의 종류, 성질 및 화주의 성실성 등을 감안하여 생략할 수도 있다. 반송신고가 적법하고 정당하게 이루어진 경우에는 세관장은 그 신고를 지체 없이 수리하고 신고인에게 신고필증을 교부하여야 하나 형식적 신고요건을 갖추지 못한 경우에는 그 신고를 직권으로 각하한다. 반송신고는 정당한 이유(수입하게 된 경우)가 있는 경우에 한하여 세관장의 승인을 얻어 취하할 수 있다.

그러나 반송대상물품을 운수기관, 관세통로 또는 관세법에서 규정된 장치장소에서 반출한 후에는 취하할 수 없다.

---

3) 관세청장이 신속한 유통이 긴요하다고 인정하여 보세구역의 종류와 물품의 특성을 감안하여 가산세의 부과대상 물품을 정하고 있다. 관세법 제137조 4항 및 시행령 제120조 3항.

6. 특수통관

1) 우편물 통관

우편물은 소액·소량의 물품으로서 국제사회에서 무상으로 기증되거나 상업용 상품의 견본이나 광고용 소액물품 등이 대부분을 차지하고 있다. 이러한 우편물은 수취인의 편의를 위해 정상통관절차 대신에 간이한 통관절차에 따르도록 하고 있다.

수입, 수출 또는 반송하고자 하는 우편물은 통관우체국[4]을 경유하여 관세청장이 정하는 바에 따라 검사를 받거나 또는 검사를 생략 받을 수 있으며 상품에 따라 관세를 납부하여야 한다.

따라서 우편으로 수출입하고자 하는 경우에는 통관우체국에서 통관절차를 밟아야 하나 외국에서 우편으로 도착된 물품 중에 수입 또는 반송할 수 없는 것으로 결정·통지받으면 그 우편물은 수취 또는 반송할 수 없다.

2) 선용품 또는 기내물품의 통관

내국물품을 외국무역선(기)의 선(기)용품으로 또는 외국무역선(기) 내에서 판매할 목적으로 물품을 이들 운수기관에 적재하면 수출이라 할 수 있고, 외국으로부터 우리나라에 도착된 외국물품을 외국무역선(기)의 선용품 또는 외국무역선(기)에서 판매할 물품으로 적재하면 반송이라 할 수 있다. 이러한 물품은 운항편의상 신속한 통관이 요구되므로 간이한 통관절차에 의하여 통관된다. 따라서 이들 물품의 수출 또는 반송의 신고와 그 신고절차를 생략하고 세관장의 허가만으로 외국무역선(기)에 적재할 수 있다.

3) 상호주의 또는 조약에 따른 통관절차

관세는 국가의 재정수입과 유치산업의 보호를 목적으로 하지만 국제성이 있기 때문에 국가 간의 합의 또는 상호주의에 의하여 관세를 양허하거나 통관절차를

4) 체신관서 중에서 우편물의 간이 통관을 위해 관세청장에 의해서 지정된 우체국이다.

간소화하여 국제협력에 기여하여야 한다.

우리나라는 국가 간의 무역협력을 촉진하기 위하여 우리나라상품에 대하여 통관절차의 편익을 주는 나라에서 수입되는 물품에 대하여 상호조건에 따라 간이한 통관절차를 적용할 수 있도록 법제화하고 있다.(관세법 제43조 제13항)

전시회, 박람회, 회의 기타 유사한 행사에서의 전시 또는 사용될 물품의 수입에 대한 편의를 위해 ATA협약[5]에 우리나라는 1978년 가입하고 있고, 1985년에는 1972년 컨테이너에 관한 관세협약에 가입하여 일시적으로 수입된 컨테이너는 수입 및 재수출시에 요구되는 통관서류의 제출이나 담보제공 없이 수입이 허용되고 있다. ATA협약에 관련된 업무는 대한상공회의소로부터 관련 서류를 발급받을 수 있으며 발급일로부터 1년간 유효하다.

그리고 1971년에 외교관계에 관한 비엔나협약에 가입함으로써 상업용 항공기의 기장에게 위탁한 외교행랑은 개봉되거나 유치할 수 없고, 공관직원이 직접 기장으로부터 외교행랑을 수령하도록 하고 있다.

---

5) 불어 『Admission Temporaire Carnet(Temporary Admission System)』의 약자로 전시회 출품 등으로 물품의 일시수입을 위한 일시 수입통관증서에 관한 관세를 말하며 우리나라는 조약 641호로 체결하여 1978년 7월 3일부터 발효되고 있다.

08 Chapter 무역계약

제1절 청약과 승낙

무역계약은 무역거래, 즉 국제간에 행해지는 물품매매의 거래를 실행하기 위한 계약이다. 그러므로 무역계약은 「물품의 국제매매를 위한 계약」이라고 정의할 수 있다. 무역계약은 오퍼(Offer, 청약)에 대한 승낙(Acceptance)의 효력이 발생한 때에 성립된다. 즉 무역계약의 당사자 중 어느 일방의 오퍼에 대하여 상대방이 승낙의 의사를 표시하면 무역계약은 성립되는데, 그 계약이 성립되는 정확한 시점은 바로 「승낙의 효력이 발생하는」 순간이다.

1. 청약(Offer)

1) 청약의 의의

청약은 청약자(Offeror)가 피청약자(Offeree)와 일정한 조건으로 계약을 체결하고 싶다는 의사표시를 말하며, 우리나라 대외무역법상의 용어로는 '물품매도확약'이라 한다. 즉 청약이란 일정한 내용(품질, 가격, 수량, 선적, 결제 등의 조건)의 매매계약을 체결하고 싶다는 청약자의 일방적이며 확정적인 의사표시이다.

2) 청약의 효력

청약은 그것이 피청약자에게 도달하는 때에 그 효력이 발생한다. 청약은 비록 그것이 취소 불능한(Irrevocable) 것이라도, 만일 그것의 철회(Withdrawal)가 청약의 도달 전에 또는 청약의 도달과 동시에 피청약자에게 도달하면 이를 철회할 수 있다.

3) 청약의 종류

(1) 발행주체에 따라

청약의 주체가 수출상(Seller)인가 수입상(Buyer)인가에 따라 매도오퍼(Selling Offer)와 매입오퍼(Buying Offer)로 구분된다. 매도오퍼란 수출상이 오퍼의 주체로서 일정한 내용의 매매계약을 체결하자고 수입상에게 제의하는 오퍼이다. 매입오퍼란 수입상이 오퍼의 주체로서 일정한 내용의 매매계약을 체결하자고 수출상에게 제의하는 오퍼이다. 일반적으로 오퍼라고 하면 매도오퍼를 말한다.

(2) 승낙회답기간 유무에 따라

청약에 승낙회답기간, 즉 「승낙을 위한 유효기간」이 명시되어 있는가 또는 그러한 기간이 명시되어 있지 아니한가에 따라 확정오퍼(Firm Offer)와 불확정오퍼(Free Offer)로 구분된다.

확정오퍼란 오퍼의 유효기간이라 할 수 있는 「피청약자의 승낙회답기간」이 명시되어 있는 오퍼를 말한다. 이 확정오퍼의 특징은 오퍼의 취소불능성과 확정력으로서 ① 청약자가 오퍼의 내용을 피청약자의 승낙회답기간 중에는 변경할 수 없으며, ② 피청약자의 절대적이며 무조건적인 승낙이 있으면 청약자는 반드시 오퍼의 내용대로 계약을 체결하여야 할 의무가 있다.

그러나 확정오퍼의 경우에도 「비엔나 협약」[1] 제15조제2항에 규정되어 있는 바와 같이, 비록 그것이 취소불능의 오퍼라 하더라도, ① 확정오퍼가 피청약자에게 도달하기 이전에, ② 확정오퍼가 피청약자에게 도달함과 동시에 그 확정오퍼

---

1) 국제연합(U.N)에서는 1980년에 「국제물품매매계약에 관한 UN 협약」(Contract for the International Sale for the International Sale of Goods : UNCCISG), 즉 「비엔나협약」(Vienna Convention)을 제정하였다. 이 비엔나협약은 1988년 1월 1일부로 발효되었으며 앞으로 이 협약이 개별 무역계약의 준거법으로 많이 채택될 것이다. 우리나라는 2005년 3월 1일부로 이 협약에 가입하였다.

의 「철회(Withdrawal)의 통지」가 피청약자에게 도달하는 경우에는 그 확정오퍼는 철회될 수 있다.

한편 불확정오퍼란 피청약자의 승낙회답기간, 즉 오퍼의 유효기간이 명시되어 있지 아니한 오퍼를 말한다. 이 불확정오퍼의 특징은 오퍼의 취소가능성과 불확정성으로서 피청약자로부터 승낙을 받기 전에는 그 내용을 변경하거나 취소할 수 있다. 또한 피청약자가 승낙한 경우 청약자는 재고나 선적기한 등에 이상이 없으면 확인(Confirm)을 하며, 이때부터 청약자는 법적으로 오퍼내용대로 공급해 줄 의무가 생기는 것이다.

(3) 조건부오퍼

조건부오퍼란 피청약자의 승낙(Acceptance)의 표시가 있더라도 곧바로 계약을 성립시키지 못하는 오퍼 또는 특수한 조건이 붙어있는 오퍼를 말한다.

예를 들면 ① 확인조건부오퍼라 할 수 있는 'Offer Without Engagement'와 'Offer Subject to (Seller's) Final Confirmation' ② 선착순매도오퍼라 할 수 있는 'Offer Subject to Prior Sale'과 'Offer Subject to Being Unsold' ③ 시황조건부오퍼라 할 수 있는 'Offer Subject to Market Fluctuation' 등은 모두 조건부오퍼에 속한다.

2. 승낙(Acceptance)

1) 승낙의 의의

승낙은 무역계약의 성립요건으로서, 피청약자가 청약에 대하여 계약을 성립시키려는 의사를 청약자에게 알리는 피청약자의 의사표시이다. 즉, 승낙이란 청약자의 청약에 동의한다는 피청약자의 절대적(Absolute)이며 무조건적인(Unconditional) 의사표시를 말한다.

2) 승낙의 효력발생시기

청약자의 오퍼에 대하여 피청약자가 승낙을 하게 되면 계약은 성립된다. 그런데 청약자와 피청약자는 공간적으로 상당히 멀리 떨어져 있는 것이 무역거래에 일반적이므로, 승낙의 의사표시가 피청약자로부터 발송되어 청약자에게 도달하기까지 어느 시점에서 계약이 성립하는가 하는 문제가 제기된다.

영미법과 한국민법 제531조에서는, 격지간의 무역거래에 있어서의 승낙의 효력 발생시기에 대하여 발신주의를 채택하고 있다. 발신주의에 따르면, 피청약자의 승낙의 의사표시가 발송된 때에 그 승낙의 효력이 발생한다.

독일법과 비엔나협약에서는 도달주의를 채택하고 있으며, 도달주의에 따르면 피청약자의 승낙의 의사표시가 청약자에게 도달한 때에 그 승낙의 효력이 발생한다.

또한 유지(인지)주의를 채택하는 국가도 있는데, 요지주의에 따르면 피청약자의 승낙의 의사표시가 청약자에게 도달한 후 현실적으로 청약자가 그 내용을 알았을 때에 그 승낙의 효력이 발생한다.

격지간의 승낙이 발신주의인 경우는 피청약자에게 유리하지만 청약자에게는 불리하다. 청약자에게는 도달주의가 유리하므로 오퍼할 때 'Offer Subject to Acceptance Reaching Here By(Date)'와 같이 승낙의 통지가 몇월 며칠까지 도달할 것을 조건으로 명시해 두면 좋을 것이다.

제2절 무역계약의 기본조건

일반적으로 매매계약서에 기재되는 사항은 품질조건, 수량조건, 가격조건, 선적조건, 대금결제조건, 보험조건을 들 수 있는데, 이 여섯 가지 조건을 「무역계약의 기본조건」이라 한다. 그런데 매매당사자간에는 실무적으로 표준화 내지 정형화된 매매계약서를 사용하고 있는데, 그 전면에는 무역계약의 기본조건에 대한 제목만 인쇄하고 약정할 내용은 당사자가 합의하여 작성하도록 공란을 두고 있으며, 계약서 이면에는 거래에 관련된 일반적인 조건[2] 등이 미리 인쇄되어 있는 것이 보통이다.

2) 일반거래조건(General Terms and Conditions)에는 이러한 6가지의 기본조건 이외에 무역 클레임 해결을 위한 중재조항, 불가항력조항, 준거법조항 등이 포함된다.

1. 품질조건(Quality Terms)

품질조건에서는 품질의 결정방법과 품질의 결정시기 등이 고려되어야 한다.

1) 품질결정방법

(1) 견본매매(Sale by Sample)

일반적인 제품은 주로 견본으로 품질을 결정한다. 견본은 품질의 기준이 되는 물품으로써 계약을 성립시키며, 나아가 계약의 이행여부를 확인시키는 역할을 한다.

견본은 ① 수출상이 수입상에게 보내는 매도인견본(Seller's Sample), ② 수입상이 수입을 위해 수출상에게 보내는 매수인견본(Buyer's Sample), ③ 수입상이 매도인견본을 수정 또는 변경하여 다시 수출상에게 보내는 대응견본(Counter Sample), ④ 수출상이 선적 후에 선적물품과 동일한 물품을 수입상에게 보내는 선적견본(Shipping or Shipment Sample) 등으로 구분된다.

(2) 표준품매매(Sale by Standard)

표준품매매란 견본을 이용할 수 없기 때문에 표준품으로 품질을 결정하는 방법의 매매를 말한다. 표준품매매의 품질표시방법에는 다음의 세 가지가 있다.

① 평균중등품질조건(Fair Average Quality : FAQ)

전년도 수확물 중의 중등품을 표준품으로 하여 가격을 정하고, 수출상의 인도물품은 당해 연도의 신 수확물 중에서 평균중등품질의 물품을 선적하는 조건이다. 주로 포도 등과 같은 과일류의 품질결정에 이용된다.

② 판매적격품질조건(Good Merchantable Quality : GMQ)

선적된 물품이 당해 품질의 성질과 상관습에 비추어 판매가 가능한 것, 즉 판매적격성(Merchantability)을 지닌 것임을 매도인이 보증하는 품질조건으로서 주로 목재나 냉동어류 등에 적용되는 조건이다.

③ 보통품질조건(Usual Standard Quality: USQ)

원면이나 목화에만 적용되는 품질조건으로 공인검사기관 또는 공인 표준기관에 의하여 정해진 보통품질을 표준품의 품질로 결정하는 조건이다.

(3) 규격매매(Sales by Type or Grade)

국제적으로 정해진 규격 및 등급에 의한 거래이다. 예를 들면, KS(한국), JIS(일본), BSS(영국), ASTM(미국) 등이다.

(4) 상표매매(Sales by Trade Mark or Brand)

거래상품의 상표나 브랜드(통명)가 국제적으로 널리 알려져 있는 경우에 사용하는 방법이다. 예를 들면, 랑콤(Lancome)화장품, Rolex시계, Coca Cola 등이다.

(5) 명세서매매(Sale by Description)

견본을 사용할 수 없기 때문에 설명서(Description), 명세서(Specification) 등에 의해 품질을 결정하는 방법의 매매를 말한다. 선박, 기계류, 철도차량 등의 거래에 주로 이용된다.

2) 품질결정시기

품질의 결정시기란 수출상이 인도하는 물품의 품질이 계약에서 정한 품질과 일치하는 가를 판단하는 기준이 되는 시기를 말한다. 이에는 선적품질조건(Shipped Quality Term)과 양륙품질조건(Landed Quality Term)이 있다.

선적품질조건의 경우에는 인도물품의 품질이 선적 시에 계약품질과 일치하여야 하는 조건이므로, 국제운송도중의 품질의 변질에 대해서는 수출상은 아무런 책임을 지지 않는다.

반면에 양륙품질조건의 경우에는 인도물품의 품질이 양륙 시에 계약품질과 일치하여야 하는 조건이므로, 국제운송도중의 품질의 변질에 대해서는 수출상이 책임을 져야 한다. 곡물류의 거래에 사용되는 전통적인 특수조건에는 다음의 TQ,

SD, RT조건이 있다.

TQ(Tale Quale)은 선적품질조건으로서, 수출업자가 계약과 일치하는 품질의 물품을 선적하기만 하면 품질에 관한 한 면책되며, 국제운송도중의 품질의 변질에 대해서는 수출업자가 아무런 책임을 지지 아니한다.

SD(Sea Damaged)조건은 특약부 선적품질조건으로서, 해상운송도중에 발생한 바닷물이나 빗물 또는 증기에 의해 젖은 손해 등에 대해서는 수출업자가 책임을 진다.

RT(Rye Term)조건은 양륙품질조건으로서 수출업자가 양륙시의 품질을 보증하는 조건으로서 국제운송도중의 곡물류의 변질에 대해서는 수출업자가 모두 책임을 진다.

2. 수량조건(Quantity Terms)

수량조건의 불명확으로 클레임이 발생하는 경우가 종종 있다. 따라서 문제가 일어나지 않도록 계약서에 명시할 필요가 있다. 특히 수량조건에서는 계약화물의 수량결정 단위와 수량결정 시기에 관한 명확한 합의가 있어야 한다.

1) 수량결정단위

(1) 중량

중량을 표시하는 단위로는 톤(Ton), 파운드(Pound), 킬로그램(Kg) 등이 주로 사용되고 있다. 중량을 표시하는 톤은 영국톤(English Ton; Long Ton; 1,016kg), 미국톤(American Ton; Short Ton; 907kg) 및 대륙톤(French Ton; Metric Ton; 1,000kg)으로 구별되므로 주의해야 한다.

(2) 용적

용적으로 수량을 표시하는 상품은 곡물류, 주류, 유류 등이다. 용적을 표시한 단위에는 원유에 사용되는 Barrel, 액체류에 사용되는 Gallon, 곡물류에 사용되는

Bushel 등이 있다. 일반화물의 경우에는 1Ft3, 1M3 등이 사용된다.

2) 수량결정시기

수량결정시기도 품질결정시기와 마찬가지로 선적수량조건(Shipped Quantity Term)과 양륙수량조건(Landed Quantity Term)으로 나눌 수 있다. 선적수량조건은 인도물품의 수량이 선적 시에 계약수량과 일치하여야 하는 조건이므로, 국제운송도중에 발생한 수량의 변동에 대하여는 수출상은 책임을 지지 않는다.

양륙수량조건은 인도물품이 양륙 시에 계약과 일치해야 하는 조건이므로 국제운송 도중의 수량의 변동에 대하여는 수출상이 책임을 부담한다.

3) 기타사항

(1) About, Circa, Approximately 등의 용어해석

신용장의 금액, 단가, 수량 앞에 위와 같은 용어가 표기되어 있으면 다음 원칙에 따라 해석하여야 한다.[3)]

① 신용장 금액, 단가, 수량에 위의 용어를 사용하였다면 과부족 허용한도는 ±10%까지이다.

② 위의 용어가 붙어있는 항목에만 유효하지 타 항목에까지 확대 적용되지 않는다. 예를 들면, about 1,000pcs일 경우 수량의 상한이 1,100pcs, 하한이 900pcs라는 뜻이며 이에 상응하여 금액까지 변경되는 것으로 해석할 수는 없다.

③ 금액 앞에 Maximum 또는 Not Exceeding의 표현이 있으면 신용장금액을 전액 사용하지 않아도 된다.

(2) 과부족 용인조건(More or Less Terms)

광석, 곡물, 원유 등 상품의 성질상 정확한 수량을 공급하기 어려운 Bulk Cargo

---

3) 신용장통일규칙 제39조 a.

는 과부족 용인조건이 적용되므로 아무 표시가 없더라도 ±5%의 과부족이 허용되는 것으로 해석하며 만약 About, Circa, approximately 등의 표현이 있으면 ±10%까지 허용된다.

3. 가격조건

서로 멀리 떨어진 다른 나라와의 무역거래에서는 물품의 가격은 제조원가에 운임, 보험료, 하역비, 창고료, 통관비용 등 여러 가지 부대비용을 합산하여 결정된다.

따라서 이러한 부대비용의 부담 주체를 누구로 할 것인지, 그리고 운송도중에 불의의 사고가 발생할 경우 이에 대한 책임을 누가 질 것인지를 분명히 해 둘 필요가 있다. 가격조건(Price Terms)은 일반적으로 정형거래조건인 Incoterms를 이용하고 있으므로 이에 대한 정확한 이해가 있어야 한다.

1) Incoterms의 의의

Incoterms는 무역 환경의 변화에 따라 국제상업회의소(ICC)에서 1936년 제정 이후 Incoterms 1953, Incoterms 1967, Incoterms 1976, Incoterms 1980, Incoterms 1990, Incoterms 2000, Incoterms 2010, Incoterms 2020으로 지속적으로 개정되어 사용되고 있다.

Incoterms는 "International Commercial Terms"의 약칭에서 따온 말로 일반적으로 「무역거래조건해석에 관한 국제규칙」(International Rules for the Interpretation of Trade Terms)이라고 불리고 있다.

Incoterms에서 규정하고 있는 FOB, CIF 조건 등은 주로 가격조건으로 사용되지만 실제로 그것은 다음과 같은 매매당사자간의 책임의 한계를 그 내용으로 하고 있다.

① 물품의 인도장소
② 물품의 위험부담에 대한 매매당사자간의 책임의 분기점
③ 물품의 비용부담에 대한 매매당사자간의 책임의 분기점

2) Incoterms 2010의 주요 내용

종전 Incoterms 2000에서 사용되던 FOB, CFR, CIF 조건의 위험의 분기점 중에서 본선난간 (Ship's Rail) 개념을 폐지하고 '갑판 (On Board)' 개념을 새롭게 도입하여 위험의 분기점을 명확히 하였다. 또한 종전 E, F, C, D 등과 같이 그룹별로 분류하던 것을 운송방식 불문 규칙과 선박운송 규칙으로 재분류하여 단순화하였다. 특히 DAT 조건과 DAP 조건 등과 같은 운송수단 불문 조건을 신설하여 복합운송의 증가 추세를 반영하였다. DAT 조건은 위험과 비용의 분기점이 운송수단에서 양하된 상태로 매수인 처분 하에 놓인 때이며, DAP 조건은 비용과 위험의 분기점이 운송수단에 실린 채 양하 준비된 상태로 매수인의 처분 하에 놓인 때로 운송수단에 관계없이 사용될 수 있는 조건이다.

표 2-2 Incoterms 2010의 구조

Group E 출하지인도조건	EXW(Ex Works)
Group F 주운송비미지급인도조건	FCA(Free Carrier) FAS(Free Alongside Ship) FOB(Free on Board)
Group C 주운송비지급인도조건	CFR(Cost and Freight) CIF(Cost, Insurance and Freight) CPT(Carriage Paid to) CIP(Carriage and Insurance Paid to)
Group D 도착지인도조건	DAT(Delivered at Terminal) DAP(Delivered at Place) DDP(Delivered Duty Paid)

자료 : 대한상공회의소·ICC한국위원회, 인코텀즈(Incoterms)2010

Incoterms 2010은 운송수단을 불문하고 사용할 수 있는 운송수단 불문 조건과 해상 및 내수로 운송에만 사용할 수 있는 해상운송 전용조건으로 분류된다. 운송수단 불문 조건에는 EXW, FCA, CPT, CIP, DAP, DAT, DDP 등 7가지 조건이 있으며, 해상운송 전용조건에는 FAS, FOB, CFR, CIF 등 4가지 조건이 사용되고 있다. Incoterms 2010의 비용과 위험의 분기점을 중심으로 정리하면 다음과 같다.

표 2-3 INCOTERMS 2010의 분류(위험과 비용분기점)

<table>
<tr><th rowspan="2">물품 인도 조건</th><th colspan="3">가 격 조 건</th><th rowspan="2">운송방법</th><th rowspan="2">비용분기점</th><th rowspan="2">위험분기점</th><th rowspan="2">소유권이전</th></tr>
<tr><th>분류</th><th>특 성</th><th>조건</th></tr>
<tr><td rowspan="9">선적지 조건</td><td>E</td><td>생산현장에서 물품을 인도하는 조건</td><td>EXW</td><td>복합운송</td><td>생산현장</td><td>생산현장</td><td>물품인도후 대금지급</td></tr>
<tr><td rowspan="3">F</td><td rowspan="3">매수인이 지정한 운송인에게 물품을 인도하는 조건</td><td>FCA</td><td>복합운송</td><td>운송인에게 인도시점</td><td>운송인에게 인도시점</td><td>물품인도후 대금지급</td></tr>
<tr><td>FAS</td><td>해상운송</td><td>본선선측</td><td>본선선측</td><td>물품인도후 대금지급</td></tr>
<tr><td>FOB</td><td>해상운송</td><td>본선선상</td><td>본선선상</td><td>물품인도후 대금지급</td></tr>
<tr><td rowspan="4">C</td><td rowspan="4">매도인이 운송계약을 체결하고 운임을 지급하는 조건</td><td>CPT</td><td>복합운송</td><td>목적지까지 운송비지급</td><td>운송인에게 인도시점</td><td>서류인도후 대금지급</td></tr>
<tr><td>CIP</td><td>복합운송</td><td>목적지까지 운송비 및 보험료 지급</td><td>운송인에게 인도시점</td><td>서류인도후 대금지급</td></tr>
<tr><td>CFR</td><td>해상운송</td><td>양육지까지 운송비 지급</td><td>본선선상</td><td>서류인도후 대금지급</td></tr>
<tr><td>CIF</td><td>해상운송</td><td>양육지까지 운송 및 보험료 지급</td><td>본선선상</td><td>서류인도후 대금지급</td></tr>
<tr><td rowspan="3">양륙지 조건</td><td rowspan="3">D</td><td rowspan="3">매도인이 목적지까지 운송비용과 위험을 부담하는 조건</td><td>DAT</td><td>복합운송</td><td>터미널인도</td><td>터미널</td><td>대금지급</td></tr>
<tr><td>DAP</td><td>복합운송</td><td>목적지인도</td><td>목적지</td><td>대금지급</td></tr>
<tr><td>DDP</td><td>복합운송</td><td>관세지급인도</td><td>목적지</td><td>대금지급</td></tr>
</table>

(1) 공장인도조건(EXW)...(지정인도장소)
Ex Works...(insert named place of delivery)

공장인도조건(EXW)은 매도인의 구내(premises) 또는 기타 지정된 장소(공장, 창고 등)에서 매수인의 임의처분상태[4]로 둘 때 인도하는 것을 의미한다. 매도인은 물품의 집회차량(collecting vehicle)에 적재할 필요가 없으며, 수출통관이 필요한 경우에도 수출물품에 대해 통관할 필요가 없다. 당사자들은 지정된 인도장소 내의 지점(point)을 가능한 명확하게 명시해야 하고 그 지점까지의 비용과 위험을 부담한다. 매수인은 지정된 인도장소의 합의된 지점(있는 경우)으로부터 물품을 수령하는데 수반되는 모든 비용과 위험을 부담한다.

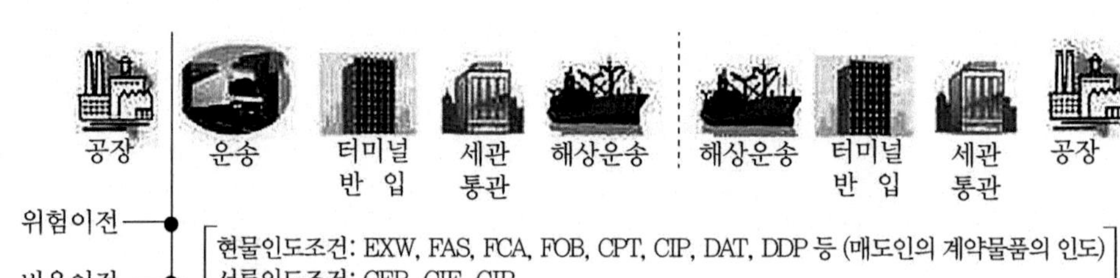

위험이전	비용이전	통관	비고
• 매도인의 영업장 구내에서 매수인이 임의 처분할 수 있도록 인도한 때	• 매도인은 인도할 때까지의 모든 비용 부담	• 매수인이 수출 통관	• 매도인 적재의무 없음 • 매도인의 의무 최소가 되는 조건 • 매수인의 의무가 최대가 됨

그림 2-7 공장인도조건(EXW)

(2) 운송인인도조건(FCA)...(지정장소)
Free carrier...(insert named place of delivery)

운송인인도조건(FCA)은 매도인의 구내(Seller's premises) 또는 그 밖의 지정된 장소(일반적으로 운송인의 구내)[5]에서 매수인이 지정한 운송인[6] 또는 그 밖의 당

4) 매수인의 임의처분상태는 매수인이 매도인으로부터 물품을 인도받아 자신의 마음대로 처분하는데 방해를 받지 않는 상태를 말한다.

사자에게 물품을 인도하는 것을 말한다. 당사자들은 지정된 인도장소 내의 지점을 명확히 표시하여야 하며 그 지점에서 위험이 매도인으로부터 매수인에게 이전된다. 만일 당사자들이 매도인의 구내에서 물품을 인도하고자 할 경우, 당사자는 지정인도장소로서 그 구내의 주소를 명시하여야 한다. 반면 당사자들이 그 밖의 장소에서 물품을 인도하고자 할 경우에는 다른 구체적인 인도장소를 특정하여야 한다. FCA는 매도인이 물품에 대한 수출통관을 이행해야 한다.

위험이전	비용이전	통관	비고
• 운송인에게 물품을 인도하였을 때	• 매도인은 인도할 때까지의 모든 비용부담	• 매도인이 수출 통관	• 적재의무 • 양하의 의무는 없음

그림 2-8 운송인인도조건(FCA)

(3) 운송비지급인도조건(CPT)...(지정목적지)

Carriage Paid To...(insert named place of destination)

운송비지급인도는 합의된 장소(당사자간 이러한 장소가 합의된 경우)에서 매도인이 지정한 운송인[7] 또는 기타의 자에게 물품을 인도할 때 매도인의 인도의무는

5) 기타의 지정된 장소는 일반적으로 운송인의 구내로 항구의 CY 및 CFS, 공항화물터미널, 도로화물터미널, 철도화물터미널 등의 지정된 장소를 의미한다.

6) 운송인(carrier)은 매수인이 지정하는 도로운송인, 철도운송인, 해상운송인, 항공운송인 및 복합수송운송인을 지칭한다. 한편 운송인의 범주에는 이들 운송인뿐만 아니라 매수인이 지정하는 기타 제3자도 포함된다.

7) 운송인(Carrier)은 FCA, CIP 규칙과 마찬가지로 운송계약을 체결하는 해상운송인, 도로운송인, 철도운송인 또는 복합운송인을 말한다. 운송인의 의미에는 어떤 운송인지를 불문하

완료되지만, 지정목적지까지 물품운송에 필요한 운송계약을 체결하고 운송비를 지급하여야 하는 것을 의미한다. CPT, CIP, CFR 또는 CIF가 사용되는 경우, 매도인의 인도에 대한 의무는 물품이 목적지에 도착될 때가 아닌 물품이 운송인에게 교부될 때 완료된다.

이 규칙에서는 위험의 분기점과 비용의 분기점이 서로 다르다. 당사자들은 매수인에게 위험이 이전되는 물품인도장소와 매도인이 운송계약을 체결해야 하는 지정도착지를 가능한 한 정확하게 합의하는 것이 좋다. 합의된 목적지까지 운송을 위하여 다수의 운송인이 참여된 경우나 당사자가 특정한 인도지점을 합의하지 아니한 경우, 위험이 이전되는 장소는 매도인이 매수인의 관여 없이 자신이 선택한 지점에서 물품을 최초의 운송인에게 인도하는 시점이다. 만약 당사자가 위험의 이전시점을 그 이후의 단계(예컨대, 항구 또는 공항에서)로 하고자 하는 경우에는 이를 계약서에 명시할 필요가 있다.

위험이전	비용이전	통관	비고
• 물품이 지정 목적지까지 운송할 운송인의 보관 하에 두는 경우, 최초의 운송인에게 물품이 인도되었을 때	• 매도인은 물품이 인도될 때까지의 모든 비용과 지정된 목적지까지의 운임을 부담함	• 매도인이 수출 통관	• 지정 목적지까지의 운송수단 수배와 운송비용은 매도인 부담

그림 2-9 운송비지급인도조건(CPT)

고 매도인이 지명한 자는 모두 포함될 수 있다.

당사자들은 매도인이 비용을 부담해야 하는 도착장소 내의 지점을 가능한 한 정확하게 합의하여야 하고, 매도인은 이 규칙에 정확하게 일치하는 운송계약을 체결해야 한다. 만약 매도인이 양륙 비용을 지불하는 조건으로 운송계약을 체결하고 양륙비용을 지불한 경우, 매도인은 당사자 간에 별도 합의가 없는 경우 매수인으로부터 그러한 비용을 지급받을 수 없다. CPT 조건에서는 매도인이 수출통관을 이행하여야 한다.

(4) 운송비보험료지급인도조건(CIP)...(지정목적지)
Carriage and Insurance Paid To...(insert named place of destination)

운송비보험료지급인도(CIP)는 합의된 장소(당사자간 이러한 장소가 합의된 경우)에서 매도인이 지정한 운송인 또는 기타의 자에게 물품을 인도할 때 매도인의 인도의무는 완료되지만, 지정목적지까지 물품운송에 필요한 운송계약을 체결하고 운송비를 지급하고 운송 중의 물품이 멸실 또는 손상에 대한 매수인의 위험에 대하여 보험계약을 체결하고 보험료를 지급하여야 하는 조건이다.

매도인은 운송 중 물품의 멸실 또는 손상에 대한 매수인의 위험에 대하여 최소담보조건으로 보험계약을 체결한다. 매수인이 더 많은 보험담보를 원할 경우, 매도인과 특별히 합의하거나 자신이 추가보험계약을 체결할 필요가 있다. CPT, CIP, CFR 또는 CIF가 사용될 경우, 매도인의 인도의무는 물품이 목적지에 도착될 때가 아니라 물품이 운송인에게 교부될 때 완료된다.

이 조건도 CPT조건과 마찬가지로 위험의 분기점과 비용의 분기점이 서로 다르다. 당사자들은 매수인에게 위험이 이전되는 물품인도장소와 매도인이 운송비를 부담해야 하는 목적지에서의 인도지점을 명확히 합의해 두어야 한다. 다수의 운송인이 합의된 목적지까지 운송을 위하여 참여한 경우 및 당사자가 특정한 인도지점에 관하여 합의하지 아니한 경우, 위험 이전의 기본적인 장소는 매도인이 매수인의 관여 없이 자신이 선택한 지점에서 물품을 최초의 운송인에게 인도하는 시점이다. 만약 당사자가 위험의 이전시점을 그 이후의 단계(예컨대, 항구 또는 공항)로 하고자 하는 경우에는 이를 계약서에 명시할 필요가 있다.

당사자들은 매도인이 비용을 부담해야 하는 도착장소 내의 지점을 가능한 한 정확하게 합의하여야 하고, 매도인은 이 조건에 정확하게 일치하는 운송계약을 체결해야 한다. 만약 매도인이 양륙비용을 지불하는 조건으로 운송계약을 체결하고 양륙비용을 지불한 경우, 매도인은 당사자간에 별도 합의가 없는 경우 매수인으로부터 그러한 비용을 지급받을 수 없다. CIP는 매도인에게 물품에 대한 수출통관을 요구하고 있다.

위험이전	비용이전	통관	비고
• 물품이 지정 목적지까지 운송할 운송인의 보관 하에 두거나, 복합운송의 경우 최초 운송인에게 물품이 인도되었을 때	• 매도인은 물품이 인도될 때까지의 모든 비용과 지정된 목적지까지의 운임, 보험료 부담	• 매도인이 수출 통관	• 보험계약자: 매도인 • 피보험자: 매수인 매도인이 매수인의 위험에 대해 부보함

그림 2-10 운송비 보험료지급인도조건(CIP)

(5) 목적지인도조건(DAP)...(지정목적지)

Delivered At Place...(insert named place of destination)

목적지인도조건은 지정 목적지에서 양륙을 위하여 준비된 도착운송수단상에서 물품을 매수인의 임의처분상태로 둘 때 매도인이 인도하는 것을 의미한다. 매도인은 지정장소까지의 물품 운송에 포함된 모든 위험을 부담한다.

지정된 목적지까지 물품을 운송하는데 관련된 모든 위험과 비용은 매도인이 부담하고, 지정된 목적지에 도착한 운송수단으로부터 양륙하는데 따른 위험과 비용은 매수인이 부담한다. 예를 들어 물품의 인도장소가 목적지 또는 목적항의 터미널인 경우에는 그 터미널에 도착한 운송수단으로부터 양륙하는데 관련되는 위험과 비용은 물론 해당 터미널에서 다른 장소까지 물품운송과 관련된 비용과 위험을 모두 매수인이 부담한다. 또한 목적지 또는 목적항의 터미널로부터 떨어진 다른 합의장소인 경우 목적지 또는 목적항의 해당터미널에 도착한 운송수단으로부터 양륙하여 합의된 다른 장소까지 물품운송에 관련된 위험과 비용은 매도인이 부담한다. 즉 합의된 인도장소가 어디든지 그 인도장소에서 물품의 양륙에 관련된 위험과 비용은 매수인이 부담하는 것이다.

당사자는 매도인이 그 지점까지의 위험을 부담하여야 하는 합의된 목적지 내의 특정지점을 가능한 한 분명하게 명시하도록 하여야 한다. 또한 매도인은 그러한 선택에 정확하게 일치하는 운송계약을 체결하여야 한다. 매도인이 운송계약에 따라 지정목적지에서 양륙과 관련된 비용을 지급하는 경우, 매도인은 당사자간에 별도의 합의가 없는 한 매수인으로부터 그러한 비용을 보상받을 수 없다. DAP는 매도인에게 물품에 대한 수출통관을 요구하고 있다.

위험이전	비용이전	통관	비고
• 지정된 목적지에서 양하하지 않고 매수인의 임의처분상태로 인도할 때	• 지정된 목적지에서 양하하지 않고 매수인의 임의처분상태로 인도할 때	• 매도인은 수출 통관 • 매수인은 수입 통관	• 목적지는 항구 및 내륙의 지정 모두 될 수 있음

그림 2-11 목적지인도조건(DAP)

(6) 터미널인도조건(DAT).....(목적항 또는 목적지의 지정 터미널)

Delivered At Terminal...(insert named terminal at port or place) of destination

터미널인도는 지정된 목적항 또는 지정 목적지에 있는 지정터미널에서 도착한 운송수단에서 일단 양륙한 물품을 매수인의 임의처분상태로 둘 때 매도인이 인도

하는 것을 의미한다. 터미널은 덮개의 유무에 관계없이 부두, 창고, 컨테이너 야드, 도로, 철도 또는 항공화물터미널을 의미한다. 매도인은 지정목적항 또는 지정목적지에 있는 지정 터미널까지의 물품운송 및 양륙에 따른 모든 위험을 부담한다. 따라서 지정된 목적지 또는 목적항의 터미널에 도착한 운송수단으로부터 물품이 양륙되어 매수인의 임의처분 하에 놓여진 이후 매수인은 그 터미널에서 자신이 수배한 운송수단에 자신의 위험과 비용으로 적재하여 다른 장소로 이동시켜야 한다.

당사자는 매도인이 그 지점까지의 위험을 부담하여야 하는 합의된 항구 또는 목적지의 터미널 내의 특정 지점을 가능한 한 정확하게 명시하도록 하여야 한다. 또한 매도인은 그러한 선택에 일치하는 운송계약을 체결하여야 한다. 만일 당사자가 터미널에서 다른 장소로 물품을 운송하거나 취급하는데 따른 위험 및 비용을 매도인이 부담하기로 하는 경우에는 목적지인도조건(Delivered At Place : DAP)이나 관세지급인도조건(Delivered Duty Paid : DDP)을 사용하여야 한다.

DAT는 적용 가능한 경우, 매도인이 물품의 수출통관을 이행하여야 한다. 하지만 매도인은 수입통관, 수입관세 납부 또는 수입과 관련된 통관절차를 이행할 의무가 없다. 따라서 수입통관은 매수인의 의무이다.

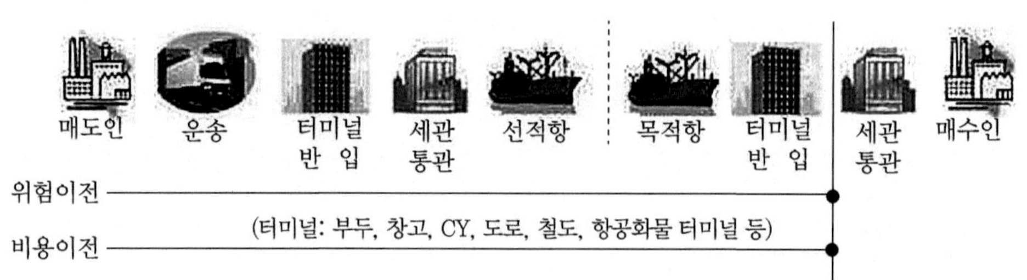

위험이전	비용이전	통관	비고
• 양하한 물품을 지정 항구나 목적지의 터미널에서 인도할 때	• 양하한 물품을 지정 항구나 목적지의 터미널에서 인도할 때까지	• 매도인은 수출 통관 • 매수인은 수입 통관	• 유일하게 매도인이 물품을 양하까지 해야 할 의무가 있는 조건

그림 2-12 터미널인도조건(DAT)

(7) 관세지급인도조건(DDP)...(지정목적지)

Delivered Duty Paid...(insert named place of destination)

관세지급인도는 지정 목적지에서 양륙을 위하여 준비된 도착운송수단 상에서 수입통관된 물품을 매수인의 임의처분상태로 둘 때 매도인이 인도하는 것을 의미한다. 매도인은 목적지까지의 물품운송에 포함된 모든 비용 및 위험을 부담하고 물품의 수출통관 뿐만 아니라 수입통관의무를 수행한다. 이에 따라 매도인은 수출 및 수입에 대한 모든 관세를 부담하고 모든 통관수속절차를 이행할 의무가 있다.

지정된 목적지까지 물품을 운송하는데 관련된 모든 위험과 비용은 매도인이 부담하고, 지정된 목적지에 도착한 운송수단으로부터 양륙하는데 따른 위험과 비용은 매수인이 부담한다. 예를 들어 물품의 인도장소가 목적지 또는 목적항의 터미널인 경우에는 그 터미널에 도착한 운송수단으로부터 양륙하는데 관련되는 위험과 비용은 물론 해당 터미널에서 다른 장소까지 물품운송과 관련된 비용과 위험을 모두 매수인이 부담한다. 또한 목적지 또는 목적항의 터미널로부터 떨어진 다른 합의장소인 경우 목적지 또는 목적항의 해당터미널에 도착한 운송수단으로부터 양륙하여 합의된 다른 장소까지 물품운송에 관련된 위험과 비용은 매도인이 부담한다. 즉 합의된 인도장소가 어디든지 그 인도장소에서 물품의 양륙에 관련된 위험과 비용은 매수인이 부담하는 것이다.

DDP는 매도인의 최대 의무를 나타낸다. 당사자는 매도인이 그 지점까지의 위험을 부담하여야 하는 합의된 목적지 내의 특정 지점을 명시하도록 하여야 한다. 또한 매도인은 그러한 선택에 일치하는 운송계약을 체결하여야 한다. 매도인이 운송계약에 따라 지정목적지에서 양륙과 관련된 비용을 지급하는 경우, 매도인은 당사자 간에 별도의 합의가 없는 한 매수인으로부터 그러한 비용을 보상받을 수 없다.

매도인이 직접적으로 또는 간접적으로 수입통관할 수 없는 경우 당사자는 DDP를 사용하지 않는 편이 좋다. 당사자가 매수인이 수입통관에 따른 모든 위험 및 비용을 부담하기로 한다면 DAP 조건이 사용되어야 한다. 매매계약에서 별도의 명시적 합의가 없는 한 수입시에 지급되는 모든 부가가치세 또는 기타 조세는 매도인이 부담한다.

위험이전	비용이전	통관	비고
• 물품이 수입통관되어 수입국내 지정 목적지에서 양하 하지 않고 매수인의 임의 처분 하에 인도되었을 때	• 매도인은 물품이 인도될 때까지의 모든 비용, 수입통관 비용, 관세, 조세, 부과금 부담	• 매도인이 수출통관 및 수입통관	• 매도인의 의무가 가장 많은 조건 • 통관 시 수입신고 의무자는 매수인임

그림 2-13 관세지급인도조건(DDP)

(8) 선측인도조건(FAS)...(지정선적항)
Free Alongside Ship...(named port of shipment)

FAS는 Free Alongside Ship의 약칭으로 "선측인도"를 말한다. 이 조건은 해상운송 및 내수로 운송에만 사용될 수 있다. 선측인도는 물품이 지정된 선적항에서 매수인이 정한 본선(예를 들어 부두 또는 부선 상)의 선측[8]에 둘 때 매도인이 인도하는 것을 의미한다. 물품이 본선 선측에 있을 때 물품의 멸실 또는 손상의 위험이 이전되며 매수인은 그 시점으로부터 모든 비용을 부담한다.

지정선적항의 선측까지의 비용 및 위험을 매도인이 부담하기 때문에 당사자는 적재지점을 명확하게 합의하여야 한다. 이러한 비용과 관련된 취급수수료는 항구의 관습에 따라 달라질 수 있다.

매도인은 본선 선측에서 물품을 인도하거나 또는 선적을 위하여 이미 그와 같이 인도된 물품을 조달(procure)하여야 한다. 여기에서 "조달"은 상품무역에서 흔히 발생하는 연속매매(string sales)에 부응하기 위한 것이다. 상품거래에서 매도인이 매수인에게 물품을 인도하면, 물품을 인수받은 매수인이 그 물품을 다시 다른

8) 본선에 장치된 양하기로 닿을 수 있는 위치(거리)

매수인에게 판매하고, 다른 매수인이 또 다른 매수인에게 판매하는 등 연속매매가 이루어진다. 이러한 경우 매도인이 물품의 인도를 위하여 선측에 물품을 놓아둔 때 물품의 멸실 또는 물품에 대한 손상의 위험이 매도인으로부터 매수인에게 이전된다. 한편 그 물품을 재판매시 최초의 매수인이 이번에는 다시 매도인의 입장이 되어 선적을 위하여 선측에 놓여진 물품을 그대로 둔 상태로 조달할 때 물품의 멸실 또는 물품에 대한 손상의 위험이 이전되는 것이다.

이 조건은 원유, 곡물, 광석 등의 산화물(bulk cargo)과 같이 무포장 상태로 운송되는 재래화물에 적용되는 조건으로 컨테이너화물에는 적합하지 않다. 즉 원유, 원맥, 원목 및 원면 등과 같이 선적비용이 많이 소요되는 대량의 산화물에 주로 이용되는 조건으로 원목을 묶어 선적항의 본선 선측에 붙여 놓고 선적하던 북유럽의 목재매매에서 유래되었다.

물품이 컨테이너에 적재되는 경우, 매도인이 본선의 선측이 아닌 터미널에서 운송인에게 물품을 인도하는 것이 일반적이다. 따라서 컨테이너 화물의 경우 FAS 조건은 부적절하기 때문에 운송인인도(FCA) 조건을 사용하여야 한다.

FAS 조건에서는 적용 가능한 경우 매도인이 물품에 대한 수출통관을 이행하여야 한다. 하지만 매도인은 물품의 수입통관의무와 모든 수입관세의 지급의무 또는 수입통관수속절차를 이행할 의무가 없다.

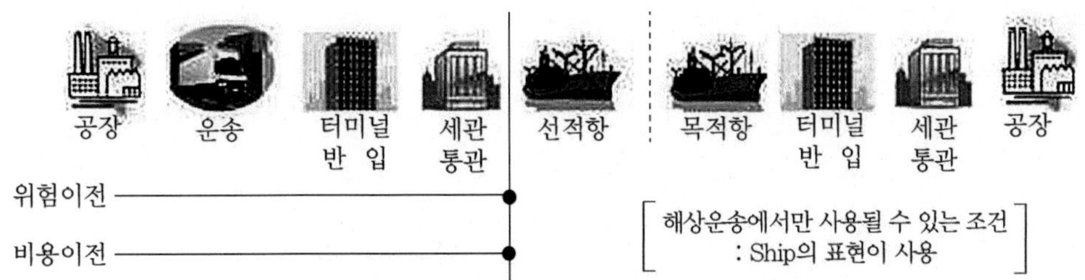

위험이전	비용이전	통관	비고
• 물품이 지정 선적항의 부두 혹은 부선으로 선측에 인도되었을 때	• 매도인은 인도할 때까지의 모든 비용 부담	• 매도인이 수출통관	• 선적비가 많이 드는 원목, 곡물 등의 Bulky Cargo에 주로 이용

그림 2-14 선측인도조건(FAS)

(9) 본선인도조건(FOB)...(지정선적항)
Free On Board...(named port of shipment)

FOB는 Free On Board의 약칭으로 "본선인도"를 말한다.[9] 본선인도는 해상운송 및 내수로 운송에만 사용될 수 있다. 본선인도는 물품이 지정된 선적항에서 매수인이 정한 본선상에 물품을 인도하거나 또는 그렇게 인도된 물품을 조달하는 것을 의미한다. 물품이 본선상에 있을 때 물품의 멸실 또는 손상의 위험이 이전되며 매수인은 그 시점으로부터 모든 비용을 부담한다.

매도인은 본선상에서 물품을 인도하거나 또는 선적을 위하여 그렇게 인도된 물품을 조달(procure)하여야 한다. 상품거래에서 매도인이 매수인에게 물품을 인도하면, 물품을 인수받은 매수인이 그 물품을 다시 다른 매수인에게 판매하고, 다른 매수인이 또 다른 매수인에게 판매하는 등 연속매매가 이루어진다. 이러한 경우 매도인이 물품의 인도를 위하여 본선상에 물품을 놓아둔 때 물품의 멸실 또는 물품에 대한 손상의 위험이 매도인으로부터 매수인에게 이전된다. 한편 그 물품을 재판매시 최초의 매수인이 이번에는 다시 매도인의 입장이 되어 물품을 선적하여야 하는 의무가 발생하게 된다. 하지만 이미 최초에 물품이 본선상에 이미 선적된 상태이기 때문에 다시 선적할 수 없으며, 그렇게 선적되어 있는 물품을 조달할 때 물품의 멸실 또는 물품에 대한 손상의 위험이 이전되는 것이다. 이에 따라"조달"이라는 용어는 1차산품을 거래할 때 발생할 수 있는 연속매매를 부응하기 위하여 이용된다.

이 조건은 전형적으로 터미널에서 인도되는 컨테이너 화물의 경우와 같이 물품이 본선상에 놓여지기 전에 인도되는 경우에는 적당하지 않을 수 있기 때문에 그러한 경우에는 운송인인도조건(FCA 조건)이 사용되어야 한다.

FOB 조건에서는 적용 가능한 경우 매도인이 물품에 대한 수출통관을 이행하여

---

9) 여기에서 말하는 Free라는 뜻은 원래 'Free from all charges and responsibility once on board the vessel'이란 뜻이다. 즉 매도인은 계약상품이 본선의 양하기에 의해 본선의 갑판에 적재될 때까지의 모든 위험과 비용의 책임을 지고 그 이후에는 하등의 책임이 없다는 뜻이다. 다시 말하면, 모든 짐을 벗어나서 후련하다는 내용이 Free라는 뜻에 내포되어 있다.

야 한다. 하지만 매도인은 물품의 수입통관의무와 모든 수입관세의 지급의무 또는 수입통관수속절차를 이행할 의무가 없다.

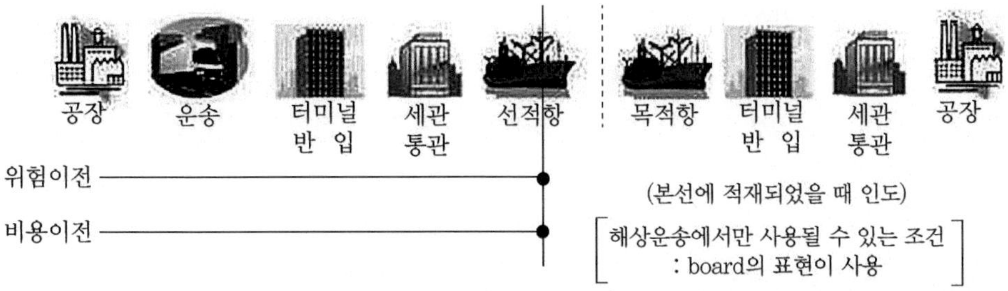

공장 운송 터미널 반 입 세관 통관 선적항 목적항 터미널 반 입 세관 통관 공장

위험이전

비용이전

(본선에 적재되었을 때 인도)

해상운송에서만 사용될 수 있는 조건 : board의 표현이 사용

위험이전	비용이전	통관	비고
• 본선에 적재 되었을 때	• 본선에 적재	• 매도인이 수출통관	• 운송수단의 수배는 매수인의 몫

그림 2-15 본선인도조건(FOB

(10) 운임포함인도조건(CFR)...(지정목적항)
Cost and Freight...(named port of destination)

CFR은 Cost and Freight의 약칭으로 "운임포함인도"를 말한다. 이 조건은 해상운송 및 내수로 운송에만 사용될 수 있다. 운임포함인도는 매도인은 본선상에서 물품을 인도하거나 또는 그렇게 인도된 물품을 조달(procure)하는 것을 의미한다. 물품이 본선상에 있을 때 물품을 멸실 또는 손상의 위험이 이전되지만, 매도인은 운송계약을 체결하고 지정 목적항까지 물품을 운송하는데 필요한 비용 및 운임을 지급하여야 한다.

CPT, CIP, CFR 및 CIF가 사용되는 경우, 매도인의 인도에 대한 의무는 물품이 목적지에 도착될 때가 아닌 선택된 조건에 명시된 방법으로 물품이 운송인에게 교부될 때 완료된다. CFR 조건에서 매도인의 인도의무는 물품이 목적항에 도착할 때가 아니라 선적항에 있는 본선의 선상에서 물품을 인도할 때 완료된다.

CFR 조건에서는 위험의 분기점과 비용의 이전시점이 다르다. 일반적으로 계약서에 목적항을 명시하고 있으나 위험이 매수인에게 이전되는 선적항을 명시하고 있지는 않다. 선적항이 매수인에게 특정의 이해관계가 있는 경우, 당사자들이 가능한 한 계약서에 이를 명확하게 특정하는 것이 바람직하다.

당사자는 매도인이 합의된 목적항의 지정 지점까지 비용을 부담하므로 가능한 한 그 지점을 명확히 결정하여야 한다. 매도인은 그러한 선택에 일치하는 운송계약을 체결하여야 한다. 매도인이 운송계약에 따라 목적항의 명시된 지점에서 양륙과 관련된 비용을 지급하는 경우, 매도인은 당사자 간에 별도의 합의가 없는 한 매수인으로부터 그러한 비용을 보상받을 수 없다.

매도인은 본선상에서 물품을 인도하거나 또는 선적을 위하여 그렇게 인도된 물품을 조달하여야 한다. 1차산품의 거래에서 매도인이 매수인에게 물품을 인도하면, 물품을 인수받은 매수인이 그 물품을 다시 다른 매수인에게 판매하고, 다른 매수인이 또 다른 매수인에게 판매하는 등 연속매매가 이루어진다. 이러한 경우 매도인이 물품의 인도를 위하여 본선상에 물품을 놓아둔 때 물품의 멸실 또는 물품에 대한 손상의 위험이 매도인으로부터 매수인에게 이전된다. 한편 그 물품을 재판매시 최초의 매수인이 이번에는 다시 매도인의 입장이 되어 물품을 선적하여야 하는 의무가 발생하게 된다. 하지만 이미 최초에 물품이 본선상에 이미 선적된 상태이기 때문에 다시 선적할 수 없으며 그렇게 선적되어있는 물품을 조달할 때 물품의 멸실 또는 물품에 대한 손상의 위험이 이전되는 것이다. 이에 따라“조달”이라는 용어는 1차산품을 거래할 때 발생할 수 있는 연속매매를 부응하기 위하여 이용된다.

이 조건은 전형적으로 터미널에서 인도되는 컨테이너 화물의 경우와 같이 물품이 본선상에 놓여지기 전에 운송인에게 인도되는 경우에는 적당하지 않을 수 있기 때문에 그러한 경우에는 운송비지급인도조건(CPT 조건)이 사용되어야 한다.

CFR 조건에서는 적용 가능한 경우 매도인이 물품에 대한 수출통관을 이행하여야 한다. 하지만 매도인은 물품의 수입통관의무와 모든 수입관세의 지급의무 또는 수입통관수속절차를 이행할 의무가 없다.

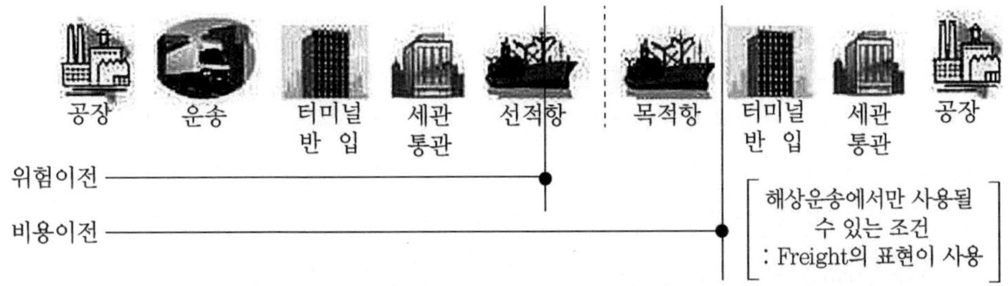

위험이전	비용이전	통관	비고
• 물품이 본선에 적재 되었을 때	• 매도인은 적재시까지의 모든 비용과 목적항 까지의 운임, 정기선의 경우 양하비용 부담	• 매도인이 수출통관	• 운송수단의 수배 및 운송비용은 매도인의 몫

그림 2-16 운임포함인도조건(CFR)

(11) 운임보험료포함인도조건(CIF)...(지정목적항)
Cost, Insurance and Freight...(named port of destination)

CIF는 Cost, Insurance and Freight의 약칭으로 "운임보험료포함인도"를 말한다. 이 조건은 해상운송 및 내수로 운송에만 사용될 수 있다. 운임보험료포함인도는 매도인은 본선상에서 물품을 인도하거나 또는 그렇게 인도된 물품을 조달(procure)하는 것을 의미한다. 물품이 본선상에 있을 때 물품의 멸실 또는 손상의 위험이 이전된다. 매도인은 운송계약을 체결하고 지정 목적항까지 물품을 운송하는데 필요한 비용 및 운임을 지급하여야 한다.

매도인은 또한 운송 중 물품의 멸실 손상에 대한 매수인의 위험에 대하여 최소담보조건으로 보험부보계약을 체결한다. 매수인이 더 많은 보험담보를 원할 경우, 매도인과 특별히 합의하거나 자신이 추가보험계약을 체결할 필요가 있다.

CPT, CIP, CFR 및 CIF가 사용되는 경우, 매도인의 인도에 대한 의무는 물품이 목적지에 도착될 때가 아닌 선택된 조건에 명시된 방법으로 물품이 운송인에게 교부될 때 완료된다. CIF 조건에서 매도인의 인도의무는 물품이 목적항에 도착할 때가 아니라 선적항에 있는 본선의 선상에서 물품을 인도할 때 완료된다.

CIF 조건에서는 위험의 분기점과 비용의 이전시점이 다르다. 일반적으로 계약서에 목적항을 명시하고 있으나 위험이 매수인에게 이전되는 선적항을 명시하고 있지는 않다. 선적항이 매수인에게 특정의 이해관계가 있는 경우, 당사자들이 가능한 한 계약서에 이를 명확하게 특정하는 것이 바람직하다.

당사자는 매도인이 합의된 목적항의 지정 지점까지 비용을 부담하므로 가능한 한 그 지점을 명확히 결정하여야 한다. 매도인은 그러한 선택에 일치하는 운송계약을 체결하여야 한다. 매도인이 운송계약에 따라 목적항의 명시된 지점에서 양륙과 관련된 비용을 지급하는 경우, 매도인은 당사자 간에 별도의 합의가 없는 한 매수인으로부터 그러한 비용을 보상받을 수 없다.

매도인은 본선상에서 물품을 인도하거나 또는 선적을 위하여 그렇게 인도된 물품을 조달하여야 한다. 상품거래에서 매도인이 매수인에게 물품을 인도하면, 물품을 인수받은 매수인이 그 물품을 다시 다른 매수인에게 판매하고, 다른 매수인이 또 다른 매수인에게 판매하는 등 연속매매가 이루어진다. 이러한 경우 매도인이 물품의 인도를 위하여 본선상에 물품을 놓아둔 때 물품의 멸실 또는 물품에 대한 손상의 위험이 매도인으로부터 매수인에게 이전된다. 한편 그 물품을 재판매시 최초의 매수인이 이번에는 다시 매도인의 입장이 되어 물품을 선적하여야 하는 의무가 발생하게 된다. 하지만 이미 최초에 물품이 본선상에 이미 선적된 상태이기 때문에 다시 선적할 수 없으며 그렇게 선적되어 있는 물품을 조달할 때 물품의 멸실 또는 물품에 대한 손상의 위험이 이전되는 것이다. 이에 따라 "조달"이라는 용어는 상품 거래 시 발생할 수 있는 연속매매를 부응하기 위하여 이용된다.

이 조건은 전형적으로 터미널에서 인도되는 컨테이너 화물의 경우와 같이 물품이 본선상에 놓여지기 전에 운송인에게 인도되는 경우에는 적당하지 않을 수 있기 때문에 그러한 경우에는 운송비보험료포함조건(CIP 조건)이 사용되어야 한다.

CIF 조건에서는 적용 가능한 경우 매도인이 물품에 대한 수출통관을 이행하여야 한다. 하지만 매도인은 물품의 수입통관의무와 모든 수입관세의 지급의무 또는 수입통관수속절차를 이행할 의무가 없다.

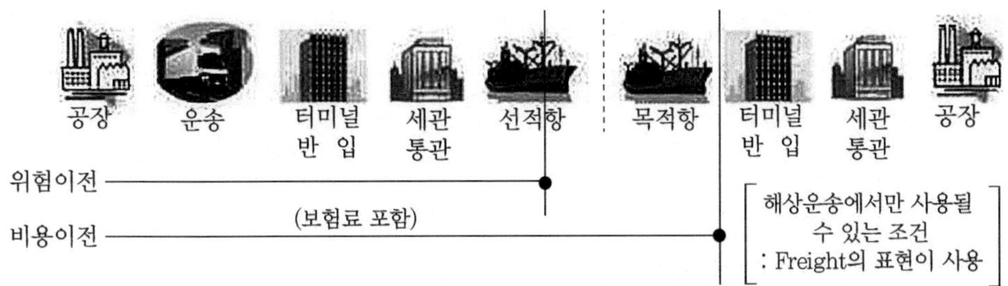

위험이전	비용이전	통관	비고
• 물품이 본선에 적재 되었을 때	• 매도인은 적재시까지의 모든 비용과 목적항 까지의 운임, 보험료, 정기선의 경우 양하비 부담	• 매도인이 수출통관	• 보험계약자: 매도인 • 피보험자: 매수인 매도인이 매수인의 위험에 대해 부보함

그림 2-17 운임 보험료포함 인도조건(CIF)

3) Incoterms 2020의 주요 내용

Incoterms 2020은 Incoterms 2010과 비교하면 다음과 같은 차이를 보이고 있다.

① 개별규칙 내 조항순서 변경
② CIP 최대 부보의무, CIF 최소 부보의무 유지
③ FCA상 본선적재 표기 선하증권
④ DAT ⇒ DPU로 명칭변경
⑤ FCA/DAP/DPU/DDP에서 매도인/매수인 자신의 운송수단에 의한 운송 허용
⑥ 운송/비용조항에 보안관련 의무 삽입
⑦ 사용자를 위한 설명문 삽입
⑧ 소개문(introduction) 강화

Incoterms 2020은 모든 운송방식에 사용할 수 있는 조건과 해상운송에만 사용할 수 있는 조건으로 구분되며 위험과 비용의 분기점을 중심으로 정리하면 다음과 같다.

표 2-4 모든 운송방식에 사용할 수 있는 Incoterms

인코텀즈(Incoterms 2020)
⁂ 모든 운송방식에 사용할 수 있는 Incoterms
1) EXW - Ex Works
2) FCA - Free Carrier
3) CPT - Carriage Paid To
4) CIP - Carriage and Insurance Paid To
5) DAP - Delivered d At Place
6) DPU _ Delivered at Place Unloaded
7) DDP - Delivered Duty Paid

(1) 공장인도조건(EXW)...(지정인도장소)

Ex Works...(insert named place of delivery)[10]

① 일반의무

매도인은 매매계약에 일치하는 물품 제공 및 상업송장과 그 밖에 계약에서 요구될 수 있는 일치성에 관한 증거 제공 의무를 부담한다. 매수인은 매매계약에 따라 물품 대금을 지급할 의무를 부담한다. 합의가 없다면 양 당사자가 제공해야 할 서류를 종이서류 또는 전자적 방식으로 제공 가능하다.

② 인도와 위험이전

매도인이 물품을 매도인의 공장이나 창고와 같은 지정장소에서 매수인의 처분하에 놓였을 때 물품 이전에 관한 매도인의 위험(파손이나 훼손)이 매수인에게 이전된다.

10) 유럽에서는 이 조건은 "Ex Loco" 또는 "Spot"라고 표현하여 계약물품이 있는 현장에서 물품을 인도하는 경우에 사용하고 있다. 한편 미국에서는 "Ex Point of Origin" 또는 "FOB Origin"이란 표현으로 이 거래조건을 이용하고 있다.

③ 운송계약

매수인이 운송계약을 체결하고, 매수인의 요청에 따라 매수인의 매도인은 운송계약을 위한 정보를 매수인에게 제공해야 한다.

④ 보험

매도인은 매수인에 대하여 보험계약 체결의 의무를 부담하지 않으며, 매수인은 매도인에 대하여 보험계약 체결의 의무를 부담하지 않는다. 매수인의 요청에 따라 매도인은 보험계약을 위한 정보를 매수인에게 제공해야 한다.

⑤ 운송서류/인도의 증거

매도인은 운송서류를 매수인에게 제공할 의무가 없으며, 매수인은 물품의 인도를 수령하였다는 적절한 증거를 매도인에게 제공해야 한다.

⑥ 수출·수입통관의 의무

매수인이 수출국·통과국·수입국 통관의 의무를 부담한다. 매도인은 매수인이 수출국·통과국·수입국의 통관절차에 관한 서류 및 또는 정보를 취득하는데 매수인에게 협력해야 한다.

⑦ 점검/포장/하인의 표시

매도인은 물품을 인도하기 위한 목적에서 필요한 점검작업(품질점검, 용적측량, 중량측정, 수량계수)에 드는 비용을 부담한다.

⑧ 비용부담

매도인은 물품이 인도된 때까지 물품에 관한 모든 비용을 부담하고, 매수인은 물품이 인도된 때부터 물품에 관한 모든 비용을 부담한다. 매수인은 수출통관, 통과국 및 수입통관에 부과되는 모든 관세, 세금 등을 부담하고, 물품을 수령하지 않아 발생하는 추가 비용도 부담한다.

⑨ 통지

매도인은 매수인이 물품을 수령할 수 있도록 하는데 필요한 통지를 해야 하고,

매수인은 물품을 수령할 장소/시기를 충분한 통지를 매도인에게 해야 한다.

(2) 운송인인도조건(FCA)...(지정장소)

Free carrier...(insert named place of delivery)

① 일반의무

매도인은 매매계약에 일치하는 물품 제공 및 상업송장과 그 밖의 계약에서 요구될 수 있는 일치성에 관한 증거제공 의무를 부담하고, 매수인은 매매계약에 따라 물품대금을 지급할 의무를 부담한다. 합의가 없다면 양 당사자가 제공해야 할 서류는 종이서류 또는 전자적 방식으로 제공 가능하다.

② 인도와 위험이전

인도의 지정장소가 매도인의 영업구내인 경우 물품이 매수인이 제공한 운송수단에 적재된 때 물품이전에 관한 매도인의 위험(파손이나 훼손) 부담이 매수인에게 이전된다. 인도의 지정장소가 매도인의 영업구내가 아닌 경우에는 물품이 매도인의 운송수단에 실린 채 양하 준비된 상태로 매수인이 지정한 운송인 또는 제3자의 처분에 놓인 때 물품 이전에 관한 매도인의 위험(파손이나 훼손) 부담이 매수인에게 이전한다.

③ 운송계약

매수인이 운송계약을 체결할 의무를 진다. 매수인의 요청에 따라 매도인은 운송계약을 위한 정보를 매수인에게 제공해야 한다.

④ 보험

매도인은 매수인에 대하여 보험계약 체결의 의무를 부담하지 않으며, 매수인은 매도인에 대하여 보험계약체결의 의무를 부담하지 않는다. 매수인의 요청에 따라 매도인은 보험계약을 위한 정보를 매수인에게 제공해야 한다.

⑤ 운송서류/인도의 증거

매도인은 자신의 비용으로 물품이 인도되었다는 통상적인 증거를 제공해야 하고, 매도인은 매수인의 요청에 따라 매수인의 위험과 비용으로 매수인이 운송서류를 획득하는데 협력해야 한다. 물품이 적재되었음을 기재한 운송서류(예 본선적재선하증권)가 필요한 경우 매수인은 자신의 위험과 비용으로 운송서류를 매도인에게 발행하도록 운송인에게 지시해야 하며 매도인은 그 서류를 매수인에게 제공해야 한다.

⑥ 수출·수입통관의 의무

매도인은 수출통관의 의무를 지며 이에 대한 비용을 부담하고, 매수인은 통과국 및 수입국 통관을 위해 부과되는 절차와 비용을 부담한다.

⑦ 점검/포장/하인의 표시

매도인은 물품을 인도하기 위한 목적에서 필요한 점검 작업(품질점검, 용적측량, 중량측정, 수량계수)에 드는 비용을 부담한다. 매도인은 물품이 인도된 때까지 물품에 관한 모든 비용을 부담하고, 매수인은 물품이 인도된 때부터 물품에 관한 모든 비용을 부담한다. 매도인은 수출통관에 부과되는 모든 관세, 세금 등을 부담하고, 매수인은 통과국 및 수입통관에 부과되는 모든 관세, 세금 등을 부담한다. 또한 매수인은 물품을 수령하지 않아 발생하는 추가 비용을 부담한다.

⑧ 통지

매도인은 물품을 인도하였다는 사실 또는 물품을 수령하지 않았다는 사실을 매수인에게 통지해야 하고, 매수인은 물품을 수령할 장소/시기/운송인 등에 대한 충분한 통지를 매도인에게 해야 한다.

(3) 운송비지급인도조건(CPT)...(지정목적지)

Carriage Paid To...(insert named place of destination)

① 일반의무

매도인은 매매계약에 일치하는 물품 제공 및 상업송장과 그 밖의 계약에서 요구될 수 있는 일치성에 관한 증거 제공 의무를 부담하고, 매수인은 매매계약에 따라 물품 대금을 지급할 의무를 부담한다. 합의가 없다면 양 당사자가 제공해야 할 서류는 종이서류 또는 전자적 방식으로 제공 가능하다.

② 인도와 위험이전

매도인이 매도인과 계약을 체결한 운송인에게 물품을 인도하거나 그렇게 인도된 물품을 조달하여 물리적 점유를 이전함으로써 물품 이전에 관한 위험(파손이나 훼손)을 매수인에게 이전한다.

③ 운송계약

매도인이 지정 목적지까지의 운송계약을 체결할 의무를 진다.

④ 보험

매도인은 매수인에 대하여 보험계약 체결의 의무를 부담하지 않으며, 매수인은 매도인에 대하여 보험계약 체결의 의무를 부담하지 않는다. 매수인의 요청에 따라 매도인은 보험계약을 위한 정보를 매수인에게 제공해야 한다.

⑤ 운송서류/인도의 증거

매수인의 요청이 있는 경우 매도인은 자신의 비용으로 운송에 관한 통상적인 서류를 매수인에게 제공해야 한다. 운송서류가 유통 가능한 향식(negotiable form)으로 발행된 경우에는 원본의 전통(full set)이 매수인에게 제공되어야 한다.

매도인에 의해 제공된 서류가 계약에 일치할 때에는 매수인은 운송서류를 인수해야 한다.

⑥ 수출·수입통관의 의무

매도인은 수출통관의 의무를 부담하며 이에 대한 비용을 부담해야 하고, 매수인은 통과국 및 수입국 통관을 위해 부과되는 절차와 비용을 부담한다.

⑦ 점검/포장/하인의 표시

매도인은 물품을 인도하기 위한 목적지에서 필요한 점검작업(품질점검, 용적측량, 중량측정, 수량계수)에 드는 비용을 부담한다.

⑧ 비용부담

매도인은 양하비용을 부담하지 않으며, 매도인은 수출통관에 부과되는 모든 관세, 세금 등을 부담한다. 매수인은 물품이 인도된 때부터 물품에 관한 모든 비용을 부담하고, 물품을 수령하지 않아 발생하는 추가비용을 부담한다. 또한 매수인은 통과국 및 수입통관에 부과되는 모든 관세, 세금 등을 부담한다.

⑨ 통지

매도인은 물품이 인도되었음을 매수인에게 통지해야 한다. 매도인은 매수인이 물품을 수령할 수 있도록 하는데 필요한 통지를 해야 한다. 합의가 된 경우 매수인은 물품을 수령할 장소/시기를 충분한 통지를 매도인에게 해야 한다.

(4) 운송비보험료지급인도조건(CIP)...(지정목적지)

Carriage and Insurance Paid To...(insert named place of destination)

① 일반의무

매도인은 매매계약에 일치하는 물품 제공 및 상업송장과 그 밖의 계약에서 요구될 수 있는 일치성에 관한 증거제공 의무를 부담하고, 매수인은 매매계약에 따라 물품 대금을 지급할 의무를 부담한다. 합의가 없다면 양 당사자가 제공해야 할 서류는 종이서류 또는 전자적 방식으로 제공 가능하다.

② 인도와 위험이전

매도인이 매도인과 계약을 체결한 운송인에게 물품을 인도하거나 그렇게 인도된 물품을 조달하여 물리적 점유를 이전함으로써 물품 이전에 관한 위험(파손이나 훼손)을 매수인에게 이전한다.

③ 운송계약

매도인이 지정 목적지까지의 운송계약을 체결할 의무를 진다.

④ 보험

매도인은 매수인에 대하여 보험계약 체결의 의무를 진다. ICC(Institute Cargo

Clause) A 약관에 따른 적하보험에 부보하고, 보험 가입은 매매계약과 동일한 통화이어야 하며 매매대금의 110% 이상으로 부보되어야 한다. 매도인은 부보의 증거를 매수인에게 제공해야 한다.

⑤ 운송서류/인도의 증거

매수인의 요청이 있는 경우 매도인은 자신의 비용으로 운송에 관한 통상적인 서류를 매수인에게 제공해야 한다. 운송서류가 유통 가능한 형식(negotiable form)으로 발행된 경우에는 원본의 전통(full set)이 매수인에게 제공되어야 한다. 매도인에 의해 제공된 서류가 계약에 일치할 때에는 매수인은 운송서류를 인수해야 한다.

⑥ 수출·수입통관의 의무

매도인은 수출통관의 의무를 지며 이에 대한 비용을 부담해야 하고, 매수인은 통과국 및 수입국 통관을 위해 부과되는 절차와 비용을 부담한다.

⑦ 점검/포장/하인의 표시

매도인은 물품을 인도하기 위한 목적에서 필요한 점검 작업(품질점검, 용적측량, 중량측정, 수량계수)에 드는 비용을 부담한다.

⑧ 비용부담

매도인은 물품이 인도된 때까지 물품에 관한 모든 비용을 부담하고, 운송비용을 부담한다. 또한 매도인은 양하 비용과 수출통관에 부과되는 모든 관세, 세금 등을 부담한다. 매수인은 물품이 인도된 때부터 물품에 관한 모든 비용을 부담하고, 물품을 수령하지 않아 발생하는 추가비용을 부담한다. 또한 매수인은 통과국 및 수입통관에 부과되는 모든 관세, 세금 등을 부담한다.

⑨ 통지

매도인은 물품이 인도되었음을 매수인에게 통지해야 하고, 매도인은 매수인이 물품을 수령할 수 있도록 하는데 필요한 통지를 해야 한다. 합의가 된 경우 매수인은 물품을 수령할 장소/시기를 충분한 통지를 매도인에게 해야 한다.

(5) 목적지인도조건(DAP)...(지정목적지)

Delivered At Place...(insert named place of destination)

① 일반의무

매도인은 매매계약에 일치하는 물품제공 및 상업송장과 그 밖의 계약에서 요구될 수 있는 일치성에 관한 증거제공 의무를 부담하고, 매수인은 매매계약에 따라 물품대금을 지급할 의무를 부담한다. 합의가 없다면 양 당사자가 제공해야 할 서류는 종이서류 또는 전자적 방식으로 제공 가능하다.

② 인도와 위험이전

물품이 지정 목적지에서 도착 운송수단에 적재된 채 양하 준비된 상태로 매수인의 처분에 놓였을 때 물품 이전에 관한 매도인의 위험(파손이나 훼손)이 매수인에게 이전된다.

③ 운송계약

매도인이 지정 목적지까지의 운송계약을 체결할 의무를 진다.

④ 보험

매도인은 매수인에 대하여 보험계약 체결의 의무를 부담하지 않으며, 매수인은 매도인에 대하여 보험계약 체결의 의무를 부담하지 않는다. 매수인은 매도인의 요청에 따라 매도인의 위험과 비용으로 매도인이 부보하는데 필요한 정보를 매도인에게 제공해야 한다.

⑤ 운송서류/인도의 증거

매도인은 자신의 비용으로 매수인이 물품을 수령할 수 있도록 하는데 필요한 서류를 제공해야 한다. 매수인은 매도인이 제공한 서류를 인수해야 한다.

⑥ 수출·수입통관의 의무

매도인은 수출통관 및 통과국(수입국 제외) 통관에 관한 의무와 비용을 부담하고, 매수인이 수입통관 의무를 부담한다.

⑦ 점검/포장/하인의 표시

매도인은 물품을 인도하기 위한 목적에서 필요한 점검 작업(품질점검, 용적측량, 중량측정, 수량계수)에 드는 비용을 부담한다.

⑧ 비용부담

매도인은 물품이 인도된 때까지 물품에 관한 모든 비용을 부담하고, 운송비용을 부담한다. 매도인은 양하 비용을 부담하지 않으며, 수출국/통과국 통관에 부과되는 모든 관세, 세금 등을 부담한다. 매수인은 물품이 인도된 때부터 물품에 관한 모든 비용을 부담하고, 수입통관에 부과되는 모든 관세, 세금 등을 부담한다.

⑨ 통지

매도인은 매수인이 물품을 수령할 수 있도록 하는데 필요한 통지를 해야 한다. 합의가 된 경우 매수인은 물품을 수령할 장소/시기를 충분한 통지를 매도인에게 해야 한다.

(6) 도착지인도조건(DPU)...(지정목적지)

Delivered at Place Unloaded...(insert named place of destination)

① 일반의무

매도인은 매매계약에 일치하는 물품제공 및 상업송장과 그 밖에 요구될 수 있는 일치성에 관한 증거제공 의무를 부담하고, 매수인은 매매계약에 따라 물품대금을 지급할 의무를 부담한다. 합의가 없다면 양 당사자가 제공해야 할 서류는 종이서류 또는 전자적 방식으로 제공 가능하다.

② 인도와 위험이전

물품이 지정 목적지에서 도착 운송수단으로부터 양하된 상태로 매수인의 처분에 놓였을 때 물품 이전에 관한 매도인의 위험(파손이나 훼손)이 매수인에게 이전된다.

③ 운송계약

매도인이 지정 목적지까지의 운송계약을 체결할 의무를 진다.

④ 보험

매도인은 매수인에 대하여 보험계약 체결의 의무를 부담하지 않으며, 매수인은 매도인에 대하여 보험계약 체결의 의무를 부담하지 않는다. 매수인은 매도인의 요청에 따라 매도인의 위험과 비용으로 매도인이 부보하는데 필요한 정보를 매도인에게 제공해야 한다.

⑤ 운송서류/인도의 증거

매도인은 자신의 비용으로 매수인이 물품을 수령할 수 있도록 하는데 필요한 서류를 제공해야 하고, 매수인은 매도인이 제공한 서류를 인수해야 한다.

⑥ 수출·수입통관의 의무

매도인은 수출통관 및 통과국(수입국 제외) 통관에 관한 의무와 비용을 부담하고, 매수인이 수입통관의 의무를 부담한다.

⑦ 점검/포장/하인의 표시

매도인은 물품을 인도하기 위한 목적에서 필요한 점검 작업(품질점검, 용적측량, 중량측정, 수량계수)에 드는 비용을 부담한다.

⑧ 비용부담

매도인은 물품이 인도된 때까지 물품에 관한 모든 비용을 부담하고, 운송비용을 부담한다. 매도인은 수출국/통과국 통관에 부과되는 모든 관세, 세금 등을 부담하고, 양하 비용을 부담한다. 매수인은 물품이 인도된 때부터 물품에 관한 모든 비용을 부담하고, 수입국 통관에 부과되는 모든 관세, 세금 등을 부담한다.

⑨ 통지

매도인은 매수인이 물품을 수령할 수 있도록 하는데 필요한 통지를 해야 한다.

합의가 된 경우 매수인은 물품을 수령할 장소/시기를 충분한 통지를 매도인에게 해야 한다.

(7) 관세지급인도조건(DDP)...(지정목적지)

Delivered Duty Paid...(insert named place of destination)

① 일반의무

매도인은 매매계약에 일치하는 물품제공 및 상업송장과 그 밖의 계약에서 요구될 수 있는 일치성에 관한 증거제공 의무를 부담하고, 매수인은 매매계약에 따라 물품대금을 지급할 의무를 부담한다. 합의가 없다면 양 당사자가 제공해야 할 서류는 종이서류 또는 전자적 방식으로 제공 가능하다.

② 인도와 위험이전

물품이 지정 목적지에서 수입통관 후 도착 운송수단에 실어둔 채 양하 준비된 상태로 매수인의 처분에 놓였을 때 물품 이전에 관한 매도인의 위험(파손이나 훼손)이 매수인에게 이전된다.

③ 운송계약

매도인이 지정 목적지까지의 운송계약을 체결할 의무를 진다.

④ 보험

매도인은 매수인에 대하여 보험계약 체결의 의무를 부담하지 않으며, 매수인은 매도인에 대하여 보험계약 체결의 의무를 부담하지 않는다. 매수인은 매도인의 요청에 따라 매도인의 위험과 비용으로 매도인이 부보하는데 필요한 정보를 매도인에게 제공해야 한다.

⑤ 운송서류/인도의 증거

매도인은 자신의 비용으로 매수인이 물품을 수령할 수 있도록 하는데 필요한 서류를 제공해야 하고, 매수인은 매도인이 제공한 서류를 인수해야 한다.

⑥ 수출·수입통관의 의무

매도인은 수출통관, 통과국 수입통관에 관한 의무와 비용을 부담한다.

⑦ 점검/포장/하인의 표시

매도인은 물품을 인도하기 위한 목적에서 필요한 점검 작업(품질점검, 용적측량, 중량측정, 수량계수)에 드는 비용을 부담한다.

⑧ 비용부담

매도인은 물품이 인도된 때까지 물품에 관한 모든 비용을 부담한다. 매도인은 운송비용은 부담하지만 목적지에서의 양하 비용을 부담하지 않는다. 또한 매도인은 수출국/통과국/수입국 통관에 부과되는 모든 관세, 세금 등을 부담한다. 매수인은 물품이 인도된 때부터 물품에 관한 모든 비용을 부담한다.

⑨ 통지

매도인은 매수인이 물품을 수령할 수 있도록 하는데 필요한 통지를 해야 한다. 합의가 된 경우 매수인은 물품을 수령할 장소/시기를 충분한 통지를 매도인에게 해야 한다.

표 2-5 해상운송방식에만 사용할 수 있는 Incoterms

인코텀즈(Incoterms 2020)
⁂ 해상운송방식에만 사용할 수 있는 Incoterms
1) FAS - Free Alongside Ship
2) FOB - Free On Board
3) CFR - Cost and Freight
4) CIF - Cost, Insurance and Freight

(8) 선측인도조건(FAS)...(지정선적항)

Free Alongside Ship...(named port of shipment)

① 일반의무

매도인은 매매계약에 일치하는 물품 제공 및 상업송장과 그 밖의 계약에서 요구될 수 있는 일치성에 관한 증거제공 의무를 부담하고, 매수인은 매매계약에 따라 물품대금을 지급할 의무를 부담한다. 합의가 없다면 양 당사자가 제공해야 할 서류는 종이서류 또는 전자적 방식으로 제공 가능하다.

② 인도와 위험이전

매도인이 지정 선적항에서 매수인이 지정한 선박의 선측부두 또는 바지(barge)에 물품이 놓인 때 또는 그렇게 인도된 물품을 조달한 때 물품 이전에 관한 매도인의 위험(파손이나 훼손)이 매수인에게 이전한다.

③ 운송계약

매수인이 지정 목적지까지의 운송계약을 체결할 의무를 진다.

④ 보험

매도인은 매수인에 대하여 보험계약 체결의 의무를 부담하지 않으며, 매수인은 매도인에 대하여 보험계약 체결의 의무를 부담하지 않는다. 매수인의 요청에 따라 매도인은 보험계약을 위한 정보를 매수인에게 제공해야 한다.

⑤ 운송서류/인도의 증거

매도인은 자신의 비용으로 운송에 관한 통상적인 증거를 매수인에게 제공해야 한다. 그러한 증거가 운송서류가 아닌 경우 매도인은 매수인의 위험과 비용으로 매수인이 운송서류를 취득하는 데 협력을 제공해야 한다.

⑥ 수출·수입통관의 의무

매도인은 수출통관의 의무를 부담하며 이에 대한 비용을 부담해야 한다. 매수인은 통과국 및 수입국 통관을 위해 부과되는 절차와 비용을 부담한다.

⑦ 점검/포장/하인의 표시

매도인은 물품을 인도하기 위한 목적에서 필요한 점검 작업(품질점검, 용적측량, 중량측정, 수량계수)에 드는 비용을 부담한다.

⑧ 비용부담

매도인은 물품이 인도된 때까지 물품에 관한 모든 비용을 부담하고, 매수인은 물품이 인도된 때부터 물품에 관한 모든 비용을 부담한다. 매수인은 수출통관에 부과되는 모든 관세, 세금 등을 부담하고, 통과국 및 수입통관에 부과되는 모든 관세 세금 등을 부담한다. 또한 매수인은 매수인이 지정한 선박이 정시에 도착하지 않거나 물품을 수령하지 않아 발생하는 추가 비용을 부담한다.

⑨ 통지

매도인은 물품이 인도되었음을 매수인에게 통지해야 하거나 지정된 선박이 합의된 시기 내에 물품의 인도를 수령하지 않은 사실을 매수인에게 통지해야 한다. 매수인은 매도인에게 운송과 관련한 정보(보안요건, 선작명, 적재지점 등)를 충분히 통지를 해야 한다.

(9) 본선인도조건(FOB)...(지정선적항)
Free On Board...(named port of shipment)

① 일반의무

매도인은 매매계약에 일치하는 물품 제공 및 상업송장과 그 밖의 계약에서 요구될 수 있는 일치성에 관한 증거제공 의무를 부담하고, 매수인은 매매계약에 따라 물품대금을 지급할 의무를 부담한다. 합의가 없다면 양 당사자가 제공해야 할 서류는 종이서류 또는 전자적 방식으로 제공 가능하다.

② 인도와 위험이전

매도인이 지정 선적항에서 매수인이 지정한 선박에 물품을 적재된 때 또는 그렇게 인도된 물품을 조달한 때 물품 이전에 관한 매도인의 위험(파손이나 훼손)이 매수인에게 이전한다.

③ 운송계약

매수인이 지정 목적지까지의 운송계약을 체결할 의무를 진다.

④ 보험

매도인은 매수인에 대하여 보험계약 체결의 의무를 부담하지 않으며, 매수인은 매도인에 대하여 보험계약 체결의 의무를 부담하지 않는다. 매수인의 요청에 따라 매도인은 보험계약을 위한 정보를 매수인에게 제공해야 한다.

⑤ 운송서류/인도의 증거

매도인은 자신의 비용으로 매수인에게 물품이 인도 통상적인 증거를 매수인에게 제공해야 한다. 그러한 증거가 운송서류가 아닌 경우 매도인은 매수인의 위험과 비용으로 매수인이 운송서류를 취득하는 데 협력을 제공해야 한다.

⑥ 수출·수입통관의 의무

매도인은 수출통관의 의무를 부담하며 이에 대한 비용을 부담해야 하고, 매수인은 통과국 및 수입국 통관을 위해 부과되는 절차와 비용을 부담한다.

⑦ 점검/포장/하인의 표시

매도인은 물품을 인도하기 위한 목적에서 필요한 점검 작업(품질점검, 용적측량, 중량측정, 수량계수)에 드는 비용을 부담한다.

⑧ 비용부담

매도인은 물품이 인도된 때까지 물품에 관한 모든 비용을 부담하고, 매수인은 물품이 인도된 때부터 물품에 관한 모든 비용을 부담한다. 매도인은 수출통관에 부과되는 모든 관세, 세금 등을 부담하고, 매수인은 통과국 및 수입통관에 부과되는 모든 관세, 세금 등을 부담한다. 또한 매수인은 매수인이 지정한 선박이 정시에 도착하지 않거나 물품을 수령하지 않아 발생하는 추가 비용을 부담한다.

⑨ 통지

매도인은 물품이 인도되었음을 매수인에게 통지해야 하거나 지정된 선박이 합의된 시기 내에 물품의 인도를 수령하지 않은 사실을 매수인에게 통지해야 한다. 매수인은 매도인에게 운송과 관련한 정보(보안요건, 선박명, 적재지정 등)를 충분한 통지를 해야 한다.

(10) 운임포함인도조건(CFR)...(지정목적항)

Cost and Freight...(named port of destination)

① 일반의무

매도인은 매매계약에 일치하는 물품제공 및 상업송장과 그 밖의 계약에서 요구될 수 있는 일치성에 관한 증거제공 의무를 부담하고, 매수인은 매매계약에 따라 물품대금을 지급할 의무를 부담한다. 합의가 없다면 양 당사자가 제공해야 할 서류는 종이서류 또는 전자적 방식으로 제공 가능하다.

② 인도와 위험이전

매도인은 자신이 계약한 선적항의 본선에 물품을 적재한 때 또는 그렇게 인도된 물품을 조달한 때 물품 이전에 관한 매도인의 위험(파손이나 훼손)이 매수인에게 이전한다.

③ 운송계약

매도인이 지정 목적항까지의 운송계약을 체결할 의무를 진다.

④ 보험

매도인은 매수인에 대하여 보험계약 체결의 의무를 부담하지 않으며, 매수인은 매도인에 대하여 보험계약 체결의 의무를 부담하지 않는다. 매수인의 요청에 따라 매도인은 보험계약을 위한 정보를 매수인에게 제공해야 한다.

⑤ 운송서류/인도의 증거

매도인은 자신의 비용으로 매수인에게 합의된 목적항에서 통상적인 운송서류를 매수인에게 제공해야 한다. 운송서류가 유통 가능한 형식(negotiable form)으로 발행된 경우 원본의 전통(full set)을 매수인에게 제공해야 하고, 매수인은 운송서류가 계약에 일치할 때에는 이를 인수해야 한다.

⑥ 수출·수입통관의 의무

매도인은 수출통관의 의무를 부담하며 이에 대한 비용을 부담해야 하고, 매수인은 통과국 및 수입국 통관을 위해 부과되는 절차와 비용을 부담한다.

⑦ 점검/포장/하인의 표시

매도인은 물품을 인도하기 위한 목적에서 필요한 점검 작업(품질점검, 용적측량, 중량측량, 수량계수)에 드는 비용을 부담한다.

⑧ 비용부담

매도인은 물품이 인도된 때까지 물품에 관한 모든 비용을 부담한다. 매도인은 운송비용, 수출통관에 부과되는 모든 관세, 세금 등을 부담하지만, 부선료, 부두사용료를 포함한 양하 비용을 부담하지 않는다. 매수인은 물품이 인도된 때부터 물품에 관한 모든 비용을 부담하고, 통과국 및 수입통관에 부과되는 모든 관세, 세금을 부담한다. 또한 매수인은 물품을 수령하지 않아 발생하는 추가비용을 부담한다.

⑨ 통지

매도인은 물품이 인도되었음을 매수인에게 통지해야 하고, 매도인은 물품을 수령할 수 있도록 하는데 필요한 통지를 해야 한다. 매수인은 지정 목적항 내에 물품을 수령할 지점 등에 대하여 충분한 통지를 해야 한다.

(11) 운임보험료포함인도조건(CIF)...(지정목적항)

Cost, Insurance and Freight...(named port of destination)

① 일반의무

매도인은 매매계약에 일치하는 물품제공 및 상업송장과 그 밖의 계약에서 요구될 수 있는 일치성에 관한 증거제공 의무를 부담하고, 매수인은 매매계약에 따라 물품대금을 지급할 의무를 부담한다. 합의가 없다면 양 당사자가 제공해야 할 서류는 종이서류 또는 전자적 방식으로 제공 가능하다.

② 인도와 위험이전

매도인은 자신이 계약한 선적항의 본선에 물품을 적재한 때 또는 그렇게 인도된 물품을 조달한 때 물품 이전에 관한 매도인의 위험(파손이나 훼손)이 매수인에게 이전한다.

③ 운송계약

매도인이 지정 목적지까지의 운송계약을 체결할 의무를 진다.

④ 보험

매도인은 매수인에 대하여 보험계약 체결의 의무를 진다. ICC(Institute Cargo Clause) C 약관에 따른 적하보험에 부보해야 하고, 보험가입은 매매계약과 동일한 통화이어야 하며 매매대금의 110% 이상으로 부보되어야 한다. 또한 매도인은 부보의 증거를 매수인에게 제공해야 한다.

⑤ 운송서류/인도의 증거

매도인은 자신의 비용으로 매수인에게 합의된 목적항에서 통상적인 운송서류를 매수인에게 제공해야 하고, 운송서류가 유통 가능한 형식(negotiable form)으로 발행된 경우 원본의 전통(full set)을 매수인에게 제공해야 한다. 매수인은 운송서류가 계약에 일치할 때에는 이를 인수해야 한다.

⑥ 수출·수입통관의 의무

매도인은 수출통관의 의무를 부담하며 이에 대한 비용을 부담해야 한다. 매수인은 통과국 및 수입국 통관을 위해 부과되는 절차와 비용을 부담한다.

⑦ 점검/포장/하인의 표시

매도인은 물품을 인도하기 위한 목적지에서 필요한 점검작업(품질점검, 용적측량, 중량측정, 수량계수)에 드는 비용을 부담한다.

⑧ 비용부담

매도인은 물품이 인도된 때까지 물품에 관한 모든 비용을 부담한다. 매도인은 운송비용을 부담하고, 수출통관에 부과되는 관세, 세금 등을 부담하지만, 부선료, 부두사용료를 포함한 양하 비용을 부담하지 않는다. 매수인은 물품이 인도된 때부터 물품에 관한 모든 비용을 부담하고, 통과국·수입국 통관에 부과되는 모든 관세, 세금 등을 부담하며, 매수인이 물품을 수령하지 않아 발생하는 추가 비용을 부담한다.

⑨ 통지

매도인은 물품이 인도되었을 때 매수인에게 통지해야 하고, 물품을 수령할 수 있도록 하는데 필요한 통지를 해야 한다. 매수인은 지정 목적항 내에 물품을 수령할 지점 등에 대하여 충분한 통지를 해야 한다.

4. 선적(인도)조건[Shipment(Delivery) Terms]

매도인이 계약물품을 정확하게 매수인에게 인도하는 것은 가장 중요한 무역조건 중의 하나이다. 이러한 인도의무를 이행하기 위해서는 매매계약의 당사자가 인도의 시기, 장소 및 방법에 대하여 사전에 합의하여야 한다. 그런데 인도의 장소 및 방법은 수출입의 당사자 간에 정형거래조건이 결정되면 저절로 정해지게 된다. 그러므로 이 선적조건에서 가장 중요한 사항은 선적시기의 문제이다.

1) 선적시기의 결정과 표시방법

(1) 특정월(단월)선적

이것은 매도인이 특정된 한 달 동안에 선적을 이행해야 한다고 하는 약정이다. 예를 들면, “Shipment shall be effected during April, 2018” 또는 “April Shipment”라고 약정한다.

(2) 특정년월선적

이것은 매도인이 특정된 두 달 또는 석 달 동안에 선적을 이행해야 한다고 약정하는 방법이다. 예를 들면, "Shipment Shall be Effected During April and May, 2018" 또는 "April and May Shipment"라고 약정한다.

(3) 특정기간 이내의 선적

① Shipment Shall be Effected Within 60days After Receipt of L/C.

② Shipment Shall be Made on or About May 10, 2018 : 신용장통일규칙(2007년 개정)에 따르면, 이와 같은 표현이 있는 경우 특정일자(5월 10일) 전의 5일부터 특정일자 후의 5일까지의 기간 중에 선적이 이행되어야 한다.

③ Shipment Shall be Made During First Half(or Second Half) of November : 신용장통일규칙(2007년 개정)에 따르면, first half는 매월 1일부터 15일까지, second half는 16일부터 말일까지의 기간을 의미한다.

④ Prompt(Immediate) Shipment, Shipment as soon as Possible : 신용장통일규칙(2007년 개정)에 따르면, 이와 같은 표현은 사용되어서는 아니 되며, 만일 그러한 표현이 사용된 경우 은행은 이를 무시하도록 되어 있다.

2) 분할선적(Partial Shipment)

분할선적이란 매매계약에서 합의한 수량의 화물을 한꺼번에 선적하지 아니하고 두 번 이상 나누어서 선적하는 것을 말한다. 분할선적을 금지하기로 한 경우에는 "Partial Shipment is Prohibited(Not Allowed)"라고 매매계약서나 신용장상에 명확히 표시하여야 한다. 현행 신용장통일규칙(2007년 개정)에서는 신용장상에 아무런 약정이 없는 경우에 분할선적이 허용되는 것으로 해석한다.

3) 환적(Transshipment)

환적이란 어느 하나의 운송수단(선박, 항공기, 철도화차 등)에 적재된 화물을 목적지까지의 운송도중에 동일한 또는 상이한 운송수단으로 옮겨 싣는 것을 말한다.

환적을 금지하기로 한 경우에는 "Transshipment is Prohibited(Not Allowed)"라고 매매계약서나 신용장상에 명확히 표시하여야 한다. 현행 신용장통일규칙(2007

년 개정)에 의하면, 신용장상에 환적이 금지되어 있지 않는 한, 은행은 "물품이 환적될 것"이라고 명시되어 있는 선하증권 등은 수리한다.

4) 기타사항

① 기존 신용장통일규칙에서는 기일과 관련된 특정일자 표시와 함께 To, Until, Till, From 등의 용어가 사용되었다면 그 특정 일자를 포함하는 것으로 해석하였다.[11] 그리고 After 등의 용어와 함께 특정일이 표시되었다면 표시된 날은 제외하는 것으로 해석하였다. 하지만 현행 신용장통일규칙(2007년 개정) 제3조와 ISBP 745에 의하면 to, until, till, from, by는 표시일자를 포함되는 것으로 간주한다. 단 from이 환어음의 만기일을 결정하는데 쓰일 경우는 당해일자를 제외한다. after, before는 표시일자를 제외되는 것으로 간주한다. from과 마찬가지로 after가 환어음의 만기일 결정에 쓰일 경우는 당해일자를 제외한다.

② 신용장의 유효기일(Expiry Date)이 수출국에 소재하는 매입은행의 공휴일에 해당되면 이 신용장의 유효기일은 자동적으로 그 은행의 다음 영업일까지 연장된다. 그러나 유효기일에 해당되는 날의 은행의 휴무가 파업, 폭동, 전쟁 등 불가항력으로 인한 것인 때는 유효기일은 연장되지 않고 지정일로서 종료된다.

③ 신용장의 최종 선적일자가 수출국의 공휴일에 해당하는 경우에는 자동 연장되지 않는다.

5. 대금결제조건(Payment Terms)

대금결제조건에서는 대금결제 통화, 시기와 장소, 결제방법 등에 관한 합의가 있어야 하는데 일반적으로 대금결제 방법을 결정하면 대금결제의 통화, 시기와 장소 등이 결정된다.

---

11) 신용장통일규칙 제47조 a항.

국제무역 거래에 사용되고 있는 결제방법은 신용장결제방식, 무신용장 결제방식 및 특수결제방식으로 나눌 수 있다.

1) 신용장결제방식

신용장 방식은 매도인이 자기의 거래은행으로 하여금 화환신용장을 발행하도록 조치하여, 그 신용장에 의거하여 매도인이 수출대금을 수령하는 결제방식이다. 수출상은 신용장에 의거하여 환어음을 발행한 뒤 선적서류를 첨부하여 거래은행에 현금을 받고 매도함으로써 수출대금을 회수하는 수출상에게 유리한 방식이다. 이에 대해서는 제9장에서 상술하기로 한다.

2) 무신용장 결제방식

(1) 송금결제방식(Remittance Basis)

수출상이 상품을 인도하기 전에, 상품인도와 동시에 또는 인도 후에 수입상이 상품대금을 결제하는 방식을 말한다. 인도시기에 따라 다음과 같이 나누어진다.

① 단순송금방식(Advance Payment)

수입상이 먼저 대금의 전액을 물품선적 전에 수출상에게 미리 송금하여 지불하고, 수출상은 이에 상응하는 물품을 만들어 선적하는 방식이다. 수출상이 수입상의 주문을 받아들임과 동시에 그 수입상으로 하여금 수입대금을 현금으로 지급하도록 하는 주문지급(Cash With Order : CWO)은 단순송금방식의 전형적인 예이다.

이 방식은 수출상에게는 가장 유리한 결제방식이다. 그러나 수입상은 계약물품이 도착하기 전에는 안심할 수 없다. 그러므로 이 거래는 수입상이 수출상을 믿기 전에는 이용할 수 없다. 송금방식은 송금수표(Demand Draft : D/D), 우편환(Mail Transfer : M/T), 전신환(Telegraphic Transfer : T/T) 등을 사용한다.

② 서류인도결제방식(Cash Against Documents : CAD)

수출상이 상품을 선적한 후 선적서류를 수입상의 대리인(주로 수출상 국가에 소재)에게 선적서류를 인도하면서 대금을 결제 받는 방식이다.

③ 상품인도결제방식(Cash On Delivery : COD)

수출상이 상품을 선적한 후 선적서류를 자신의 대리인(주로 수입상의 국가에 소재)에게 송부하여 상품이 목적지에 도착하면 수입상이 검사 후 상품을 인도받으면서 대금을 결제하는 방식이다. 주로 귀금속 등 소액거래에 이용되는 방식이다.

④ 사후송금방식

유럽을 중심으로 서구사회에서 보편화된 결제방식으로 단순송금방식과는 정반대로 수출상이 수입상에게 상품을 선적한 후 계약에 명시된 기간 내에 대금을 결제토록 하는 방식이다.

(2) 추심결제방식(Documentary Collection)

매매당사자간의 계약에 의거하여 수출상이 상품을 선적한 후 관련서류를 첨부한 화환어음을 수입상에게 제시하면 수입상이 그 어음에 대한 지급 또는 인수를 하여 결제하는 방법이다.

① 지급인도조건(Documents Against Payment : D/P)

수출상이 상품을 선적한 후 수입상을 지급인(Drawee)으로 하는 일람불환어음(Sight Bill of Exchange)을 발행하고, 선적서류를 첨부하여 자신의 거래은행에 추심을 의뢰한다. 수출상의 거래은행은 그러한 서류가 첨부된 환어음을 수입상의 거래은행으로 보내어 추심을 의뢰하고, 수입상의 거래은행은 그 환어음의 지급인인 수입상으로부터 대금을 지급받으면 서류를 인도하고, 지급받은 대금은 추심을 의뢰하여온 은행으로 송금하여 결제하는 방법이다.

② 인수인도조건(Documents Against Acceptance : D/A)

수출상이 상품을 선적한 후 수입상을 지급인으로 하는 기한부환어음(Usance Bill of Exchange)을 발행하고, 선적서류를 첨부하여 자신의 거래은행에 추심을 의뢰한다. 수출상의 거래은행은 그러한 서류가 첨부된 환어음을 수입상의 거래은행으로 보내어 추심을 의뢰하고, 수입상의 거래은행은 그 환어음의 지급인인 수입상으로부터 어음의 인수를 받은 후 제반서류를 인도하고 어음의 만기일에 대금을 수입상으로부터 받으면 추심을 의뢰해온 은행에 송금하여 결제하는 방법이다.

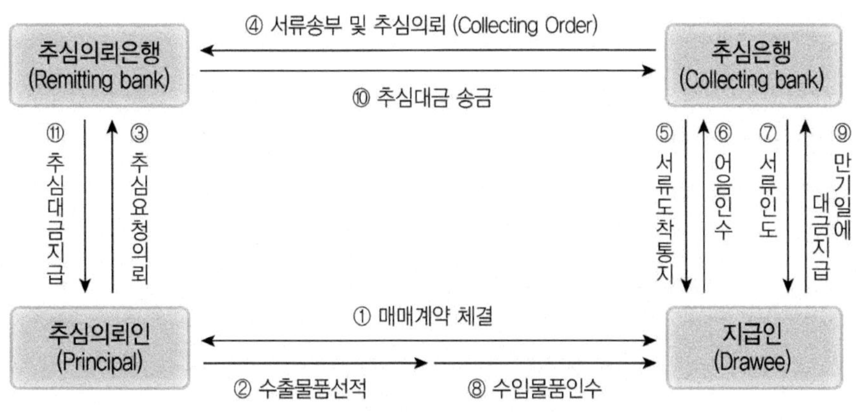

그림 2-18 추심결제방식

3) 특수결제방식

(1) 청산계정방식(Open Account)

전형적인 사후송금방식으로서 빈번하게 수출입거래가 이루어지는 수출입자간에 물품의 각 거래마다 결제하는 것이 아니라 일정한 계산 기간마다 대차잔액을 청산하는 방식이다. 외상거래의 일종이므로 대금회수가 불안하기 때문에 신용관계가 튼튼한 관계일 때 이루어진다.

(2) 국제팩토링방식

팩토링(Factoring)이란 판매자가 구매자에게 물품이나 서비스를 제공함에 따라 발생하는 외상매출채권과 관련 팩토링회사가 판매자를 대신하여 구매자에 관한 신용조사 및 신용위험의 인수(지급보증), 매출채권의 기일관리 및 대금회수 금융의 제공, 기타 회계처리 등의 업무를 대행하는 금융서비스를 말한다.

(3) Forfaiting 방식

현금을 대가로 채권을 포기 또는 약속어음을 이전의 소비자(수출자)에게 소구함이 없이 고정이자율로 할인하는 금융기법을 말한다.

(4) INKASSO 방식

인카소 방식이란 수입상이 서류인수를 하고 또 물품을 확인한 후에야 대금결제가 이루어지는 방식을 말한다. CAD(Cash Against Documents)는 서류를 수입상의 대리인에게 인도해주고 대금결제가 이루어지지만 Inkasso(Incaso) 방식은 서류를 받고나서 물품을 확인하고 나서야 대금결제가 이루어지기 때문에 CAD와 COD(Cash On Delivery)를 혼합한 방식이라고 보면 된다.

(5) UNESCO Coupon 방식

유네스코 쿠폰(UNESCO Coupon)은 '국제연합 교육, 과학, 문화기구'가 연구용 서적이나 과학기재의 국제교역에 있어서 쿠폰을 사용함으로서 신용장 발행 또는 외국환으로 결제하는 번거로움을 제거하고 각국의 연구용 서적 및 과학기자재의 원활한 구입을 도모하여 국제간의 과학 문화 교류를 증진시키기 위하여 마련된 결제 방식이다.

6. 보험조건

무역거래에서 발생하는 위험은 ① 수입상의 파산이나 일방적인 계약파기 등으로 인한 수출불능 및 대금회수불능 등의 신용위험(Credit Risk), ② 전쟁, 내란, 천재지변, 수입국에서의 수입금지 또는 제한 등과 같은 불가항력적인 사유로 인하여 계약이행이 불가능하게 되거나 대금을 회수할 수 없게 되는 위험인 비상위험(Emergency or Political Risk), ③ 환율변동에 따른 위험인 환위험(Exchange Risk), ④ 계약물품이 수출국에서 수입국으로 운송되는 도중에 해난 기타 사고에 의해 입게 되는 위험인 운송위험(Transportation Risk), ⑤ 기업 활동과정에서 판매예측이 맞지 않거나 또는 경영상의 예측이 어긋남으로써 발생하는 위험인 기업위험

(Management Risk)이 있다.

무역거래에 관련되는 상기 위험을 담보하는 보험으로는 해상적하보험과 무역보험 등이 있다.

해상적하보험은 해상위험을 담보하며, 손해보험회사에서 이 보험을 취급하고 있다. 해상적하보험의 종류로는 구적하보험약관인 ICC(FPA), ICC(WA), ICC(All Risks)가 있으며, 신적하보험약관으로는 ICC(A), ICC(B), ICC(C)가 있다. 여기에 대해서는 제10장에서 상술하기로 한다.

한편 무역보험은 신용위험, 비상위험, 기업위험 등을 담보하고 있으며, 현재 우리나라는 한국무역보험공사에서 이 보험을 취급하고 있다.

09 Chapter 신용장

제1절 신용장의 개요

1. 신용장의 의의

신용장(Letter of Credit: L/C)이란 수입상의 거래은행(개설은행)이 수입상(개설의뢰인)의 요청에 의하여 수출상(수익자)앞으로 발행하는 보증장으로써 수익자가 신용장에 기재된 조건에 부합되는 서류를 제시(흔히 환어음과 함께)하면 지급을 개설은행이 책임지겠다는 내용으로 되어 있다. 그러므로 신용장은 「개설은행의 조건부 지급약정서」라고 정의할 수 있다.

2. 신용장의 효용

1) 수출상의 이점

첫째, 수출대금의 회수가 보장된다. 수출상이 선적을 마치고 신용장의 제 조건과 일치하는 선적서류 및 또는 환어음을 개설은행에 제시하면, 개설은행이 대금지급을 보장해 주는 것이 바로 신용장이기 때문에, 수출상의 입장에서 본다면 신용장은 수출대금의 회수를 보장해 주는 것이다.

둘째, 금융상의 편익을 누릴 수 있다. 신용장을 접수한 수출상은 거래은행으로부터 무역금융의 혜택을 볼 수 있으며, 계약물품의 선적과 거의 동시에 수출대금의 전부를 회수할 수 있는 금융상의 편익을 누릴 수 있다.

셋째, 수출의 이행이 보장된다. 취소불능신용장을 접수한 수출상에게는 관련수출의 이행이 보장되는 이점이 있다. 왜냐하면 취소불능신용장은 수익자인 수출상의 동의가 없으면 그것이 취소될 수 없을 뿐만 아니라 그 내용의 변경도 불가능한 신용장이기 때문이다.

2) 수입상의 이점

첫째, 수입물품을 적기에 저렴한 가격으로 수입할 수 있다. 신용장은 수출상에게 수출대금의 회수를 보장해 주기 때문에, 수입상은 무역계약 체결 시에 「신용장에 의한 결제방식」을 채택하는 대신에 가격할인을 요구할 수 있다. 또한 신용장에 명시된 최종선적기일(Latest Shipping Date)내에 수출상은 선적하여야 하므로 수입상은 적기에 물품을 입수할 수 있다.

둘째, 금융상의 편익을 누릴 수 있다. 「신용장에 의한 결제방식」을 채택하는 경우, 수입상은 선적서류와 상환하여 대금결제를 함으로써 선적 시부터 대금지급 시까지 금융상의 편익을 누릴 수 있다. 특히 기한부신용장(Usance Credit)의 경우에는 선적서류를 인수한 후 환어음의 만기일까지 수입대금의 지급이 유예되므로 그 지급유예기간 동안 금융상의 편익을 누릴 수 있다.

또한 비록 수입자금이 없더라도 수입상은 선적서류 내도시에 개설은행으로부터 대도(貸渡, Trust Receipt : T/R)[1)]에 의하여 선적서류를 인도받아 운송인으로부터 수입물품을 입수한 후 그 물품을 판매하여 수입대금을 결제하는 금융상의 편익을 누릴 수 있다.

3) 은행의 이점

첫째, 개설수수료, 확인수수료, 통지수수료, 매입수수료 등 수수료 취득의 이점이 있다.

---

1) 대도(貸渡, T/R)는 일람불신용장(Sight L/C)으로 수입한 수입상이 결제자금이 없는 경우 또는 은행의 자금으로 수입하였을 경우, 수입물품에 대한 담보권을 가지고 있는 은행으로부터 관련선적서류를 인도받아 수입화물을 인수하기 위한 제도이다. 이 경우 수입상은 물리적인 지배권을 갖게 되지만, 그 물품에 대한 담보권은 은행이 계속 갖게 된다. 이와 같이 T/R은 개설은행이 수입상에게 금융을 제공하는 제도인 것이다.

둘째, 환가료(Exchange Commission)의 취득이다. 환가료란 수출환어음을 매입할 때 적용되는 일종의 이자이다. 매입은행은 서류심사가 끝나자마자 수출상에게 자기자금으로 먼저 지급하고 며칠 후 개설은행으로부터 대금을 지급 받는 데 이 기간 동안의 이자를 수출상으로부터 징수하고 있는데 이를 환가료라 한다.

3. 신용장의 특성

1) 독립성

신용장은 매매당사자간의 근거계약(Underlying Contract)이나 기타거래와는 별개의 독립된 거래로 간주하는 신용장거래상의 기본적 원칙이다.

2) 추상성(서류거래성)

매매계약서에 언급된 물품이야 어떻든지, 또 실제로 매수인에게 도착된 물품이야 어떻게 되었든 간에 은행은 신용장에서 요구하는 서류만을 가지고 대금지급 여부를 판단하는 원칙이다.

3) 엄격일치성

은행에 제시된 서류가 신용장조건의 문언에 합치된 것으로 판명된 서류에 한하여 지급 이행할 수 있다는 원칙이다.

4) 완전 명확성

신용장발행을 위한 지시, 신용장 그 자체, 신용장에 대한 여하한 조건변경, 지시 및 그 조건변경 자체로서 완전하고 정확하지 않으면 안 된다는 원칙이다.

4. 신용장의 당사자

1) 개설의뢰인(Applicant For The Credit)

개설의뢰인은 매매계약에 따라 매도인에게 신용장을 개설해 주어야할 의무가 있는 Buyer-Importer로서, 화물의 실질적인 수하인이 되고 환어음의 최종적인 결제인이 된다.

2) 수익자(Beneficiary)

수익자는 매매계약의 다른 한 사람, 즉 매매계약상의 매도인으로서 신용장에 의해 그 혜택(Benefit)을 받는 당사자라 하여 Beneficiary, 즉 수익자라고 불린다. 그러므로 수익자란 개설은행으로부터 신용장을 수취하여 이에 요구된 모든 조건을 일치시키고 서류를 제시함으로써 대금의 결제를 받는 수출상이다.

3) 개설은행(Opening Bank)

개설의뢰인의 지시와 요청에 따라 수출상을 수익자로 하는 신용장을 개설해주는 은행으로서 대금지급에 대해 최종적인 책임을 진다. 발행은행(Issuing Bank)이라고도 하며, 신용장통일규칙에서는 "Issuing Bank"로 표기하고 있다.

4) 통지은행(Advising Bank)

개설은행의 요청에 따라 신용장이 개설된 사실과 그 내용을 수익자에게 통지해주는 은행이다. 통지은행은 수익자의 소재지인 수출지에 있는 은행이며, 개설은행의 본·지점 또는 환거래은행(Correspondent Bank)이 통지은행으로 특정되는 것이 일반적인 관행이다.

5) 확인은행(Confirming Bank)

확인은행이란 개설은행의 요청에 따라 개설된 신용장의 확인을 행하는 은행을 말한다. 여기서 확인이란, 개설은행의 지급·인수·매입의 확약이 성립되어 있는 취소불능신용장에 대하여 개설은행 이외의 다른 은행이 그 신용장에 의거한 지급·인수·매입을 추가적으로 확약하는 것을 말한다.

6) 지급은행(Paying Bank)

지급의 권한이 수권되어 있는 지정은행으로서, 지급방식으로 사용되는 지급신용장(Straight Credit)의 거래에서 개설은행을 대신하여 지급을 행하는 은행이다. 대개 지급은행에는 개설은행의 환계정이 있으므로 지급과 동시에 개설은행 구좌에 차기하게 되고, 이러한 계정이 없어도 지급과 동시에 곧 개설은행으로부터 상환을 받는다.

7) 매입은행(Negotiating Bank)

신용장의 조건과 일치하는 서류가 첨부된 환어음이 제시될 때 개설은행에 의한 최종지급일까지의 이자 및 수수료를 공제하고 할인하여 대금을 미리 융통해 주는 은행이다.

8) 인수은행(Accepting Bank)

은행에 제시되는 어음이 일람불이 아니고 기한부어음일 경우, 이러한 기한부어음을 인수하는 은행을 말한다. 인수은행은 그 어음의 만기일에 가서 지급을 이행할 의무를 지게 되는 은행이다.

9) 상환은행(Reimbursing Bank)

개설은행과 매입은행이 예치환거래은행이 아니어서 신용장대금의 송금 및 입금이 불가능한 경우, 개설은행의 지시에 따라 매입은행의 구좌에 입금을 해주는 역할을 맡은 은행이다. 일반적으로 신용장의 표시통화가 수출입양국 이외의 제3국의 통화인 경우, 개설은행은 제3국에 소재하고 있는 개설은행의 본·지점 또는 예치환거래은행(Depositary Correspondent Bank)을 상환은행으로 지정하며, 이 상환은행을 결제은행(Settling Bank)이라고도 한다.

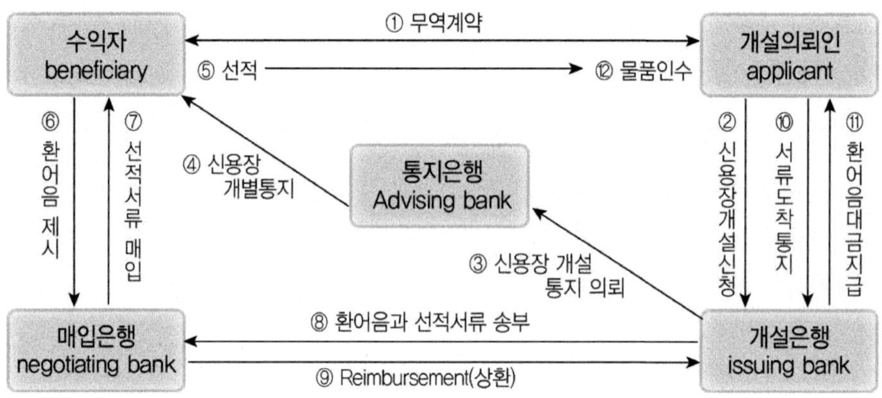

그림 2-19 신용장 거래과정

5. 신용장의 주요내용

1) 개설은행

우편이나 Full Cable로 개설되는 대부분의 신용장은 다음과 같은 문언으로 시작된다. 즉 「We Hereby Open…」, 「We Hereby Establish…」. 여기서 'We'는 신용장개설은행을 말하며, 다같이 "개설 한다"는 뜻을 명백히 하고 있다.

2) 신용장금액

신용장 금액은 「For an Amount of x x x」, 「Up to an Aggregate of x x x」와 같이 표기되며, 이 금액은 당해 신용장에 의해 발행되는 어음의 최대한도를 뜻한다.

3) 수익자

수익자는 통상 Beneficiary난을 별도로 두어 수익자명을 적어 넣든가 또는 「We Open Our Irrevocable Credit in Favor of x x x」로 표시한다.

4) 개설의뢰인

신용장 개설의뢰인의 표시는 「…in your Favor for Account of x x x Co.」로 표시된다.

5) 환어음의 지급인

지급인의 표시는 「Drwan on x x x」, 「To Value on x x x」로 표시된다. 대개는 on 다음에 개설은행을 기입하거나 그냥 "On us"라고 표시할 때도 있다.

6) 환어음 만기일의 표시

환어음의 만기일은 「At Sight」, 「At xx Days Sight」로 표시된다.

7) 선적기일과 유효기일

선적기일은 「Shipment Must be Effected on or Before x x 」로 표시되고, 유효기일은 「Drafts Must be Presented for Negotiation Not Later Than x x」 등으로 표시된다.

8) 선적서류

선적서류는 일반적으로 「Accompanied by The Following Documents」 등으로 표시된다.

☆ ◐ MID ◑ ◉ LAND ◉ Date and place:7 September 2018, Singapore(ORIGINAL for BENEFICIARY)	Midland Bank plc, Singapore Branch 21 Collyer Quay #30-06 Singapore 0104	
	Credit Number	
IRREVOCABLE DOCUMENTARY CREDIT	of Issuing Bank IC771187	of Advising Bank A8801-712-00872
Advising Bank	Applicant	
Korea Commercial Bank Seoul, Korea	Spring Field Co., Ltd. Singapore	
Beneficiary	Amount	
☞ Doori Silup Co., Ltd. RM 1502, Haedong Building 21, Bookchang-dong, Chung-ku Seoul, Korea	USD 43,000.00 Expiry Date 10 Jan., 2018 in beneficiary's country for negotiation	

Dear Sir(s),
We hereby issue in your favour this documentary credit which is available by negotiation with any bank of your draft at sight drawn on us bearing the clause "Drawn under documentary credit No. IC771187 of Midland Bank plc, Singapore Branch" accompanied by the following documents :-
1) Signed Commercial Invoice in triplicate.
2) Full set of clean ONBOARD ocean Bill of Lading made out to our order marked "Freight Prepaid" and notify applicant.
3) Packing List in duplicate.
4) Insurance Policy or Certificate in negotiable form, in duplicate, endorsed in blank, covering I.C.C(A), Institute War clauses(Cargo) for full invoice value plus 10% with claims payable in Singapore in the currency of the draft.
Evidencing shipment of 5,000 kgs of dried cuttlefish at US$ 8.60/kg CIF Singapore

Shipment from South Korea to Singapore latest 31 Dec., 2018	Partial Shipment not allowed	Transhipment not allowed

Special condition(s) :
—Documents to be presented within 10 days after the date of shipment but within the validity of the credit.
—All banking charges outside Singapore are for account of beneficiary.
—All documents to be sent to us by registered airmail in 2 consecutive lots.
—Proceeds drawn under this credit will be remitted as per instruction of the negotiating bank upon receipt of the documents in compliance with the terms and conditions of the credit.

we hereby engage with drawer and/or bona fide holders that drafts drawn under and negotiated in conformity with the terms and conditions of this credit will be duly honoured on presentation and that drafts accepted within the terms of this credit will be duly honoured at maturity.	Advising Bank's notification

This credit is issued subject to "Uniform Customs and Practice for Documentary Credits", 2007 revision, ICC Publication No.600.

그림 2-20 신용장 예시

제2절 신용장의 종류

1. 일반신용장(General Credit)

신용장은 분류방법에 따라 여러 가지로 구분할 수 있다. 무역거래의 결제에 사용되는 신용장을 상업신용장(Commercial Credit)이라 한다. 그리고 신용장에 의하여 발행되는 환어음에 선적서류가 첨부될 것을 요구하면 화환신용장(Documentary L/C), 선적서류의 첨부 없이 환어음만으로 결제되는 무화환신용장(Clean L/C)으로 구분된다. 무역거래에 사용되는 것은 대부분이 화환신용장이며, 무화환신용장은 운임·보험료·수수료 등의 결제에 이용된다.

따라서 신용장이라 하면 일반적으로 상업신용장을 뜻하고, 또한 상업신용장이라 하면 화환신용장을, 그리고 화환신용장이라 하면 다시 상업화환신용장을 뜻하고 있다. 이하에서는 상업신용장을 중심으로 신용장을 분류해 보면 다음과 같다.

1) 취소가능 여부에 따라

취소가능신용장(Revocable L/C)과 취소불능신용장(Irrevocable L/C)으로 구분되는 바, 신용장상에 아무런 명시가 없으면 취소불능신용장으로 간주한다. 취소불능신용장은 수익자, 개설은행, 확인은행(확인신용장의 경우)의 합의가 없으면 취소나 변경이 불가능하다.

2) 타은행의 확인유무에 따라

확인신용장(Confirmed L/C)이란 개설은행 이외의 제3의 은행이 수익자가 발행하는 어음의 지급·인수 또는 매입을 확약하고 있는 신용장을 말하며, 이러한 확약이 없는 신용장을 미확인신용장(Unconfirmed L/C)라 한다.

확인신용장은 주로 개설은행의 대외신용도를 수익자가 인정하기 어렵거나, 수입국의 외환사정이 불안정할 때 개설은행과 동일한 지급책임을 부담하는 확인은행을 신용장에 명기하는 방법으로 발행하게 된다.

3) 매입은행의 지정여부에 따라

보통신용장(General or Open L/C)은 수익자가 발행한 어음의 매입을 어느 특정 은행으로부터 제한하지 않는 신용장으로서 수익자가 마음대로 매입은행을 정할 수 있다.

특정신용장(Special or Restricted L/C)이란 수익자가 발행한 어음의 매입을 특정은행으로 제한하고 있는 것을 말한다. 예를 들면, 신용장에 "Negotiations Under this Credit is Restricted to x x bank"의 문언이 삽입되어 있다.

4) 매입허용여부에 따라

매입신용장(Negotiation L/C)이란 신용장에 의해서 발행되는 어음이 매입될 것을 전제로 하여 어음발행인은 물론이고, 어음의 배서인(Endorser)이나 어음의 선의의 소지인(Bona-Fide Holder)에게도 지급을 확약하고 있는 신용장을 말한다.

이에 반하여 지급신용장(Straight L/C)은 신용장에 의한 환어음의 매입여부에 대해서는 아무런 명시가 없이 신용장개설은행 또는 그가 지정하는 은행에 환어음을 제시하면 지급하겠다고 확약하고 있는 신용장이다.

5) 결제시기에 따라

일람불신용장(Sight L/C)이라 함은 신용장에 의하여 발행되는 어음이 지급인에게 제시되면 즉시 대금이 지급되는 일람불어음(Sight Draft)인 경우를 말하고, 기한부신용장(Usance L/C)이란 신용장에 의해서 발행되는 어음이 지급인에게 제시된 후 일정한 기간이 경과한 후에 지급받는 기한부어음(Usance or Time Draft)인 경우를 말한다.

6) 상환청구가능여부에 따라

상환청구가능신용장(With Recourse L/C)이란, 수익자가 발행한 환어음이 부도(Unpaid)가 났을 때 그 부도어음의 소지인이 그것의 발행인인 수익자에게 상환을 청구할 수 있는 신용장을 말하며, 그렇지 못한 것을 상환청구불능신용장(Without Recourse L/C)라 한다.

그런데 실제로 부도된 환어음의 상환청구가 가능한지의 여부는 각국의 어음법 상의 문제이며, 우리나라의 어음법에서는 부도어음의 상환청구권을 인정하고 있으므로[2], 우리나라에서 발행된 환어음이 부도된 경우에는, 부도어음의 소지인이 어음발행인에게 당연히 상환청구권을 행사할 수 있다.

7) 양도허용 여부에 따라

양도가능신용장(Transferable L/C)이란 신용장상에 'Transferable'의 명시가 있는 신용장으로서, 신용장을 수취한 최초의 수익자가 제3자에게 신용장의 전부 또는 일부를 양도할 수 있도록 허용하고 있는 신용장이다. 신용장의 양도는 1회에 한하며, 분할선적이 허용된 경우 분할양도가 가능하다. 따라서 양수받은 제2수익자는 복수로 존재할 수 있으나, 제2수익자가 제3수익자에게 재양도할 수 없다.

8) 기한부어음의 사용방법에 따라

외상신용장은 수출지에서 선적서류를 받는 방법에 따라 연지급신용장(Deferred Payment L/C)과 인수신용장(Acceptance L/C)으로 구분할 수 있다. 전자는 통상 수출상이 환어음을 발행하지 않으며, 선적서류를 연지급은행에 제시할 때에 연지급은행이 수출상에게 지급확약서를 발행하고 서류를 인수한다. 그러나 후자인 경우에는 수출상이 인수은행을 지급인으로 표시한 인수용 환어음을 발행하고, 인수은행이 인수어음의 뒷면에 인수표시를 하는 경우를 말하며 수출상은 환어음의 만기일이 도래하기 전에 인수 표시된 기한부어음을 타 은행에 제시하여 할인매입을 하는 것이 가능하다.

2) 우리나라 어음법 제9조(발행인의 책임) 참조.

2. 특수신용장(Special Credit)

1) 구상무역 신용장

(1) Back to Back L/C

한 나라에서 일정액의 수입신용장을 발행할 경우 그 신용장은 수출국에서 동액의 수출신용장을 개설하고 오는 경우에만 유효하다는 조건이 붙어있는 신용장이다.

(2) Tomas L/C

수출입 양측이 서로 동액의 신용장을 개설하는 데, 한 쪽은 먼저 신용장을 개설하고 상대측은 동액만큼 일정기간 후에 신용장을 개설하겠다는 보증서를 발행하는 것을 상대방으로부터 받은 신용장의 발효조건으로 하는 신용장이다.

(3) Escrow L/C

수입상이 수입신용장 개설 시에 신용장의 한 조건으로 그 신용장에 의해 발행되는 어음의 매입대금은 수익자에게 지급되지 않고 수익자 명의의 Escrow Account에 기탁하여 두었다가 그 수익자가 원신용장개설국으로부터 수입하는 상품의 대금결제에만 사용하도록 규정한 신용장을 말한다.

2) 보증신용장

보증신용장(Stand-by L/C)이란 통상적인 수출입대금의 결제를 목적으로 하는 신용장이 아니고 금융이나 보증을 위하여 발행되는 특수한 조건의 무화환신용장이다.

예를 들면 우리나라의 미국지사가 현지의 외국은행에서 운영자금의 융자를 받거나 우리나라로부터 수입하기 위하여 수입신용장을 개설할 경우, 또는 현지에서 입찰보증(Bid Bond)이나 계약이행보증(Performance Bond) 등이 필요한 경우, 서울 본사에서 거래은행에 의뢰하여 미국지사가 거래하는 은행 앞으로 그 은행을 수익자로 하는 Stand-by L/C를 개설하게 된다. 그러면 이 Stand-by L/C를 받은 은행은 그것을 곧 이용하는 것이 아니고 그것을 담보로 하여 신용장개설, 융자 등을 해준다.

3) 전대신용장

전대신용장(Red Clause L/C)이란 수출상이 수출에 따른 수출물품의 생산·가공·집하·선적 등에 필요한 자금을 수입상이 미리 융통해 주기 위해서, 선적 전에 매입은행으로 하여금 일정한 조건하에 신용장금액의 일부를 수익자 앞으로 전대하여 줄 것을 허용하고 있는 신용장이다.

이 신용장은 수출전대를 허용하고 있는 문언이 일반적으로 적색으로 인쇄되어 있기 때문에 Red Clause L/C라고 하며, 또한 수입상의 구매대리인(Beneficiary)이 여러 군데에서 상품을 구입하여 이들을 합쳐 포장해서 수입상에게 선적한다하여 Packing Credit이라고도 한다.

4) 회전신용장

회전신용장(Revolving L/C)이란 동일한 거래처와 동일한 물품을 계속적으로 거래할 경우 거래할 때마다 매번 신용장을 개설하려면 개설의뢰인측은 많은 시간과 비용이 들게 되며, 또한 거래예상액 전액을 한꺼번에 개설한다면 너무 과중한 자금 부담이 생기므로 이런 경우 일정한 기간 동안 일정한 금액의 범위 내에서 신용장금액이 자동적으로 갱신되는 신용장을 말하는 데, 이를 Self-Continuing L/C라 한다.

그런데 이 신용장이 실제로 갱신되는 데에는 누적적 방법(Cumulative Method)과 비누적적 방법(Non-Cumulative Method)이 있는 데, 전자는 갱신될 때 미사용 잔액이 있으면 그 잔액이 그대로 누적되는 방식이고, 후자는 그 잔액이 누적되지 않는 방식이다.

5) 내국신용장

내국신용장(Local L/C)은 수출상이 수출국내에서 수출물품 또는 수출용 원자재를 구매하기 위하여, 자기가 외국으로부터 접수한 원신용장(Master or Original

L/C)을 담보로 하여 또는 D/P나 D/A수출계약서를 근거로 하여 수출국내의 외국환은행에 의뢰하여 개설되는 신용장을 말한다.

내국신용장의 수익자는 수출상에게 수출물품 또는 수출용 원자재를 공급하는 자이며, 표시통화는 수출국의 통화이고, 개설의뢰인은 수출국내에서 수출물품 또는 수출용 원자재를 구매하려고 하는 수출상이며, 개설은행은 수출국내에 있는 수출상의 거래은행이다.

제3절 화환신용장통일규칙

1. 화환신용장통일규칙의 의의

신용장통일규칙(Uniform Customs and Practice for Documentary Credits)이란 신용장업무를 취급할 때 지켜야 할 제반사항 및 해석의 기준을 규정한 국제규약이다. 1933년 Wien에서 개최된 제7차 국제상업회의소(I.C.C.)에서 처음으로 신용장통일규칙이 제정되었으며, 그 후 1951년 제1차 개정, 1962년 제2차 개정, 1974년 제3차 개정, 1983년 제4차 개정, 1993년 제5차 개정을 거쳐 현재 사용하고 있는 것은 제6차 개정(2007년 개정)으로서 2008년 1월 1일부터 시행되었다.

이 통일규칙은 민간단체인 I.C.C가 정한 규칙에 불과하므로 이 규칙 자체가 법률적인 구속력이 있는 것은 아니고, 다만 I.C.C는 각국의 은행이 이 규칙을 채택하도록 권고하는 입장에 있다. 그러나 다행히 대부분의 국가에서 이 규칙을 채택하고 있으며, 우리나라는 전체 은행이 이 규칙을 채택하는 단체채택방법을 취하고 있다. 따라서 신용장에는 당해거래에서 야기되는 모든 문제는 2007년에 개정된 신용장통일규칙에 의거한다는 내용의 문언이 다음과 같이 인쇄되어 있다.

Unless otherwise expressly stated herein, this credit is subject to the "Uniform Customs and Practice for Documentary Credits(2007 Revision), International Chamber of Commerce, Publication No. 600."

2. 화환신용장통일규칙(6차 개정)의 주요 내용

제6차 개정 화환신용장통일규칙의 주요 개정내용을 제5차 화환신용장통일규칙과 비교하여 정리하면 다음과 같다.

1) 주요 개정내용

첫째, 조문을 기존의 49조에서 39개조로 통폐합하여 대폭 단축하였다.

둘째, UCP가 임의규칙이란 의미를 더욱 분명히 하기 위하여, 종전의 "화환신용장을 위한 통일관습 및 관례"란 표현을 그대로 존치하되, 당사자가 준거문언을 둔 경우에만 적용된다는 것을 더욱 분명히 하기 위하여 규칙을 의미하는 Rules란 표현을 제 1조에 명시적으로 추가로 삽입하였다.

셋째, 종전의 제 2조에서 신용장의 사용방법을 지급, 환어음의 인수, 매입으로 규정하고 있던 것을 일람지급, 연지급, 환어음의 인수 및 매입으로 나누되, 일람지급, 연지급, 환어음의 인수를 모두 포함하는 상위의 새로운 개념으로 Honour란 용어를 새롭게 정의하여 채택하였다.

넷째, 기존의 매입의 정의를 "환어음의 가액을 공여"란 표현을 "환어음 및 선적서류를 사는 것"이라고 명시함으로써 매입은행이 수익자에게 매입대전을 제공하는 것이 신용장의 대금의 지급이 아닌 일종의 여신의 제공임을 더욱 분명히 하였다. 즉, 매입은행이 개설은행으로부터 신용장의 대금의 지급을 받기 이전에는 신용장의 거래가 끝난 것이 아님을 더욱 분명히 한 것이다.

다섯째, 내용이 불분명하여 논란의 여지가 있는 다음의 표현을 삭제하였다.

- 합리적인 주의를 기울여(Take Reasonable Care)
- 합리적인 기간 동안(Within Reasonable Time)
- 지체 없이(Without Delay)

2) 세부 개정내용

(1) 기간 계산표현의 변경

선적기간과 관련해 'To', 'Until', 'Till', 'From'이 사용된 경우에는 언급된 일자를 기간 계산에 포함시키고 'After'가 사용된 경우에는 언급된 일자를 기간 계산에 포함시키지 않도록 규정하고 있었으나 이를 변경하여 After는 물론 before도 언급된 일자를 제외하도록 변경하였다.(UCP 600 제3조)

(2) 제2 통지은행을 새롭게 규정

통지은행이 신용장을 수익자에게 통지하거나 이미 통지를 행한 신용장의 조건변경을 위하여 다른 은행의 서비스를 이용하는 경우에, 다른 은행인 제2의 통지은행을 통하여도 신용장을 통지하거나 조건변경의 통지를 할 수 있도록 허용하였다. 이러한 경우에 제2 통지은행도, 제1의 통지은행과 마찬가지의 의무를 갖는 것으로 규정하였다. 즉 제2 통지은행은 신용장을 통지할 때 신용장의 외견상 진정성을 확보하기 위하여 합리적인 주의를 기울여야 한다.(UCP 600 제9조)

(3) 지정은행의 서류발송의무 신설

종전의 조항에는 없던 지정은행의 서류발송의무를 새롭게 규정하였다. 즉, "지정은행이 서류의 제시가 신용장의 조건과 일치한다고 결정하고 지급이나 인수를 하거나(Honor) 혹은 매입을 하는 경우에는 당 지정은행은 확인은행이나 개설은행으로 선적서류를 반드시 발송하여야 한다."는 조항을 신설하였다.

(4) 취소가능신용장 삭제

실무적으로 취소가능신용장은 거의 의미를 갖지 못하는 것이 국제적인 상관습이었다. 따라서 취소가능의 언급과는 무관하게 신용장은 모두 취소불능으로 간주되도록 변경되었다.

그러나 극히 예외적으로 러시아, 오만, 볼리비아 등의 국가에서는 강행규정으로 "신용장의 취소 가능 여부에 대해 아무런 언급이 없으면 취소가능신용장으로 간주한다."고 강행법적으로 규정하고 있으므로 이러한 국가에서는 여전히 취소가능 신용장이 존재할 수도 있다는 사실에 유의해야 한다.

(5) 문면상이란 표현의 축소 적용

종전의 UCP500의 많은 조항에 산재하던 "문면상"이란 표현인, On Its Face나 On Their Face란 표현을, 오직 선적서류심사기준인 제 14조에서만 남겨두고 제 14조를 제외한 모든 조항에서는 삭제하였다.

(6) 연지급신용장에도 할인 허용규정 신설

환어음이 발행되지 않는 연지급신용장에 따라 수익자가 제시한 서류를, 지정받은 은행(Nominated Bank)이 할인해 신용장 대금을 지급할 수 있다는 규정이 신설되었다. 이 규정은 우리나라 은행들도 강력하게 요구했던 내용으로, 즉, 연지급 은행도 만기 이전에 선 지급이나 구매를 할 수 있도록 허용하는 것이다.

(7) 선적서류 심사기간의 단축

개설은행과 지정은행의 서류 심사 최대 기간이 서류 접수 다음 날을 기산일로 하여, 종전의 7영업일에서 5영업일로 단축되었다. 특히 화환신용장의 선적서류검토기간도 단축이 되는 것이 일반적이며, 특히 무화환신용장인 Standby L/C는 단순한 채무불이행을 심사하는 것에 불과한 것이므로 불과 수 시간이면 검토가 충분한 것이 현실임을 반영한 것이다. 또한 'Reasonable Time'이란 용어를 신용장통일규칙에서 삭제하였다. 또한 개설은행과 확인은행은 서류검토를 위해 5영업일이 주어지지만(UCP600 제14조) 개정 UCP600의 제15조에서는, 개설은행 또는 확인은행이 제시가 일치한다고 결정하였을 때는 대금을 지급해야 한다고 규정하고 있다.

(8) 일치성 기준 명확화

수익자가 제시한 선적서류의 내용이 이른바 경상(鏡像)의 법칙(Mirror Image Rule)과 같이 모든 선적서류가 똑 같이 일치하여야 하는 것은 아니며, 제시된 선적서류 상호간에 서로 모순되지만 않으면 신용장에 일치한 서류를 제시한 것으로 간주한다고 제14조 d항은 규정하고 있는 바, 이는 ISBP 24항과 62항, 대부분 국가의 국제분쟁관련 소송의 판례 및 중국 최고인민법원 신용장 분쟁을 반영한 규정이다.

(9) 서류와 무관한 조건의 무시

신용장의 조건은 추상성에 따라 오직 서류만을 근거로 지급을 검토하는 것이므로, 서류와의 관련성을 찾을 수 없는 조건은 무시하도록 규정하였다. 즉, 모든 신용장의 조건은 오직 서류로만 언급명시를 하여야 하며, 특히 실무적으로는 서류의 발행자를 명시하는 것이 가장 중요하다. 은행은 물론 서류와 무관한 조건이 신용장에 명시된 경우에도 이를 무시한다.

(10) 수하인과 착하통지처상의 개설의뢰인의 주소

운송 서류상에 기재된 수하인(Consignee)과 착하통지처(Notify Party)의 개설의뢰인의 주소는 신용장의 것과 일치해야 하지만, 신용장이 아닌 기타의 경우에는, 주소가 동일 국가 내의 것이면 신용장의 주소와 반드시 일치해야 할 필요는 없다. 한편 수익자와 개설의뢰인의 연락처와 관련된 사항(전화번호, 텔렉스 번호, 이메일 주소 등)은 무시한다.(UCP600 제14조)

(11) 제3자 서류의 인정 범위 확대

UCP500에서는 운송증권 상의 송하인과 수익자의 이름이 다른, 이른바 제3자 발행 선하증권에서만 허용하던 것을 송하인명이 기재되는 모든 선적서류상의 송하인과 수익자가 다른 것을 허용하는 것으로 그 인정 범위를 확대하였다.

(12) 지급거절 통지횟수 제한 및 하자서류의 반송권한

종전에는 지급거절의 통지의 횟수에 대한 명시가 없고 단지, “은행 또는 수익자에게” 통지한다고만 규정하던 것을 “지정을 근거하여 행동하는 지정은행, 만약 있다면, 확인은행 또는 개설은행은 지급 및 인수(Honour)나 매입을 거절하는 경우에는 그러한 취지를(to the Effect) 한 번만(a Single Notice) 통지하여야만 한다(Must). 또한 하자서류를 보관중이라고 통지한 이후에는 언제라도 선적서류를 반송할 수 있다."는 조항을 신설하였다. 따라서 첫 번째의 지급거절 통지만 유효한 것으로 인정되고 그 이후의 것은 무시된다.

(13) 출발지와 목적지의 용어의 변경

UCP500에서 "적재항, 적재공항, 적재장소"에서 "양륙항, 양륙공항, 양륙지"까지로 규정하고 있던 내용을 UCP600에서는 "발송, 수탁, 선적지"에서 "최종목적지"까지로 변경하였다.

(14) 선적일자를 명문화

International Standard Banking Practice 78항을 반영, 선적선하증권에서 선하증권의 발행일자와 본선적재부기일자가 다른 경우 본선적재부기일자를 선적일자로 간주한다.

(15) 신용장에 명시된 선적항이 선하증권 수탁지란에 기재된 경우

신용장에 명시된 선적항이 선하증권 수탁지란에 기재된 경우 신용장에서 명시한 선적항에서 선적되었다는 본선적재부기와 적재 선박명이 기재되었다면 수리될 수 있는 것으로 개정되었다.

(16) 용선계약 선하증권 상의 도착항 변경

신용장상에서 도착항을 특정 지리적 지역, 몇 개의 항구로 정한 경우에, 도착항을 특정 항구로 기재하지 않고, 특정 지리적 지역이나 몇 개의 항구로 기재하는 것도 허용하도록 변경되었다.

(17) 임의적인 무고장 문언

운송서류의 무고장 문언을 의미하는 Clean이란 문언이 필수적으로 기재될 필요는 없다는 문언을 기재하였다. 따라서 Clean이란 문언의 기재여부는 임의사항이 되었다.

(18) 운임선지급 표현

운임선지급과 관련하여 오직 Prepaid만을 명시적인 선 지급을 허용하고 기타의 표현은 선 지급을 허용하지 않는 것으로 명시하고 있던 규정에서, Freight Prepay Able와 Freight to be Paid는 선 지급을 명시하는 것으로 될 수 없다는 표현을 삭제하였다. 따라서 운임의 선지급을 의미하는 다양한 표현이 허용되게 되었다.

(19) 보험서류 발행자 확대(수임자), 보험부보금액의 명시, 보험담보 구간

보험서류 발행자 자격에 대리인과 유사한 수임자(Proxy)를 추가하였다. 특정사항에 대하여서만 본인을 대리하는 수임자를 포함하였다. 즉, 종전의 보험자, 보험업자, 또는 이들의 대리인이외에도 수임자도 보험서류를 발행하고 서명할 수 있는 권한을 갖는 것으로 하였다.

또한 기존에는 "보험서류는 신용장상의 통화와 동일하여야 한다."라고만 규정하던 조항에서 더 나아가 "보험서류에는 보험부보의 금액을 표시하도록" 새롭게 추가적으로 규정하였다.

그리고 보험서류에는 보험자의 위험담보구간을 "최소한 보험서류의 담보구간은 신용장에 명시된 수탁 혹은 선적지에서 양륙 혹은 최종목적지까지 이어야 한다."고 추가적으로 규정하였다.

3. 전자적 제시를 위한 화환신용장통일규칙 및 관례에 관한 새로운 추록(e-UCP)

1) 제정배경 및 주요내용

오늘날 무역대금 결제수단으로서의 신용장은 국제매매 당사자 간에 은행으로 하여금 대금지급확약기능과 금융기능을 수행하게 함으로써 국제무역거래를 원활히 수행하는데 크게 이바지하고 있다. 신용장은 오랜 역사를 가지고 사용되어 왔으나 국가마다 다른 상관습과 제도로 인하여 상거래 상 혼란과 분쟁이 끊임없이 야기되어 왔다.

이에 각국의 은행들과 무역업자들은 국제적으로 통일성을 갖춘 신용장통일규칙의 출현을 갈망하게 되었으며 이에 따라 국제상업회의소(ICC)는 1933년 이른바 오늘날의 "화환신용장통일규칙 및 관례"(Uniform Customs and Practice for Documentary Credits: UCP)를 제정하게 되었다. 그동안 UCP는 무역관습의 변화에 부응하기 위해 1951년, 1962년, 1974년, 1983년, 1993년에 각각 약 10년을 주기로 개정되었고 또다시 2007년 국제상업회의소 간행물번호 600(UCP600)에 의하여 여섯 번째로 개정하여 현재까지 적용되고 있다.

특히 1993년에 제정된 UCP500은 현재 신용장의 준거와 해석기준으로 무역계에 널리 사용되고 있으나 정보통신기술의 발달과 전자상거래의 확산으로 국제무역거래에서도 전자무역거래시대가 도래하게 됨에 따라 2000년 5월 24일 파리에서 개최된 국제상업회의소 은행기술실무위원회(은행위원회)에서는 UCP500과 종이신용장에 상응하는 전자적 자료처리에 있어 가교역할이 필요함을 확인하고 기술적 변화들을 수용한 UCP를 보완하여야 할 필요성이 제기되었다. 국제상업회의소는 관련분야의 전문가로 구성된 작업반 구성하고 그간 각국 국내위원회의 의견들을 참조하여 18개월에 걸친 작업반의 집중적인 노력의 결과 전자적 제시를 위한 화환신용장통일규칙 및 관례의 새로운 추록 즉, "eUCP"를 제정하게 되었으며, 2002년 4월부터 범세계적으로 적용되고 있다.

이러한 eUCP는 UCP의 개정이 아니고 UCP의 추록으로 UCP와 함께 사용되면서 신용장거래에서 종이문서에 상응하는 전자적 제시를 위하여 필요한 규칙들을 제공하고 있다. eUCP는 완전히 전자적으로 제시하거나 또는 종이문서와 전자적 제시를 혼용할 수 있도록 하고 있다. 비록 관행이 발전되고 있다할지라도 전적으로 전자적 제시만을 제공하는 것은 현재로서는 비현실적이며, 더욱이 완전한 전자적 제시로의 변화를 촉진시킬 수도 없는 현실을 고려하여 eUCP는 기술발전에 따라 개정 버전이 나올 수 있도록 하고 있다.

2) eUCP의 적용

신용장이 전자문서 또는 종이와 전자문서를 혼용하는 것을 허용하도록 하기 위해서는 eUCP를 신용장 본문에 명시적으로 삽입하여야 한다. eUCP 제정으로 지금까지 종이문서를 기반으로 하는 신용장거래가 전자상거래 시대의 전자무역거래에 부응할 수 있도록 전자문서 등 전자적 제시를 통하여 무역대금결제가 이루어지게 되는 획기적인 전기를 마련하게 되었다.

3) eUCP의 주요내용

(1) 전자적 제시를 위한 화환신용장통일규칙 및 관례의 추록(eUCP)은 전자기록 자체의 또는 종이문서와 결합된 제시에 적용할 목적으로 화환신용장통일규칙 및 관례(1993년 개정 국제상업회의소 간행물번호 500)(UCP)를 보충하도록 하고 있다.

(2) eUCP는 신용장이 eUCP에 따른다는 명시가 있는 경우 UCP의 추록으로 적용하기 때문에 eUCP 버전(현재 1.0)을 반드시 명시하여야 한다. eUCP에 준거하는 신용장은 UCP의 적용을 명시하지 아니하더라도 UCP를 적용할 수 있다. 다만 eUCP가 적용되는 경우, 그 조항은 UCP의 적용 조항에 우선하여 적용된다.

(3) 현재 UCP에 사용되는 용어에서 eUCP 신용장에 적용하기 위하여 문서, 전자기록, 전자기록의 제시장소, 전자주소, 전자서명, 포맷 및 수신에 대한 의미를 정의하고 있다.

(4) eUCP 신용장이 제시를 허용함에 있어 전자기록은 전자기록의 제시장소를, 또한 종이문서는 종이문서의 제시장소를 명시하도록 하고 있다.

(5) eUCP 신용장하에서 전자기록의 제시 및 종이문서의 제시는 제시되어지는 eUCP 신용장과의 동일성을 반드시 확인하여야 하며 이와 같은 동일성 확인을 하지 아니한 제시는 수신되지 아니한 것으로 취급된다.

(6) 은행이 영업을 하고 있으나 약정된 유효기일 또는 제시되어야 할 최종일에 전송된 전자기록을 은행의 시스템에서 수신 할 수 없을 경우, 은행은 영업이 종료된 것으로 간주하며 전자기록을 수신할 수 있는 다음 첫 은행영업일까지 연장된다. 또한 인증될 수 없는 전자기록은 제시가 완료되지 아니한

것으로 간주된다.

(7) 전자기록이 외부의 시스템에 하이퍼링크(Hyperlink)를 포함하거나 또는 전자기록이 외부시스템을 참조하여 심사되어질 경우 하이퍼링크에 있는 전자기록 또는 관련시스템은 심사가 이루어진 전자기록으로 간주된다.

(8) 서류심사기간은 수익자의 완전한 통지가 수신된 은행영업일의 다음날 은행영업일에 개시된다. 발행은행, 확인은행 등 지정은행이 전자적 제시에 대한 거절통지를 행한 경우 발신된 거절통지일자로부터 30일 이내에 거절통지의 당사자로부터 회신 받지 못하는 경우 문서제공자에게 반송하지 아니 하고 모든 종이문서를 반송할 수 있고 아무런 책임 없이 적절하다고 간주되는 방법으로 전자기록을 처분 할 수 있다.

(9) 전자기록의 하나 또는 그 이상의 원본과 사본의 제시를 요구하더라도 eUCP 신용장의 모든 요구는 하나의 전자기록 제시로 충족될 수 있도록 하고 있다.

(10) 전자기록이 특정한 발행일자가 없으면 송신일자는 발행일자로 간주되며 수신일자는 다른 어떠한 일자가 분명하지 않으면 송신일자로 간주된다.

(11) 운송을 명시하고 있는 전자기록이 선적 또는 발송 일자를 명시하고 있지 아니할 경우, 전자기록의 발행일자는 선적 또는 발송 일자로 간주된다.

(12) 발행은행, 확인은행 등이 수신한 전자기록이 변형될 경우에는, 은행은 제시 자에게 그 전자기록의 재 제시를 요구할 수 있다.

(13) 은행은 전자기록의 외관상 진정성을 점검함으로써 전자기록에 대한 송신자의 신원, 정보의 출처, 또는 문자에 대하여 아무런 의무를 부담하지 아니하도록 면책규정을 설정하고 있다.

제4절 신용장 관련서류

1. 서류의 개요

1) 서류의 중요성

신용장은 독립성과 추상성에 의거한 서류상의 거래이므로 매입은행 및 개설은행은 수익자가 제시한 서류의 심사만으로 신용장대금의 지급여부를 결정하게 된다.

따라서 신용장업무 중 가장 중요한 것이 바로 적격한 서류의 구비이며 신용장통일규칙은 제D장에서 각종 서류의 요건 및 은행의 수리여부 결정기준을 명문규정으로 밝히고 있다.

2) 서류의 종류

신용장과 관련한 서류는 크게 나누어 기본서류와 부속서류로 구분되는 바, 기본서류는 화환신용장의 경우 어떠한 종류의 신용장이든 필수적으로 요구하는 서류를 말하며 일반적으로 가격조건이 FOB, FCA, FAS, CFR, CPT 등일 때는 환어음, 상업송장, 운송서류가 이에 해당하고, 가격조건이 CIF, CIP 등일 때는 상기서류 이외에 보험서류가 추가된다.

부속서류는 상기서류 이외에 신용장관련 기타 서류 즉, 포장명세서, 원산지증명서, 영사송장, 세관송장, 검사증명서, 용적·중량증명서 등이 이에 해당되는 데, 일반적으로 부속서류는 신용장상에 명문규정으로 특별히 요구하고 있을 경우에 한하여 해당서류를 갖추면 된다.

2. 기본서류

1) 환어음(Bill of Exchange : Draft)

(1) 환어음의 개념

환어음이란 채권을 갖고 있는 채권자가 채무를 지고 있는 채무자에게 “특정의 지급기일에 일정한 금액을 자기 또는 제3자에게 무조건으로 지급할 것"을 위탁한 유가증권으로서 일종의 지급지시서(Payment Order)이다.

(2) 환어음의 당사자

환어음의 기본적 당사자는 발행인, 지급인, 수취인의 3자이다.

① 발행인(Drawer)

발행인은 환어음을 발행하고 그 어음에 서명하는 자이며, 수출상과 같은 채권자가 발행한다.

② 지급인(Drawee)

지급인은 환어음에 명시된 일정한 금액, 즉 환어음금액을 그 어음의 지급기일(만기일)에 수취인이나 그의 지시인에게 지급할 것을 위탁받은 자이다. D/P 또는 D/A거래에서는 수입상이 지급인이 되며, L/C거래에서는 은행이 지급인이 된다. 즉 화환신용장에 의거하여 수출상이 발행하는 환어음의 경우에는, 1993년 신용장 통일규칙이 개정(제5차 개정)된 이후부터는 개설의뢰인은 지급인이 될 수 없으며 은행(개설은행 또는 개설은행의 환거래은행)만 지급인이 될 수 있다.[3)]

③ 수취인(Payee)

수취인은 환어음금액의 지급을 받을 자 또는 「지급을 받을 자」를 지시한 자이다. 수취인은 개설은행의 거래은행 즉 매입은행이 되는 것이 일반적이다.

(3) 환어음의 종류

① 일람불어음

일람불어음(Sight Bill)은 그것이 지급인(Drawee)에게 제시되는 날이 만기일인 환어음이다. 이 어음의 만기는 "At Sight"라는 문언으로 어음의 문면에 표시된다.

---

3) 신용장 통일규칙 제9조 a항 후단 :
"A credit should not be issued available by Draft(s) on the Applicant."

② 기한부어음

환어음 발행 후 일정기간이 경과한 후 지급되는 환어음이다. 기한부어음은 어음이 지급인에게 제시된 날로부터 일정한 기간이 지난 후에 만기가 되는 일람후 정기출급(어음에 At 30 Days After Sight로 표시)과 어음이 발행된 후 일정기간이 지난 후 어음금액이 지급되는 일부 정기출급(어음에 At 30 Days After Date로 표시) 등이 있다.

BILL OF EXCHANGE
Seoul, Korea

No ①

② July 23, 2014

AT ③ 60 DAYS AFTER SIGHT OF THIS ORIGINAL BILL OF EXCHANGE (DUPLICATE UNPAID)

PAY TO THE ORDER OF ··········⑤ Korea Exchange BANK
·········· ④ US$ 11, 190.-

THE SUM OF ⑥ SAY US DOLLARS ELEVEN THOUSAND ONE HUNDRED AND NINETY ONLY

VALUE RECEIVED AND CHARGE THE SAME TO ACCOUNT OF
⑦ OKAMOTO IND. INC. 3-27-12 HONGO BUNKYO - KU TOKYO JAPAN

DRAWN UNDER LETTER OF CREDIT NO	DATED	ISSUED BY
⑧ LC 032/904901	⑨ JAN. 7, 2014	⑩ THE FUJI BANK LTD. TOKYO JAPAN

TO ⑪ THE FUJI BANK LTD
NEW YORK BRANCH
NEW YORK N. Y. USA. ⑫ ________________

외양 32A-1 외국환어음 (210×100) 2매1조 백상지 100g/m2 ('94.7 개정)

그림 2-21 환어음 예시

2) 상업송장(Commercial Invoice)

상업송장은 수출물품의 선적을 마친 수출상이 수입상 앞으로 작성·발행하는 물품대금의 청구서이자 선적물품에 관한 명세서이다. 수출상측에서 본다면 상업송장은 수출대금의 회수에 필요한 주요서류일 뿐만 아니라 수출통관의 수속에 필요한 서류이다. 한편 수입상측에서 본다면, 상업송장은 수입물품에 관한 명세서이며, 수입통관을 위한 필수적인 서류이다.

3) 운송서류(Transportation Documents)

운송서류란 운송할 물품의 적재, 발송, 복합운송을 위한 수탁 등을 증명하는 서류로서 선하증권(Bill of Lading : B/L), 항공화물운송장(Airwaybill : AWB) 등이 있는 데 여기에 대해서는 제13장에서 상술하기로 한다.

4) 보험증권(Insurance Policy)

보험증권이란 보험계약의 성립과 그 내용을 증명하기 위하여 계약의 내용을 기재하고 보험자가 기명날인 또는 서명하여 보험계약자에게 교부하는 증서를 말한다. 이러한 보험 증권은 Incoterms 2010의 CIF, CIP 조건 등에 한하여 대금결제를 위한 기본서류이다.

<table>
<tr><td colspan="3">① SELLER
DAESUNG INDUSTRIAL CO., LTD.
Manufactures, Exporters & Importers
146-1, SOOSONG-DONG, CHONGRO-KU
C.P.O. BOX 7917, SEOUL, KOREA</td><td colspan="4">⑦ INVOICE NO. AND DATE
DS - 960123 JULY. 20,2014

⑧ L/C NO. AND DATE
LC0232/904901 JAN. 7, 2014</td></tr>
<tr><td colspan="3">② CONSIGNEE
TO ORDER OF THE FUJI BANK LTD. TOKYO</td><td colspan="4">⑨ BUYER (IF OTHER THAN CONSIGNEE)
OKAMOTO INDUSTRIES INC.
3-27-12 HONHGO BUNKYO-KU
TOKYO, JAPAN</td></tr>
<tr><td colspan="3">③ DEPARTURE DATE
JULY. 20, 2014</td><td colspan="4">⑩ OTHER REFERENCES
AS Per P/O No. DIC-96-007 DATED
MAY. 30, 2014</td></tr>
<tr><td colspan="3">④ VESSEL/FLIGHT ⑤ FROM
BROWN 709E BUSAN, KOREA

⑥ TO
YOKOHAMA, JAPAN</td><td colspan="4">⑪ TERMS OF DELIVERY AND PAYMENT
CIF YOKOHAMA, JAPAN
AT 60 DAYS AFTER SIGHT</td></tr>
<tr><td>⑫ SHIPPING MARKS</td><td colspan="2">⑬ NO. & KIND OF PKGS</td><td>⑭ GOODS DESCRIPTION</td><td>⑮ QUANTITY</td><td>⑯ UNIT PRICE</td><td>⑰ AMOUNT</td></tr>
<tr><td colspan="7">C/NO. 1-1-300 AUTOMOBILE TUBES
ITEM : AUTO TUBE</td></tr>
<tr><td>SIZE :</td><td>SIZE</td><td>VALVE</td><td></td><td></td><td></td><td></td></tr>
<tr><td>Q'TY :</td><td>550-13</td><td>TR13</td><td></td><td>2,100PCS</td><td>@US$1.80</td><td>US$3,780.00</td></tr>
<tr><td></td><td>600-14</td><td>TR13</td><td></td><td>3,900PCS</td><td>1.90</td><td>7,410.00</td></tr>
<tr><td>TOTAL :</td><td></td><td></td><td></td><td>6,000PCS</td><td></td><td>US$11,190.00</td></tr>
<tr><td colspan="3">C.P.O. Box : 7917 SEOUL
Cable Adress : FONECA SEOUL
Telex Code : DESCO K24416
Telephone No. : 735/5671
733/8194</td><td colspan="4">⑱ SIGNED BY</td></tr>
</table>

그림 2-22 상업송장 예시

SHIPPER

DAESUNG INDUSTRIAL CO., LTD.
C.P.O. BOX 7917,
SEOUL, KOREA

B/L NO.

WINNERSMARINES.A.

CONSIGNEE

TO ORDER OF THE FUJI BANK LTD.
TOKYO

② RECEIVED IN APPARENT GOOD ORDER AND CONDITION UNLESS OTHERWISE STATED HEREIN, THE TOTAL NUMBERS OR QUANTITY OF CONTAINERS OR PACKAGES OR UNITS ENUMERATED BELOW FOR TRANSPORTATION FROM THE PORT OF LOADING TO THE FINAL DESTINATION SUBJECT TO THE TERMS THEREOF

NOTIFY PARTY

OKAMOTO INDUSTRIES INC.
3-27-12 HONGO BUNKYO-KU
TOKYO, JAPAN

① PLACE OF RECEIPT	PORT OF LADING *BUSAN, KOREA*	(SEE TERMS OF CARRIAGE AND OTHER TERMS ON REVERSE)	
OCEAN VESSEL *BROWN*	VOYAGE NO. *709E*	PORT OF DISCHARGE *YOKOHAMA JAPAN*	FINAL DESTINATION

CONTAINER NO.	SEAL NO. MARKS & NOS	DESCRIPTION OF GOODS	GROSS WEIGHT	MEASUREMENT

③ *C/NO. 1-1-300 6,000 PCS OF AUTOMOCILE TUBES 1,750KGS 15.3CBM*
ITEM : AUTO TUBE
SIZE :
Q'TY : " FREIGHT PREPAID "
" L/C NO. : LC 0232 / 904901 "
KMTU9037689 / 23578

//

TORAL NUMBER OF CONTAINERS
OR PACKAGES (IN WORDS)

FREIGHT & CHARGE	REVENUE TONS	RATE	PER	PREPAID	COLLECT

④ FREIGHT PREPAID AT	⑤ FREIGHT PAYABLE AT	⑥ PLACE OF ISSUE
TOTAL PREPAID	NO. OF ORIGINAL B/L	⑦ DATE OF ISSUE

LADEN ON BOARD THE VESSEL DATE : BY ⑧__________	ARIRANG SHIPPING CO., LTD. BY ⑨__________

그림 2-23 선하증권 예시

② ASSURED(S). ETC. *DAESUNG IND. CO., LTD.*

① POLICY NO.

③ REF. NO.
L/C No. : LC 0232 / 904901
INVOICE No DS - 960123

⑥ CLAIM, IF ANY, PAYABLE AT/IN
BEAVERY ANTENO & MARKETING
SERVICES PTE.,M LTD.
UKERY BLDG., SENDA STREET
P.O. BOX 327 TOKYO JAPAN
CLAIM ARE PAYABLE IN

④ AMOUNT INSURED HEREUNDER

*US$ ***************** 12,309.00*
(US$ 11,190.00×110.0%)

⑦ SURVEY SHOULD BE APPROVED BY :
SAME AS ABOVE

⑧ LOCAL VESSEL OR CONVEYANCE

⑨ FROM (INTERIOR PORT OR PLACE OF LOADING)

⑤ Conditions and Warranties

* *ICC(A)*
* *WAR CLAUSES*
* *SRCC CLAUSES*
* *CLAIMS PAYABLE IN JAPAN IN THE CURRENCY OF THE DRAFT.*

⑩ SHIP OR VESSEL CALLED THE
BROWN 709E

⑪ SAILING ON OR ABOUT
JULY. 20, 2014

⑫ AT AND FROM
BUSAN, KOREA

⑬ TRANSHIPPED AT

⑭ ARRIVED AT
YOKOHAMA JAPAN

⑮ THENCE TO

⑯ SUBJECT-MATTER INSURED

6,000 PCS OF AUTOMOBILE TUBES
SUBJECT TO THE FOLLOWING CLAUSES AS PER BACK HEREOF
□ INSTITUTE CARGO CLAUSES SPECIFIED ABOVE
□ ON-DECK CLAUSES
□ SPECIAL REPLACEMENT CLAUSE (APPLYING TO MACHINERY)
□ INSTITUTE CLASSIFICATION CLAUSE
MARKS AND NUMBERS AS PER INVOICE NO. SPECIFIED ABOVE

⑰ PLACE AND DATE SIGNED
IN SEOUL, KOREA

⑳ ~ ㉑ IMPORTANT

PROCURE IN THE EVENT OF LOSS OR DAMAGE FOR WHICH UNDERWRITERS MAY BE LIABLE LIABILITY OF CARRIERS, BAILERS OR OTHER
THIRD PARTIES ··························
···

INSTRUCTION FOR SURVEY ···
··················

DOCUMENTATIONS OF CLAIMS

⑱ NUMBER OF POLICES ISSUED
IN DUPLICATE

CONDITION

NOTWITHSTANDING ANYTHING CONTAINED HEREIN OR ATTACHED HERETO TO THE CONTRARY, THIS·····························
THIS INSURANCE DOES NOT COVER ANY LOSS OR DAMAGE TO THE PROPERTY ·············
··

WE, SAFETY MARINE & FIRE INSURANCE CO., LTD. HEREBY AGREE, IN CONSIDERATION OF THE PAYMENT·······························

FOR SAFETY MARINE & FIRE INSURANCE CO., LTD.

BY ⑲ ___

그림 2-24 해상보험 증권 예시

3. 부속서류

1) 포장명세서(Packing List)

포장명세서는 선적물품의 포장 및 포장단위별 물품명세, 순중량, 총중량, 화인(Shipping Mark), 포장 개수 등을 기재한 상업송장의 부속서류로서 수출업자가 수입업자 앞으로 작성하는 서류이다.

2) 원산지증명서(Certificate of Origin : C/O)

원산지증명서는 수출물품의 원산지의 국가, 즉 원산국(原産國)을 증명하는 서류를 말한다. 우리나라의 경우에는 대한상공회의소와 세관에서 원산지증명서를 발급하고 있다.

3) 영사송장(Consular Invoice)

영사송장이란 ① 수입국에서 수입관세의 탈세, 외화도피, 덤핑 등을 방지하기 위하여, 또는 ② 수출국 소재의 수입국 공관의 사증료 수입을 증대시키기 위하여, 수출국에 주재하고 있는 수입국의 영사가 작성하거나 사증(Visa)을 해주는 송장을 말한다.

4) 세관송장(Customs Invoice)

세관송장이란 수입국에서 과세가격의 결정, 덤핑판정, 수입통계 등의 목적으로 수입물품의 수입 통관 시에 제출을 요구하는 송장을 말한다. 미국, 캐나다, 호주, 뉴질랜드 등의 국가에서는 세관송장의 제출을 요구하고 있다.

① SELLER *DAESUNG INDUSTRIAL, CO., LTD.* *Manufactures, Exporters & Importers* *146-1, SOOSONG-DONG, CHONGRO-KU,* *C.P.O. BOX 7917, SEOUL, KOREA*	⑦ INVOICE NO. AND DATE *DS-960123 JULY. 19, 2014*
② CONSIGNEE *TO ORDER OF THE FUJI BANK LTD. TOKYO.*	⑧ BUYER (if other than consignee) *OKAMOTO INDUSTRIES INC.* *3-27-12 HONGO BUNKYO-KU* *TOKYO JAPAN*
③ DEPARTURE DATE *JULY. 20, 2014*	⑨ OTHER REFERENCES * *L/C NO. : LC 0232 / 904901.*
④ VESSEL/FLIGHT ⑤ FROM *BROWN 709E BUSAN, KOREA*	
⑥ TO *YOKOHAMA JAPAN*	

⑩ SHIPPING MARKS	⑪ NO. & KIND OF PKGS	⑫ GOODS DESCRIPTION	⑬ Q'TY NET WEIGHT	⑭ GROSS WEIGHT	⑮ MEASU REMENT

C/NO. 1-1-300 AUTOMOBILE TUBES
ITEM : AUTO TUBE
SIZE : SIZE VALVE CARTONS
Q'TY : 550-13 TR13 105CTNS 2,100PCS 1,281KGS 1,537KGS 4,840CBM
600-14 TR13 195CTNS 3,900PCS 2,730KGS 3,276KGS 8,989CBM

TOTAL : 00CTNS 6,000PCS 4,011KGS 4,813KSG 13.829CBM

****

C.P.O. Box	: *7917 SEOUL*
Cable Adress	: *FONECA SEOUL*
Telex Code	: *DESCO K24416*
Telephone No.	: *280/2050*
733/8194	

⑯ SIGNED BY

그림 2-25 포장명세서 예시

1. SELLER *DAESUNG INDUSTRIAL CO., LTD.* *C.P.O. BOX 7917,* *SEOUL, KOREA*	ORIGINAL CERTIFICATE OF ORIGIN ISSUED BY THE KOREA CHAMBER OF COMMERCE & INDUSTRY SEOUL, REPUBLIC OF KOREA 원 산 지 증 명 서 대 한 상 공 회 의 소
2. CONSIGNEE *TO ORDER OF THE FUJI BANK LTD. TOKYO.*	4. BUYER (if other than consignee) *OKAMOTO INDUSTRIAL INC.* *3-27-12 HONGO BUNKYO-KU* *TOKYO JAPAN*
3. PARTICULARS OF TRANSPORT (where required) *FM : BUSAN, KOREA TO : YOKOHAMA JAPAN* *BY : BROWN 709E ON : JULY. 20, 2014*	5. COUNTEY OF ORIGIN *Republic of Korea* 6. INVOICE NUMBER AND DATE *DS-960123 FEB. 19, 2014*

7. SHIPPING MARKS 8. NUMBER AND DESCRIPTION OF GOODS KIND OF PACKAGES :	9. GROSS WEIGHT OR OTHER QUANTITY
C/NO. 1-1-300 AUTOMOBILE TUBES	
ITEM : AUTO TUBE	
SIZE : SIZE VALVE	
Q'TY : 550-13 TR13	*2,100 PCS*
600-14 TR13	*3,900 PCS*
TOTAL :	*6,000 PCS*
" L/C NO. : LC 0232/904901 "	
//	////////////////////////

10. OTHER INFORMATION THE KOREA CHAMBER OF COMMERCE & INDUSTRY HEREBY CERTIFIES, ON THE BASIS OF RELEVANT INVOICE AND OTHER DOCUMENTS, THAT THE ABOVE MENTIONED GOODS ORIGINATE IN THE COUNTRY SHOWN IN COLUMN 5.

THE KOREA CHAMBER OF COMMERCE & INDUSTRY

그림 2-26 원산지증명서 예시

5) 검사증명서(Inspection Certificate)

검사증명서란 수출물품의 선적에 앞서 정부검사기관이나 그 지정기관 또는 수입상 지정의 검사기관이나 검사자가 수출물품의 품질의 양호여부, 수출국 또는 수입국의 법규 등에의 적합여부를 검사하고서, 그 결과를 증명하기도 하고 품질의 등급을 정하여 이를 증명하는 서류를 말한다.

6) 중량·용적증명서(Certificate of Weight and Measurement)

중량 ㅁ 용적증명서란, 수출물품의 선적에 앞서 공인검량인(Public Weigher)이 물품의 순중량, 총중량 및 용적을 계량하여 발급하는 증명서를 말한다.

10 Chapter 해상보험

제1절 해상보험의 개요

1. 해상보험의 의의

1) 영국 해상보험법의 정의

영국해상보험법(Marine Insurance Act, 1906) 제1조

A contract of marine insurance is a contract whereby the insurer undertakes to indemnify the assured in manner and to the extent thereby agreed, against marine losses, that is to say the losses incident to marine adventure.

해상보험계약은 그 계약에 의해 합의된 방법과 범위 내에서 해상손해, 즉 해상사업에 수반하는 손해를 보험자가 피보험자에게 보상할 것을 인수하는 계약이다.

2) 한국 상법의 정의

상법(제693조)에서는 해상사업에 관한 사고로 인하여 생길 손해를 보상할 것을 목적으로 하는 보험으로 해상보험을 규정하고 있다.

2. 해상보험의 기원과 발전

1) 해상보험의 기원(모험대차설)

선박 또는 적하를 담보로 하는 대차로서, 돈을 빌린 선주 또는 화주는 항해가 무사히 종료되면 차용한 원금에 이자를 붙여 상환하여야 하지만, 선박이 항해 도중에 해난 ㅁ 해적 등의 해상사고로 인하여 전손이 된 때에는 원리금을 상환하지 않아도 되는 대차이다.

2) 해상보험의 발전

14세기경 르네상스 초기 이탈리아의 상업도시에서 해상보험이 생성된 후, 17세기경 이탈리아의 롬바르드인에 의하여 영국에 해상보험이 소개되었다. 1688년 개인보험업자인 Lloyd's의 생성으로 영국에서 해상보험이 비약적으로 발전하였다.

한편 우리나라에서 해상보험이 실시된 것은 일제강점기인 1922년 조선화재해상보험(현재의 동양화재보험)이다.

3. 해상보험의 기본용어

1) 보험계약의 당사자

(1) 보험자(Insurer)

보험자는 보험계약을 인수하는 자로서 보험계약자로부터 보험료를 받는 대신에 보험기간 중 보험사고가 발생할 경우 보험금을 지급하기로 약속한 자이다. 우리나라의 경우 보험 사업은 법인조직이 아니면 영위할 수 없으므로 보험자는 곧 보험회사를 가리킨다. 그러나 영국에서는 개인보험업자도 적지 않기 때문에 보험자를 보통 Underwriter라고 한다.

(2) 보험계약자(Policy Holder)

보험계약자는 자기 명의로 보험자와 보험계약을 체결하고 보험료를 지급하기로 약속한 자를 말한다.

(3) 피보험자(The Insured)

피보험자는 보험계약의 직접적인 당사자는 아니지만 피보험이익의 주체로서 보험계약에 의하여 보호되는 자, 즉 보험사고가 발생한 경우에 보험자로부터 손해의 보상을 받는 자를 말한다. 그리고 보험계약자와 피보험자가 동일한 경우를 '자기를 위한 보험'이라 하고, 서로 다른 경우를 '타인을 위한 보험'이라 한다. 예를 들면, CIF조건의 경우 매도인이 매수인을 위해 부보하는 경우가 타인의 위한 보험에 해당된다.

2) 보험료와 보험금

(1) 보험료(Insurance Premium)

보험료는 보험자의 위험부담에 대한 대가로서 보험계약자가 보험자에게 지급하는 금전을 말한다. 보험료는 순보험료(Net Premium)와 부가보험료(Loading Premium)로 구성되며, 이를 합하여 총보험료(Gross Premium)이라 한다.

(2) 보험금(Claims Paid)

보험계약에 따라 보험자가 피보험자(손해보험의 경우) 또는 보험수익자(인보험의 경우)에게 지급하는 금전을 말한다.

3) 보험금액과 보험가액

(1) 보험금액(Insured Amount)

보험사고로 인하여 소정의 손해가 발생한 경우에 보험자가 지급해야 할 금액 또는 그 최고한도의 금액으로서 보험계약을 체결할 당시에 보험자와 보험계약자 간에 약정하는 것을 말한다.

(2) 보험가액(Insurable Value)

피보험이익을 금전으로 평가한 가액, 즉 사고가 발생한 경우에 피보험자가 입게 되는 손해액의 최고한도액을 말한다.

(3) 보험금액과 보험가액의 관계

① 전부보험(Full Insurance)

보험금액과 보험가액이 일치하는 경우이다. 해상보험은 대부분 전부보험이다.

② 일부보험(Under Insurance)

보험금액이 보험가액에 미달하는 경우이다. 일부보험의 경우에는 손해가 발생하면 보험자는 보험금액의 보험가액에 대한 비율에 따라 손해를 보상하는 데 이것을 비례보상의 원칙 또는 비례부담의 원칙(Pro Rata Regel)이라 한다.

③ 초과보험(Over Insurance)

일부보험과 반대로 보험금액이 보험가액을 초과하는 경우이다.

④ 공동보험(Co-Insurance)

하나의 위험이 복수의 보험자에 의해 각기 위험의 일부분씩 인수되는 경우이다.

⑤ 중복보험(Double Insurance)

동일 피보험이익 및 동일 위험에 대하여 동일한 피보험자를 주체로 하여 수개의 보험계약이 존재하고 또 각 계약의 보험금액의 합계가 보험가액을 초과하는 경우이다.

4) 보험증권과 보험약관

(1) 보험증권

보험증권(Insurance Policy)이란 보험계약의 성립과 그 내용을 증명하기 위하여 계약의 내용을 기재하고 보험자가 기명날인 또는 서명하여 보험계약자에게 교부하는 증서를 말한다.

(2) 보험약관

보험약관(Insurance Clause)이란 보험자가 미리 작성한 보험계약의 내용을 이루는 조항, 즉 보험증권상의 각종 약속과 규정을 가리킨다. 보험약관에는 일반보통보험약관(General Clause), 특별보통보험약관(Special Claus), 특별약관(개별약관) 등이 있다.

5) 보험의 목적과 보험계약의 목적

(1) 보험의 목적

보험의 목적(Subject-Matter Insured)은 보험계약의 대상을 말한다. 인보험의 목적은 사람의 생명이나 신체이고, 물보험의 목적은 재산, 물건, 배상책임손해가 된다. 물보험의 일종인 해상보험의 경우에는 보험의 목적이 위험발생의 객체인 화물 ㅁ 선박 및 이에 준하는 유체물이다.

(2) 보험계약의 목적

보험계약의 목적(Subject of Insurance)은 보험의 목적이 멸실 또는 손상됨으로써 경제적 손실을 입게 되는 피보험자와 그 보험의 목적 사이에 존재하는 이해관계를 말한다. 이러한 이해관계가 곧 피보험이익(Insurable Interest)으로서 "이익 없는 곳에 보험 없다"(No Interest, No Insurance)는 말과 같이 피보험이익이 존재하지 않으면 보험은 성립하지 않는다. 따라서 피보험이익이 없는 보험계약은 도박에 지나지 않으며 무효이다.

6) 고지의무(Duty of Disclosure)

보험계약자가 보험계약을 체결할 때 보험자에 대하여 보험자가 보험의 인수여부 또는 계약내용의 결정에 영향을 미치는 모든 중요한 사실을 고지하지 않으면 안 되고, 또 중요한 사항에 대하여 부실하게 고지하여서는 안 된다.

우리나라 상법 제651조에는 보험계약자 또는 피보험자가 고의 또는 중대한 과실로 인하여 중요한 사항을 고지하지 아니하거나 부실고지를 한때에는 계약을 해지할 수 있다고 규정하고 있다.

7) 담보(Warranty)

담보란 피보험자가 지켜야 할 약속으로서 구체적으로 피보험자가 특정한 일을 하거나 하지 않을 것을 약속하거나, 또는 특정한 조건을 구비할 것을 보증하는 것이다.

(1) 명시담보

담보의 내용이 보험 증권에 기재되어 있는 담보이다.

(2) 묵시담보

담보의 내용이 보험 증권에 기재되어 있지는 않으나 법률에 의하여 보험계약의 전제가 되고 있는 담보이다.

제2절 해상위험

1. 해상위험의 의의

해상보험의 대상이 되는 위험, 즉 피보험위험은 해상위험이다. 이것은 항해에 기인 또는 부수하는 위험으로서 해상 고유의 위험, 화재, 해적, 선원의 악행 등의 위험이다.

2. 위험부담의 원칙

1) 포괄책임주의

해상보험계약에서 보험자가 부담하는 위험을 일체의 해상위험 또는 항해에 관한 일체의 사고로 하는 방식을 말한다. 그러나 실제로는 면책위험에 의한 손해는 부담하지 않는다. ICC(A) 조건이 여기에 해당된다.

2) 열거책임주의

해상보험계약에서 보험자가 부담하는 위험을 구체적으로 열거하고, 열거되지 않는 위험에 대해서는 보험자가 이를 부담하지 않는 방식을 말한다. ICC(B) 및 (C)조건이 여기에 해당된다.

3. 담보위험과 부담보위험

1) 담보위험

보험자가 부담하는 위험, 즉 그 위험으로 인하여 생긴 손해를 보험자가 보상할 책임이 있는 위험을 피보험위험 또는 부담위험이라 한다.

2) 부담보위험

담보위험이 아닌 위험을 부담보위험이라 한다. 부담보위험 중에는 명시적으로 담보하지 않는 면책위험과 원래부터 담보되지 않는 이른바 중성위험(비열거위험)이 있다.

제3절 해상손해

1. 해상손해의 개요

1) 해상손해의 의의

손해란 보험의 목적의 손상 또는 멸실로 인하여 피보험자이익이 소멸되는 감소되는 것을 말한다. 즉 해상손해란 피보험자인 선주나 화주가 입는 경제적 불이익이다.

2) 해상손해의 종류

해상손해는 물적손해, 비용손해, 지연손해 등으로 구분된다. 물적손해는 전손과 분손으로 나누어지며, 비용손해는 구조비 손해와 손해방지비용 손해 등으로 나누어진다.

(1) 전손

① 현실전손

보험의 목적이 실체적으로 멸실되었거나 본래의 성질이 상실되었을 경우이다.

② 추정전손

현실전손이 확실시되지만 그 증명을 할 수 없는 때 또는 물리적으로는 보험의 목적을 회수하거나 회복할 수 있어도 그 비용이 지나치게 많이 소요되어 채산성이 없는 때 법에 의하여 전손으로 간주하는 것이다.

(2) 분손

① 공동해손

선박과 적하가 공동의 위험에 놓여 있을 때, 그 위험을 면하기 위하여 선박 또는 적하에 대하여 선장이 고의적으로 이례적인 처분을 하거나 또는 비용을 지출하는 것을 말한다.

② 단독해손

분손 중 공동해손이 아닌 손해를 말한다. 이것은 손해를 입은 자가 단독으로 부담하여야 하는 것이다.

(3) 비용손해

① 구조료

가. 순수구조료(임의구조료 : Voluntary Salvage Charge)

보험사고가 발생한 경우 계약에 의하지 않고 임의로 구조 한 자에게 해상법에 의거하여 지급되는 보수이다.

나. 계약구조료(Contract Salvage)

구조자와 피구조자간에 계약에 의하여 행할 때 지급되는 보수이다.

② 손해방지비용

피보험자 또는 그의 대리인이 합리적으로 지출한 비용에 한한다. 따라서 제3자 의하여 지출된 비용은 손해방지비용이 될 수 없다. 적하보험의 경우 목적지 도착 전에 발생된 비용에 한하며 보험금액을 초과하여 지급이 가능하다.

2. 위부(Abandonment)

추정전손이 발생한 경우, 피보험자는 보험의 목적에 대한 모든 권리를 보험자에게 이전하고 보험금액의 전부를 청구할 수 있는 제도이다. 원래 피보험자가 보험금을 청구하기 위해서는 그 손해의 발생을 증명하여야 한다. 그러나 실제로 전손의 가능성이 결정적인 경우에도 그 사실을 증명하기가 곤란한 경우가 있다. 이와 같은 경우에 법률상 전손과 같이 보고 피보험자가 보험금액의 전부를 청구할 수 있도록 할 필요가 있다. 위부는 이러한 필요에서 인정된 벌률 상의 제도이며, 손해보험 가운데서도 해상보험에 특유한 제도이다.

3. 보험자대위(Subrogation)

1) 의의

보험에서 대위란 보험자가 보험금을 지급한 경우, 피보험자가 보험의 목적에 대해 가지는 권리 및 제3자에 대하여 가지는 권리를 피보험자를 대신하여 보험자가 취득하는 것을 말한다. 그런데 피보험자가 보험자로부터 보험금의 지급을 받고도 보험의 목적에 잔존하고 있는 권리나 제3자에 대한 손해배상청구권을 그대로 갖고 있다면 피보험자는 부당한 이득을 보게 된다. 대위를 인정하는 이유는 이와 같은 부당이득을 방지하는 데 있다.

2) 대위의 종류

(1) 잔존물대위

보험의 목적의 전부가 멸실된 경우에 보험금액의 전부를 지급한 보험자는 그 목적에 대한 피보험자의 권리를 취득한다.

(2) 청구권대위(제3자에 대한 대위)

보험자가 손해보상을 한 때에 그 손해에 대하여 피보험자가 제3자에 대하여 가지는 권리를 보험자에게 이전하도록 하고 있다. 이것을 구상권대위라고도 한다.

제4절 해상보험증권과 적하보험 특별약관

1. 해상보험증권양식의 개정

해상보험증권양식의 모체는 1779년 1월에 제정된 Lloyd's S.G. Policy이다. 그러나 해상무역의 발달과 전쟁손해의 거대화에 따라 Loyd's S.G. Policy만으로는 상인의 요구에 충분히 응할 수 없어서 여러 가지 특별약관을 추가하였다. 그런데

19세기 말경부터 개개의 특별약관을 묶어 일반적인 적하보험에 사용하는 특별약관을 표준화하고자 하는 운동이 일어났으며, 그에 따라 런던보험업자협회(I.L.U)가 1912년 ICC(F.P.A), 1921년 ICC(W.A), 1951년 ICC(All Risks)를 제정하였다. 이 특별약관은 수차 개정되어 1963년에 개정되어 사용되어 왔다.

그런데 Lloyd's S.G. Policy는 구어체와 난해한 문장, 담보범위와 면책위험의 불명확성으로 많은 분쟁을 야기 시켜 동증권 및 특별약관이 대폭 개정되어 1982년 신협회적하보험약관인 ICC(A), ICC(B), ICC(C)가 제정되었다.

구협회약관하에서는 Lloyd's S.G. Policy가 계약의 중심이 되고 협회약관은 구증권을 보완하는 특성의 성격을 가지고 있었지만, 신약관하에서는 Lloyd's S.G. Polcy의 중요조항을 협회약관에 포함시킴으로써 신협회약관이 계약의 중심이 되고, 보험 증권은 단순히 보험계약의 성립만을 입증해 주는 서류에 불과하게 되었다.

2. 구협회적하보험약관

1) A/R(All Risk : 전위험담보조건)

전위험을 담보하는 조건이나 모든 손해나 멸실을 담보하는 것은 아니다. 약관상 규정된 면책사항을 제외한 위험으로 인해 발생한 손해를 담보하는 조건으로 적하보험 중 가장 범위가 넓다. 약관상 규정된 면책위험은 다음과 같다.

① 피보험자의 고의의 불법행위
② 통상의 누손, 중량·용적의 자연감소 및 자연소모
③ 보험의 목적의 고유의 하자 또는 성질
④ 운송지연
⑤ 포장 또는 준비의 불완전 또는 불충분
⑥ 전쟁위험
⑦ 동맹파업위험

상기 면책위험 중 상대적 면책위험인 전쟁과 동맹파업위험은 특별약관을 첨부하면 담보가 가능하다.

2) W/A(With Average : 분손담보조건)

FPA조건에서 담보하는 위험에 추가하여 해상고유 위험 중 하나인 악천후로 야기된 단독해손과 해상위험 중 투하, 강도로 인한 단독해손을 담보하는 조건이다.

W.A 3% 조건은 단독해손이 화물가액의 3%를 초과한 경우에 한해 손해액 전액을 보상하는 조건이며, W.A IOP 조건은 면책한도 없이 단독해손 전액을 보상한다.

3) FPA(Free from Particular Average : 단독해손부담보조건)

FPA조건은 다음과 같은 해상위험을 담보하는 조건이다.

① 현실전손 및 추정전손
② 본선 또는 부선의 침몰, 좌초, 대화재로 인한 단독해손
(이 경우 면책비율이나 인과관계와 상관없이 보상한다.)
③ 선적, 환적, 하역 중의 매 포장 당 전손
④ 화재, 폭발, 본선 및 부선의 물품 이외의 물체와의 충돌이나 접촉으로 인한 단독해손
⑤ 피난항에서 적하의 양하에 정당하게 기인한 단독해손
⑥ 공동해손
⑦ 손해방지비용
⑧ 중간 기항항이나 피난항에서 양하, 창고보관을 위한 특별비용

3. 신협회적하보험약관

1) ICC(A) 약관

이 약관은 보험의 목적의 멸실 또는 손상의 모든 위험을 담보한다. 다만 아래의 면책조항 제4조, 5조, 6조 및 7조에 규정한 위험은 제외한다.

(1) ICC 제4조 일반면책조항(General Exclusion Clause)

아래의 경우에는 보험자가 어떠한 경우에도 손해를 담보하지 않는 절대적 면책

약관으로서 ICC(A)에서는 ①에서 ⑦까지, ICC(B) 및 ICC(C)에서는 ①에서 ⑧까지 면책하고 있다. 단, 제⑧의 면책위험은 ICC(B)와 ICC(C)에서는 추가보험료를 납입하면 특약에 의해 담보가 가능하다.

① 피보험자의 고의의 불법행위
② 보험의 목적의 통상의 누손, 중량 또는 용량의 통상의 손해, 또는 자연소모
③ 포장 또는 준비의 불완전 또는 부적합
④ 보험의 목적의 고유의 하자 또는 성질
⑤ 지연으로 인한 손해
⑥ 선주 등의 파산
⑦ 원자핵무기의 사용
⑧ 제3자에 의한 의도적인 손상 또는 파괴

(2) ICC 제5조 불감항 및 부적합면책조항 (Unseaworthiness and Unfitness Exclusion Clause)

이 조항은 감항묵시담보를 배제하는 특약이다. 즉 화주가 선박이 불감항 또는 부적합한 사실을 알면서도 화물을 그 선박에 적재하여 손해가 발생하였다면 보험자가 면책되지만, 알고 있지 못하는 경우에는 보험자는 권리를 포기하는 것으로 하고 있다. 따라서 현실적으로 선박이 불감항이라고 해도 피보험자가 선적시에 그러한 사실을 알고 있지 않는 한 보험자로부터 보험금을 지급받을 수 있다.

(3) ICC 제6조 전쟁면책조항(War Exclusion Clause)

신협회적하약관에서는 명칭을 포획나포면책조항(F.C. & S Clause)에서 전쟁면책조항으로 변경하였으며, 「선전포고의 유무를 불문하고」라는 말이 삭제됨과 동시에 선전포고와 관계없는 전쟁과 유사한 형태의 위험인 내란이나 혁명 등을 전쟁과 함께 면책위험으로 열거하였다. 그리고 유기된 기뢰, 어뢰, 폭탄 또는 전쟁무기를 새로운 면책위험으로 규정하고 있다.

한편 포획이나 나포 등의 위험을 열거하면서 ICC(A)에서 "Piracy Excepted"(해적행위제외)라는 문구를 삽입함으로써 해적행위에 따른 포획이나 나포 등에 의한

손해는 전쟁위험이 아닌 해상위험으로 인한 손해로 보험자가 부담하게 되었다. 따라서 ICC(A)에서는 해적행위를 보험자가 당연히 담보하고, ICC(B) 및 (C)에서는 특약이 없는 한 담보하지 않는다.

(4) ICC 제7조 동맹파업면책조항(Strike Exclusion Clause)

신협회적하약관에서는 명칭을 스트라이크소요폭동면책조항(FSR & CC Clause)에서 스트라이크면책조항으로 간결하게 표시하였으며, 구약관에는 없었던 「테러리스트 또는 정치적 동기에 의해 행동하는 자에 기인한 손해」를 신설하여 명확히 면책하고 있다.

2) ICC(B) 약관

본 약관은 아래에 명시되어 있는 위험만을 보험자가 담보하는 약관이다.

① 화재 또는 폭발
② 선박이나 부선의 좌초, 교사, 침몰 또는 전복
③ 육상운송용구의 전복 또는 탈선
④ 선박, 부선 또는 운송용구와 물 이외의 다른 물체와의 충돌 또는 접촉
⑤ 피난항에서의 화물의 양하
⑥ 지진, 분화, 낙뢰
⑦ 공동해손희생
⑧ 투하 또는 파도에 의한 갑판상의 유실
⑨ 선박 등에 해수 등의 유입
⑩ 본선 또는 부선으로의 적재, 하역 중의 추락으로 인한 포장 당 전손

3) ICC(C) 약관

ICC(C) 약관은 상기 ICC(B)의 열거위험 중 ⑥ 지진, 분화, 낙뢰 ⑧ 파도에 의한 갑판상의 유실 ⑨ 선박 등에 해수 등의 유입 ⑩ 본선 또는 부선으로의 적재, 하역 중의 추락으로 인한 포장 당 전손은 담보하지 않는 약관이다.

4. 부가위험약관

ICC(B)와 ICC(C)는 열거책임주의를 취하고 있으므로 열거위험 이외의 위험에 대하여 보험의 보호를 받기 위해서는 특약을 필요로 한다. 이와 같이 특약에 의하여 추가보험료를 지급하고 특별히 담보하는 위험을 부가위험(Extraneous Risks)라 한다.

1) Theft, Pilferage and Non-Delivery(TPND)

Theft는 포장채로 훔치는 것이고, Pilferage는 포장내용물의 일부를 빼내는 것으로 좀도둑이라 한다. 한편 불착은 확인할 수 없는 사유로 포장단위의 화물이 송두리째 목적지에 도착하지 않는 경우를 가리킨다.

2) Rain &/or Fresh Water Damage(RFWD)

바닷물 이외의 민물에 젖어 발생하는 손해로서, 예를 들면 하역작업 중 비나 눈이 와서 젖거나 선박의 음료수가 선창에 침투하여 화물에 발생한 손해이다.

3) War/Strike · Riot · Civil Commotion(SRCC)

전쟁과 동맹파업으로 인한 손해를 담보하는 조건이다.

4) Breakage

파손으로 인한 손해를 담보하는 조건이다.

5) Contact with Oil and/or Other Cargo(COOC)

유류나 다른 화물과 접촉해 발생된 손해를 담보하는 조건이다.

6) Leakage and/or Shortage

보험 가입 화물의 누손, 화물의 수량, 중량 부족으로 인한 손해를 담보하는 조건이다.

7) Sweat & Heating

선창, 컨테이너 내벽에 응결된 수분에 접촉으로써 일어난 손해, 직접 화물이 표면에 응결한 수분에 의한 손해 및 이상 온도의 상승에 의해 화물이 입은 손해를 담보하는 조건이다.

8) Jettison & Washing Over-Board(JWOB)

해난 사고 시 갑판 상에 적재된 보험 가입 화물을 투하하거나 풍랑으로 유실된 손해를 담보하는 조건이다.

9) Hook & Hole

하역작업 중 갈고리에 의한 손해를 담보하는 조건이다.

10) Denting & Bending

외부적, 우발적 원인으로 화물에 발생한 구손 및 곡손을 담보하는 조건이다.

11 Chapter 무역클레임과 중재

제1절 무역클레임의 개요

1. 무역클레임의 의의

1) 손해화물에 대한 클레임(Claim on Damaged or Loss Cargo)

운송중의 사고에 의하여 화물에 손해가 생겼을 때 피해자가 선박회사 또는 보험회사에 대하여 손해배상을 청구하는 것을 의미한다.

2) 무역거래상의 클레임(Business Claim)

매매당사자의 일방이 매매계약의 내용을 이행하지 않았을 때 그로 인하여 손해를 입은 당사자가 상대방에 대하여 손해배상을 청구하는 것으로 이것을 상사분쟁의 구상(Claim for Trade Disputes)이라고 한다.

일반적으로 클레임이라고 하는 경우는 후자를 말하며, 양자를 구별하기 위하여 이것을 무역클레임이라 한다.

2. 매도인 클레임과 매수인 클레임

1) 매도인 클레임(Seller's Claim)

매도인이 매수인에게 제기하는 클레임이다. 매도인은 매수인에게 상품을 제공할 의무가 있으며, 매수인은 매도인에게 대금지급의무가 있다. 따라서 매도인의 클레임은 매수인이 대금을 지급하지 않는 경우 즉 환어음을 부도(Non-Payment of Draft)내는 경우이거나, 신용장을 개설하지 않는(Non-Opening of L/C) 경우에 발생한다.

2) 매수인 클레임(Buyer's Claim)

매수인이 매도인에게 제기하는 클레임이다. 즉 도착상품이 품질, 상표 등과 다른 경우 예를 들면, 품질미달(Shortage in Quality), 인도상품부족(Shortage), 파손(Breakage), 변질(Change in Quality), 선적지연(Delay in Shipment) 등의 경우에 주로 발생한다.

한편 매수인 클레임 중의 하나인 시장 클레임(Market Claim)은 매수인이 계약당시에 비하여 당해 상품의 국제가격이 폭락하여 상품을 팔 수 없을 때 여러 가지 이유를 들어 계약상품의 인수를 거부하는 행위로 악질 수입업자들이 제일 많이 이용하는 악덕 클레임 중의 하나이다.

제2절 무역클레임의 예방과 해결방법

1. 무역클레임의 예방

1) 신용조사

분쟁해결의 첫걸음으로 거래처를 잘 선택해야 한다. 즉, 일반적으로 신용조사의 항목으로 Four C's인 Character(성격), Capital(자본), Capacity(영업능력), Conditions(시장상황)를 조사할 필요가 있다.

2) 계약서의 작성

우리나라 사람들은 계약서작성과 계약문언을 일일이 검토하는 것을 번거롭게

생각하는 경향이 있다. 그러나 분쟁을 미연에 방지하고 분쟁이 발생되었을 때 합리적인 해결방안을 마련하기 위해서는 계약서의 작성이 필수적이다. 따라서 계약조문 하나 하나를 면밀히 검토하여 불완전하거나 불명확한 조항은 사전에 고쳐서 분쟁의 소지를 없애야 한다.

2. 무역클레임의 해결방법

1) 당사자 간의 해결방법

이 방법은 제3자를 개입시키지 않고 클레임 양당사자간의 직접적인 교섭만으로 클레임을 해결하는 방법이다.

(1) 청구권의 포기(Waiver of Claim)

클레임의 양당사자인 피해자(Claimant)가 가해자(Claimee)의 요청에 따라 스스로 클레임을 포기하는 방법이다.

(2) 화해(Amicable Settlement)

피해자와 가해자가 자주적인 교섭에 의하여 서로 수락할 만한 해결방안을 마련하여 클레임을 원만하게 해결하는 방법이다.

2) 제3자에 의한 해결방법

(1) 알선(Intermediation)

국내외 상거래에서 발생하는 분쟁을 공정한 제3자가 분쟁당사자의 의뢰에 의하여 개입, 원활하게 해결해 주는 제도이다.

(2) 조정(Conciliation, Mediation)

분쟁당사자가 선정한 조정인(Conciliator)이 증거와 쟁론에 의해 판단하고, 해결책인 조정안을 당사자에게 권고하는 것으로 당사자들은 이를 수락할 의무가 없다.

따라서 당사자 가운데 일방 또는 쌍방이 수락을 거절하면 조정은 실패로 돌아간다. 그러나 일단 수락하면 중재판정과 동일한 효력을 갖는다.

(3) 중재(Arbitration)

당사자들이 처분할 수 있는 사법상의 분쟁을 합의에 의하여 법관이 아닌 제3자에게 그 해결을 위탁하고 그의 중재판정(Arbitral Award)에 복종함으로써 분쟁을 최종적으로 해결하는 법적절차이다. 이와 같이 중재의 경우에는 양당사자는 중재인의 중재판정을 거부할 수 없을 뿐만 아니라 그 중재판정에 구속을 받게 된다. 이 점에서 중재는 소송과 유사한 강행적인 면을 지니고 있으므로 중재재판이라 불린다.

(4) 소송(Litigation)

소송이란 국가기관인 법원의 판결에 의하여 클레임을 강제적으로 해결하는 방법을 말한다. 국제간의 무역거래에 있어서는 거래상대방이 법역을 달리하는 외국에 있는 것이 보통이므로 우리나라의 재판권은 상대국에 미치지 않는다는 치명적인 장해가 있고, 나아가 강제집행도 할 수가 없다.

제3절 무역클레임과 중재제도

1. 중재의 효용

1) 단심제

중재는 단 1회의 중재판정에 의하여 클레임이 모두 해결되고 상소의 길이 없다. 따라서 3심제를 운영하고 있는 법원에 비하여 매우 짧은 단계를 거쳐서 최종 판정에 도달하게 된다.

2) 신속성

중재법 제11조 5항에 중재판정은 중재계약에서 약정된 기간 내 또는 중재가 개시된 날로부터 3월 이내에 하여야 한다고 규정되어 있다.

3) 경제성

중재는 신속성 때문에 비용이 저렴하며 특히 청구금액이 클수록 비용이 적어진다.

4) 전문성

중재는 당사자의 합의에 의하여 분쟁을 법관 이외의 사인인 제3자의 판단에 맡겨서 자주적 ㅁ 최종적으로 해결하는 방법이기 때문에 법에 의한 판단이라기보다는 분쟁내용에 전문적인 지식을 가진 사인(사계의 전문가, 학자, 기업인, 변호사 등)의 경험과 식견에 의한 판단으로서 사건의 진실관계를 보다 실정에 맞게 규명할 수 있다.

5) 분쟁당사자의 중재인 선임권

당사자가 직접 중재인을 선정하기 때문에 신뢰성과 공정성을 기할 수 있다.

6) 비공개

중재는 기업의 비밀을 유지 ㅁ 보장하고 신용상의 위험이나 사생활의 노출을 방지하기 위해 분쟁당사자의 허락 없이 그 절차 및 판정효과를 공개하지 아니함을 원칙으로 한다.

7) 국제적 효력인정

외국중재판정의 승인 및 집행에 관한 UN협약(일명 New York협약)에 의거 국경을 초월하여 외국에서도 중재판정의 승인과 강제집행이 보장된다.

2. 중재계약(중재합의)

1) 의의

사법상의 법률관계에 관하여 당사자 간에 발생하고 있거나 장래에 발생할 분쟁의 전부 또는 일부를 중재에 의하여 해결하도록 합의하는 것을 말한다(중재법 제2-1항). 이 "중재계약이 있어야 중재신청이 가능하다"고 규정하고 있다.

2) 중재계약의 요식성

중재법 제2조 제2항에는 「중재계약은 당사자가 중재를 합의한 서면에 기명 ㅁ 날인한 것이거나, 계약서상에 중재조항이 기재되어 있거나 교환된 서신 또는 전보에 중재조항이 기재된 것이어야 한다.」는 내용으로 규정되어 있다.

3) 사전중재합의와 사후중재합의

사전중재합의(Arbitration Clause)란 중재의 대상이 되는 분쟁이 발생하기 전에 당사자가 미리 합의해 두는 것이며, 사후중재합의(Submission to Arbitration)란 이미 발생되어 있는 분쟁을 중재로 해결하기 위하여 합의하는 것을 말한다.

4) 중재계약의 효력

(1) 직소금지의 효력

중재법 제3조에서는 "중재계약의 당사자는 중재판정에 따라야 한다. 다만, 중재계약이 무효이거나 효력을 상실하였거나 이행이 불능인 때에 한하여 법원에 소송을 제기할 수 있다"라고 규정되어 있다.

(2) 최종해결의 효력

중재법 제12조에서는 "중재판정은 당사자 간에 있어서는 법원의 확정판결과 동일한 효력이 있다"라고 규정하고 있다.

(3) 국제적 효력

중재판정은 New York협약에 의해 국제적으로 효력을 인정받고 있다. 이 협약에 따라 우리나라에서 내려진 중재판정이 외국에서도 승인되고 집행되며, 반대로 외국에서 내려진 중재판정 역시 우리나라에서 승인되고 집행된다.

5) 중재계약 조항의 예시

각국의 상사중재기관에서는 중재의 효율성을 높이고 신속한 중재절차의 진행을 위하여 당사자들이 중재계약을 체결할 때 쉽게 이용할 수 있도록 표준중재조항을 마련해 놓고 있다. 대한상사중재원에서 권고하는 표준중재조항은 다음과 같다.

(1) 국내 거래 시 중재조항의 예

"이 계약으로부터 발생되는 모든 분쟁은 대한상사중재원의 중재에 의해 최종적으로 해결한다."

(2) 국제 거래 시 중재조항의 예

"All disputes, controversies, or differences which may arise between the parties out of or in connection with this contract, or for the breach thereof, shall be finally settled by arbitration in Seoul, Korea in accordance with the Commercial Arbitration Rules of the Korean Commercial Arbitration Board and under the laws of Korea. The award rendered by the arbitration shall and binding upon parties concerned."

제4절 중재절차

1. 의의 및 절차

중재절차는 중재사건이 접수되어 판정이 내려질 때까지의 진행과정을 의미하며, 당사자가 중재계약으로 정할 수 있으나 당사자들이 합의하지 못한 경우에는 상사중재규칙에 따라 다음과 같이 중재절차가 진행된다.

중재신청서접수 → 중재비용예납 → 중재신청의 접수통지 → 중재인 선정절차진행 → 답변서접수 → 중재인 취임수락요청 및 접수 → 중재판정부구성(1인 또는 3인) → 제1차 심문기일 통지 → 심문개최 → 중재신청서 변경 및 반대신청서 접수 → 심문종결 → 중재판정 → 중재판정문 정본(당사자) 및 원본(법원) 송달 → 사건종결

2. 신속절차

1) 의의

신속절차는 중재제도의 강점을 최대로 살려 국내외 상사분쟁을 보다 더 신속 ㅁ 저렴하게 해결함으로써 중재 이용자들에게 편익을 제공하는 제도이다.

2) 적용범위

당사자 간에 신속절차에 따르기로 하는 별도의 합의가 있는 중재사건 또는 신청금액이 2천만 원 이하인 국내중재의 경우 신속절차를 적용한다.

Part 3

국제운송론

12 Chapter 국제운송

제1절 운송모드

1. 운송의 의의

운송(Transportation)은 장소적 효용(Space Utility)을 창출하기 위해 인간과 물자를 한 장소에서 다른 장소까지 공간적으로 이동시키는 물리적 행위를 말한다. 이와 유사한 개념으로 운반, 배송, 운수 교통, 특송 등의 용어가 사용되고 있는데, 운반활동은 창고 내부와 같이 한정된 장소에서의 화물 이동을 의미하며, 배송활동은 매매계약이 체결된 후에 구매자가 지정하는 지점까지 화물을 배달하는 활동을 말한다. 반면에 운수활동은 법률적 및 행정적 의미에서의 운송활동을 의미하는 개념으로 사용되고 있다. 또한 교통은 운송을 현상적으로 표현하는 용어이며 특송은 제3자가 생산자 또는 판매자의 문전에서 소비자 또는 구매자의 문전까지 운송하는 활동을 의미한다.

일반적으로, 운송활동을 구성하는 요소로는 운송모드(Mode), 운송노드(Node) 및 운송링크(Link) 등을 들 수 있는데, 운송모드는 운송방식(해상, 항공, 육상, 복합운송 등)을 의미하는 것이며, 운송노드는 운송활동을 수행하는 운송의 거점(항만, 공항, 화물터미널, 철도역 등)을 말한다. 또, 운송링크는 운송활동이 실제로 이루어지는 운송경로(해로, 항공로, 도로, 철로 등)를 의미한다. 따라서 이와 같은 다양한 구성요소들의 유기적이고 합리적인 운영과 적합한 운송수단의 선택을 통해 운송활동의 효율성을 극대화할 수 있는 것이다.

2. 운송의 형태

1) 운송수단에 따른 유형

(1) 자동차운송

화물자동차 및 트레일러에 운송하고자 하는 화물을 적재한 후 공로(Road)를 이용하여 운송하는 형태이다. 이와 같은 자동차운송은 거의 모든 운송활동의 시발점이자 종결점의 역할을 담당함으로써 여타 운송수단의 효율성을 제고하고 문전서비스를 가능하도록 하는 기동성이 매우 높은 운송방식이다.

(2) 철도운송

철도화차에 화물을 적재한 후 철로(Rail Road)를 통해 화물을 운송하는 형태이다. 일반적으로, 철도운송은 운송경로가 탄력적이지 못하기 때문에 자동차운송에 비해 경쟁력이 떨어지는 것으로 알려져 있으나, 운송서비스의 안정성, 정확성, 친환경성 및 대량수송성 등을 앞세워 지속적인 성장을 거듭하고 있다.

(3) 항공운송

항공운송은 화물기에 화물을 적재하여 항공로(Airway)를 통해 물품을 운송하는 형태이다. 일반적으로, 항공운송은 운임이 비싼 편이기 때문에 그 운임을 부담할 수 있는 고가화물의 운송에 적합한 운송특성으로 인해 전체 물동량에서 항공운송이 차지하고 있는 비중은 그다지 높지 않은 실정이다. 그러나 최근 화물의 가치가 높아지고 신속을 요하는 물품이 급증하면서 항공운송에 대한 수요가 지속적으로 증가하고 있는 추세이다.

(4) 해상운송

해상운송은 선박에 화물을 적재하여 해로(Seaway)를 통해 물품을 운송하는 형태이다. 특히 해상운송은 운임이 매우 저렴하고 한 번에 대량으로 화물을 수송할 수 있기 때문에 대부분의 수출입 화물을 운송하고 있으며, 운송선박의 고속화 및 대형화와 다른 운송수단과의 연계운송을 통한 해운서비스의 질적 향상을 도모하고 있기 때문에 지속적인 발전이 기대되고 있는 운송방식이다.

(5) 복합운송

복합운송은 서로 다른 운송수단을 결합하여 화물을 생산자에서 소비자까지 운송하는 형태를 말한다. 특히 복합운송이 성립되기 위해서는 첫째, 서로 다른 형태의 운송수단을 이용한 연계운송, 둘째, 전 운송 구간에 걸친 복합운송인의 단일책임, 셋째, 전 운송 구간을 담보하는 복합운송증권의 발행 등을 요건으로 하고 있다. 이와 같은 복합운송은 각 운송수단이 가지고 있는 장점을 결합하여 운송서비스를 제공함으로써 고객서비스 수준의 향상과 물류비용을 절감할 수 있는 획기적인 운송시스템으로 발돋움하고 있다.

이와 같은 복합운송의 형태로는 철도운송과 자동차운송을 결합한 피기백 시스템(Piggy-Back System), 해상운송과 자동차운송을 결합한 방식인 피쉬백 시스템(Fishy-Back System), 자동차운송과 항공운송을 연계한 방식인 버디백 시스템(Birdy-Back System), 철도운송과 해상운송을 결합한 형태인 Rail-Water Service, 해상운송과 항공운송을 연계하여 화물을 운송하는 Sea-Air Service 및 해상운송, 철도운송, 해상운송을 순차적으로 결합한 형태인 랜드브리지시스템(Land Bridge System) 등이 대표적으로 이용되고 있다.

2) 단위화 여부에 따른 유형

(1) 단위적재운송

일반적으로 교역화물은 크게 일반잡화물(General Cargo)[1]과 무포장 산화물(Bulky Cargo)로 구분되는데, 단위적재운송이란 파렛트(Pallet)나 컨테이너(Container) 등과 같은 단위적재용기(Unit Load Device)에 일반잡화물을 적재하여 운송하는 형

---

1) 일반화물(General Cargo)은 화물의 적재를 위한 특별한 주의나 특별한 취급방법이 필요 없는 화물로서, 다른 화물과 혼재하여도 손상되거나 파손이 거의 없는 정량화물(Clean Cargo)이 주종을 이루고 있다.

태로 정형운송이라고도 한다. 특히 파렛트에 의한 단위적재운송은 공장 내에서의 화물이동과 같은 근거리운송에 주로 사용되고 있으며, 컨테이너에 의한 단위적재 운송은 수출입 화물을 생산자의 문전에서 소비자의 문전까지 일관 운송하는데 이용되고 있다. 이러한 단위적재운송은 운송, 보관, 포장, 하역활동의 효율화와 물류 작업의 기계화를 통한 물류비 절감 효과가 매우 큰 것으로 알려져 있다.

(2) 비정형운송

곡물, 철광석 등과 같이 포장이 곤란한 산화물을 포장하지 않고 운송하는 방식으로 벌크운송 또는 산화물운송으로 불리고 있으며, 주로 대량의 저가화물을 운송하고 있다.

3) 소유형태에 따른 유형

(1) 자가 운송

자가 운송은 자기의 화물을 자기가 보유한 운송수단에 의해 화주가 직접 운송하는 형태이다. 예컨대, 대량의 화물을 반복적으로 운송하는 정유회사, 가스회사 등이 유송선(유조선) 또는 LNG/LPG 운반선을 보유하고 화물을 직접 운송[2)]하는 경우가 이에 해당된다. 이와 같은 자가 운송의 경우에는 화주가 운송하고자 하는 화물의 특성, 운송경로 및 운송범위에 적합한 운송수단을 보유함으로써 효율적으로 화물을 관리하고 운송할 수 있는 장점을 가지고 있다. 하지만, 운송수단의 직접 보유로 인한 제반비용의 지출문제와 화물의 수급량 변동에 탄력적으로 대응하기가 곤란한 단점을 지니고 있는 운송형태이다.

(2) 영업운송

영업운송은 운송수단을 보유한 운송업자가 불특정 다수의 화주를 대상으로 운송서

---

2) 특히, 개인이 본인을 위해 운송 업무를 수행하는 자를 사적운송인(Private Carrier)이라 하고, 특정 기업이 생산 및 유통전략의 일환으로 스스로를 위해 운송 업무를 수행하는 자를 산업운송인(Industrial Carrier)이라 부르고 있다.

비스를 제공하는 방식으로, 공중운송 또는 대중운송(Public or Common Transportation)이라 불리는 운송형태이다. 이와 같은 영업운송을 이용하는 경우에 화주는 운송수단의 구입과 같은 특별한 비용의 지출 없이 고품질의 운송서비스를 이용할 수 있으며, 운송량의 증가에도 탄력적으로 대응할 수 있는 장점이 있다. 하지만 자가운송을 하는 경우에 비해 효율적인 화물관리와 적기배송이 곤란한 경우가 있을 수 있다.

4) 운송범위에 따른 유형

(1) 국내운송

국내운송은 특정 국가에서 한정적으로 이루어지는 화물의 이동을 말한다. 예컨대, 우리나라의 경우에는 자동차운송, 철도운송, 연안운송 및 항공운송 등이 대표적인 국내운송 수단이라 할 수 있다. 하지만, 이러한 국내운송 수단은 갈수록 심각해지고 있는 교통체증과 철도운송의 한계성으로 인해 커다란 위기를 맞고 있다. 특히 국내운송의 특성상 수출입 화물의 국제운송을 위한 보조운송 수단으로서의 역할을 수행하고 있기 때문에 수출기업의 물류비 부담을 가중시키는 매우 심각한 문제를 야기하고 있다. 따라서 물동량이 집중되어 있는 경부 축을 연결하는 도로망 및 철도망의 확충과 물동량의 효율적 분산을 통한 운송방식의 전환(Modal Shift)을 추진하여 국내운송의 활로를 모색해야 하는 과제를 안고 있다.

(2) 국제운송

국제운송은 수출입 화물의 국가 간 이동을 말하는 것으로, 우리나라의 경우에는 해상운송과 항공운송이 국제운송을 담당하고 있다. 특히 해상운송은 저렴한 비용으로 대량의 화물을 운송할 수 있는 특성을 가지고 있어 수출입 화물의 대부분이 해상운송을 통해 처리되고 있는 실정이다. 따라서 국제운송 경로의 다각화가 절실히 요구되는데 최근 진행되고 있는 남북 철도의 복원은 이러한 맥락에서 전략적인 대안이 될 수 있을 것이다.

3. 운송의 특성

1) 자동차운송의 특성

자동차 운송은 소량 및 중량화물의 근거리 운송에 매우 적합한 운송형태이다. 특히 송하인의 문전에서 수하인의 문전까지 운송할 수 있는 가장 대표적인 육상운송 수단이며 매우 높은 기동성과 탄력성을 가지고 있는 운송모드이다.

그러나 자동차운송은 화물자동차와 도로의 특성상 적재할 수 있는 화물의 중량과 용적에 많은 제한을 받고 있으며, 운송거리가 길어질수록 운임이 급격히 증가하기 때문에 장거리 운송에는 부적합하다. 또한 갈수록 심각해지고 있는 교통체증과 환경오염 등의 문제는 자동차운송의 경쟁력을 약화시키는 주된 원인이 되고 있다.

표 3-1 자동차운송의 장단점

	장 점	단 점
자동차운송	• 운임의 탄력성 • 소량화물 운송에 적합 • Door to Door 서비스 가능 • 하역비 및 포장비 저렴	• 대량운송에 부적합 • 원거리 운송 시 운임과다 • 공해문제 유발 • 중량 및 용적의 제한

2) 철도운송의 특성

철도운송은 대량 및 중량화물의 중 ㅁ 장거리 운송에 적합한 운송형태이다. 또한 기후 및 일기변화에 거의 영향을 받지 않는 전천후 운송수단이며, 매우 높은 안정성과 운송시간의 정시성을 확보하고 있어 높은 경쟁력을 보유하고 있다.

반면에 철도운송은 철도망의 부족과 화차의 적기배차 문제 등과 같은 운송 인프라의 취약성과 반드시 자동차운송과 해상운송 등과 같은 여타의 운송수단과의 연계가 필요하기 때문에, 환적비용을 포함한 추가비용을 부담해야 하는 문제를 안고 있다. 게다가, 철도운송은 문전서비스를 제공하기가 곤란하며 운송거리가 짧은 경우에는 부적합한 운송방식이다.

표 3-2 철도운송의 장단점

	장　　점	단　　점
철도운송	• 대량 ㅁ 중량물 운송에 적합 • 중 ㅁ 장거리 운송에 유리 • 매우 높은 안정성 • 전천후 운송수단 • 정시운송	• 근거리 운송시 높은 운임 • 하역작업에 많은 시간소요 • 적기배차 곤란 • 문전 서비스 곤란 • 환적작업이 필요

3) 해상운송의 특성

해상운송은 대량 및 중량화물의 장거리 운송에 적합하고 운임이 매우 저렴하기 때문에 수출입 화물의 운송에 가장 많이 이용되고 있는 방식이다. 그러나 해상운송은 기후변화에 매우 민감하게 반응하고, 운송기간이 너무 길기 때문에 화물의 적기운송이나 안정성에 부정적인 영향을 미칠 수 있다. 또한 해상운송을 이행하기 위해 항만까지 화물을 이동시키고 적재하는데 많은 비용이 소요된다는 한계를 안고 있다.

표 3-3 해상운송의 장단점

	장　　점	단　　점
해상운송	• 대량물의 장거리운송 • 중량제한이 없음 • 저렴한 운송비용	• 운송시간이 과다 • 기후변화에 민감 • 항만비 및 하역비 과다

4) 항공운송의 특성

항공운송은 소량 및 경량화물의 장거리 운송에 가장 적합한 운송수단으로서 높은 안정성과 운송의 신속성으로 인해 고품질의 운송서비스를 제공하고 있는 운송방식이다. 반면에 기후에 상당한 영향을 받을 수 있으며 운송비 부담이 커서 운송할 수 있는 화물에 많은 제약을 받고 있다. 하지만, 최근 들어 고부가가치 화물의 증가와 초경량 화물의 등장, 고객서비스 수준의 향상, 긴급수요 물품의 급증, 물류의 다품종 ㅁ 소량화 현상의 진전 등으로 인해 항공운송의 수요가 지속적으로 증가하고 있다. 또한 새로운 시장의 개척 및 기회의 활용 등과 같은 물류 전략적 차원에서도 그 중요성이 증대되고 있는 운송방식이다.

표 3-4 항공운송의 장단점

	장 점	단 점
항공운송	• 신속성 • 경량화물 운송에 적합 • 포장비 및 보험료 저렴 • 높은 안정성	• 높은 운송비 • 기후변화에 매우 민감 • 중량 및 용적 제한 • 일관운송체제의 어려움

제2절 육상운송

1. 자동차운송

1) 자동차운송의 의의

자동차운송은 기동성과 신속한 배송은 물론 고객요구에 대응하여 문전운송을 실현할 수 있고, 운송단위가 소량이며 운송거리가 단거리인 화물에 적합한 운송수단이다.

이와 같은 자동차운송 업무는 노선화물 자동차운송사업과 구역화물 자동차운송사업 및 자동차운송 알선사업 등에 의해 수행되고 있다. 구체적으로, 노선화물 자동차 운송 사업은 일정한 노선에 위치해 있는 영업소를 통해 수집된 소화물을 수탁 받아, 1대의 운행차량에 다수 화주의 화물을 혼적하여 정기적으로 운송하는 사업을 말하며, 구역화물 자동차운송사업은 일정한 지역 내에서 전세계약에 의해 화물운송을 담당하는 사업으로서, 용달업, 개별 화물업, 전국 화물업 등이 이에 해당한다. 마지막으로, 자동차운송 알선사업은 화물과 차량을 알선 및 중개하여 주고, 알선수수료를 획득하는 사업형태로서 이삿짐센터 등이 포함된다.

2) 자동차운송의 유형

일반적으로, 자동차운송은 운송수단인 화물자동차를 화주가 직접 소유하여 운송하는 자사차량 운송과 운송업자가 보유한 화물트럭을 이용하는 타사차량 운송 또는 영업차량 운송의 형태로 구분된다.

(1) 자사차량 운송방식

자사차량을 이용한 운송방식은 운송차량을 직접 소유하고 있기 때문에, 오지나 벽지까지의 배송이 가능하여 높은 사회성을 확보할 수 있고, 화물추적서비스의 가동이 가능하다. 또한 화물의 파손이나 도난방지에 효과적으로 대응할 수 있을 뿐만 아니라, 귀로 시 공차율을 감소시켜 운송비용을 절감할 수 있는 장점을 갖고 있는 운송방식이다.

한편 자사차량 운송방식의 단점으로는 운송량의 급격한 변동에 신속하게 대응하기가 곤란하다는 점과 운송설비 및 인력의 확보에 과다한 고정자본(Fixed Cost)의 투입이 필요하다는 점을 들 수 있다.

(2) 타사차량 운송방식

타사차량을 이용한 운송방식은 화주가 직접 운송수단을 보유하지 않고도 고품질의 운송서비스를 활용할 수 있을 뿐만 아니라, 운송차량 및 인력확보를 위한 투자가 필요 없으며, 돌발적인 수요증가에 탄력적인 대응이 가능한 운송방식이다.

반면에 이 운송방식은 특정 화주에 적합한 일관운송시스템을 구축하는 것이 불가능하며 운송업자의 일방적인 운임인상에 대처하기가 곤란하다. 또한 자사차량을 이용하는 경우에 비해서 기동성이 저하될 수 있고, 화물의 파손이나 도난에 따른 책임소재가 불분명하다는 단점도 있다.

3) 자동차운송의 운임형태

자동차운송의 운임체계는 그 사업형태에 따라 노선화물 운임과 구역화물 운임, 용달화물 운임 등으로 구분된다. 구체적으로, 노선화물 운임은 운송거리에 비례해서 운임이 체증되는 단순거리비례제를 채택하고 있으며, 구역화물 운임은 화물의 톤수에 거리를 곱한 거리별 운임제를 적용하고 있으나, 노선화물 운임과는 달리 원거리체감제를 도입하고 있다. 끝으로, 용달화물 운임은 화물운임을 일정구간으로 분류하여 구간이 멀어질수록 운임이 증가되는 구간거리비례제를 채택하여 운임을 산정하고 있다. 하지만, 이와 같은 자동차운임의 형태가 어느 것인가를 불문하고, 운송 화물의 중량과 거리를 기준으로 하여 산정하는 것이 일반적이며, 특수한 화물의 취급에는 할증료를 추가하여 산정하고 있다.

4) 자동차운송업무

일반적으로, 자동차운송은 수출화물을 송하인의 공장에서 선적항까지 운송하거나 수입화물을 도착항에서 반출하여 수하인의 공장까지 운송하는 데 이용되고 있다. 특히 수출입 컨테이너 화물의 대부분은 이러한 자동차운송을 통해 생산자의 문전에서 소비자의 문전까지 일관하여 운송되는 시스템을 구축하고 있기 때문에, 더욱 중요한 역할을 담당하고 있다. 따라서 컨테이너 자동차운송은 대부분의 수출입 화물을 처리하고 있는 해상운송을 전후방에서 지원하고, 해상운송이 앉고 있는 문제점을 보완해 주는 매우 중요한 역할을 수행하고 있는 것이다. 다시 말하면, 컨테이너 자동차운송의 합리화는 운송물류 전체의 효율성을 제고시킬 수 있는 핵심 분야인 것이다.

일반적으로, 컨테이너 화물은 한 화주의 화물이 하나의 컨테이너를 완전히 채울 수 있는 FCL 화물(Full Container Load Cargo)과 한 화주의 화물로는 컨테이너를 완전히 채울 수 없는 소량의 화물인 LCL 화물(Less Than Container Load Cargo)로 구분된다. 따라서 FCL 화물은 생산자의 공장에서 소비자의 공장까지 직접 운송되고, LCL 화물의 경우에는, 혼재작업을 통해 FCL 화물로 변환하여 운송이 이루어지게 된다.

먼저, 수출 FCL 컨테이너 화물의 자동차운송을 위해서는 화주가 자동차운송업자에게 운송신청을 하고, 이러한 운송신청을 받은 자동차운송업자는 선박회사에 화물을 적입할 컨테이너를 신청한다.[1)]

자동차운송업자로부터 컨테이너 신청을 받은 선박회사는 기기수도지시서(Equipment Dispatch Order: EDO)를 자동차운송업자에게 교부하게 되는데, EDO를 교부 받은 자동차운송업자는 컨테이너터미널(Container Terminal)에 EDO를 제출하고, 기기수령증(Equipment Receipt)[2)]을 수령한 후, CY에 제출하여 컨테이너를 수령한다.

컨테이너를 수령한 자동차운송업자는 컨테이너를 화주의 공장까지 운송하여 화물을 적입하고 봉인(Seal)한 후, 컨테이너 내 적부표(Container Load Plan: CLP)[3)]를 작성하고, 화물이 적입된 컨테이너를 운송하게 된다.

한편 운송하고자 하는 화물의 수량이 한 컨테이너를 완전히 채울 수 없는 LCL 화물의 경우에는, 이러한 화물을 혼재하여 FCL 컨테이너 화물로 만들어서 운송하는 것이 일반적이다. 이 경우 화주가 직접 혼재장소까지 화물을 운송하거나, 자동차운송업자를 통해 혼재장소까지 운송할 수도 있다.

자동차운송업자를 통해 운송하는 경우, 화주는 자동차운송업자에게 LCL 화물의 혼재작업이 이루어지는 컨테이너 플레이트 스테이션(Container Freight Station)이나 내륙

---

1) 우리나라의 경우에는 화주가 자동차운송업자를 자유롭게 선택할 수 없는 실정이다. 수출의 경우 화주가 선사에 빈 컨테이너를 요청하면 선사는 계약 자동차운송업체(부두밖 CY 업체)를 통해 선사소유의 컨테이너를 화주에게 제공하여 적입된 수출컨테이너를 선박 출항 시간 전까지 부두에 도착할 수 있도록 지정 부두밖 CY에 운송하여 장치토록 하고 있다. 수입의 경우에도 선사계약 부두밖 CY를 통해 화물을 인수하게 되므로 화주 임의로 자동차운송업자를 선택하기 어려운 독과점적 운송형태를 이루고 있다(오세영 ㅁ 한창희. “터미널 화물 처리비 산출기준에 관한 연구”, 로지스틱스 연구 제5권 제2호, 한국 로지스틱스학회, 1997.12, p.89).
2) Equipment Interchange Receipt(EIR)라고도 하며, 컨테이너, 샤시 등 기기류를 CY 또는 ICD에서 반출입시 인계 및 인수를 증명하는 서류로 터미널 또는 ICD Operator에 의해 작성된다.
3) 컨테이너에 적입된 화물의 명세나 주의사항을 기재한 서류로서, 화주(포워더), 검수인, CFS Operator 등 화물을 적입한 자가 작성한다. 이것은 매 컨테이너마다 화물의 명세를 나타내 주는 유일한 서류이다. 특히 CLP는 세관에 대한 반출입신고서, CFS/CY간 화물인수도 증거, 본선 내 법정 보고서류, 양륙지에서의 보세운송신고서 및 적출작업(Devanning) 자료로 사용된다.

컨테이너 데포(Inland Container Depot)[4]까지의 운송신청을 접수한다.

운송의뢰를 받은 자동차운송업자는 일반트럭을 이용하여 화주의 공장에서 혼재장소까지 운송을 이행하게 되며, 혼재장소에서는 운송된 소량의 화물을 발송지 및 고객별로 혼재하여 FCL 컨테이너 화물로 변환하여 화물을 적입한 후, 컨테이너 적부표(CLP)를 작성하고 운송을 이행하게 된다.

2. 철도운송

1) 철도운송의 의의

철도운송은 최근 자동차운송이 심각한 교통체증으로 인해 어려움을 겪고 있는 틈새를 파고들며, 자동차운송의 새로운 대안으로 부상하고 있는 육상운송의 형태이다. 특히 철도망이 발달한 유럽에서는 철도화차를 이용한 화물운송이 일찍부터 발전하였다. 그 이유는 철도운송의 경우 자동차운송에 비해 안정성, 정확성, 대량수송성을 가지고 있기 때문이다.

그러나 이와 같은 철도운송의 효용에도 불구하고, 우리나라의 철도운송은 철도망의 절대적 부족과 지나치게 경부 축에 집중되어 있는 운송수요로 인해 그 한계를 드러내고 있는 상황이다. 이러한 문제를 해결하기 위해서는 철도망 확충을 위한 과감한 투자증대와 수출입 물동량의 운송경로를 다양화할 필요가 있다. 이에 따라 우리나라에서는 경부고속철도 및 호남고속철도의 건설과 남북 철도망의 연결 등과 같은 대규모 사업을 추진하고 있다. 이와 같은 인프라 시설의 확충은 부산항을 경유한 해상운송에 의해 대부분의 수출입 화물이 운송되던 구조에서 탈피하여, 운송경로의 다양화와 분산화를 실현함으로써 철도운송의 발전은 물론이고 물류시스템의 효율화를 촉진할 것으로 기대된다.

---

4) 내륙데포 즉, 내륙의 컨테이너 터미널은 내륙에서 소량화물(LCL cargo)을 모아 목적지별로 혼재작업을 하는 장소를 말한다.

2) 철도운송의 형태

철도운송 방식에는 화차취급과 컨테이너취급, 혼재취급 등의 형태가 있다. 화차취급 방식은 화물의 수량이 많은 경우, 철도화차를 1대 단위로 용차 하여 운송하는 형태를 말하며, 컨테이너취급 방식은 화물의 수량이 한 컨테이너를 채울 수 있는 경우(Carload Lot),[5] 컨테이너 단위로 용차 하여 운송하는 방식이다. 끝으로, 혼재취급 방식은 컨테이너를 채울 수 없을 정도의 소량의 화물(Less Than Carload Lot)을 운송하기 위해 목적지별 또는 고객별로 화물을 혼재한 후, 컨테이너에 적입하여 운송하는 방식이다. 이와 같은 철도운송의 형태를 보다 구체적으로 살펴보면 다음과 같다.

(1) 대량화물운송

① 화차취급운송

대량의 화물을 화차단위로 운송하는 형태로서, 주로 원유, 시멘트, 철광석 등과 같은 대량의 살화물 운송에 이용되고 있는 형태이다.

② 컨테이너 취급운송

컨테이너 취급은 대량의 화물을 컨테이너 단위로 운송하는 형태로서, 대부분의 일반잡화물(General Cargo)을 운송하고 있는 방식이다.

(2) 소량화물운송

① 혼재취급운송

한 컨테이너를 완전히 채울 수 없는 화물의 경우, 이들 화물을 목적지나 고객별로 한데 모아서 한 컨테이너에 적입한 후, 컨테이너 취급방식과 같이 운송하는 방식이다.

---

5) 미국에서는 이를 "Wagon Load Lot"이라고 한다.

② 화물취급운송

수량 및 용적이 매우 적은 화물을 운송하는 방식으로, 이에는 수화물취급과 소화물취급 방식이 있다.

3) 철도운송의 운임형태

철도운송 운임은 철도화차를 이용하는 경우의 화차취급 운임과 컨테이너에 화물을 적입하여 운송하는 경우의 컨테이너 취급운임 및 화물을 혼재한 후, 컨테이너에 적입하여 운송하는 방식에 적용되는 혼재운임 등이 사용되고 있다.

(1) 화차취급 운임

화차단위로 화물을 운송할 경우의 화차취급 운임은 철도레일운임(거리대별 톤당 운임 × 톤수) + 통운요금(발송료, 도착료 등) + 할증료(특대화물, 위험물, 귀중품 취급할증료) + 부대요금(화차유치료, 인도증명료) 등으로 구성되어 있다.

(2) 컨테이너 취급운임

일반적으로, 컨테이너 취급운임은 화차취급 운임과 거의 동일하게 적용되고 있으나, 냉동 컨테이너와 같이 특수한 컨테이너를 이용하는 경우에는 이에 대한 할증료가 추가된다.

(3) 혼재운임

혼재운임은 소량의 화물을 혼재장소로 이동시켜 혼재작업을 수행하기 때문에, 혼재기지간 고객운임 + 집하료 + 할증료 등을 합한 요금으로 산정한다. 물론 혼재한 후의 컨테이너 취급운임도 화주가 부담한다.

3) 철도운송업무

컨테이너 철도운송은 철도의 특성상 대량의 화물을 안전하고도 정확하게 중 ㅁ 장거리까지 운송할 수 있는 방식이다. 특히 대륙철도를 이용하여 컨테이너를 운송하는 경우, 해상운송을 경유하지 않고 목적지까지 화물을 운송할 수 있기 때문에, 해상운송의 고질적인 문제점을 극복할 수 있는 대체수단으로의 이용이 가능하고, 자동차운송과의 긴밀한 연계운송을 통한 문전서비스를 제공할 수 있는 운송방식이다.

이와 같은 철도운송을 통해 화물을 운송하고자 하는 화주는 철도운송업자나 운송주선업자와 운송계약을 체결하게 된다. 운송신청을 접수한 운송업자는 철도회사를 통해 화차를 예약하고, 선박회사에는 빈 컨테이너를 신청한다.

운송회사는 신청한 컨테이너를 수령하여 예약한 전용화차에 적재하여 화주의 공장(인접철도역 및 복합화물터미널)까지 이동한다. 도착된 빈 컨테이너에 화물을 적입하고 봉인한 후, 컨테이너 내 적부표를 작성하고 화물을 목적지까지 운송한다.

제3절 해상운송

1. 해상운송의 의의

해상운송은 선박을 수단으로 하여 해상의 외항항로와 연안항로를 따라 사람과 화물을 운송하는 형태이다. 특히 해상운송은 운임이 저렴하고 대량화물의 장거리 운송에 매우 적합한 운송수단이어서, 대부분의 수출입 화물을 운송하고 있는 가장 대표적인 운송방식이다. 따라서 해상운송은 세계 무역의 진흥에 크게 기여하고 있으며, 국가적으로도 매우 중요한 산업으로 자리 잡고 있다. 이러한 해상운송의 중요성과 경제적 효용을 구체적으로 설명하면 다음과 같다.

1) 효율적인 자원배분 효과

해상운송은 대량의 화물을 매우 저렴한 운임수준으로 운송할 수 있기 때문에, 원유, 가스, 철광석 등과 같은 화물의 운송에 매우 효과적이다. 만약, 이러한 화물을 해상운송이 아닌 다른 방식으로 운송한다면, 지나친 운임부담으로 인해 경제적 손실이 불가피할 뿐만 아니라, 효율적인 자원의 배분도 어려울 것이다.

2) 국민소득 증대효과

해상운송은 현재 대부분의 물동량을 처리하고 있기 때문에 국민경제에 미치는 영향력이 매우 크다. 특히 해상운송은 운송서비스 제공에 따른 운임수입뿐만 아니라, 항만사용료, 보관료, 하역료, 포장비, 선용품 공급비, 급유료 등과 같은 상당한 부대수입을 가져다주기 때문에 국민소득의 증대에 크게 기여하고 있다. 실제로, 자유무역항으로 유명한 홍콩과 대만 등과 같은 국가들은 해상운송의 육성을 통해 급성장을 거듭해오고 있다.

3) 국제수지 개선효과

해상운송은 해운서비스를 제공하고, 그 대가로 운임을 취득하는 사업이다. 따라서 자국 화주가 외국의 선박회사를 이용하는 경우에는 외화가 유출되고, 자국의 선박회사가 외국 화주의 화물을 운송하는 경우에는 외화가 유입되기 때문에 해상운송은 국제수지(Balance of Payment)에 영향을 미치게 된다.

이와 같은 해상운송의 국제수지 개선효과는 크게 소득효과(Earning Effect)와 절약효과(Saving Effect)로 구분된다. 소득효과는 자국의 선박회사가 외국의 화물을 운송함으로써 획득하게 되는 외환소득에 의한 개선효과를 나타내며, 절약효과는 자국의 화주들이 자국의 선박회사를 이용함으로써, 외국 선박회사를 이용하는 경우 유출되어야 할 외화를 절약함으로써 국제수지를 개선하는 효과이다.

4) 산업연관 효과

해상운송은 조선업, 보험업, 선박수리업, 하역업, 포장업 등과 같은 다양한 산업분야와 유기적으로 연계되어 있기 때문에, 해상운송의 발전은 이러한 관련 산업의 발전에 커다란 영향을 미치게 된다. 따라서 해상운송의 중요성은 해상운송 자체의 기대효과뿐만 아니라, 관련 산업의 고용창출, 소득증대 등과 같은 요인들도 고려하여 설명되어야만 한다.

2. 해상운송의 형태

1) 정기선운송

정기선운송(Liner)은 정해진 항로를 정해진 시간에 공표된 운임에 따라, 규칙적이고 반복적으로 화물을 운송하는 방식이다. 이러한 정기선운송은 불특정 다수의 화주와 개별적으로 독립된 계약을 체결하기 때문에 개품운송계약이라 불리고 있으며, 해상운송인은 운송계약의 증거로서 선하증권(Bill of Lading)을 발급한다.

일반적으로, 운송대상화물은 주로 공산품 등의 일반화물(General Cargo) 또는 포장화물(Packaged Cargo)이다. 정기선운송의 운임은 해당 항로에 취항하고 있는 선박회사들의 모임인 해운동맹(Shipping Conference) 또는 협의협정(Discussion Agreement)에 의해 공표되기 때문에 부정기선 운임에 비해 높은 편이지만, 고품질의 운송서비스를 필요한 시기에 이용할 수 있기 때문에, 대부분의 화주들이 이용하고 있는 운송방식이다.

2) 부정기선운송

부정기선운송(Tramper)은 필요에 따라 불규칙적으로 운항하는 운송방식이다. 이와 같은 부정기선운송은 일반적으로 화주가 선주로부터 선박을 용선하여 운송하기 때문에 용선운송이라 불리고 있으며, 선주와 화주 사이에는 용선계약서(Charter Party)가 작성된다. 운송대상 화물은 곡물, 철광석 등과 같이 포장 없이 운송되는 산화물이 주종을 이루고 있다.

표 3-5 정기선운송과 부정기선운송의 특성

	정기선운송	부정기선운송
형　태	불특정 화주의 화물운송	용선계약에 의한 화물운송
화　물	일반잡화물(고가화물)	대량의 산화물(저가화물)
운송계약	선하증권(B/L)	용선계약서(C/P)
운임조건	Berth Term	FIO, FI, FO Term
운임결정	공표요율(Tariff)	수요 공급에 의한 시장운임

3) 전용선운송

전용선운송은 원유, 자동차 등과 같은 특정 화물의 운송에 적합하도록 설계된 전용선(Specialized Ship)을 이용하여 화물을 이용하는 방식으로, 화물에 적합한 선박을 이용하기 때문에 화물의 품질유지와 파손방지에 매우 적합한 운송수단이다. 이러한 전용선운송은 화물의 종류가 많아지고 이질화되면서 이용이 크게 증대되고 있는 상황이다.

3. 해상운송의 운임형태

해상운임은 해상운송 방식에 따라 정기선운임과 부정기선운임으로 나누어진다. 일반적으로, 정기선운임은 운송화물의 중량과 용적(고가화물의 경우에는 가격)을 기준으로 하여 항로와 지역에 따라 운임이 결정된다. 이러한 해상운임의 구조와 형태를 보다 구체적으로 설명하면 다음과 같다.

1) 정기선운임

정기선운임은 화물의 중량과 용적을 기준으로 산정한 기본운임에 할증료와 부가료를 합산하여 산정하는 것이 보통이다. 먼저, 기본운임(Basic Rate)은 운임률표에 표기된 품목별운임을 말하며, 용적 또는 중량단위로 표기된다. 그리고 기본운임 이외에 운송중의 상황변동에 따라 추가적으로 발생되는 비용을 할증료(Surcharge)라 하는데, 할증료(Surcharge)에는 유가할증료(Bunker Adjustment Factor: BAF),[6] 통화할증료(Currency Adjustment Factor: CAF)[7], 중량할증료(Heavy Lift Surcharge), 용적 및 장척할증료(Bulky or Lengthy Surcharge), 양륙항 선택할증료(Optional Charge), 체선할증료(Congestion Surcharge), 환적할증료(Transshipment Arbitrary), 외항추가료(Outport Arbitrary)[8] 등이 있다. 이러한 할증료 중에서 유가

6) 선박의 주원료인 벙커유의 가격변동에 따른 손실을 보전하기 위해 부과하는 할증료로서 기본운임에 대하여 일정비율 또는 일정액을 징수하고 있다.
7) 운임의 환율변동으로 인해 선박회사가 입을 수 있는 손해를 최소화하기 위해 부과되는 할증료로서 기본운임에 대하여 일정비율 또는 일정액을 징수하고 있다.

할증료와 통화할증료는 통상적인 할증료로서 기본요금에 가산되며, 나머지 할증료는 적하의 내용이나 선적시의 외부적 사정에 따라 가산되어지며 그러한 명세가 운송서류상의 운임 란에 명기된다.

한편 부가료에는 부두사용료(Wharfage), 체선료(Demurrage), 지체료(Detention Charge),[9] 터미널 화물처리비(Terminal Handling Charge)[10] 등이 있다.

이와 같은 정기선 운임은 여러 가지 요인에 의해 다양한 형태로 구분되는데 구체적인 내용을 살펴보면 다음과 같다.

(1) 운임지급 시기에 따른 유형

정기선운임은 운송서비스에 대한 대가를 언제 지급하느냐에 따라, 운임선불(Prepaid) 방식과 운임후불(Collect) 방식으로 나누어진다. 일반적으로, 정형거래조건(Incoterms 2010) 중의 하나인 CFR, CIF, CPT, CIP, DAT, DAP, DDP 등의 경우에는 운임이 선불로 지급되고, EXW, FOB, FCA, FAS 등의 경우에는 운임이 후불로 지급되고 있다.

(2) 운송의 완성도에 따른 유형

운송의 완성여부에 관계없이 운임전액을 지불하는 전액운임(Full Rate)과 운송 중단 시 운송의 완성비율에 따라 운임을 지불하는 비율운임(Pro Rate)의 형태가 있다.

---

8) 해운동맹에서는 동맹이 관할하는 항구를 물동량, 항만설비 등을 감안하여 Main Port(주요항구, Base Port)와 Outport(비주요항구, Minor Port)로 구분하고 있는 데, Outport Surcharge라 함은 Outport에 본선이 직접 기항하여 선적 및 양하하는 경우에 그 화물에 부과되는 할증료이다. 이들 여러 항구는 물동량이 적어서 정기적인 기항이 이루어지지 않으며, 따라서 임시 기항에 따르는 항만경비 등을 보전하기 위하여 할증료가 필요한 것이다.

9) 화주가 컨테이너 또는 트레일러를 대여 받았을 경우 규정된 시간(Free Time) 내에 반환을 못할 경우 벌과금으로 지급해야 하는 비용이며 Free Time은 해운동맹 또는 선사에 따라 상이하다.

10) 화물이 Off-Dock CY(부두밖 CY)에 입고된 순간부터 본선의 선측 또는 본선의 선측에서 CY Gate를 통과하기까지의 화물 이동에 따른 모든 비용을 말한다. 유럽운임동맹(FEFC)이 종래 해상운임에 포함되어 있던 터미널 화물처리비를 1990년부터 분리하여 부과하기 시작하였으며, 현재 우리나라는 전 항로에서 이 터미널 화물처리비를 부과하고 있다.

(3) 하역비 부담에 따른 유형

정기선운임은 운송에 따른 화물의 하역비(선적비 및 양하비)를 선박회사와 화주 중에서 누가 부담하느냐에 따라, Berth Term, FIO Term, FI Term, FO Term 등으로 나누어진다. 구체적으로, Liner Term이라고도 불리는 Berth Term은 선박회사가 선적비와 양하비 모두를 부담하는 형태이고, Free in/out Term은 화주가 선적비와 양하비를 모두 부담하는 방식이다. 또한 Free in Term은 선박회사는 양하비를, 화주는 선적비만을 부담하는 방식이고, Free out Term은 이와 반대로 선박회사가 선적 비를 부담하고 양하비는 화주가 부담하는 형태이다.

표 3-6 하역비 부담에 따른 운임형태

	Berth Term	FIO Term	FI Term	FO Term
선적비	선주	화주	화주	선주
양하비	선주	화주	선주	화주

2) 부정기선운임

정기선운임과는 달리, 부정기선 운임의 경우에는 용선시장에서의 선박에 대한 공급량과 수요량에 의해 결정되는데, 선박에 대한 공급량은 운송에 이용될 수 있는 선복 량에 의해 결정되고, 수요량은 운송하고자 하는 화물의 수량에 의해 결정된다. 이처럼 용선시장에서 결정되는 용선운임은 어떠한 형태의 용선계약을 체결하는가에 따라 달라진다. 예를 들어, 항해용선계약의 경우에는 항해를 기준으로 한 항해용선 운임이 적용되고, 기간용선계약의 경우에는 용선일자나 기간을 기준으로 산정한 기간용선 운임이 존재한다. 특히 항해용선계약의 경우에는 화물의 선적과 양륙을 위한 선박의 정박기간을 정하여 두는 것이 원칙인데, 용선계약서에 명시한 정박기간을 초과하는 경우에는 용선자가 선주에게 체선료를 지불하고, 정해진 정박기간 보다 일찍 하역작업을 완료하고 선박이 출항한 경우에는 선주가 용선자에게 조출료를 지불하는 것이 보통이다.

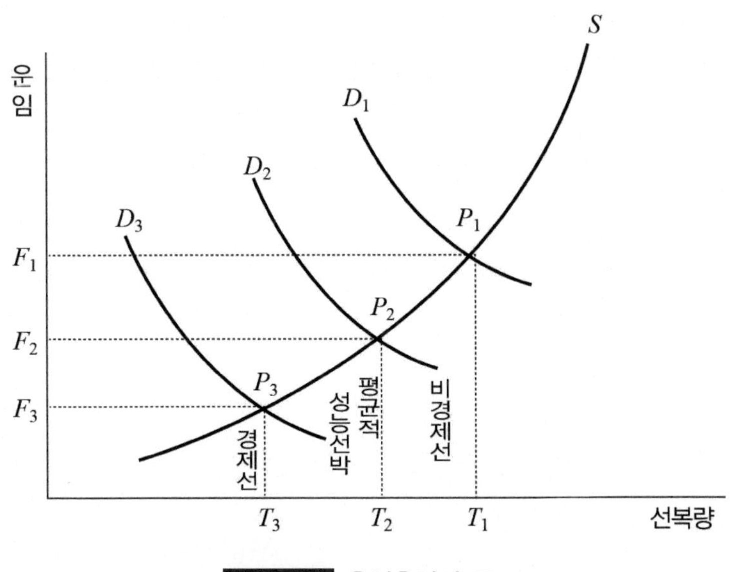

그림 3-1 용선운임의 구조

4. 해상운송업무

화주의 해상운송업무를 재래선과 컨테이너선으로 나누어서 살펴보면 다음과 같다.

1) 재래선 운송

(1) 화물을 해상운송을 통해 운송하고자 하는 송하인은 우선 선박회사나 대리점에 선복신청서(Shipping Request: S/R)를 제출하고, 해상운송 계약을 체결해야 한다.

(2) 해상운송 계약이 체결되면, 선박회사는 예정 적하목록을 작성하여 송하인과 화물을 적재할 본선에 통지하여 운송 업무를 이행하기 위한 준비 작업을 하도록 조치를 취한다. 한편 송하인은 운송할 화물에 대한 검사의뢰 및 세관에 수출신고서를 제출하여 수출허가서를 획득하고, 해상적하보험에 부보하여 보험 증권을 확보한 뒤에, 선박회사의 선적지시를 받아 본선에 화물을 적재하게 된다. 정기선에 의한 개품운송일 때는 송하인이 화물적재 시 직접 입회하지 않고, 부두창고에서 화물을 선박회사에 인도하면 선박회사가 지정

한 하역업자가 일괄 선적하는 것이 관례로 되어 있다. 하역업자는 선박회사로부터 본선의 선장 앞으로 당해화물의 선적을 지시한 선적지시서(Shipping Order: S/O), 선박회사의 화물인수목록(Booking Note) 등을 교부받아, 이것을 본선의 승선세관원에게 제시하고 적재허가를 받아야 한다.

(3) 선적이 완료되면, 본선의 일등항해사(Chief Mate)는 본선수취증(Mate's Receipt: M/R)을 작성하여 선박회사에 넘겨주고, 선박회사는 이 본선수취증을 기초로 하여 선하증권(Bill of Lading)을 발급하여 송하인에게 교부한다.

(4) 본선에 선적이 완료되면, 송하인은 수하인에게 지체 없이 선적통지(Shipping Advice)를 한다. 또한 화물을 적재한 본선이 목적 항에 도착하기 전에, 선박회사 또는 그 대리점은 화물도착통지(Arrival Notice)를 B/L상의 수하인에게 한다. 화물이 도착하면, 수하인은 B/L 또는 L/G를 선박회사에 제출하고, 화물인도지시서(Delivery Order: D/O)를 교부받아 화물인도창고(또는 본선)에 이를 제출하고 화물을 인수한다.

2) 컨테이너선 운송

(1) 송하인(Shipper)은 선박회사 또는 대리점에 선적예약(Booking)을 한다.

(2) 선적예약을 받은 지점 또는 대리점은 송하인이 주는 데이터(Data)를 근거로 하여 화물인수예약서(Booking Note)를 작성하여, On-line으로 본사 컴퓨터 센터에 데이터를 입력한다.

(3) 입력된 데이터는 컴퓨터에 집계되며, 화물인수목록(Booking List)을 CY, CFS 등에 송부된다.

(4) Booking List 및 선사의 지시에 따라, CY Operator는 송하인 및 CFS Operator에게 필요한 빈 컨테이너를 대여한다. 컨테이너 대여 시에는 물론 CY Operator(대여해 주는 측)와 송하인(대여 받는 측)간에 기기수령증(E/R)이 교환된다.

(5) FCL 화물의 송하인은 대여 받은 빈 컨테이너에 화물을 적입(Stuffing, Vanning)하여 CY에 반입한다. 이 때, 송하인은 컨테이너 적입화물을 표시하는 컨테이너 적부표(CLP)를 컨테이너별로 작성하고, 또 부두 수취증(Dock Receipt: D/R)은 나중에 발행되는 선하증권별로 작성한다. 위의 서류에 세관에서 교

부받은 수출허가서(Export Permit: E/P)[11]를 첨부하여, 컨테이너 적입화물과 함께 CY Operator에게 제출한다.

LCL 화물의 송하인은 D/R과 E/P를 첨부하여 화물을 그대로 CFS에 반입하면, CFS Operator가 이것을 다른 LCL 화물과 함께 컨테이너에 적입, CLP를 작성하여 화물과 함께 CY Operator에게 인도한다.

(6) CY Operator와 CFS Operator는 FCL 화물 또는 LCL 화물을 인수받은 시점에 D/R에 서명하여 송하인에게 돌려준다.[12]

(7) 본선이 입항하면, CY Operator는 집하된 컨테이너에 갠트리 크레인을 사용하여 선적한다.

(8) 선박회사 직원의 화물입고 작업완료 확인 후, 송하인이 관계서류(S/R, Commercial Invoice, Packing List 등)를 제출하면 B/L을 발급받는다. 한편 운임 선 지급의 경우에는, B/L 발행 전에 운임을 지불한다.

(9) 본선이 목적 항에 입항하면, FCL 화물은 CY에, LCL 화물은 CFS에 이송된다. 따라서 수하인은 B/L 또는 L/G와 상환으로 선박회사로부터 D/O를 입수하여, FCL 화물인 경우에는 CY Operator에, LCL 화물인 경우에는 CFS Operator에 제시하고 화물을 인수한다. 그리고 FCL 화물의 경우 화물이 컨테이너채로 인도되기 때문에, 자가 창고나 공장 등의 보세구역에서 화물을 인수한 후, 빈 컨테이너를 선박회사가 지정하는 CY에 반환하여야 한다. 이 때, 기기 대출 증으로서 E/R을 작성한다. 만약, 컨테이너의 반환이 지체되면, 지체료(Detention Charge)를 지급해야 하는 경우도 생기므로 신속하게 반환하여야 한다.

---

11) E/P란 수출신고서(Export Declaration: E/D)에 세관의 허가인이 찍힌 것을 말한다. 관습적으로 E/P를 E/D라고 하는 곳도 많다.

12) D/R은 선박회사가 화주로부터 Dock에서 화물을 수취하였다는 사실을 확인하는 서류로서, 재래선의 경우에 발행되는 M/R과 그 기능이 같다. 이 D/R은 이론적으로는 화물의 수취증으로 화주에게 돌려주어야 하지만, 실무에서는 CY/CFS Operator가 해당 D/R을 CLP, ED 등의 다른 서류와 상호 체크하여 서명한 후, 서류의 흐름을 간략히 하기 위하여 직접 화주에게 돌려주지 않고 회수하여 선사에 송부하고 있다. 따라서 B/L 발행에 있어서 화주가 D/R을 제출하는 일은 없다.

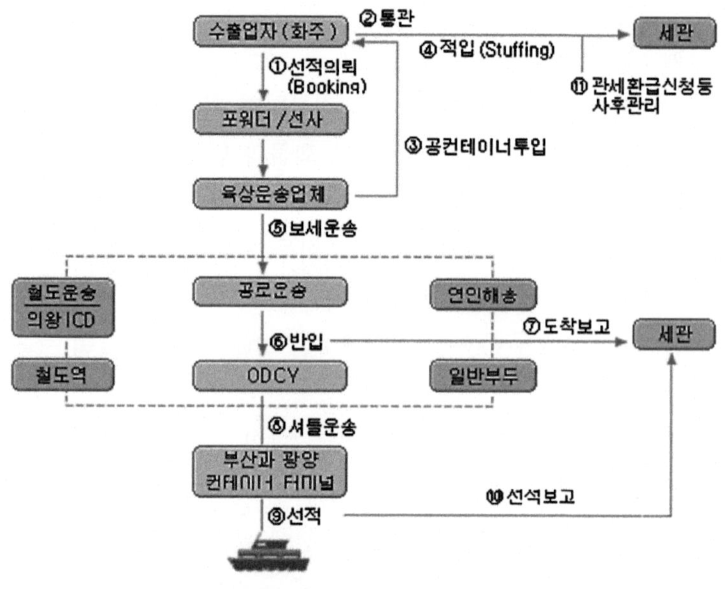

그림 3-2 FCL 수출화물운송

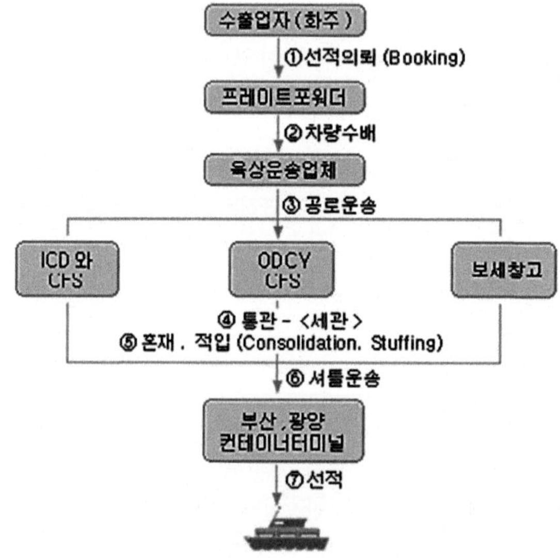

그림 3-3 LCL 수출화물운송

제4절 해상 정기선운송

1. 해상 정기선운송의 의의

정기선운송은 정해진 운항 스케줄에 의해 정해진 항로를 규칙적으로 반복 운항하면서, 공표된 운임률에 따라 화물의 많고 적음에 관계없이 운송서비스를 제공하는 가장 대표적인 해상운송 방식이다.

이와 같은 정기선운송은 적정 선복(Ship's Space)을 유지하여 장기적으로 안정적인 운임수준으로 고품질의 운송서비스를 제공할 수 있을 뿐만 아니라, 선박을 정기적으로 배정함으로써 수출 화물의 적기운송에 많은 도움을 주고 있다. 또한 정기선운송은 국가 간의 교역증대는 물론 저렴한 운임수준으로 대량의 화물을 운송함으로써, 자원의 효율적 배분에도 크게 기여하고 있다. 특히 대부분의 수출입 화물이 해상 컨테이너에 적입되어 운송되고 있는 상황이 전개되면서, 정기선운송의 효용과 중요성이 더욱 증대되고 있다.

2. 해상 정기선운송의 특성

1) 항해의 반복성

정기선운송은 정해진 항구와 항구사이에서 규칙적이고 반복적인 해운서비스를 제공하는 운송방식이다. 따라서 화주들은 화물의 선적과 운송계획을 사전에 설계하고 예측함으로써, 원활한 수출입 업무를 추진할 수 있는 것이다.

2) 공공서비스의 제공

정기선운송은 불특정 다수의 화주에게 해운서비스를 제공하기 때문에 공공서비스적 성격을 띠고 있다. 특히 운송화물의 수량이 적다고 해서 대량 화주에 비해 차별대우를 하지 않기 때문에, 소량화주들이 고품질의 운송서비스를 이용할 수 있는 기반을 제공하고 있다.

3) 고가 운송서비스

정기선운송은 그 운임이 특정 항로에 취항하고 있는 선사들의 결합체인 해운동맹에 의해 정해지기 때문에, 시장에서 운임이 결정되는 부정기선 운임에 비해 높은 편이다. 왜냐하면, 해운동맹은 회원선사들 중에서 가장 영세한 선사를 기준으로 하여 운임을 산정하기 때문이다.

4) 개품운송계약의 체결

정기선운송은 화물을 운송하고자 하는 모든 화주들과 표준화된 운송계약서에 따라 개별적으로 운송계약을 체결한다. 이와 같은 특성을 고려하여, 정기선운송을 이른바 개품운송계약(Individual Consignment of Cargo)이라고 부르기도 한다.

5) 공표운임의 존재

정기선운송은 해운동맹에 의해 정해진 운임기준과 요율을 공표하고 있다. 따라서 화주들은 공표된 운임률표(Tariff)를 참조하여 화물의 운송원가를 산정할 수 있다. 이 운임률표에는 화물의 요율과 그 화물의 운송과 관련된 규정을 명시하고 있다.

3. 해운동맹

1) 해운동맹의 의의

해운동맹(Shipping Conference/Rings/Cartel)은 특정항로에 취항하고 있는 2개 이상의 선박회사들이 모여 기업자체의 독립성을 유지하면서, 과당경쟁을 회피하고 상호간의 이익을 유지하기 위하여 운임, 해상화물, 배선, 기타 운송조건에 관하여 협정 또는 계약을 체결한 일종의 가격 카르텔을 형성하는 것을 말한다. 특히 해운동맹은 거의 모든 정기선항로에 존재하고 있기 때문에, 이른바 정기선동맹으로 부르고 있다.

이와 같은 해운동맹은 운임이 부정기선에 비해 높은 편이긴 하지만, 장기적 관점에서 매우 안정적인 운임수준으로 고품질의 운송서비스를 제공하고 있으며, 선박회사들 간에 과당경쟁의 가능성을 사전에 배제시킴으로써, 화주에 대한 서비스 증대에 주력할 수 있다는 장점을 지니고 있다. 따라서 화주들은 예측 가능한 고품질의 운송서비스를 안정적으로 공급받을 수 있기 때문에, 화물운송에 따른 위험과 부담에서 벗어날 수 있다.

그러나 해운동맹은 일종의 가격 카르텔로서 해운기업의 공정한 경쟁을 제한하고, 동맹에 가입하지 않은 비동맹선사(Outsider)에 대한 차별대우 등과 같은 폐해로 인해 많은 비판을 받고 있는 것도 사실이다.

2) 해운동맹의 형태

(1) 개방형 해운동맹

개방형 해운동맹(Open Conference)은 해운동맹에의 가입 및 탈퇴가 자유로워 강력한 구속력이나 비동맹선사에 대한 결집된 대응력이 결여된 동맹의 형태이다. 이와 같은 개방형 동맹의 형태는 북미해운동맹의 경우처럼, 독점을 강력히 규제하고 있는 미국에 취항하고 있는 항로에서 주로 나타나고 있다.

(2) 폐쇄형 해운동맹

폐쇄형 해운동맹(Closed Conference)은 유럽항로에서 발전한 동맹의 형태로서, 동맹 가입의 조건이 매우 엄격하여 선사의 신뢰성, 선주의 운송능력과 과거실적 등에 따라 신규선사의 동맹가입 여부를 결정하고, 탈퇴 시에도 여러 가지 제제조치를 동원하여 회원선사들의 탈퇴를 억제하는 보다 엄격한 동맹의 형태이다.

3) 해운동맹의 유지수단

해운동맹을 지속적으로 유지하고 안정적으로 운영하기 위해서는 동맹에 가입한 회원선사들 간의 결속력을 강화하고, 많은 화주들이 동맹을 계속해서 이용하도록 유인해야 할 뿐만 아니라, 비동맹선사가 동맹선사가 취항하는 항로에서 영업활동을 수행하지 못하도록 견제하여야 한다. 이를 위해서, 해운동맹에서는 공동계산협정, 항로협정, 운임협정 등을 체결하여 동맹선사간의 결속을 강화하고 있으며, 화주들이 동맹선사를 이용하도록 유인하기 위한 수단으로 운임환급제, 충실보상제, 이중 및 삼중운임제 등과 같은 제도적 장치를 운영하고 있다. 또한 비동맹선사들의 시장진입을 억제하고 견제하기 위한 방안으로서 경쟁선(Fighting Ship) 제도를 이용하고 있다. 이와 같은 해운동맹의 정책수단을 구체적으로 살펴보면 다음과 같다.

(1) 동맹선사 유지수단

① 공동계산협정

공동계산협정(Pooling Agreement)은 동맹선사의 경쟁 제한수단으로 선박회사가 일정기간(보통 6개월)에 걸쳐 획득한 운임수입을 선박회사의 경력, 운송실적 등에 의거하여 미리 설정한 배분비율에 따라 조정, 배분하는 협정이다. 이와 같이 협정에 의해 배분비율을 정해놓음으로써, 회원선사들 간에 일어날 수도 있는 과당경쟁의 가능성을 사전에 억제할 수 있는 것이다.

② 항로협정

항로협정(Sailing Agreement)은 선박회사별로 기항지, 항차수 등을 미리 조정하는 협정이다. 이러한 협정을 통해 선박회사가 독자적인 항해로 인한 운임수입을 획득하지 못하도록 하는 것이다.

③ 운임협정

운임협정(Rate Agreement)은 동맹내의 운임수준을 동일하게 정하는 것으로, 해운동맹의 가장 기본적인 협정이라 할 수 있다. 이와 같은 협정은 선박회사가 서로 상이한 운임을 화주에게 제공함으로써 야기될 수 있는 과열 경쟁을 사전에 방지하기 위해 체결하는 것이다.

(2) 화주 유인수단

① 이중운임제

이중운임제(Dual Rate System)는 동맹선사만을 이용하는 계약화주와 그렇지 않은, 비 계약화주에게 적용하는 운임률을 차별적으로 부과하는 제도이다. 일반적으로, 운임률의 차이는 보통 15% 이내이다. 이와 같이 본 제도는 화주에게 적용하는 운임률을 계약운임률(Contract Rate)과 비계약운임률(Non-Contract Rate)로 구분하고 있기 때문에, 계약운임제(Contract Rate System)라고도 한다.

② 운임거치환급제

운임거치환급제(Deferred Rebate System)는 일정기간(보통 6개월) 동맹선사만을 이용하는 비 계약화주에 대해 운임의 일정비율(약 10%)을 환급해 주는 제도로서, 운임의 환급조건으로 그 다음의 일정기간(거치기간: Deferred Period, 보통 6개월)도 동맹선의 이용을 의무화시켜 이 거치기간이 경과한 후에 환급금이 지급된다.

따라서 이 제도는 화주를 구속하는 힘이 무척 강하다. 미국은 1916년 해운법 이래 금지하고 있으며, 영국계 해운동맹에서도 사무관리 비용이 막대하여 현재는 거의 이용하고 있지 않다.

③ 성실 또는 충실보상제

성실보상제(Fidelity Rebate System)는 계약운임의 적용을 받아온 화주에 대하여 일정기간(보통 4개월) 동맹선사만을 이용한 것이 확인되면, 해당기간 동안의 운임의 일부분(보통 9.5%)을 환급해 주는 제도이다. 이 제도는 운임거치환급제와 달리 거치기간이 없다. 최근에는, 영국에서도 이 제도와 같이 거치기간 없이 곧바로 환급해 주는 운임환급제(Immediate Rebate System)를 채택하고 있는 추세이다.

④ 삼중운임제

삼중운임제(Three Tier Rate System)는 이중운임제를 확대한 제도로서, 화주에 따라 계약운임률, 비계약운임률, 특별계약운임률의 3가지 운임률을 차별적으로 적용하는 제도이다. 예컨대, FOB 조건일 경우 송하인이 동맹선을 이용하면, 계약운임률에 약 2-3%의 추가할인을 해주는 것이다. 이러한 특성을 고려하여, 본 제도는 일명 Three Decker System이라고도 부르고 있다.

(3) 비동맹선사 규제수단

동맹선사가 취항하고 있는 항로에 맹외선이 출현하게 되면, 동맹의 운임수입이 감소함은 물론 불필요한 경쟁이 촉발하게 된다. 따라서 동맹선사의 입장에서는 비동맹선사의 시장진입을 억제하고, 견제할 수 있는 제도적 장치를 마련하는 것이 필요하다.

이에 동맹에서는 시장에 맹외선이 출현하면, 경쟁선(Fighting Ship)을 파견하여 비동맹선사의 영업을 방해하는 매우 공격적이고 배타적인 제도를 운영하고 있다. 해운동맹은 이와 같은 경쟁 선을 운영함으로써 맹외선이 시장에 진입하지 못하게 하거나, 진입한 맹외선이 있더라도 더 이상 영업활동을 수행하지 못하도록 하여 동맹의 수익을 유지하고자 하는 것이다. 한, 동맹에서 파견한 경쟁 선에 의해 영업활동에 커다란 지장을 받게 되는 비동맹선사들의 대부분은 시장에서 퇴출되거나 동맹에의 가입을 고려하게 된다.

4. 해운동맹의 약화와 협의협정제도

1) 해운동맹의 약화

1970년대까지 막강한 힘을 발휘하던 해운동맹도 70년대 후반부터 대만, 한국 등 아시아의 개발도상국들과 소련을 비롯한 동구권의 비동맹선사들이 적극적인 공세를 취하면서 힘을 잃기 시작하였고, 1984년 6월에 미국의 신해운법(Shipping Act, 1984)이 발휘되는 것을 계기로 동맹의 기능은 뚜렷이 약화되었다.

뿐만 아니라, 컨테이너화(Containerization)의 급진전으로 복합운송이 활성화되면서 대부분의 선박회사들이 Door to Door 서비스를 제공함에 따라, Port to Port 서비스를 위주로 한 해운동맹은 경쟁력을 잃게 되었다. 또, 1980년대 중반부터 태평양, 유럽, 대서양 항로와 같은 간선항로(Trunk Route)에서는 대형 선사를 중심으로 세계일주서비스(Round the World Service)가 늘어나면서, 항로마다 특성을 달리하는 동맹에 가입하는 것이 어렵게 된 점도 동맹약화의 한 원인이 되었다.

2) 협의협정제도

최근, 주요 컨테이너 정기선 항로에서의 동맹선사와 비동맹선사간에는 항로의 안정화 등을 위해 다양한 정보를 교환할 수 있는 협의협정(Discussion Agreement)의 체결이 증가하고 있다. 이러한 협의협정은 선복과잉, 운임하락 등으로 공멸의 위험에 처한 동맹 ㅁ 비동맹 선사들이 항로 질서 안정화를 위해 긴밀히 협조하는 기구이다.

특히 동맹과 달리 공통운임(Collective Pricing)을 책정하지 않고, 선사간의 협정에 의한 선복 량의 조절을 통한 운임안정의 모색, 각종 할증료 및 부대비의 신규도입 내지는 인상 등에 대해 상호 보조를 맞추고 있기 때문에, 이를 안정화협정(Stabilization Agreement) 또는 조화동맹(Harmonization Conference)이라고도 한다. 대표적인 협의협정의 형태에는, 북미태평양항로의 TSA(Transpacific Stabilization Agreement), 대서양항로의 TAA(Trans Atlantic Agreement), 아시아지역의 역내협의협정인 IADA(Intra Asia Discussion Agreement) 등이 있다.

제5절 해상 부정기선운송

1. 해상 부정기선운송의 의의

해상 부정기선운송은 정기선운송과는 달리 운항일자나 항로가 일정하지 않고, 화물의 수요에 따라 화주가 요구하는 시기와 항로에 해운서비스나 선복(Ship's Space)을 제공하여 화물을 운송하는 방식이다. 부정기선운송의 대상화물은 광석, 곡물류, 목재, 비료 등과 같이 비교적 운송량이 많고, 운임부담능력이 적은 산화물(Bulky Cargo)이 주종을 이루고 있다.

따라서 부정기선운송은 비교적 저렴한 운임으로 대량의 화물을 화주가 원하는 시기에 화주가 원하는 장소까지 운송할 수 있기 때문에, 정기선이 취항하지 않는 항로나 원재료 및 연료 등을 운송하는데 매우 적합한 운송방식이라 할 수 있다.

2. 해상 부정기선운송의 특성

1) 항로선택의 자유성

부정기선운송은 정기선운송과 같이 정해진 항로를 운항하는 것이 아니라, 화주의 요구와 필요에 따라 가장 적합한 항로를 선택하여 운항하는 것이기 때문에, 선박이 운항할 수 있는 곳이면 어디든지 화물을 운송할 수 있는 특성을 가지고 있다.

2) 저부가가치 화물의 대량수송성

일반적으로, 부정기선운송은 운임이 비교적 저렴하기 때문에 운임부담 능력이 적거나 부가가치가 낮은 화물을 대량으로 운송할 수 있다. 따라서 운임수준이 높은 정기선운송으로 운송하기가 곤란한 화물의 대량운송을 통해, 자원의 효율적 배분은 물론이고 기업의 경쟁력 강화에도 도움을 주고 있다.

3) 용선운임의 변동성

부정기선운송의 운임은 선박의 용선계약이 체결되는 용선시장에서 운송의 수요와 공급에 의해 결정된다. 일반적으로, 운송수요량은 운송을 필요로 하는 화물량에 의해 결정되고, 운송공급량은 운송에 이용될 수 있는 선복 량에 의해 결정되기 때문에, 부정기선운송의 운임수준은 시장 환경의 변동에 따라 계절적, 시간적, 지역적으로 상이하게 설정된다.

3. 용선계약

1) 용선계약의 형태

부정기선운송은 화물을 운송하고자 하는 화주(용선자)와 운송수단이나 운송서비스를 일정액의 대가를 받고 이를 용선하고자 하는 선박소유주가 용선계약을 체결함으로써 이루어지게 된다. 이와 같은 용선계약의 유형에는, 운송행위는 선박회사가 수행하고 용선자는 이러한 운송서비스를 이용하는 형태인 운송서비스 용선과 운송수단을 용선자가 직접 용선하는 운송수단 용선 형태가 있다. 운송서비스 용선에는 항해용선계약과 기간용선계약 등이 있으며, 운송수단 용선에는 용선자가 운송수단 자체를 용선하고 운송업무 또한 직접 수행하는 나용선 계약의 형태가 있다.

(1) 운송서비스 용선계약

① 항해용선계약

항해용선계약(Voyage Charter)은 한 항구에서 다른 항구까지 한 번의 항해를 위해서 체결되는 용선계약의 형태이다. 따라서 항해용선계약은 항해일자와는 무관하며, 항차를 기준으로 하여 용선운임이 산정되는 것이 보통이다. 그러나 변형된 계약형태로 한 항해를 기준으로 항해용선계약을 체결하지만, 항해가 이루어지는 항해일자를 기준으로 하여 운임을 산출하는 일대용선계약(Daily Charter)이나, 화물의 선적 량에 관계없이 일정 선복(선박의 전체 또는 일부)을 기준으로 하여 운임을 정하는 선복용선계약(Lump Sum Charter) 등과 같은 형태도 이용되고 있다.

② 기간용선계약

기간용선계약(Time Charter)[13]은 항해용선과는 달리, 일정기간을 단위로 선박을 용선하는 형태이다. 따라서 용선운임은 항차에 관계없이 용선 기간을 기준으로 하여 산정된다.

그러나 항해용선계약과 기간용선계약을 불문하고 선박회사는 운송행위를 수행하고, 용선자는 선박회사가 제공하는 운송서비스만을 이용한다는 공통점이 있다.

(2) 운송수단 용선계약(나용선 계약)

나용선 계약 또는 선박 임대차계약(Bare Boat Charter or Demise Charter)은 선박회사로부터 운송에 이용되는 선박 자체를 용선하여, 항해에 필요한 물적 및 인적요소 일체를 용선자가 직접 부담하고 선박의 운항과 관련된 제반사항을 관리하는 형태이다. 따라서 나용선 계약은 선박회사가 제공하는 운송서비스를 용선하는 항해용선이나 기간용선과는 달리, 운송수단인 선박자체를 용선하는 형태이다.

---

13) “Time Charter”를 정기용선계약이라고 번역하기도 한다.

2) 용선계약의 특성

(1) 항해용선계약의 특성

항해용선계약은 선박회사가 자기의 책임 하에 선장과 해원을 고용하고, 화물운송에 필요한 모든 업무와 비용을 직접 부담한다. 이때의 용선운임은 화물의 수량과 항로에 따라 정해지며, 일대용선의 경우에는 항해일자를, 선복용선의 경우에는 용선한 선복을 기준으로 하여 용선운임이 산정된다.

(2) 기간용선계약의 특성

기간용선계약은 항해용선계약과 마찬가지로 선박회사가 직접 선장과 해원을 임명하고 선원급료, 식음료비, 윤활유, 선박유지비, 보험료, 감가상각비 등과 같이 선박의 운항과 관련된 비용을 부담하고, 화주는 화물의 취급과 관련된 하역비와 선박의 입항과 관련된 항비, 도선료, 예선료 등을 부담하게 된다.

(3) 나용선 계약의 특성

표 3-7 용선계약의 특성

	항해용선계약	기간용선계약	나용선 계약
선장고용책임	선주가 임명 ㅁ 감독	좌 동	용선자가 임명
책임한계	선 주: 운송행위 용선자: 선복이용	좌 동	용선자: 운송행위
운임결정	화물의 수량	용선기간	용선기간
선주 부담	• 선원급료 • 식대 및 음료비 • 윤활유 • 유지 및 수선료 • 보험료 • 하역비 • 예선료 및 항비 • 도선료 • 제수수료	• 선원급료 • 식대 및 음료비 • 윤활유 • 유지 및 수선료 • 보험료 • 감가상각비	• 보험료 • 감가상각비

	항해용선계약	기간용선계약	나용선 계약
	• 감가상각비 • 연료비		
용선자 부담	없 음	• 연료비 • 하역비 • 예선료 • 도선료 • 항비 • 제수수료	모든 비용

나용선 계약은 용선자가 선박만을 용선하는 형태이기 때문에 선장과 해원 등을 용선자가 직접 임명하게 되며, 또한 선박의 운영과 화물 취급에 따른 모든 비용을 선주가 아닌 용선자가 부담하게 된다.

제6절 항공운송

1. 항공운송의 의의

항공운송은 항공기에 승객, 우편 및 화물을 탑재하여 국내외 공항에서 다른 공항까지 운송하는 방식이다. 이와 같은 항공운송은, 최근 들어 항공기의 대형화에 따른 운임의 인하, 화물전용기(Freighter)의 정기적인 운항, 항공화물 전용터미널의 확충, 다품종 소량생산에 따른 고부가가치 화물 및 긴급운송 물품의 증대 등과 같은 현상에 힘입어 항공운송 수요가 급증하고 있다. 또한 화주 기업들이 높은 운임수준에도 불구하고 항공운송의 장점을 이용하려는 마케팅전략의 고도화를 추구하면서, 이러한 추세가 계속될 것으로 전망된다.

특히 항공운송은 주로 긴급수요 화물, 납기임박 화물, 계절유행 상품과 식품, 동물, 신문, 잡지, 필름 등과 같이 장기운송 시 가치가 하락하는 상품 및 전자기기,

통신기기, 모피, 미술품, 귀금속 등과 같은 고가화물의 운송에 가장 적합한 운송수단이다. 또, 무역을 위한 견본품, 상업서류 등의 운송에도 크게 기여하고 있다.

2. 항공운송의 특성

1) 신속성

항공운송은 여러 운송방식 가운데, 가장 신속한 운송수단을 이용하여 화물을 운송하고 있다. 따라서 긴급을 요하는 품목이나 계절상품, 장기운송 시 가치가 하락하는 물품의 운송에 가장 적합한 운송방식이다.

2) 경제성

일반적으로, 항공운송은 높은 운임수준으로 인해 경제성이 떨어지는 것으로 알려져 있다. 그러나 화물의 특성과 시장 상황에 따라서는 상당한 비용절감 효과를 기대할 수 있다. 예를 들어, 항공운송의 경우 높은 안정성으로 인해 보험료 및 포장비 등이 여타의 운송수단에 비해 낮은 편이며, 마케팅 목적의 달성과 적기운송에 따른 고객서비스 수준의 향상 등과 같은 '보이지 않는 비용(Invisible Cost)' 등을 고려해 본다면, 가장 경제적인 운송수단이 될 수도 있다. 따라서 항공운송의 경제성은 단순히 운임수준만이 아닌, 종합적인 관점에서의 비용 및 편익분석에 기초하여 평가하는 것이 합리적이다.

표 3-8 항공운송의 경제성

물류상의 경제성	비용상의 경제성	서비스상의 경제성
• 긴급화물운송 • 소량화물운송 • 화물파손의 감소 • 포장의 편리성 • 통관의 편의성	• 포장비의 경감 • 보험료의 절감 • 투하자본의 절감	• 고객서비스의 향상 • 긴급수요에 대응 • 시장 확대

3) 안정성

항공운송은 육상운송 및 해상운송에 비해, 운송환경이 쾌적하고 화물의 파손 및 도난과 같은 화물사고 발생비율이 가장 낮은 운송방식이다. 예컨대, 항공운송의 경우 다른 운송방식에 비해 보험료 수준이 가장 낮은 것으로 나타나고 있는데, 이는 항공운송의 높은 안정성을 반증하고 있는 것이다.

3. 항공운송의 운임형태

항공운송 운임은 국제항공운송협회(IATA)의 각 운송지구에서 협의하여, 각국 정부의 인가를 얻어 결정된다. 이에 따라 국제항공운송협회는 북미 및 중앙아메리카를 중심으로 한 제1운송지구, 유럽, 중동 및 아프리카를 중심으로 한 제2운송지구, 아시아 및 오세아니아 지역을 중심으로 한 제3운송지구 등으로 운송지역을 분류하여 항공운임을 결정하고 있다.

일반적으로, 항공운임은 공항에서 공항(Airport to Airport)까지의 운임을 기준으로 산정하며, 운임요율 ㅁ 요금 및 이와 관련된 규정의 적용은 항공화물운송장 발행일을 기준일로 하여 적용하는 것을 원칙으로 하고 있다. 또한 화물의 요금은 출발지에서의 화물중량(kg)이나 화물의 용적을 중량으로 환산한 용적중량에, 정해진 운임률을 곱하여 산정한 운임을 출발지국의 현지통화로 선불(Prepaid) 또는 후불(Collect)의 형태로 지급한다.

1) 항공운임의 산정방식

(1) 실제중량에 의한 방법

실제 화물의 중량을 기준으로 운임을 산출하는 방법으로, kg이나 파운드(Pound) 모두 소수점 첫째 자리까지 측정하며, 실측한 중량이 소수점이 있는 경우 0.5kg 미만일 때는 0.5kg으로, 0.5kg에서 1kg이하일 때는 1kg으로 환산하여 적용하고, 파운드의 경우에는 소수점 이하의 값을 무조건 절상한 값에 운임률을 곱하여 운임을 산정한다.

(2) 용적중량에 의한 방법

용적중량은 고가의 솜이나 스펀지 등과 같이 화물의 중량에 비해 용적이 큰 화물의 경우에 그 용적을 중량으로 변환하여 적용하는 방식이다. 먼저, 용적을 구하고자 하는 화물의 각 단위치수를 반올림하여 정수로 만든 후, 가로, 세로, 높이를 곱하는 방식으로 산출하고, 직육면체나 정육면체가 아닌 화물의 경우에는 최대가로×최대세로×최대높이로 계산한다. 이때, 부피를 운임부과 중량으로 환산하는 기준은 1kg = 6,000㎤이며, 1Ib = 166inch3로 한다.

예를 들어, 화물의 용적이 1CBM(Cubic Meter)인 경우, 총 용적은 100㎝ × 100㎝ × 100㎝ = 1,000,000㎤이며, 이 용적을 중량으로 환산하면, 1,000,000㎤ ÷ 6,000㎤ = 166.666kg이고 반올림하면 167kg이 된다. 즉, 1CBM의 용적을 지닌 화물의 운임 적용중량은 167kg이 되는 것이다.

(3) 낮은 운임을 적용하는 방법

화물의 실제중량을 적용하는 것보다 운송회사에서 정해놓은 기준중량을 적용하는 것이 운임이 더 낮은 경우에는, 실제중량이 아닌 기본중량을 운임의 산정기준으로 적용하는 방법이다. 이와 같은 경우가 발생하는 것은 항공운송 화물의 중량이 대부분 경량이기 때문에, 항공회사에서 운임구조를 기본중량 이하의 화물에는 높은 요율을 적용하고, 기본중량을 초과하는 화물은 낮은 운임요율을 적용하고 있기 때문이다.

예를 들어, 기본중량(45kg)을 초과하는 경우의 적용운임이 10$/kg이고, 초과하지 않는 경우에는 15$/kg을 적용하는 경우에, 실제 화물의 중량이 35kg이라면, 화물운임은 35kg × 15$ = 525$가 되지만, 기본중량을 적용하면 45kg × 10$ = 450$가 된다. 이 경우 화물의 실제중량(35kg)이 아닌, 기본중량(45kg)을 기준으로 운임을 산정하는 것이다.

2) 항공운임 요율의 유형

(1) 일반품목요율

일반품목요율(General Cargo Rate: GCR)은 특정품목할인요율(SCR)의 적용을 받지 않는 모든 화물에 적용되는 가장 기본적인 운임요율로서, 최저운임, 기본요율, 중량단계별 할인요율 등이 있다. 구체적으로, 최저운임은 화물운임 중 가장 낮은 운임으로 중량 및 용적운임이 최저운임보다 낮은 경우에 일률적으로 적용되는 운임을 말하며, 기본요율은 모든 화물의 기준이 되는 것으로, 일반적으로 45kg 미만의 화물에 적용되는 운임요율이다. 중량단계별 할인요율은 중량이 높아짐에 따라, kg당 요율을 낮게 적용하는 운임요율이다.

(2) 특정품목할인요율

특정품목할인요율(Specific Commodity Rate: SCR)은 특정구간에서 반복적으로 운송하는 동일품목에 대하여 일반품목에 적용되는 요율보다 낮은 운임을 적용하는 것으로, 항공운송의 이용을 유도하기 위한 것이다.

(3) 품목분류요율

품목분류요율(Class Grade Rate: CGR)은 특정품목에 적용되는 할인 및 할증요율로서, 일반적으로 손수 운반할 수 없는 수화물, 신문, 잡지 등은 할인된 요율을 적용하고, 생동물, 귀중품, 시체 등은 할증된 요율이 적용하는 운임요율의 형태이다.

3) 항공운임의 형태

(1) 종량운임

화물의 실제중량이나 용적중량 등을 기준으로 산정하는 운임의 형태로 대부분의 항공화물 운송에 적용되는 운임이다.

(2) 종가운임

항공운송의 운임산정 기준은 실제중량 및 용적중량이지만, 화물의 가치가 매우 높은 화물의 경우에는 중량이 아닌 가격을 운임산정의 기준으로 적용할 수 있는데, 이처럼 가격을 기준으로 산정된 운임을 종가운임이라고 한다. 이와 같은 종가운임은 화주가 부담해야 하는 운임이 높아져서 부담이 되지만, 사고 발생 시의 손해배상 한도가 중량이 아닌 가격을 기준으로 산정되기 때문에, 주로 고가화물에 적용하는 운임형태이다.

(3) 단위적재운임

화물의 종류에 관계없이 항공용 컨테이너나 파렛트와 같은 단위적재용기를 기준으로 운임을 산정하는 것으로, 이에는 기본요금과 초과중량 할증요금이 있다.

(4) 추가운임

추가운임은 기본운임 이외에 추가적으로 부담하여야 하는 운임을 말하며, 입체지불수수료, 위험물취급수수료 및 착지불수수료 등이 있다. 구체적으로, 입체지불수수료는 송하인의 요청에 따라 항공사, 대리인, 수하인이 대신 지불한 금액에 대해 추가적으로 부담하는 금액을 말하며, 이에는 트럭킹 수수료(Trucking Charge), 피킹 수수료(Picking Charge), 화물취급수수료, 항공화물운송장 작성 수수료 등이 있다. 또한 위험물취급수수료는 위험 품 규정집에 위험물로 규정되어 있는 화물 취급 시에 추가적으로 부담하여야 하는 수수료를 말한다. 착지불수수료는 항공운임이 후불되는 경우, 즉 송하인이 아닌 수하인이 운임을 지불하도록 되어있는 경우에 운송업자가 요구하는 수수료이다.

4. 항공운송업무

항공운송업무는 해상운송의 경우와 마찬가지로, 화물의 수량에 따라 FCL 화물과 LCL 화물로 나누어 볼 수 있으며, 대부분이 운송주선업자인 포워더를 통해 화물이 운송되고 있다.

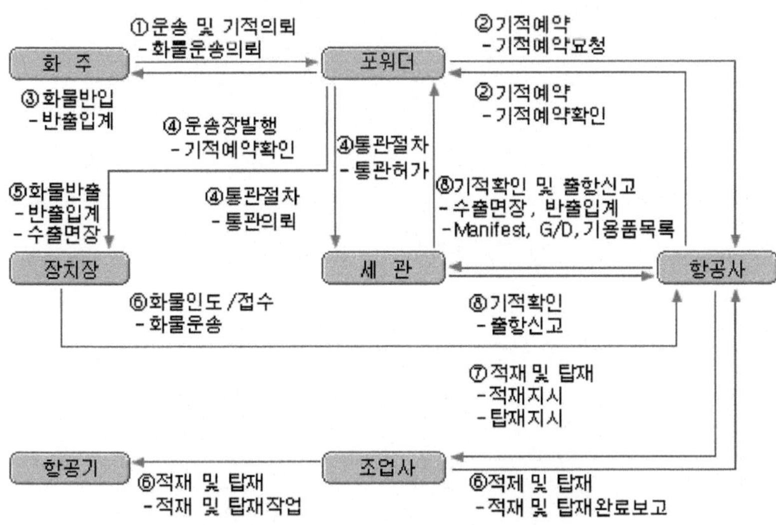

그림 3-4 FCL 수출화물 항공운송절차

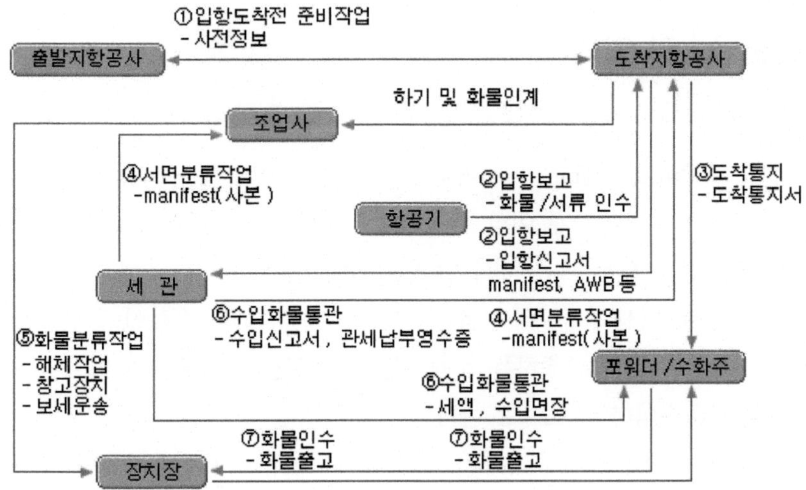

그림 3-5 LCL 수출화물 항공운송절차

구체적으로, 항공운송을 통해 화물을 수출하고자 하는 화주는 세관에 수출신고서를 접수하여 수출허가서를 취득한 후, 운송주선업자, 항공운송대리점 또는 항공회사와 항공운송 계약을 체결한다. 운송계약을 체결한 화주는 항공회사에 운송장 및 화물을 인계하고, 화물을 인계받은 항공회사는 항공기의 특성에 적합한 항공용 단위적재용기에 화물을 적입한 후, 항공기에 탑재하여 운송 업무를 수행한다.

한편 목적지에 화물을 탑재한 항공기가 도착하면, 항공회사는 항공화물운송장 등을 인수하여 세관에 제출하고 입항허가를 취득한 후, 세관원의 감독 하에 운송장상의 목적지별로 화물을 분류하여 창고에 반입한다. 화물반입을 완료한 항공회사는 수하인 및 대리인에게 운송장을 인도하여, 반출허가를 취득하고 화물을 인수하도록 한다.

제7절 복합운송

1. 복합운송의 의의

일반적으로, 동종 또는 이종의 운송수단을 복수로 연계하여 화물을 운송하는 것을 통운송(Through Transport)이라고 부르는데, 이러한 통운송 중에서, 서로 다른 이종의 운송수단을 2개 이상 결합하여 운송하는 형태를 복합운송(Multimodal Transport)[14]이라고 부른다. 다시 말해서 복합운송은 철도, 도로, 해상, 항공운송 중에서 두 가지 이상의 운송수단을 순차적으로 연결하여 송하인의 문전에서 수하인의 문전까지 화물을 운송하는 것을 말하며, 이와 같은 운송의 일관성을 강조하여 복합일관운송이라 부르기도 한다.

최근 들어, 복합운송은 규격화된 컨테이너를 이용함으로써 화물의 신속한 통관과 운송비용의 절감, 높은 안정성과 경제성, 신속성 등으로 인해 매우 유용한 운

---

14) 복합운송의 용어는 Combined Transport, Intermodal Transport, Multimodal Transport 등이 혼용되어 사용되고 있는데, 이 책에서는 유엔복합운송조약상의 용어인 Multimodal Transport로 사용하기로 하였다.

송방식으로 부상하고 있다.

2. 복합운송의 특성

1) 단일운송책임

복합운송이 되기 위한 제1조건은 화주와 복합운송계약을 체결한 복합운송업자가 전 운송 구간에 걸쳐 모든 책임을 지는 것이다. 일반적으로, 복합운송의 경우 여러 운송업자에 의해 화물의 운송이 이루어지게 되는데, 이에 관계없이 복합운송계약에서는 복합운송인이 전 운송구간에 걸쳐 모든 책임을 부담하게 되는 것이다.

2) 단일운임의 적용

복합운송이 되기 위한 제2조건으로 복합운송에 따른 운임은 각 운송구간에 따라 별도로 설정하는 것이 아니라, 전 운송구간에 걸친 통운임을 산정하여 결정된다는 점을 들 수 있다. 화주는 복합운송계약을 체결한 운송인에게 운송구간 전체에 대한 운임을 지불하고, 복합운송인은 그 대가로 복합운송 업무를 수행하는 것이다.

3) 운송방식의 다양성

복합운송이 되기 위한 제3조건으로 화물의 운송 업무를 완료하는데, 서로 다른 이종의 운송수단이 2개 이상 결합되어 운송행위가 이행되어야 한다는 점을 들 수 있다.

4) 복합운송증권의 발행

복합운송이 되기 위한 제4조건으로 복합운송에서는 최초의 내륙운송인에게 화물을 인도하는 시점에서 운송인에게 모든 위험이 이전되어지는데, 이 때 복합운송계약의 증거서류로서 복합운송증권(Multimodal Transport Document)을 발행하게 된다. 이러한 복합운송증권은 전 운송 구간에 걸쳐 복합운송계약을 구속하게 된다.

3. 복합운송의 형태

1) 운송주체에 따른 유형

(1) 계약운송인형 복합운송

운송수단을 직접 소유하지 않고서도 실제운송인처럼 운송계약의 주체로서의 기능과 역할을 수행하는 자에 의해 복합운송계약을 체결하여 화물을 운송하는 형태로서, 계약운송인(Contracting Carrier)이 화주와 복합운송 계약을 체결할 때는 운송인으로서의 역할을 수행하는 것이며, 운송계약을 맺은 계약운송인이 다시 운송을 이행하기 위해 실제운송인과 운송계약을 체결할 때는 화주로서의 역할을 하게 된다.

이와 같은 역할을 수행하는 계약운송인으로는 무선박공중운송인(Non-Vessel Operating Common Carrier: NVOCC),[15] 국제운송주선업자(International Freight Forwarder), 통관업자 등을 들 수 있다.

(2) 실제운송인형 복합운송

실제 운송수단을 소유하고 있는 실제운송인(Actual Carrier)이 복합운송 계약을 체결하고 운송활동을 수행하는 형태로, 이에는 해상운송인형, 항공운송인형, 철도운송인형, 자동차운송인형 복합운송 등이 있다. 따라서 실제운송인형 복합운송은 실제로 한 가지 이상의 운송수단을 소유하고 있는 운송업자가 화주와 복합운송계약을 체결하고, 전 운송 구간에 걸쳐 모든 책임을 부담하고, 직접 운송활동을 수행하는 형태이다.

---

15) 선박을 직접 운항하지 않으면서 운송주체가 되어 자기의 태리프(Tariff)를 갖고, 자기의 명의로 운송증권을 발행하여 운송서비스를 제공하는 자이다. 즉, NVOCC는 선박공중운송인(Vessel Operating Common Carrier)에게 운송을 의뢰하므로 VOCC에게는 화주의 지위이면서, 동시에 화주에게는 운송인의 지위를 갖는다. NVOCC는 1984년 미국 신해운법에서 공중운송인(Common Carrier)으로서의 지위를 인정받았다.

2) 운송계약에 따른 유형

(1) 하청운송

1인의 운송인이 육상 ㅁ 해상 ㅁ 항공의 전 운송구간에 걸친 복합운송을 인수하여, 전부 또는 일부를 다른 운송업자에게 하청하는 형태의 복합운송을 말한다. 여기서, 복합운송계약을 체결한 운송인은 원청운송업자가 되며, 하청을 받아 운송을 수행하는 운송인은 하청운송인이 된다.

(2) 공동운송

공동운송은 다수의 운송인이 처음부터 복합운송을 인수하는 것으로, 일종의 운송 컨소시엄 형태의 복합운송으로서 동일운송이라고도 한다. 이러한 컨소시엄은 복합운송계약이 종결되면 해체되기 때문에, 순수하게 복합운송계약을 체결할 목적으로 형성되는 것이다.

(3) 순차운송

순차운송은 연계운송이라고도 하는데, 다수의 운송인이 순차적으로 운송을 이행하는 형태이다. 이 경우, 송하인은 최초의 운송인에게 화물을 인도함으로써 다른 운송인도 이용할 수 있다.

3) 운송수단의 결합방식에 따른 유형

복합운송은 서로 다른 이종의 운송수단이 결합된 형태이기 때문에, 운송수단의 결합방식에 따라 매우 다양한 유형이 존재한다. 예를 들어, 철도운송과 자동차운송을 결합한 피기백 시스템(Piggy-Back System), 해상운송과 자동차운송을 결합한 피쉬백 시스템(Fishy-Back System), 자동차운송과 항공운송을 연계한 방식인 버디백 시스템(Birdy-Back System, Truck-Air Service, 철도운송과 해상운송을 결합한 Rail-Water Service, 해상운송과 항공운송을 연계하여 운송하는 Sea-Air Service 및 해상운송, 철도운송, 해상운송을 순차적으로 결합한 형태인 랜드브리지시스템(Land Bridge System) 등이 대표적으로 이용되고 있다.

4. 랜드브리지시스템

1) 랜드브리지시스템의 의의

랜드브리지시스템(Land Bridge System)은 해상운송, 대륙철도운송, 해상운송을 순차적으로 연계하여 화물을 운송하는 대표적인 복합운송 형태이다. 이와 같은 랜드브리지 방식은 해상운송(All Water)만을 이용하여 화물을 운송하는 경우에 비해, 운송시간과 운송비용을 획기적으로 절감할 수 있으며, 신속한 운송으로 인해 투하자본의 회전율을 향상시킬 수 있다는 장점을 가지고 있다. 또한 이 방식은 해상운송이 갖는 대량수송성과 철도운송이 갖는 안정성 및 정확성을 동시에 활용할 수 있기 때문에, 대량화물의 적기운송에 매우 적합한 운송방식으로 자리 잡고 있다. 특히 시베리아 횡단철도와 우리나라 경의선 철도의 연결에 따라, 동북아시아와 유럽대륙이 대륙철도망으로 연결됨으로써 랜드브리지 방식의 중요성과 실효성이 크게 증대되고 있는 상황이다.

2) 랜드브리지시스템의 형태

(1) 아메리카 랜드브리지

아메리카 랜드브리지(American LB: ALB) 방식은 한국과 일본 등과 같은 극동지역에서 미국의 서부해안(LA, Longbeach, Seattle)까지 해상운송을 통해 화물을 운송한 다음, 이들 지역에서부터 동부해안(New York)까지는 미국대륙횡단철도를 이용하여 화물을 운송한 후, 미국의 동부해안에서 유럽(Rotterdam, Antwerp)까지는 해상운송을 이용하여 운송하는 방식이다.

이와 같은 ALB 방식을 이용하여 극동지역에서 유럽지역까지 화물을 운송하는 경우, 모든 운송구간을 해상운송을 이용하여 운송하는 것보다 운송비용과 운송시간을 약 20-30% 정도 절감할 수 있을 뿐만 아니라, 화물의 안전운송 및 운송경로의 다양성을 확보할 수 있는 장점이 있다.

한편 엄밀한 의미에서의 랜드브리지 방식이라고 할 수는 없지만, ALB 방식의 변형 형태로서 미니 랜드브리지(Mini LB: MLB), 마이크로 랜드브리지(Micro LB)

및 공통운임 랜드브리지(Overland Common Point) 방식 등이 이용되고 있다. 미니 랜드브리지 방식은 해상운송을 이용하여 극동지역에서 북미 서해안까지 화물을 운송하고, 북미대륙횡단철도를 이용하여 북미 동해안 지역까지만 화물을 운송하는 형태이다.

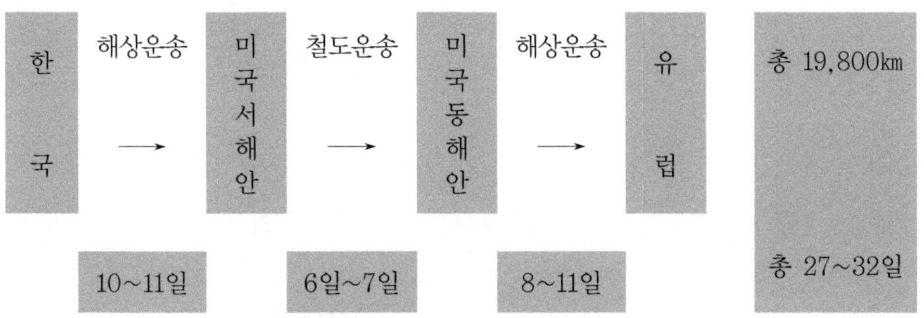

그림 3-6 ALB의 운송구간별 소요시간

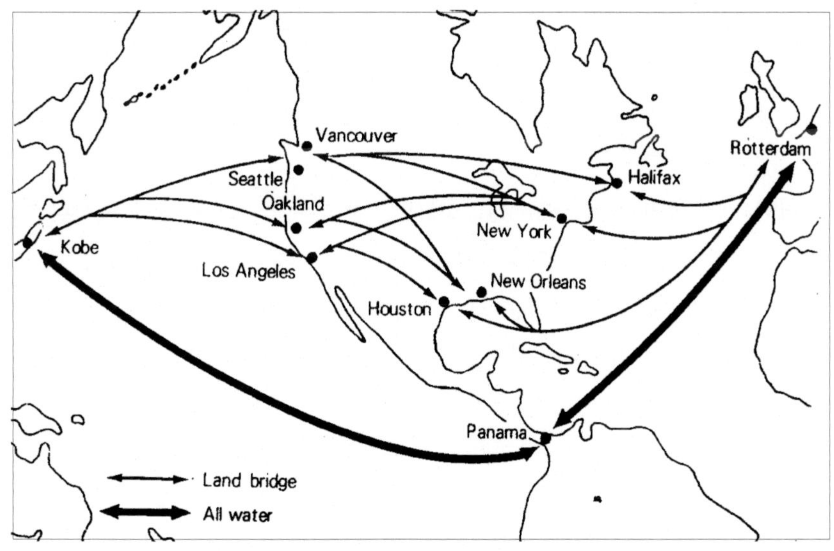

그림 3-7 ALB의 운송경로

마이크로 랜드브리지는 ALB와 마찬가지로, 해상운송을 통해 극동지역에서 북미 서해안까지 화물을 운송한 후에 북미대륙횡단철도를 이용하여 미국의 내륙도시까지 화물을 운송하는 방식으로서, 이른바 IPI(Inland Point Intermodal)이라고 부르고 있다. 공통운임 랜드브리지 방식은 극동에서 북미 서해안까지는 다른 랜드브리지 방식과 마찬가지로, 해상운송을 통해 화물을 운송한 다음 북미지역 내에서 공통운임이 부과되는 로키 산맥 동부지역까지만 철도운송을 통해 화물을 운송하는 형태이다.

(2) 캐나다 랜드브리지

캐나다 랜드브리지(Canadian LB) 방식은 ALB와 마찬가지로, 극동지역에서 캐나다의 서부해안(Vancouver)까지는 해상운송을 통해 화물을 운송하고, 서부해안에서 캐나다 횡단철도에 화물을 적재한 후 동부해안까지 철도운송을 통해 화물을 운송한 다음, 유럽대륙(Rotterdam, Antwerp)까지는 다시 해상운송을 통해 화물을 운송하는 방식을 말한다. 이와 같은 캐나다 랜드브리지 방식은 ALB 방식과 마찬가지로, 운송시간과 운송비용을 상당히 절감할 수 있는 것으로 나타나고 있기 때문에, 그 이용이 크게 증대될 것으로 전망된다.

(3) 시베리아 랜드브리지

시베리아 랜드브리지(Siberian LB: SLB)[16] 방식은 극동지역에서 해상운송을 통해 시베리아 횡단철도가 시작되는 나호트카, 보스토치니 등지로 화물을 운송하고, 이를 시베리아 횡단철도가 끝나는 모스크바까지 철도운송을 한 다음에, 이를 다시 해상운송을 이용하여 유럽대륙까지 화물을 운송하는 방식이다. SLB 방식은 시베리아 대륙횡단철도를 통해 화물을 운송한 이후에, 어떠한 운송수단을 이용하여 유럽지역까지 운송하는가에 따라 다음과 같은 네 가지의 형태로 구분된다.

① 제1유형(Trans Rail) : 유럽지역까지 철도로 계속 운송하는 방식

② 제2유형(Trans Sea) : 유럽까지 해상운송을 통해 운송하는 방식

---

16) SLB는 TSR(Trans Siberian Railway) 또는 TSCS(Trans Siberian Container Service)라고도 한다.

③ 제3유형(Tracon) : 트럭을 이용하여 유럽까지 운송하는 방식

④ 제4유형(Sea & Air) : 해상과 항공운송을 연계하여 운송하는 방식

위의 SLB의 유형 중에서 엄밀한 의미에서의 랜드브리지 형태는 유럽까지 해상운송을 이용하여 운송하는 제2유형(Trans Sea)이며, 나머지 방식들은 SLB 방식의 변형된 형태이다.

(4) 중국대륙 랜드브리지

중국대륙철도를 이용한 중국대륙 랜드브리지(Trans China Railway LB) 방식은 극동지역에서 중국의 연운항까지 해상 운송한 화물을 중국대륙횡단철도를 경유하여 철도운송 한 다음, 이를 다시 해상운송을 통하여 로테르담이나 안터워프 등의 유럽지역까지 운송하는 방식이다. TCR 방식의 대표적인 운송경로를 살펴보면 다음과 같다.

① 연운항 → Aktogai → 바르샤바 → 베를린 → 로테르담

② 연운항 → 모스크바 → 스몰랜스크 → 로테르담

③ 연운항 → Aktogai → 브레스트 → 로테르담

④ 연운항 → Almaty → 테헤란

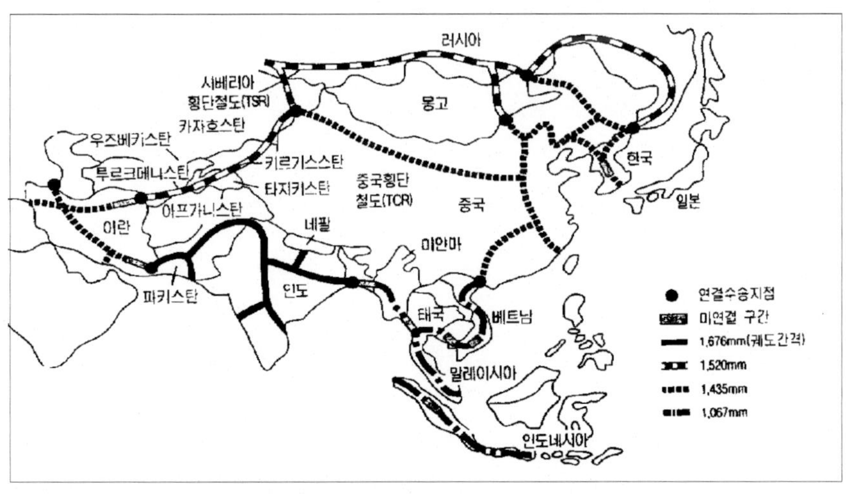

자료원: ESCAP

그림 3-8 TSR과 TCR의 운송경로

TCR 방식은 SLB 방식에 비해 위도가 낮기 때문에 화물의 손상이나 파손이 적으며, 운송거리 면에서도 약 2,000km 정도 단축할 수 있기 때문에, 운송기간도 4-5일 정도 짧게 걸린다. 따라서 전체적인 물류비 및 운송비용을 약 20% 가량 절감할 수 있는 장점을 갖고 있기 때문에, 활용가능성이 매우 높은 방식이라 할 수 있다.

(5) 아시아 랜드브리지

아시아 랜드브리지(Asia LB) 방식은 한국의 경의선, 경원선 철도와 시베리아 및 중국대륙횡단철도를 연계하여, 화물을 유럽지역까지 운송하고자 하는 방식이다. 이 방식은 일본 및 중국 등지의 동북아시아 지역에서 화물을 부산항까지 해상운송한 후, 한국철도를 통해 TSR 및 TCR를 경유하여 유럽지역까지 연결됨으로써, 동북아시아의 중요한 물류경로로 자리 잡게 될 것으로 기대되고 있다.

이와 같은 사업의 추진으로, 우리나라는 상당한 물류비 경감효과를 누릴 수 있으며, 그동안 해상운송의 문제점으로 지적되어 온 운송기간의 장기화 및 운송지연 등의 문제를 해결할 수 있다. 또한 북한 및 러시아의 입장에서도 상당액의 통과수수료를 획득함으로써, 커다란 경제적 이익을 얻을 수 있을 것으로 전망된다.

13 Chapter 운송서류

제1절 선하증권

1. 선하증권의 의의

선하증권(Bill of Lading)은 선박에 화물을 적재하여 해로를 통해 화물을 운송하고자 화주가 해상운송업자와 운송계약을 체결하는 경우에, 그 운송계약의 증거서류로서 선박회사가 발행하는 운송서류이다. 일반적으로, 화주는 화물을 선박에 적재할 수 있는 장소까지 운반하고, 이를 수취한 본선의 선장은 화물을 선박에 선적하고 그 증거서류로서 본선수취증(Mate's Receipt)을 화주에게 교부하게 된다. 화주는 본선의 선장으로부터 교부받은 본선수취증을 선박회사에 제시하고, 선박회사는 이를 근거로 하여 선하증권을 발행하는 것이다.[1)]

선하증권은 육상운송의 화물수취증과 같이 운송계약의 증거서류로서의 역할과 화주로부터 화물을 해상운송업자가 수취하였다는 사실을 입증하는 역할뿐만 아니라, 화물의 권리를 나타내는 권리증권(Document of Title)으로서의 역할을 수행하는 매우 중요한 서류이다.

1) 그러나, 실무적으로는 선박회사가 본선수취증을 화주에게 교부하지 않고, 본선수취증을 근거로 선하증권을 발급하여 화주에게 교부하고 있다.

2. 선하증권의 유형

1) 선적 선하증권과 수취 선하증권

선적 선하증권(Shipped or On Board B/L)은 증권면에 "Shipped" 또는 "Shipped on Board"와 같이 실질적으로 화물의 선적 완료를 증명하는 문구가 표시되어 있다. 수취 선하증권(Received B/L)은 지정 선박이 아직 부두에 정박하지 않았거나 입항조차 하지 않은 상태에서 화물을 선박회사의 부두창고에 입고시킨 경우, 선적을 위한 수취(Received for Shipment) 형식으로 발행되는 선하증권의 형태를 말하는데, 복합운송이 보편화된 오늘날에는 선적(Shipped on Board)의 개념보다는 인수(Taken in Charge)의 개념이 더욱 중요하기 때문에, 수취 식으로 발행된 선하증권을 인정하지 않을 수 없다.

2) 무고장 선하증권과 고장 선하증권

무고장 또는 무사고 선하증권(Clean B/L)은 본선 상에 계약 화물을 선적할 때, 그 화물의 상태가 양호하고 수량이 맞아 비고(Remarks)란에 아무 것도 기재되지 않고, 증권면에 "외관상 양호한 상태로 선적된"(Shipped on Board in Apparent Good Order and Condition)이라고 표시되어 있는 선하증권을 말한다.

고장 또는 사고부 선하증권(Foul or Dirty B/L)은 비고란에 "6 Bags Torn", "5 Packages Short in Dispute", "3 Cases Loose Strap" 등 선박회사가 인수할 당시 포장 상태가 불완전하거나 수량이 부족한 경우에 이러한 사실을 증권 상에 기재하게 되는데, 이와 같은 내용이 기재되어 있는 선하증권이다.

3) 기명식 선하증권과 지시식 선하증권

기명식 선하증권(Straight B/L)은 선하증권의 수하인(Consignee)란에 수하인인 수입업자의 이름이 명확히 기재되어 있는 선하증권을 말한다. 이러한 기명식 선하증권은 무역화물에는 이용되지 않고, 이삿짐 또는 개인의 물품을 발송하는 경우에 주로 이용되고 있으며, 유통이 되지 않으므로 송하인의 배서는 필요하지 않다.

예를 들어, 선하증권의 수하인 란에 "Mr. Yoo"으로 되어 있다면, "Mr. Yoo"가 양도하지 않는 이상 다른 사람에게는 화물에 대한 권리가 전혀 없는 것이다.

지시식 선하증권(Order B/L)은 선하증권의 수하인 란에 특정의 수하인명이 기재되지 않고, 단순히 "to Order", "to Order of Shipper", "to Order of Bank" 등으로 기재하여 양도를 목적으로 한 선하증권으로서, 대부분의 무역거래에서 사용되고 있는 선하증권의 형태이다. 실무적으로, 지시식 선하증권의 경우 수입업자의 이름과 주소는 수하인란이 아니고 통지수령인(Notify Party)란에 기재되며, 수입업자가 화물 혹은 화물인도지시서(Delivery Order)를 선박대리점에서 수취하기 위해서는, 이와 상환으로 정당하게 배서된 선하증권 원본 1통을 제출하여야 한다.

4) Forwarder's B/L

운송주선인(Freight Forwarder)은 고유의 운송주선인과 운송계약 당사자인 운송주선인의 2종류가 있다. 전자는, 자기의 명의로 위탁자(송하인)의 계산으로 고유한 의미에서의 물건운송의 주선 내지 그에 부수하는 업무의 수행을 영업으로 하는 운송주선인을 말하며,[2] 후자는, 직접 운송을 하거나 운송을 인수한 것으로 인정되어 운송인과 동일한 권리와 의무를 갖게 되는 운송주선인을 지칭한다.[3] 유사한 개념으로는 복합운송주선인이 있다.

고유의 해상운송인의 경우에는, 운송주선인은 화주로부터 화물운송의 주선을 의뢰받고 운송인과의 사이에 자기의 이름으로 운송계약을 체결하게 된다. 따라서 운송인과 운송주선인 사이에 있어서는 운송주선인이 화주로서의 지위에 선다.

그러나 후자의 경우는 운송주선인이 직접 선박을 소유하거나 용선하여 해상 운송인이 되거나, 선하증권을 발행하여 운송인이 되므로 선박의 운항과 관련한 책임주체가 된다.[4] 이 때 발행되는 B/L이 Forwarder's B/L이다.

---

2) 우리나라 상법 제114조.
3) 우리나라 상법 제116조 2항.
4) 김인현, "선박운항과 관련한 책임주체 확정에 대한 연구", 고려대학교 대학원 박사학위논문, 1998.12, p.50.

5) Groupage B/L과 House B/L

운송주선인은 개개의 송하인으로부터 동일한 목적지로 가는 다양한 종류의 소량화물을 집하하여 하나의 "Group"으로 선적할 수 있다. 이 때 선박회사가 집단화물에 대해 발행하는 선하증권이 Groupage B/L(집단선하증권)이다. 한편 운송주선인은 Groupage B/L을 직접 교부할 수 없기 때문에, Groupage B/L을 기초로 개별 송하인에게 House B/L을 발급해 준다.

6) 통선하증권(Through B/L)

복수의 운송인이 관여한 통운송에 대한 운송증권으로서, 1인의 운송인이 2종 이상의 운송수단으로 운송하는 경우와, 2인 이상의 운송인이 공동으로 운송할 경우, 운송인간에 승계운송계약이 체결되기 때문에, 최초의 운송인이 전 구간에 대하여 발행하는 B/L이다. 통운송은 동종운송수단 또는 이종운송수단 모두 가능하나 복합운송은 이종운송수단과의 결합을 말한다.

7) Switch B/L

중계(삼각무역, 삼국간무역)에 주로 사용되는 중계무역을 완성시키는 중계인용 운송증권으로서 중계업자가 원수출자를 노출시키지 않기 위하여, 화물을 실제 수출한 지역에 속한 선사, 포워더가 발행한 B/L을 근거로 제 3의 장소에서 Sipper와 원수출자를 중계업자를 교체하여 발급받는 B/L을 말한다.

8) Third-Party B/L

물품이 제3자에게 전매되는 과정에서 신용장발행의뢰인이 수익자의 성명을 제3자에게 비밀로 하고 싶을 때 이용되는 B/L로서 B/L면의 송하인이 수익자가 아닌 제3자로 기재된 B/L을 말한다.

9) Surrender B/L

일반적으로 화주(Shipper)는 운송인에게서 원본(Original) 선하증권을 발급받아야 하나 실제 발급받지 않고 송하인이 배서하여 운송인에게 반환 또는 제출(Surrender)함으로써 선하증권의 유통성이 소멸된 모든 선하증권을 Surrender 선하증권이라 한다. 이는 선하증권의 종류라기보다는 운영방식으로 볼 수 있다.

3. 선하증권의 성질

전통적으로, 선하증권은 요인증권, 요식증권, 문언증권, 제시증권, 상환증권, 지시증권, 처분증권과 같은 법률적 성질을 가지고 있다. 이러한 내용을 구체적으로 살펴보면 다음과 같다.

1) 요인증권

요인증권이라 함은 증권 상의 권리관계가 성립하려면 특정의 요인을 충족하여야만 하는 것을 말한다. 예를 들어, 수표나 어음과 같은 불요인 증권은 그것이 발행됨으로써 권리관계가 즉시 성립되지만, 선하증권은 그렇지 않다. 다시 말해서 선하증권 상의 권리관계가 형성되려면 선박회사가 화물을 수령하거나 적재하는 행위를 필요로 한다는 것이다. 따라서 화물을 수령하거나 적재하지 아니하는 경우 선하증권은 자동적으로 무효가 된다. 선하증권이 무효가 된다는 것은 수하인이 선하증권을 도착항에서 선박회사에 제시하여도 화물을 인도 받을 수 없다는 것을 의미한다.

2) 요식증권

요식증권이란 증권 상의 기재사항이 법적으로 정해져 있는 유가증권을 말한다. 선하증권은 그 기재사항이 상법에 의해 정해져 있기 때문에 요식증권에 해당된다. 왜냐하면, 선하증권의 경우 유통될 것을 목적으로 발행되는 것이기 때문에, 선하증권을 양수하는 제3자가 증권 상의 기재사항만으로도 그 권리관계를 이해할 수 있어야 하고, 또한 선하증권은 운송계약의 증거서류이기 때문에 그러한 운송계약의 내용을 증권 상에 기재해야 하는 것이다.

그런데, 요식증권에는 법적으로 정해진 기재사항 이외의 내용은 무효로 취급하는 증권형식과 법정기재사항 이외의 임의기재사항을 인정하는 증권형식이 존재한다. 대표적으로 수표나 어음 등이 법정기재사항만을 인정하는 증권에 해당되며, 선하증권은 법정기재사항 이외에도 임의기재사항을 인정하고 있는 증권형태이다.

3) 문언증권

문언증권은 증권 상의 권리관계가 증권면에 명기된 문언에 의해 정해지는 것을 말하는데, 선하증권의 경우 화주와 운송인의 권리관계가 증권에 명기되어 있는 대표적인 문언증권이라 할 수 있다. 이는 증권 상에 명기되지 아니하는 어떠한 관습적 또는 관례적 권리관계 등은 인정하지 않음을 의미한다.

4) 인도증권

인도증권이란 증권 상의 권리를 행사할 수 있는 자에게 증권을 인도함으로써, 증권 상에 명기된 화물의 권리를 인도하는 것과 동일한 효력을 갖는 것을 말한다. 선하증권의 경우, 이를 인도함으로써 화물의 권리를 인도하는 것과 동일한 효력을 갖고 있는 인도증권에 해당된다. 즉, 선하증권의 선의의 소지인(Bona-Fide Holder)이 화물의 권리를 행사할 수 있는 것이다.

5) 제시증권

제시증권이란 증권에 명기된 권리를 행사할 때 채무자(발행자)에게 증권의 제시를 요하는 증권을 말하는데, 선하증권의 경우 이러한 제시증권에 해당된다. 따라서 선하증권 상의 수하인이 화물을 선박회사로부터 인도 받기 위해서는 반드시 선하증권을 선박회사에 제시해야 하며, 선하증권 이외의 기타 정당한 방법으로 화물의 권리를 입증하더라도 수하인은 화물을 인도 받을 수 없는 것이다. 예컨대, 화물은 목적 항에 도착하였으나, 선하증권이 도착하지 않으면 수하인은 화물을 인도 받을 수 없다.

그러나 이러한 선하증권의 특성으로 인해 선의의 수하인이 커다란 손해에 직면할 수 있기 때문에 선하증권이 화물보다 늦게 도착하는 경우에는, 수하인이 화물을 선박회사로부터 먼저 인수하고 추후에 선하증권이 도착하면 이를 선박회사에 제출할 수 있도록 하는 이른바 수입화물선취보증장(Letter of Guarantee: L/G)을 발급하여 화물을 인수할 수 있도록 하고 있다. 따라서 수입화물선취보증장과 상환으로 화물을 수하인에게 인도하는 선박회사는 상당한 주의를 기울여 수입화물선취보증장의 진위성 여부를 판단하는 것이 필요하다.

6) 상환증권

상환증권은 증권과 상환하지 않고는 채무를 이행할 필요가 없는 증권을 말하는데, 선하증권이 이에 해당한다. 따라서 선박회사는 운송물을 선하증권과 상환으로 수하인에게 인도해야 하는 것이다.

7) 처분증권

증권 상에 명기된 물품에 관한 처분은 반드시 증권으로서 하여야 하는 것을 처분증권이라 한다. 선하증권 또한 이러한 처분증권의 일종이라 할 수 있다.

8) 지시증권

지시증권은 증권 상의 지시인 또는 그 지시인에 의해 지시된 자만이 증권 상의 권리를 행사할 수 있는 증권을 말하는데, 선하증권의 경우 이러한 지시증권의 일종이라 할 수 있다.

4. 선하증권의 내용

선하증권의 양식은 항로, 선박회사 등에 따라 다소간의 차이를 보이고 있을 뿐만 아니라, 운송대상 화물이 재래선 화물인지 아니면 컨테이너 화물인지에 따라서

도 차이를 보이고 있다. 그러나 이러한 차이는 선하증권의 본질상 대동소이한 것으로 볼 수 있으며, 정기선운송 화물의 경우 대부분이 일반잡화물로서 컨테이너선을 이용하여 운송되고 있기 때문에 여기서는 컨테이너선 운송을 위해 작성된 선하증권의 기재사항을 중심으로 설명하고자 한다.

일반적으로, 선하증권은 ① 선하증권임을 나타내는 문자, ② 전문, ③ 주체, ④ 법적으로 정해진 법정 및 필수기재사항, ⑤ 특약에 의해 약정된 내용인 임의기재사항 등으로 구성되어 있는데, 본서에서는 법정기재사항과 임의기재사항을 중심으로 설명하고자 한다.

(1) 법정기재사항

우리나라 상법 제814조에서는 선하증권은 다음의 내용을 명기하여 운송인이 기명날인 또는 서명하여야 한다고 규정하고 있다. 상법에서 규정하고 있는 선하증권의 법정기재사항은 다음과 같다.

① 선박의 명칭, 국적과 톤수
② 송하인이 서면으로 통지한 운송화물에 대한 명세
③ 운송물의 외관상태
④ 용선자 또는 송하인의 성명 또는 상호
⑤ 수하인 또는 통지수령인의 성명 또는 상호
⑥ 선적항
⑦ 양륙항
⑧ 운임
⑨ 발행지와 그 발행 연월일
⑩ 여러 통의 선하증권을 발행한 경우에는 그 발행통수

(2) 임의기재사항

선하증권의 임의기재사항은 대부분이 운송약관과 관련된 특약사항으로 구성되어 있다. 이와 같은 운송약관은 그 내용이 특약에 의해 다양할 뿐만 아니라, 송하인, 선하증권의 소지인, 수하인 등에게 불리한 점이 많으며, 대부분이 선하증권의 후면에 기재되어 있기 때문에 후면약관 또는 이면약관으로 부르기도 한다.

일반적으로 선하증권에 기재되는 임의기재사항은 항차번호(Voyage No.), 직전 운송수단(Pre-Carriage by), 수령지(Place of Receipt), 인도지(Place of Delivery), 최종목적지(Final Destination) 등이 있다.

5. 선하증권 약관

선하증권의 약관은 선박회사마다 그 양식이 다양하고, 또 재래선 화물이냐 컨테이너 화물이냐에 따라 차이가 있을 수 있다. 그러나 B/L이 공통적으로 포함해야 할 내용들은 대부분 포함하고 있어서 하나를 이해하면 다른 B/L을 이해하는 데는 어려움이 없다. 아래에서는 일반잡화의 대부분이 컨테이너로 운송되는 점을 고려하여, 우리나라에서 사용되고 있는 컨테이너 B/L에 규정되어 있는 약관 중에서 주요한 몇 가지 사항만을 검토해 보고자 한다.

(1) 최우선약관(Paramount Clause)

(A) The Hague Rules contained in the International Convention for the Unification of Certain Rules relating to Bills of Lading, dated Brussels the 25 August 1924 as enacted in the country of shipment shall apply to this contract. When no such enactment is in force in the country of shipment, the corresponding legislation of the country of destination shall apply but in respect of shipments to which no such enactment is compulsorily applicable, the terms of the said convention shall apply. In trades where the International Brussels Convention 1942 as amended by the protocol signed at Brussels on February 23rd 1968—the Hague Visby Rules—apply compulsorily, the provisions of the respective legislation shall be considered incorporated in this Bill of Lading.

(B) If this Bill of Lading covers Goods moving from ports of the United States in foreign trade, or if United States law is otherwise compulsorily applicable, then carriage of such Goods shall be subject to the provisions of the

United States Carriage of Goods by Sea Act, 1936, 46 U.S.C. sec. 1300—1315 as amended (hereinafter "U.S. COGSA"), the terms of which shall be incorporated herein, and the provisions of U.S. COGSA shall(except as otherwise provided in this Bill of Lading) govern throughout the time when the Goods are in the custody of the Ocean Carrier.

(C) All the terms of provisions and conditions of the Canadian Water Carriage of Goods Act, 1936, and of the rules comprising the schedule thereto are, so far as applicable, to govern the contract contained in this Bill of Lading and the ship owners are to be entitled to the benefit of all privileges, rights and immunities contained in such Act and in the schedule thereto as if the same were herein specifically set out. If anything herein contained be inconsistent with the said provision, it shall to the extent of such inconsistency and no further, be null and void. The Carrier shall be under no responsibility whatsoever for loss of or damage to Goods howsoever and wheresoever occurring when such loss or damage arises prior to the loading on and/or subsequent to the discharge from the company's ship.

『(A) 선적국에서 제정된 1924년 8월 25일 브뤼셀에서 서명한 선하증권에 관한 약간의 규칙통일을 위한 국제조약에 포함된 헤이그 규칙이 이 계약에 적용된다. 선적국에서 그러한 법령이 시행되고 있지 않는 경우에는 목적지국의 그러한 법률이 적용된다. 다만, 적하에 관하여 그러한 법령이 강행적으로 적용되지 않는 경우에는 상기조약의 규정이 적용된다. 1968년 2월 23일 브뤼셀에서 서명된 의정서에 의해 개정된 1924년 브뤼셀조약(헤이그-비스비 규칙)이 강행적으로 적용되는 거래에는 그 입법의 규정이 이 선하증권에 수용된 것으로 간주된다.

(B) 이 선하증권이 외국무역에서 미국항구로부터의 운송물을 커버하거나 또는 그 밖에 미국의 법률이 강행적으로 적용되는 경우에는 그러한 운송물의 운송은 1936년 미국의 해상물건운송법(United States Carriage of Goods by Sea Act,

1936, 46 U.S.C. sec. 1300—1315 as Amended: 이하 U.S. COGSA라 한다)에 준거하고, 그 법의 규정이 이 선하증권에 수용된다. 그리고 U.S. COGSA의 규정은 (이 선하증권에 달리 규정한 경우를 제외하고) 운송물이 해상운송인의 보관 하에 있는 전체기간에 적용된다.

(C) 1936년 캐나다 수상물건운송법의 모든 규정과 부대조항에 포함된 규칙은 그 적용범위 내에서 이 선하증권에 포함된 계약을 규율하고, 선주는 마치 그러한 규정이 이 선하증권에 명시적으로 규정되어 있는 것과 같이 그러한 법률 및 부대조항에 포함된 모든 특권, 권리 및 면책의 이익을 누릴 수 있다. 이 선하증권의 어떤 조항이 상기 규정과 일치하지 않는 경우 그러한 조항은 불일치되는 범위에서 무효이고, 그 이상은 영향을 미치지 않는다. 운송인은 멸실 또는 손상이 선적전 및/또는 상기회사 선박으로부터 양륙 후 발생하는 경우 그 손해의 발생원인 및 장소를 불문하고 일체의 운송물의 멸실 또는 손상이 선적전 및/또는 상기회사 선박으로부터 양륙 후 발생하는 경우 그 손해의 발생원인 및 장소를 불문하고 일체의 운송물의 멸실 또는 손상에 대하여 책임을 지지 아니한다.』

해설 최우선약관은 이 선하증권이 특정법의 지배를 받는다는 점을 규정하고 있다. 즉, B/L에 의해서 증명된 운송계약은 헤이그 규칙, 헤이그-비스비 규칙, 선적국 또는 양륙국의 해상화물운송법(COGSA) 등을 적용한다고 명시하고 있다. 따라서 B/L이 발행된 경우, 분쟁이 발생하면 먼저 최우선약관을 점검할 필요가 있다. B/L에 운송인 및 화주의 권리의무가 명시되어 있지 않더라도, 헤이그 규칙, 헤이그-비스비 규칙 또는 COGSA를 적용한다고 최우선약관에 규정되어 있으면, 거기에 규정된 권리의무를 보면 된다.

종래의 우리나라 상법은 헤이그 규칙의 기본원칙을 부분적으로 수용하고 있었으나, 개정 상법은 헤이그-비스비 규칙도 수용하고 있다. 따라서 이 약관에서는 헤이그규칙 이외에 헤이그-비스비 규칙도 추가하고 있다.

(2) 공동해손/신제이슨약관(New Jason Clause)

(A) General average shall be adjusted, stated, and settled at the port or place of the Ocean Carrier's option and according to the York-Antwerp Rules, 1994 and, as to matters not provided for by those Rules, according to the laws and usages of the port or place of adjustment, and in the currency selected by the Ocean Carrier. The general average statement shall be prepared by the adjusters appointed by the Ocean Carrier. Average agreement or bond and such cash deposit as the Ocean Carrier may deem sufficient to cover the estimated contribution of the Goods and any salvage and special charges thereon, and any other addition securities as the Ocean Carrier may require, shall be furnished by the Merchant to the Ocean Carrier before delivery of the Goods.

(B) In the event of accident, danger, damage, or disaster before or after commencement of the voyage, resulting from any cause, whether, due to negligence or not, for which or for the consequences of which the Ocean Carrier is not responsible by statute, contract, or otherwise, the Goods and the Merchant shall jointly and severally contribute with the Ocean Carrier in general average to the payment of any sacrifices, loss, or expenses of a general average nature that may be or incurred, and shall pay salvage and special charges incurred in respect of the Goods. If a salving ship is owned or operated by the Ocean Carrier, salvage shall be paid for as fully and in the same manner as if such salving ship belonged to strangers.

『(A) 공동해손은 1994년 요오크 ㅁ 앤트워프규칙에 따라, 또 이 규칙에 규정이 없는 사항에 대하여는 정산이 행해지는 항구 또는 장소의 법률 및 관습에 따라 해상운송인이 선택하는 항구 또는 장소에서 해상 운송인이 선택하는 통화로 정산된다. 공동해손정산서는 운송인이 선임한 정산인이 작성한다. 화주는 운송물의 인도전에 공동해손계약서 및 해상 운송인이 운송물의 추정분담금, 구조비 및 특별비용을 충당하기에 충분하다고 인정하는 현금공탁금, 그리고 해상 운송인이 요구하는 기타 추가담보를 제공하여야 한다.

(B) 항해의 개시 전 또는 개시 후에 사고 ㅁ 위험 ㅁ 손상 또는 재해가 발생한 경우

에는 그 원인이 무엇이든, 또 그것이 과실로 인한 것이든 아니든 불문하고, 그 과실에 대하여 또는 그 과실의 결과에 대하여 해상 운송인이 법률 ◻ 계약 ◻ 기타에 의하여 책임을 지지 아니하는 때에는, 운송물 및 화주는 해상운송인과 연대하여, 발생한 공동해손의 성질을 갖는 일체의 희생 ◻ 멸실 또는 비용의 지급에 관하여 공동해손으로 분담해야 하며, 또 운송물에 관하여 발생한 구조비 및 특별비용을 지급하여야 한다. 구조선이 해상운송인 에 의해 소유 또는 운항되고 있는 경우에도 구조비는 그 구조선이 제3자에 소속하고 있는 경우와 마찬가지로 전액을 동일한 방법으로 지급하여야 한다.』

해설 (A)항은 공동해손에 관한 조항으로서, 공동해손의 정산은 1994년 요오크 앤트워프(York Antwerp Rules: YAR) 규칙에 따른다고 규정하고 있다.
(B)항에 있는 신제이슨약관은 미국에서 생겨난 약관이다. 하터법 제4조는 선주가 감항성이 있는 선박을 제공하기 위하여 상당한 주의를 다하였다면, 선주는 선박의 항해상 또는 관리상의 과실로부터 생기는 손해에 대해서는 면책이 되는 것으로 규정하고 있다. 그러나 미국의 대법원은 1898년 Irrawady호 사건에서 선주는 자기의 사용인의 부주의에서 생긴 손해에 대하여 책임을 지지 않지만, 그렇다고 해서 선주가 자기의 손해를 적하에 분담시킬 수는 없다고 판결하였다. 따라서 각국의 선주는 선하증권에 미국발, 미국향 화물의 화주는 상기의 경우에 공동해손분담금을 부담해야 한다는 약관을 삽입하였다. 이 약관은 1912년 Jason호 사건에서 미국 대법원은 유효하다고 판결을 내림으로써 "Jason Clause"로 불리게 되었다. 그 후, 자매선(Sister Boat: 동일 선주의 소유선박)에 의해 구조된 경우의 구조비도 공동해손으로 인정된다는 취지를 추가한 것이 "New Jason Clause"이다.

(3) 쌍방과실충돌약관(Both to Blame Collision Clause)

If the Vessel comes into collision with as a result of the negligence of the other ship and any act, neglect, or default of the Master, crew, pilot, or agent of the Vessel or Ocean Carrier in the navigation or in the management of the Vessel, the Merchant shall indemnify the Ocean Carrier against all loss or liability incurred directly or indirectly to the other ship or her owner or operations insofar as such loss or liability represents loss of or damage to the Goods or any claim paid or payable to the Merchant by the other ship or her owners or operators and set-off, recouped, or recovered by the other ship or her owners or operators as part of their claim against the Vessel or Ocean Carrier. The foregoing provisions shall also apply where the owner, operators, or those in charge of any ship or objects other than or in addition to the colliding ships or objects are at fault in respect of a collision, contact, stranding, or other accident.

『본선이 상대방 선박의 과실과 본선의 항행 또는 취급상에 있어서 선장 ㅁ 해원 ㅁ 도선사 또는 본선 혹은 해상운송인의 대리인의 작위 ㅁ 부주의 또는 과실의 결과 타선박과 충돌한 경우, 화주는 상대선 ㅁ 그 소유자 또는 운항자가 화주에게 그 운송물의 멸실 또는 훼손, 기타 청구에 대하여 배상하였거나 또는 배상하여야 할 금액 중에서 상대선 ㅁ 그 소유자 또는 운항자가 본선 또는 해상 운송인에 대한 구상의 일부로서 상쇄 ㅁ 공제 또는 회수하는 한, 해상운송인의 상대선, 그 소유자 또는 운항자에 대해 직접 ㅁ 간접으로 부담하는 해상운송인의 손실 또는 책임을 해상 운송인에게 배상하여야 한다. 위의 규정은 충돌선 또는 충돌물체 이외의 선박 또는 물체의 소유자 ㅁ 운항자 또는 관리자가 충돌 ㅁ 접촉 ㅁ 좌초 또는 기타 사고에 대하여, 충돌선 또는 충돌물체와 함께 과실이 있는 경우에도 적용된다.』

해설 본 약관은 선박이 쌍방의 과실로 인하여 충돌한 경우 화주에 대한 배상책임과 관련하여 영국법과 미국법상의 견해에 큰 차이가 있어서 생겨난 것이다. 원칙적으로 영미법에서는 2인 이상의 기여과실(Contributory Negligence)[5]로 인하여 선의의 제3자가 손해를 입은 경우, 그 제3자는 과실이 있는 자 중 임의 1인 또는 과실자 전원으로부터 손해의 전액을 회수할 수 있다는 것이 보통법(Common Law)상의 기본원칙이다.[6] 이것을 「공동불법행위자의 연대책임」(the Joint and

5) 비록 법에 의해 원고는 자기의 이익을 보호받는다 하더라도, 만약 피고 측에서 아무리 적은 범위이지만 원고도 자신의 이익에 대하여 과실이 있었음을 입증한다면 원고도 패하게 되는 데, 이것이 기여과실의 원리이다.

6) 갈성조삼(葛城照三), 영문적하보험증권론(英文積荷保険證劵論), 조도전대학출판부(早稻

Several Liability of Joint Tortfeathers) 원칙이라 한다.

그런데, 영국은 1911년 해사조약법(Maritime Convention Act, 1911)에 의해 쌍방과실로 충돌한 경우 피해화주에 대해 공동불법행위자의 연대책임의 관계는 발생하지 않고, 과실의 정도에 따라 분담하는 이른바 과실비례주의원칙을 채택하였다.

하지만, 미국은 현재까지 적하의 손해에 대한 선주의 책임에 관하여 공동불법행위자의 연대책임이라는 법원리가 지배하고 있다. 예컨대, A선박(화물적재선)과 B선박(비적재선)이 충돌하고 그 과실비율이 50:50이었다고 하면, A선의 화주는 B선주에게 손해액 전액을 청구하여 회수할 수 있다. 그리고 불법행위자간에는 과실비율에 따라 손해를 분담하므로, B선주는 A선 적재화물의 배상금에 자기가 입은 기타 손해 일체를 가산한 합계액의 반을 A선주에게 청구한다. 그 결과 A선주의 입장에서 보면, 자선화물의 반액을 상대선(B선)을 거쳐 간접적으로 배상한 결과가 된다. 이렇게 되면 헤이그 규칙의 항해과실 면책이라는 취지에 어긋나므로, 미국의 선주는 선하증권에 이 쌍방과실약관을 삽입하여 상대선박을 거쳐 간접적으로 배상한 자기의 분담액을 화주에게 청구할 수 있도록 한 것이다.

이 약관이 선하증권에 삽입됨에 따라, 화주는 손해 전액을 상대선으로부터 회수하더라도 적재선의 분담액은 배상을 받지 못하는 결과가 된다. 이러한 화주의 손해를 보상하기 위해 적하보험증권에 첨부되는 협회적하약관에는 이 약관과 동일한 명칭의 쌍방과실충돌약관(Both to Blame Collision Clause)이 있다.

제2절 해상화물운송장

해상화물운송장(Non-Negotiable Sea Waybill: SWB)이 해상운송에 등장한 것은 1977년 1월 영국의 11개 선사들이 화물의 전매가 없는 운송을 위해, 영국선주협회의 권고로 대서양항로에서 이를 사용하기 시작하면서 부터였다.[7] 이것은 해상

田大學出版部), 1981, p.355.

7) 대표적인 서식이 UK standard liner waybill이다.

운송에 대하여 발행되는 선하증권[8]과 달리 단지 화물수령증을 표시한 증거증권이며 유가증권은 아니다.

최근 해운시장의 변화를 주도하고 있는 것은 컨테이너선의 대형화와 함께 신속화 현상의 급진전이라 할 수 있다. 따라서 물품이 운송서류보다 먼저 목적지에 도착하는 경우가 빈번히 발생하고 있다. 이와 같은 경우에 현행 상관습에서는 B/L 대신에 L/G를 이용하고 있으나, L/G보증에 따른 까다로운 절차와 비용, 그리고 L/G 위조 등으로 인해 많은 문제점이 발생하고 있다. 이러한 문제점을 해결하고 물품의 신속한 인도를 위해 해상화물운송장의 사용이 증가하고 있다.

해상화물운송장은 선하증권과는 달리 비유통성 증권으로서 화물의 인도 시에 해상화물운송장 자체의 제시가 이루어지지 않아도 무관하다는 점에서 그 효용이 크게 증가하고 있다. 대서양항로를 운항하는 컨테이너선에서 많이 이용되고 있으며, 또한 일본과 북미항로 및 극동 지역을 중심으로 송하인과 수하인이 모기업과 자회사의 관계에 있는 경우의 대부분이 해상화물운송장을 이용하고 있는 상황이다.

현재 사용되고 있는 SWB는 외견상 B/L과 거의 같다. 다만, "Bill of Lading" 대신에 "Waybill" 또는 "Sea Waybill"로 되어 있고, "증권과 상환하여 화물을 인도 한다"는 B/L의 문언 대신에 "SWB에 기재되어 있는 수하인에게 본인임이 입증되면 화물을 인도한다."고 명기되어 있다.

이와 같이 해상화물운송장을 이용한 화물운송은 일종의 무서류 거래(Documentless) 방식이기 때문에 EDI(Electronic Data Interchange) 방식에 관한 국제적인 통일규칙의 정비와 합의가 이루어진다면 이용률이 더욱 증대될 것으로 기대된다.

---

8) 해상화물운송장은 해상운송뿐만 아니라, 복합운송에도 사용이 가능하다. 복합운송에 사용되는 해상화물운송장의 대표적인 서식은 The P&O Container Limited Waybill을 들 수 있다.

제3절 용선계약서

1. 용선계약서의 의의

일반적으로, 용선계약은 대량의 산화물을 운송하고자 하는 경우에 선박 또는 선복을 용선하여 화물을 운송하는 해상운송 계약이다. 따라서 용선계약은 용선자와 선주 간에 직접 체결되거나 또는 용선중개인에 의해 성립하게 되는데, 이러한 용선계약의 체결에 따른 증거서류로서 선주와 용선자간에 작성하는 것이 용선계약서(Charter Party)이다. 용선계약서는 용선자와 선주가 맺은 용선계약의 증거증권일 뿐이며, 여타의 다른 법적 효력은 가지고 있지 않다.

2. 용선계약서의 특성

용선계약서는 선주와 용선자가 체결한 단순한 운송계약의 증거증권으로서 용선자와 선주의 의무와 책임을 규정해 놓은 계약서에 불과하다. 이러한 용선계약서의 특성을 정기선운송의 개품운송계약의 증거서류인 선하증권과 비교하여 설명하면 다음과 같다.

1) 발행자

선하증권은 선주 또는 그 대리인에 의해 발행되고 또한 서명된다. 여기서, 송하인은 선하증권 상에 아무런 서명을 하지 않는 것이 일반적이다. 그러나 용선계약서는 용선자와 선주가 함께 작성하여 서명을 병기하게 된다. 한편 선하증권의 경우 송하인의 서명이 있는 경우가 있는데, 이는 증권 상에 명기된 운송조건에 대한 확인을 의미하는 것일 뿐이며, 송하인의 서명 유무에 관계없이 선하증권은 효력을 갖는다.

2) 발행 시기

일반적으로, 선하증권은 운송인에 의해 화물이 적재되거나 또는 적재할 것을 목적으로 화물을 운송인이 수령한 시점에서 발행된다. 그러나 용선계약서는 용선계약의 이해관계자인 선주와 용선자가 용선계약을 체결할 당시에 발행되기 때문에, 화물을 선주가 인도 받기 이전에 발행되게 된다. 이는 용선계약서의 경우 선하증권과 같이 권리증서가 아니라, 단순한 용선계약의 증거서류로서의 역할을 수행하고 있기 때문이다.

3) 법적성질

선하증권은 증권의 인도가 증권 상에 명기된 화물의 권리를 인도하는 것과 동일한 효력을 갖고 있지만, 용선계약서의 경우에는 화물에 대한 권리증권의 역할을 하지 않는다.

4) 기재내용

선하증권은 그 기재할 사항이 법적으로 정해져 있는 요식증권이지만 용선계약서의 경우에는 법정기재사항이 없고, 선주와 용선자간에 계약을 체결할 당시에 협의하여 기재할 내용을 정한다.

3. 용선계약서의 내용

화주와 선주 간에 용선계약서를 체결하는 경우의 대부분은 항해용선계약이다. 특히 용선계약서를 작성한다는 것은 화주와 용선자간의 권리와 책임관계를 명확히 한다는 의미를 갖고 있다. 이와 같은 용선계약서의 형식은 화물의 종류 및 항로에 따라 여러 가지 서식이 사용되고 있는데, 그 수는 100여 종류가 넘는 것으로 알려져 있다.

이에 본서에서는 가장 보편적으로 사용되고 있는 항해용선계약의 대표적인 용선계약서 양식인 이른바 GENCON 서식을 중심으로, 그 내용을 살펴보면 다음과 같다.

(1) 계약당사자의 성명

선주(Shipowner) 및 용선자(Charterer)의 성명을 기재하고, 대리인인 경우에는 "오직 대리인으로서(as Agent Only)"라는 문언을 기재한다.

(2) 선박명

용선계약은 특정선박의 선복을 용선하는 계약의 형태이기 때문에 용선하는 선박의 이름(Name of Vessel)을 정확히 기재하여야 한다. 다만, 용선하고자 하는 선박의 이름이 확인되지 않은 경우에는 "A호 또는 그 대체선(M/S A or Substitute)" 등과 같이 기재하여 두고, 추후에 선박이 결정되면 이를 화주에게 통지하는 것이 관행이다.

(3) 적재품목

선박을 용선하여 적재하고자 하는 화물의 종류는 용선운임 및 선박의 감항능력의 결정과 밀접한 연관을 맺고 있으므로 적재품목을 명확하게 기재해야 한다. 구체적으로, 밀(Wheat in Bulk), 쌀(Rice in Bag) 등과 같이 화물의 세부적 품목을 기재하거나 곡물(Grain in Bulk) 등과 같이 기재하면 된다.

(4) 적재수량

화물의 적재수량은 선박의 적재능력과 실제 적재톤수를 실무적으로 정확하게 합치시키기 어렵기 때문에 명확한 수량을 명기하는 것보다는 몇 퍼센트의 과부족(More or Less)을 용인하는 내용을 기재하는 것이 보통이다.

(5) 선적항과 양륙항

선적항(Loading Port)과 양륙항(Discharging Port) 등은 일반적으로 화물의 선적과 양륙작업이 이루어지는 항구 명을 기재하거나, 하역의 편의를 제공하기 위해 항구내의 특정지점이나 장소를 지정하기도 한다. 물론, 어떠한 경우에도 선적항과 양륙항은 안전항(Safety Port)이어야 한다.

(6) 운임률 및 운임의 지급조건

항해용선운임은 통상적 능력과 운임률에 따라 결정되는데, 일반적으로 운임률은 "1,000kg당 미화 2,500(USD 2,500 per 1,000kg)" 등과 같이 기재하며, 운임지급조건은 운임의 선불(Prepaid) 및 후불(Collect), 운임의 지급장소, 환율 등을 사전에 합의하여 기재한다.

(7) 하역비용의 부담

화물의 하역과 관련된 요금을 선주 또는 용선자 중에서 어느 쪽이 부담할 것인가를 합의하여 명기한다. 일반적으로, 하역비를 누가 부담하는가에 따라서 Berth 조건, FI 조건, FO 조건, FIO 조건 등이 사용되고 있다.

(8) 정박기간

선박이 화물의 선적과 양륙을 위해 선적항 및 양륙항에서 작업하는 기간을 정박기간(Laydays or Laytime)이라고 하는데, 이러한 선박의 정박기간에 대하여 선주와 용선자간에 사전에 합의하여 용선계약서에 명시하여야 한다. 만약, 합의된 정박기간을 초과하게 되면 용선자는 선주에게 체선료(Demurrage Charge)를 지불하게 되며, 정박기간 이내에 하역작업을 완료한 경우에는 선주가 용선자에게 조출료(Despatch Money)를 지불하게 된다. 따라, 정박기간을 결정하는 것은 매우 중요한데, 결정방법으로는 다음과 같은 형태가 이용되고 있다.

① 관습적으로 빠른 하역(Customary Quick Despatch: CQD)

이 방식은 항구의 하역능력이 상이하기 때문에 선박의 정박기간을 산정할 수 없을 경우, 취항하는 항구의 관습적 하역방식과 하역능력에 따라, 가능한 한 빠른 시간에 하역할 것을 약정하는 형태이다. 이와 같은 CQD 방식에서는 일요일, 공휴일 및 야간작업에 대한 사항도 그 항구의 관례에 따르게 된다.

② 연속정박기간(Running Laydays)

선박이 하역작업을 개시한 날부터 하역작업을 종료한 날까지의 모든 일자를 정박기간으로 산정하는 방식이다. 따라서 공휴일, 악천후, 파업 및 동맹파업 등과 같은 사유로 인해 실세로 하역삭업을 하지 않았더라도 정박기간에 포함시키는 방식이다.

③ 실제 작업 일에 따른 정박기간(Weather Working Days: WWD)

악천후와 같은 요인으로 인해 하역작업이 이루어지지 않은 경우에는 그 날을 정박기간에서 제외하는 방식으로 선주와 용선자간에 가장 널리 합의되고 있는 방식이다. 이 경우 하역작업의 속행여부는 화물의 특성과 종류에 따라 결정된다. 또한 공휴일과 일요일의 경우에는 정박기간에서 제외되는 것이 원칙적으로 인정되고 있으나, 보다 확실히 하기 위해서 "공휴일 및 일요일 제외(Sunday and Holiday Excepted: SHEX)"라는 문언을 용선계약서에 명기하는 것이 보통이다.

한편 일요일 및 공휴일에 작업을 안 하면 산입하지 않고 작업을 하면 산입한다는 조건이 있을 수 있다. 이 경우에는 "Sunday and Holiday Excepted Unless Used"로 명기된다.

(9) 정박기간의 개시일자

보통 정박기간의 개시일자는 용선계약서에 명시하는 것이 원칙이며, 정확한 개시일자는 선적 및 하역작업 완료통지서(Notice of Readiness)를 수령한 날짜를 정박기간의 개시일자로 간주한다.

일반적으로, 선적 및 하역작업 완료통지서(N/R)가 오전에 송달된 경우에는 오후 1시부터, 오후에 송달된 경우에는 다음날 오전 8시부터를 정박기간으로 산정하는데, 이와 같이 정박기간을 산정하는 경우를 1/8 GENCON 서식이라 부른다.

제4절 항공화물운송장

1. 항공화물운송장의 의의

항공화물운송장(Airway Bill: AWB)은 항공회사가 화물을 항공기로 운송하는 경우 송하인과 항공회사 간에 운송계약의 체결을 증명하는 육상운송의 화물수취증 및 해상운송의 해상화물운송장에 해당하는 기본적인 운송서류이다.

이와 같은 항공운송장(AWB)은 항공운임의 청구를 나타내는 운임계산서이며, 운송회사의 화물 수취를 증명하는 화물수취증의 역할을 하고 있다. 또한 항공운송 계약을 증명하는 운송계약서의 기능뿐만 아니라, 송하인이 보험에 가입한 경우 보험가입 증서로 이용되기도 하며,[9] 통관 시에는 세관신고를 위한 서류로 이용되기도 한다. 그러나 선하증권과 같이 운송화물의 권리를 나타내는 권리 증권은 아니다.

2. 항공화물운송장의 특성

항공화물운송장의 특성을 해상운송의 선하증권과 비교해 보면, 다음과 같은 차이가 있다.

첫째, 선하증권은 화물에 관한 권리를 나타내는 유가증권인데 반해서, 항공화물운송장은 단순히 항공운송 계약의 증거서류로서 유가증권이 아니다.

둘째, 선하증권은 일반적으로 유통될 것을 목적으로 발행되기 때문에 유통성을 가지고 있으며 발행형식 또한 증권에 의해 권리를 지시하는 지시식으로 발행되는 것이 일반적이지만, 항공화물운송장은 유통성도 없고 발행형식도 기명식으로 발행된다. 이는 선하증권이 권리증권이며 유통증권인데 반해 항공화물운송장은 그렇지 않음을 의미하는 것이다.

셋째, 선하증권은 선박회사가 화물을 적재하거나 적재하기 위해 화물을 수령하

9) AWB에 보험금액 및 보험료를 기재한 화주보험(Air Waybill 보험)을 부보한 경우에는 보험증서로서의 기능을 한다.

는 시점에서 선적식 또는 수취식으로 발행되지만 일반적으로 선적 선하증권이 통용되고 있는데 비해, 항공화물운송장은 항공회사가 화물을 수취한 시점에 발행되는 것이 보통이다.

끝으로, 선하증권의 작성인은 선박회사인 운송회사인데 비해, 항공화물운송은 항공회사가 아닌 송하인이 원칙적으로 작성한다.[10)]

표 3-9 항공화물운송장과 선하증권의 비교

	항공화물운송장	선하증권
법 적 성 격	유가증권이 아님	유가증권
유 통 성	비유통성(Non-Negotiable)	유통성(Negotiable)
발 행 방 법	기명식	지시식(무기명식)
발 행 시 기	화물 수취시 발행(수취식)	적재시 발행(선적식)
작 성 자	송하인이 작성	운송회사가 작성

제5절 복합운송증권

1. 복합운송증권의 의의

복합운송증권(Multimodal Transport Document)은 이종의 운송수단을 결합하여 화물을 운송하기 위해 복합운송인과 화주가 복합운송계약을 체결하는 과정에서 그 계약의 증거서류로서 발행되는 운송서류를 말한다. 이러한 복합운송증권은 전 운송구간에 걸쳐 적용되는 것이며, 선하증권과 마찬가지로 복합운송 계약의 증거서류일 뿐만 아니라, 화물에 대한 권리 증권으로서의 기능을 수행한다.

10) 우리나라는 운송인(항공사)이 항공화물운송장을 작성 ㅁ 교부하고 있다. 운송인이 송하인의 동의하에 작성하더라도, 그것은 송하인을 대신하여 작성한 것으로 추정한다.

2. 복합운송증권의 유형

복합운송증권은 그 발행주체에 따라 실제운송인이 발행한 복합운송증권과 운송주선인이 발행한 복합운송증권으로 구분된다. 이때 운송주선인은 복합운송인 또는 그 대리인의 자격으로 행동하는 자를 말한다. 따라서 현재 사용되고 있는 복합운송증권은 다음과 같이 분류할 수 있을 것이다.

1) 실제운송인이 발행한 복합운송증권

실제 운송인이 발행한 복합운송증권은 기존의 선하증권에 복합운송을 의미하는 명칭을 붙인 Multimodal Transport B/L, Combined Transport B/L, Intermodal Transport B/L, Through B/L 등으로 발행된다.

2) 운송주선인이 발행한 복합운송증권

운송주선인의 국제적인 조직인 FIATA[11]가 제정한 표준양식에 의거하여 발행된 복합운송서류로서 보통 FBL또는 FIATA FBL이라 한다. 현재 우리나라를 비롯하여 세계적으로 통용되고 있는 FBL은 지난 1992년 UNCTAD/ICC 복합운송증권 규칙에 준거하여 개정, 1994년 3월 1일부터 사용한 것으로 "Negotiable FIATA Multimodal Transport Bill of Lading issued subject to UNCTAD/ICC Rules for Multimodal Transport Documents (ICC Publication 481)"로 상단에 표시되어 있다.

한편 복합운송증권 상에 명기된 복합운송인의 책임원칙에 따라 이종책임 복합운송증권, 단일책임 복합운송증권, Tie-Up방식의 복합운송증권, 수정책임 복합운송증권 등으로 나누어 볼 수 있다. 예컨대, 복합운송인의 책임의 원칙과 손해배상한도가 각 운송수단에 적용되는 규칙 또는 조약에 규정된 사항을 따르도록 되어 있는 것은 이종책임 복합운송증권이 되는 것이고, 하나의 규칙 또는 조약을 따르도록 규정하고 있다면 단일책임 복합운송증권이 되는 것이다.

---

11) Federation Internationale des Associations de Transitaires et Assimiles의 약어로서 국제복합운송인협회연맹을 뜻한다.

3. 복합운송증권의 특성

복합운송증권은 선하증권과 거의 동일한 법적 특성을 가지고 있다. 실제로 복합운송증권은 선하증권과 마찬가지로 요인증권, 요식증권, 문언증권, 권리증권, 제시 및 지시증권이며, 운송계약의 증거서류 및 화물의 수취를 증명하는 서류이다. 복합운송증권의 특성을 선하증권과 비교하여 정리하면 다음과 같다.

1) 발행자

선하증권의 발행인은 운송업자인 선박회사가 발행하지만 복합운송증권의 경우에는 1차 운송인이 발행한다. 또한 선하증권과 달리 복합운송주선인(Freight Forwarder)에 의해 발행된 서류도 유효한 것으로 인정된다.

2) 담보범위

복합운송증권은 송하인의 문전에서 수하인의 문전까지의 전 운송구간을 담보로 발행되는 운송서류로서 해상운송 구간만을 담보하는 선하증권과는 많은 차이점을 가지고 있다. 따라서 복합운송인의 책임구간도 화물을 인수한 시점에서 수하인에게 화물을 인도할 때까지의 전 운송구간에 걸쳐 책임을 지게 된다.

표 3-10 통선하증권과 복합운송증권의 비교

	통선하증권	복합운송증권
운송수단의 조합	동종 및 이종수단	이종 수단 간의 결합
운송계약형태	형태불문	복합운송계약
운송인의 책임	각 운송구간 분할책임	전 운송구간 단일책임
운송인의 관계	화주와 운송인의 관계	원청과 하청운송인
증권의 발행인	선박회사나 대리인	운송인 및 주선업자
증권의 형식	B/L 형식만 가능	B/L 이외의 형식도 가능

3) 발행시점

선하증권은 일반적으로 해상 운송인이 화물을 본선에 적재한 시점에서 발행되는 선적 식으로 발행되지만, 복합운송증권은 송하인으로부터 화물을 인수한 시점에 발행되는 수취식으로 발행되는 경우가 대부분이다.

14 Chapter 운송업자

제1절 육상운송인

1. 육상운송인의 개요

1) 육상운송인의 의의

육상운송인은 화물트럭이나 트레일러 등에 화물을 적재하여 공로를 통해 화물을 운송하는 자동차운송업자와 철도화차에 화물을 적재하고 철도를 통해 화물을 운송하는 철도운송업자 등이 있다.

이들은 화주와 공로운송계약 또는 철도운송계약을 체결하고 약정된 목적지까지 화물을 운송하여 주고, 그 대가로 육상운송 운임을 취득하는 내륙운송업자이다. 특히 자동차운송업자는 화물자동차운수사업법에 의해 노선화물자동차사업자, 구간화물자동차사업자 및 자동차알선사업자 등이 운송 업무를 수행하고 있으며, 철도운송업자는 철도소운송업법에 따라 운송서비스를 제공하고 있다.

이와 같은 육상운송업자는 수출입 화물의 대부분을 수송하고 있는 해상운송 및 항공운송 활동이 원활히 이루어질 수 있도록 전후방에서의 화물집하, 배송 및 오더피킹(Order Picking) 업무 등을 수행하고 있기 때문에, 매우 중요한 역할을 담당하고 있다.

2) 육상보세운송인의 의의

육상운송업자들은 해상운송 및 항공운송을 이용하여 운송된 화물을 내륙으로 이동시키는데 이용되고 있다. 특히 수입화물의 보세운송 업무를 수행하는 자를 보세운송업자라 하며, 이들은 세관장의 허가를 획득하여 내륙으로 수입화물을 직접 운송하게 된다.

이와 같은 보세운송업자는 간이보세운송업자와 일반보세운송업자 등으로 나누어 볼 수 있으며, 간이보세운송업자는 다시 일반간이보세운송업자, 종합간이보세운송업자, 특정물품간이보세운송업자로 구분된다.

이러한 보세운송업자 중에서, 일반간이보세운송업자가 가장 많이 활용되고 있다.

(1) 간이보세운송업자

① 일반간이보세운송업자

일반간이보세운송업자는 보세운송업자 등록요건에 의하여 등록한 업자 중에서, 일정한 요건을 갖춘 경우 보세운송업자의 신인도 등을 감안하여 보세운송 물품의 검사생략 및 담보제공의 면제를 받을 수 있는 업자로, 세관장이 지정한 보세운송업자이다.

② 종합간이보세운송업자

종합간이보세운송업자는 보세운송 등록업자 중에서, 선박회사 또는 항공사가 해운법 또는 항공법에 의하여 운송사업면허를 받은 자중 하선(기) 장소를 보세구역으로 특허 받아 운영하는 업체로서, 보세운송 물품의 검사생략과 담보제공의 면제를 받을 수 있는 자로 세관장이 지정한 보세운송업자이다.

③ 특정물품간이보세운송업자

특정물품 간이보세운송업자는 보세운송 등록업자 중에서, 특정한 요건을 구비할 경우, 관리대상화물로 지정된 특정 물품을 보세 운송할 수 있는 업자로, 세관장이 지정한 보세운송업자이다.

(2) 일반보세운송업자

일반보세운송업자는 간이보세운송업자의 특정요건을 구비하지 못한 보세운송업자를 말하며, 일반보세운송업자가 보세운송을 하고자 할 때에는 물품의 검사와 담보를 제공하여야 하며, 보세운송 승인을 받아야 한다.

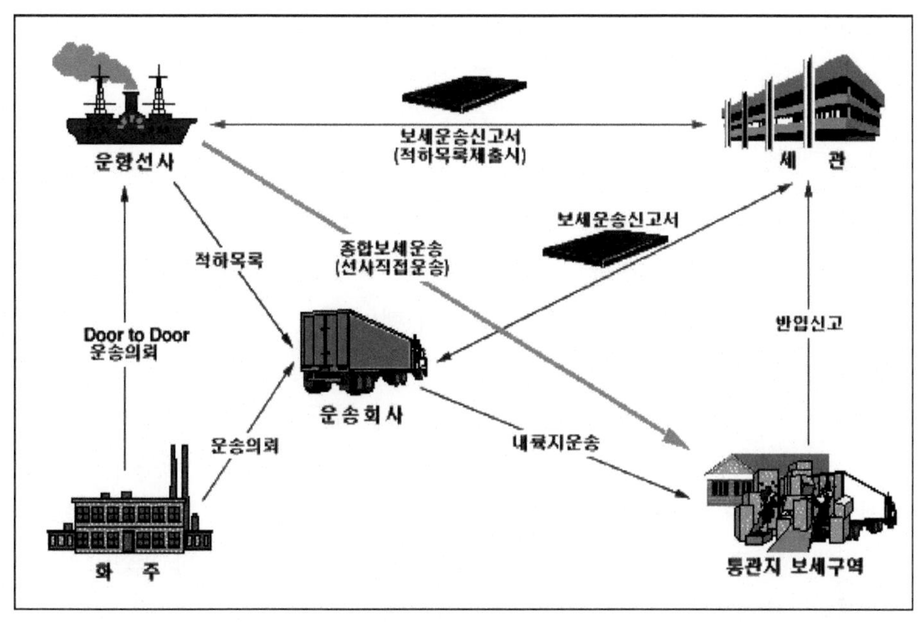

자료원: 관세청

그림 3-9 보세운송절차

2. 육상운송인의 운송책임

1) 운송책임의 일반원칙

화주와 운송계약을 체결하고 화물을 운송하는 모든 운송업자들은 계약된 화물을 안전하고도 정확하게 운송하기 위해 상당한 주의와 의무를 다해야 한다. 특히 운송 중에 발생한 화물의 멸실(Loss), 손상(Damage) 및 화물운송의 지연(Delay) 등으로 인해 화주가 입은 피해에 대하여 운송인이 손해배상을 하는 것이 일반적이다. 이러한 경우, 운송인의 화주에 대한 배상은 운송계약서에 명시되거나, 당해 계약을 구속하는 법률이나 국제조약 등에 정해진 바에 따라 이루어지게 되는데,

조약과 법률마다 운송인의 책임범위, 책임원칙 및 한도 등에 상당한 차이가 있기 때문에, 이에 대한 명확한 합의와 명시가 있어야 한다.

따라서 운송인의 운송책임을 설명하기에 앞서 운송인의 책임범위 및 한도를 결정하는데, 매우 중요한 영향을 미치는 손해배상청구권의 성립요건 및 운송인의 책임원칙에 대해 설명하는 것이 바람직할 것이다.

(1) 손해배상청구권의 성립요건

손해배상을 청구할 수 있는 요건을 말한다. 불법행위의 경우에는 가해자에게 ① 위법성이 존재하여야 하고, ② 가해자에게 고의나 과실이 있어야 하고, ③ 손해가 현실적으로 발생하여야 하고, ④ 손해와 행위 사이에 인과관계가 존재하여야 하고, ⑤ 배상의무자에게 책임능력이 있어야 한다.

원래 과실에 대한 입증책임은 불법행위의 경우 청구권 자에게 있는 것이 원칙이지만, 채무불이행의 경우에는 청구권 자에게 있는 것이 아니라 채무자가 자기에게 책임이 없음을 입증하는 때에 비로소 책임을 면할 수 있다. 최근의 경향을 보면 불법행위의 경우, 법률이나 법률행위에 의하여 가해자가 고의나 과실이 없음을 입증하는 경우에만 그 책임을 면하는 것으로 하는, 이른바 입증책임의 전환에 의한 무과실책임의 성립을 인정하려는 추세를 보이고 있다.

(2) 운송인의 책임원칙

일반적으로, 운송인의 책임원칙은 과실책임주의, 무과실책임주의 및 절대책임주의 등으로 나누어진다. 이와 같은 운송인의 책임원칙 중에서, 해당 운송계약을 구속하는 법률이나 조약 등이 어떠한 형태의 책임원칙을 채택하고 있는가에 따라 운송인의 책임한도와 범위가 달라지는 것이다.

① 과실책임주의

이는 자기책임의 원칙이라고도 하는 데, 고의나 과실 없이 타인에게 손해를 가한 자는 손해배상책임을 지지 않음을 의미한다. 그러므로 과실책임주의(Principle of Liability with Fault)란 선량한 관리자로서의 적절한 주의의무를 전제로 성립되는 책임원칙이다. 따라서 운송인이 주의의무를 다하지 못해 발생한 손해에 대해서는 책임을 져야 한다. 우리나라 상법과 헤이그 규칙은 이 원칙을 채택하고 있다.

② 무과실책임주의

무과실책임주의(Principle of Liability without Fault)는 운송인의 과실유무에 관계없이, 무조건 운송인이 모든 책임을 지는 원칙이다. 그러나 절대책임주의와는 달리, 천재지변 또는 불가항력(Act of God), 포장의 불완전 또는 부적합, 화물고유의 성질변화, 통상의 소모 또는 누손 등으로 발생한 손해에 대해서는 면책된다. 이와 같은 원칙을 적용하고 있는 것에는 영미의 보통법(Common Law), 미국의 주간통상법(Interstate Commerce Act), CIM조약, CMR조약 등이 있다.

③ 절대책임주의

절대책임주의(Principle of Absolute Liability)는 손해 발생에 대해, 절대적으로 운송인이 모든 책임을 지는 원칙이다. 다시 말해서 운송인에게 면책의 항변권이 전혀 없는 원칙이다. 항공운송의 몬트리올협정에서 여객의 사상에 대해 절대책임을 운송인에게 부과하고 있다.

한편 엄격책임주의(Principle of Strict Liability)는 원칙적으로 운송인이나 그 사용인의 과실유무를 문제로 하지 않는 결과책임주의로서, 과실 책임에 비하여 엄격한 책임을 묻는 입법주의를 설명하는 개념이다. 운송중의 화물이 멸실, 손상 및 지연 된 것에 대한 운송인의 책임에 관하여는, 운송인의 과실 책임을 전제로 하여 많은 면책사유가 인정되는 것이 일반적이지만, 엄격책임 주의 하에서는 통상 불가항력, 화주 측의 고의나 과실 따위의 극히 사소한 면책사유만이 인정되는 것이다. 영미법에서 말하는 보통법(Common Law)상의 운송인의 책임 및 CMR조약과 CIM조약에서의 책임체계는 모두 이에 속한다고 할 수 있다.

2) 육상운송인의 운송책임

우리나라의 경우, 자동차운송인의 운송책임에 관하여는 상법의 상행위편과 자동차운수사업법 등에서 규정하고 있으며, 철도운송인의 운송책임에 관하여는 철도법, 철도소운송업법, 철도사업법, 철도운송규정 등에서 운송인의 책임범위를 명시하고 있다.

국제도로운송의 경우에는, 1956년 5월 19일 제네바에서 서명된 국제도로물건운송조약(Convention relative au contract de internationale de merchandises par route, Convention on the Contract for the International Carriage of Goods by Road: CMR)에서 규정하고 있는 도로운송인에 대한 규정을 적용하는 것이 일반적이다. 이 조약상의 손해배상액을 산정하는 계산단위는 1978년 7월 5일 제네바에서 채택된 의정서(Protocol)에 의해 SDR로 변경되었고, 이 의정서는 1980년 12월 29일부터 발효되고 있다.

국제철도운송의 경우에는, 1893년 제정된 이래 몇 차례의 개정작업을 거쳐 1970년 추가의정서(Additional Protocol)를 채택하고 있는 국제철도물건운송조약(Convention Internationale Concernant le Transport des Merchandises par Chemin de fer, International Convention Concerning the Carriage of Goods by Rail: CIM)에서 규정된 내용을 따르는 것이 일반적이다.

그런데, 1980년에 이 CIM조약과 CIV조약(International Convention Concerning the Carriage of Passengers and Luggage by Rail)이 국제철도운송조약(Convention Concerning International Carriage by Rail: COTIF)이라고 하는 새로운 조약으로 개정되어 1985년부터 발효되고 있다.[1] COTIF에의 가입국은 모든 유럽국가와 아시아와 아프리카 몇 개국으로 구성되어 있다.[2]

(1) CMR 조약

① 적용범위

CMR 조약은 어느 한 장소에서 특정 장소에 이르기까지 공로 운송되는 경우, 1

1) COTIF는 CIM 조약, CIV 조약, 1966년 2월 26일자 여객의 사망 및 상해책임에 관한 CIV 조약 및 다양한 부속서로 되어 있다. 따라서 CIM 조약은 현재 COTIF 부록 B(appendix B)에 "Uniform Rules Concerning the Contract for the International Carriage of Goods by Rail(CIM)"이라는 제목으로 첨부되어 있다.

2) C. M. Schmittoff, Export Trade, 10th ed., London: Stevenson & Sons, 2000, p.338.

국 이상이 본 조약에 가입한 경우에 적용된다.

② 적용원칙

본 조약에서 자동차운송인의 책임은 원칙적으로 엄격책임주의를 채택하고 있다. 따라서 운송인은 운송 중에 발생한 화물의 멸실, 손상, 인도지연 등에 대하여 원칙적으로 모든 책임을 부담한다. 다만, 화주의 고의 또는 과실로 인한 손해, 화주의 잘못된 지시로 인한 손해, 불충분한 포장에 의한 손해 등은 운송인의 책임범위에서 제외하고 있다.

③ 배상한도

CMR 조약에서 운송인은 화물의 일부 또는 전부가 멸실된 경우에는, 화물을 수령한 장소 및 일자의 화물의 정상가격에 관세, 운임 및 기타비용을 합한 금액까지 보상하여야 한다. 그리고 화물이 손상된 경우에는, 화물을 수령한 장소 및 일자의 정상가격에서 손상된 화물의 시장가격을 뺀 금액을 화주에게 보상하여야 한다. 이 경우 운송인의 최고 보상한도는 화물 1kg당 25 골드프랑(Gold Franc)[3] 까지이다. 이 한도액은 1978년 의정서에 의해 8.33SDR로 변경되었다.

이와는 별도로, 화물의 인도가 지연된 경우에는 인도지연에 따른 손해를 화주가 입증한 경우에 한하여, 총운임의 범위 내에서 손해에 대한 배상책임이 있는 것으로 정하고 있다.

④ 손해통지 및 제소기한

CMR 조약에서는 화주의 손해배상 청구기한을 정하고 있다. 구체적으로 화물이 멸실된 경우, 화물의 외관상 그 손해를 알 수 있는 때에는 화물의 수령 일에 손해에 대한 통지를 운송인에게 서면으로 하여야 하며, 외관상 알 수 없는 손해에 대하여는 화물 수령일로부터 7일 이내에 손해에 대한 통지를 하여야 한다.

또한 지연손해에 대하여는 21일 이내에 통지하여야 하며, 운송인이 손해배상을 거부하거나 이행하지 않는 경우에는, 손해를 통지한 날로부터 1년 이내에 제소해

3) 1 골드 프랑은 1,000분의 900의 순도를 지닌 금 31분의 10그램의 가치를 가진 화폐단위로서, 제미널 프랑(Germinal Franc)이라고도 한다.

야 한다. 다만, 운송인의 고의나 사기에 의한 손해에 대하여는 3년 이내에 제소하면 된다.

(2) CIM 조약

① 적용범위

본 조약은 철도운송이 시작되는 장소에서 종결되는 장소까지 운송경로 상의 2개 이상의 국가가 본 조약의 체약국인 경우에, 적용된다.

② 책임원칙

본 조약은 CMR 조약과 마찬가지로, 운송 중에 발생하는 모든 손해에 대하여 엄격책임주의를 채택하고 있다.

③ 손해배상한도

본 조약에서 운송인의 손해배상 책임한도액은 운송인의 중대과실로 인한 손해가 아닌 경우에는 화물 1kg당 17SDR로 정하고 있으나, 운송인의 중대과실로 인한 손해의 경우에는 이의 2배까지를 그 한도액으로 규정하고 있다. 한편 화물의 인도지연에 따른 손해배상의 한도액은 운송운임의 3배까지로 제한하고 있다.

④ 제소기한

본 조약에서는 화주가 손해배상을 받기 위해 운송인을 상대로 제소할 수 있는 기한을 1년 이내로 제한하고 있다. 다만, 운송인의 고의나 사기에 따른 손해를 입은 경우에는, 2년까지로 제소기간을 연장하고 있다.

제2절 해상운송인

1. 해상운송인의 개요

해상운송인은 선박에 화물을 적재하여 목적항까지 운송하고, 그 대가로 해상운임을 획득하는 업자이다. 다시 말해서 해상운송인은 화주와 해상운송 계약을 체결하고 해상을 통해 화물을 운송하는 업자이다. 이러한 해상운송업자들은 대부분의 수출입 화물과 석탄, 철광석, 원유 등과 같은 원자재를 대량으로 운송함으로써, 세계 무역의 발전과 효율적인 자원배분에 크게 기여하고 있다. 특히 정기선 운송업자들은 고품질의 해운서비스를 규칙적이고 안정적으로 공급함으로써, 운송수요자인 화주들이 계획적인 생산 활동과 판매활동 등을 수행할 수 있도록 하고 있다.

이와 같은 해상운송업자는 크게 화물을 운송하는 화물운송업자와 여객을 운송하는 여객운송업자로 나누어지며, 이들은 다시 국내의 항구에서 운송서비스를 제공하는 내항운송업자와 국내의 항구와 외국의 항구 사이에서 운송서비스를 제공하는 외항운송업자로 분류된다. 따라서 대부분의 수출입 화물을 운송하고 있는 것은 외항화물운송업자이다.

2. 해상운송인의 운송책임

대부분의 해상운송 계약은 운송행위를 수행하는 해상운송업자와 불특정 다수의 화주 간에 체결된다. 그러므로 모든 화주와 개별적인 별도의 운송계약을 체결하기가 매우 어렵기 때문에, 해상운송업자가 일방적으로 정해 놓은 운송약관을 송하인이 받아들임으로써 해상운송 계약이 체결되는 것이다. 이러한 계약의 형태를 부합계약이라고 부르며, 결과적으로, 해상운송업자는 그들이 유리한 방향으로 운송약관을 설정하여, 운송인의 책임범위를 경감하기 위해 지속적으로 노력해 왔다.

특히 1795년 영국의 Smith v. Shepherd 사건에서, 법원이 표류하던 침몰물과의 충돌에 따른 화물의 손해배상을 아무런 과실이 없는 선박회사에게 배상책임이 있다고 판정함으로써, 해상운송업자들은 운송약관에 그들의 책임을 회피할 목적으로 상당수의 면책약관을 추가하게 되었다. 이러한 해상운송인의 면책약관은 점점 증가되어, 1880년경에는 "운송인의 유일한 의무는 화주로부터 운임을 수취하는 것(There Seems to be no Other Obligation on the Shipowner Than to Receive the Freight)"이라는 말이 나돌 정도로 그 정도가 매우 심각하였다.

그리고 1890년 뉴욕 항에서 일어난 Montana호(영국선박) 사건에서, 미국 법원이 선주의 통제력이 미치지 못하는 항해상의 화물손해에 대하여는 운송인이 면책되지만, 선장 및 해원의 과실 또는 태만에 의한 손해에 대하여는 면책되지 아니한다는 판정을 내렸다. 이 사건을 계기로, 영국을 비롯한 선주국은 운송약관에 영국 법을 채용하여 운송인의 면책약관을 규정한 문언을 삽입하기에 이르렀으며, 이에 대항하여 전통적으로 화주국인 미국은 자국의 화주를 보호할 목적으로, 1893년 하터법(Harter Act)을 제정하여 해상운송업자의 면책약관을 인정하지 않게 되었다.

이와 같이 해상운송인의 책임범위에 대한 국가 간 견해 차이는 결과적으로 원활한 무역활동을 저해하고, 운송인과 화주와의 분쟁을 야기하는 원인이 되었다. 이에 운송인의 면책사유를 인정하지 않는 미국의 하터법과 운송인의 면책사유를 폭넓게 인정하고 있는 영국의 법령을 조정하여, 국제법협회(International Law Association)는 1921년 9월에 개최된 헤이그 회의에서 결의하여 헤이그 규칙(Hague Rules)을 제정하였다. 그러나 이 규칙은 운송인과 화주의 자유의사에 의해 본 규칙을 따를 것인지를 결정하도록 하고 있기 때문에, 국제적으로 큰 실효성을 거두지 못하였다.

이에 해상 운송인에 관한 통일규칙을 제정할 목적으로, 1923년 9월 벨기에의 브뤼셀에서 열린 해사법 외교회의(Diplomatic Conference on Maritime Law)에서 헤이그 규칙의 문구와 해석에 대해 심의, 1924년 8월에 선하증권 통일조약(International Convention for the Unification of Certain Rules of Law Realting to Bills of Lading)이 영국, 미국, 독일, 프랑스, 일본 등 26개국의 서명으로 성립되었다. 즉, 조약의 채택여부가 자유로운 사적 규범인 헤이그 규칙이 약간의 문구수정을 통해 공적규범인 국제조약으로 발전되어, 1931년 6월부터 발효된 것이다. 그런데, 앞서의 헤이그 규칙이 선하증권 통일조약의 모체였기 때문에, 이 조약을 흔히 헤이그 규칙이라 부르고 있다.

이와 같은 헤이그 규칙은 개품운송계약을 규율하는 유일한 국제조약으로서, 각국에서 널리 사용되어 그 기능을 유감없이 발휘해 왔다. 그러나 본 조약을 채택한 각국의 판결의 상위, 경제정세의 변화 및 수송기술의 혁신 등에 따라, 해운 및 무역의 실태에 부응하지 않는 점이 나타나게 되었다.

이에 따라, 국제해사위원회(Committee Maritie International: CMI)[4]에서 통일조약의 개정을 논의한 결과, 1968년 브뤼셀에서 개최된 해사법 외교회의에서 선하증권 통일조약 개정의정서(Protocol to Amend the International Convention for the Unification of Certain Rules of Law relating to Bills of Lading), 즉, 헤이그-비스비 규칙(Hague Visby Rules)[5]이 제정되었다. 이 규칙은 1977년부터 발효되었으며, 우리나라는 이 규칙에 찬성은 하였지만, 서명은 하지 않았다.

한편 헤이그-비스비 규칙과는 별도로, 개발도상국의 발의에 의해 새로운 선하증권 통일조약에 대해 근본적인 재검토가 이루어지고 있었다.

즉, 유엔산하무역개발회의(United Nations Conference on Trade and Development: UNCTAD)는 "종래의 해상운송인의 책임에 관한 국제법 체제 내지 관행은, 화주국인 개발도상국의 사정을 전혀 고려하지 않고 있으며, 개발도상국의 경제발전의 저해원인이 되고 있다."라고 주장하면서, UNCITRAL(United Nations Commission on International Trade Law)에게 통일조약의 개편작업을 권고하였다.

그 결과 탄생된 것이, 1978년 유엔 해상물건운송조약(United Nations on the Carriage of Goods by Sea, 1978), 일명 함부르크 규칙(Hamburg Rules)이다. 이 규칙은 1992년 11월 20개국이 가입 ㅁ 비준함으로써, 1992년 11월 1일 정식으로 발효되었다. 그러나 비준 국들이 몇몇 나라를 제외하고는 이름도 생소한 신생 ㅁ 약소국들로, 이들 비준국 모두를 합해도 전 세계 물동량의 2%에도 미달하여 실질적인 효과를 거두지 못하고 있다.[6]

---

4) 국제해사위원회(CMI)는 국제해법회 또는 만국해법회로 번역하기도 한다.

5) Visby는 발트해에 위치한 스웨덴 령의 Gothland섬에 있는 유서 깊은 항구도시로서, 개정의정서의 초안이 Stockholm에서 작성되었으므로 스웨덴에 경의를 표하여 비스비라는 이름을 붙이기로 한 것이다.

6) 비준국은 바베이도스, 보츠나와, 부르키나파소, 칠레, 이집트, 기니아, 헝가리, 케냐, 레바논, 레소토, 말라위, 모로코, 나이지리아, 루마니아, 세네갈, 시에라리온, 탄자니아, 튀니지, 우간다, 잠비아이며, 칠레는 이미 국내법 화하여 시행하고 있다.

1) 헤이그 규칙

본 규칙은 16개의 조항으로 구성되어 있는데, 그 내용을 간단히 정리하면 해상운송인의 최소한의 의무와 책임, 최대한의 권리와 면책을 규정하고 있기 때문에 운송인에게 매우 유리한 규칙이라 할 수 있다.

(1) 적용범위

본 규칙은 체약국에서 작성된 선하증권에 적용되며, 적용대상 화물은 산동물과 계약에 의한 갑판적재(On Deck) 및 비상업적 목적으로 운송되는 화물을 제외한 모든 적하물을 그 대상으로 하고 있다. 다만, 용선계약서(Charter Party)에 의한 화물운송에는 적용되지 않는다. 또한 본 규칙의 적용구간은 화물을 본선에 적재한 시점부터 적재화물을 본선에서 양하하는 시점(Tackle to Tackle)까지로 한정하고 있으며, 선적전이나 양하 이후의 손해에 대하여는 운송인이 아무런 책임을 지지 않는 것으로 규정하고 있다.

(2) 책임원칙

헤이그 규칙에서는 해상운송인의 손해배상을 위한 기본원칙으로, 과실책임주의를 채택하고 있다. 즉, 운송인은 자기의 관리 하에 들어온 운송물의 안전을 위해 기울여야 할 주의를 게을리 함으로써 발생한 운송물에 관한 멸실·훼손에 대해서만 배상책임을 진다.

한편 본 규칙에서 규정하고 있는 운송인의 주의의무에는 선박의 감항능력의 확보를 위한 주의와 운송물에 관한 주의의무를 들 수 있다. 선박의 감항능력이란 통상적인 해상위험을 극복할 수 있는 선박의 항행능력으로써, 해상 운송인이 감항능력에 대한 주의의무를 부담하는 시기는 발항당시(Before and at the Beginning of the Voyage)이다. 여기서, 발항이라 함은 선적항에서의 발항만을 의미하며, 각 기항항(Calling Port)에서의 발항은 포함하지 않는다.

그리고 운송물에 관한 주의의무는 운송물의 선적, 적부, 적입, 보관, 하역 등의 작업을 위한 화물의 취급을 적합하고 주의 깊게 하여야함을 의미하는 것이다. 이러한 주의의무를 게을리 하는 것을, 이른바 상업상의 과실(Errors of Cargo Handling and Custody)이라 하는데, 상업상의 과실에 대한 운송인의 손해배상책임을 감소시키는 특약은 무효이다.

(3) 면책사유

① 항해상의 과실

운송인은 항행 또는 선박의 취급에 관한 선장·해원·도선사 또는 사용인의 작위(Act),[7] 부주의(Neglect) 또는 과실(Default)로 인하여 발생한 운송물의 손해에 대하여 책임을 지지 아니한다.

② 화재로 인한 손해

운송인은 자기 자신의 고의 또는 과실로 인한 것이 아닌 한, 화재로 인한 운송물의 손해에 대하여 배상책임이 없다.

③ 기타의 면책사유

해상 기타 항행할 수 있는 수역의 재해·위험 또는 사고, 천재, 전쟁행위, 해적 또는 이에 준하는 강도 등의 공적행위 등 15개 항목(규칙 제4조 2항)을 열거하고 있다. 이것을 보통 면책 카탈로그(Catalogue of Exemption)라고 한다.

(4) 손해배상한도

화물사고가 해상운송인의 과실로 판정되어 운송인이 손해배상을 하여야 할 경우의 손해배상액은 송하인이 선하증권 상에 운송물의 종류와 가액, 포장단위 등을 기재한 경우를 제외하고는, 1포장(Package) 또는 1단위(Unit)당 영국 화폐 100파운드 또는 동액의 타국 화폐로 계산된 범위 내에서 이루어지도록 규정하고 있다.

여기서, 1단위란 화물의 검량이나 선적을 위한 단위로서, 운임단위(Freight Unit)

---

7) 작위(作爲)는 적극적 행위 즉, 남의 물건을 훔친다거나 살인을 저지르는 행위와 같이 행위자의 의식적·고의적인 행위를 말한다. 반면에 부작위(Omission)란 지켜야할 규범을 지키지 않거나 해야 할 일을 소홀히 하는 소극적 행위를 말한다. 작위에 의하건 부작위에 의하건 운송인의 책임에는 차이가 없다.

또는 선적단위(Shipping Unit) 등을 말한다. 따라서 화주가 정해진 한도를 초과하여 배상을 받고자 할 때에는, 선적당시 운송서류에 운송물의 종류, 가액, 포장단위 등을 반드시 명기해야만 한다.

(5) 손해통지 및 제소기한

운송화물에 대한 손해가 운송인의 귀책사유로 발생한 경우에도, 수하인 또는 선하증권에 기재된 화물수취인은 손해배상의 상황을 화물을 인도하는 즉시 또는 육안으로 발견할 수 없는 손해에 대하여는 인도일로부터 3일 이내에, 서면으로 운송인 또는 그 대리인에게 통지하여야만 한다.

한편 운송인을 상대로 한 손해배상을 위한 소송제기는 화물 인도일 또는 지연손해에 대하여는 화물이 인도되기로 약정된 일자로부터 1년 이내에, 제기하여야만 하는 것으로 규정하고 있다.

2) 헤이그-비스비 규칙

헤이그-비스비 규칙은 그 자체가 독립된 별개의 조약이 아니라 헤이그 규칙에 몇몇의 문언을 추가한 것이기 때문에, 헤이그 규칙의 내용과 매우 흡사하다. 구체적인 내용을 살펴보면 다음과 같다.

(1) 적용범위

헤이그 규칙의 경우, 선하증권이 체약국에서 발행된 경우에 한하여 조약을 적용하는 것으로 한정하고 있으나, 헤이그-비스비 규칙에서는 그 적용범위를 확대하여 선하증권이 체약국에서 발행된 경우 이외에도, 운송을 개시하는 항구가 체약국인 경우와 선하증권 상에 본 조약 또는 본 조약을 국내법으로 인준하여 사용하고 있는 국가의 국내법을 따르도록 규정되어 있는 경우에도 적용할 수 있도록 규정하고 있다.

(2) 책임원칙

헤이그 규칙과 마찬가지로, 해상운송인의 운송책임에 적용되는 기본원칙은 과실책임주의로 규정하고 있다.

(3) 손해배상한도

헤이그-비스비 규칙에서는 보상화폐의 단위를 포앙카레 프랑[8)]으로 바꾸고, 손해배상 한도액도 현실화하여 1포장 또는 1단위당 10,000포앙카레 프랑과 손상화물 1kg당 30포앙카레 프랑 중에서, 높은 금액을 적용하도록 손해에 따른 배상한도를 확대하였다. 그 후, 1979년 헤이그-비스비 규칙 개정의정서가 국제해사위원회의 발의에 의해 1979년 12월 21일 브뤼셀에서 채택되어 1984년 6월 14일부터 발효되고 있다.

이 개정의정서에 의해 운송인의 책임한도액은 1포장당 또는 1단위당 666.67SDR과 총중량 1kg당 2SDR 중에서, 더 많은 금액으로 변경되었다.

또한 헤이그-비스비 규칙에서는 무역운송에 주로 이용되는 컨테이너에 관한 조항(Container Clause)을 신설하여, 컨테이너 화물에 관한 문제를 명확히 하였다. 본 규칙에서는 컨테이너에 적재된 화물의 수량단위를 명시하고 있는 경우에는 명시된 포장단위를 기준으로 하여 손해배상[9)]을 하고, 명기되어 있지 않은 경우에는 컨테이너 자체를 1포장 단위로 간주하여 배상하게 됨을 규정하고 있다. 따라서 컨테이너에 화물을 적입하여 운송하고자 하는 화주는, 반드시 컨테이너에 적입된 화물의 수량과 단위를 명기해야만 적입된 화물의 단위만큼 보상받을 수 있는 것이다.

---

8) 포앙카레 프랑(Poincare Franc)은 1928년부터 1938년까지 프랑스에서 통용된 법정통화로서 당시 수상이었던 M. Poincare의 성을 따서 붙인 명칭이다. 1포앙카레 프랑은 순도 1,000분의 900의 금 65.5mg(=0.0655g)을 말하며, 이를 금 프랑(Gold Franc)이라고도 한다.

9) 예컨대, 선하증권상에 "One Container, s.t.c. 50 ctns"라고 표시된 경우, 운송인은 Carton 하나에 대하여 666.67SDR 또는 2SDR × 당해화물중량(kg) 중에서, 높은 금액을 한도로 배상하여야 한다.

(4) 손해통지 및 제소기한

헤이그 규칙과 마찬가지로, 운송인의 과실로 인해 화물이 손상된 경우, 수하인은 손해 사실과 상황을 화물을 인도 받은 즉시 또는 발견할 수 없는 손해에 대하여는 인도 후 3일 이내에, 서면으로 운송인에게 통지하여야만 한다. 손해배상을 위한 소송은 화물을 인도 받은 날로부터 1년을 경과하지 않는 범위 내에서 제기할 수 있다.

3) 함부르크 규칙

본 규칙은 근본적으로 헤이그-비스비 규칙을 준용하여 새롭게 개정한 규칙으로, 주요 내용은 해상운송인의 책임과 의무를 크게 확대한 조약이라 할 수 있다.

(1) 적용범위

헤이그-비스비 규칙과 마찬가지로, 체약국에서 선하증권이 발행된 경우와 선적항이 체약국인 경우 및 본 조약을 따르도록 명기된 경우에 적용되는 것으로 규정하고 있다. 그러나 선하증권 및 기타 권리증권이 발행되지 아니한 운송계약, 용선계약, 산동물 운송, 갑판적재 운송 및 특수 화물의 비상업적 운송 등에는 적용되지 않으며, 화주와 운송인간의 특약에 의해, 본 규칙의 적용을 배제하기로 약정한 경우에도 적용되지 아니한다.

(2) 책임원칙

헤이그 규칙은 순수한 해상운송에만 적용되지만, 본 규칙은 해상운송을 중심으로 다른 운송까지 포함, 컨테이너 운송과 관련하여 집하와 인도를 위한 육상운송까지 포함한다. 따라서 헤이그 규칙의 운송인의 책임을 "적재에서 양하"(Tackle to Tackle)이라 한다면, 본 규칙은 "수령에서 인도"(From Receipt to Delivery)로 확대된 것이다.

그리고 헤이그 규칙의 과실책임주의와 달리, 본 규칙에서 해상운송인은 과실추정주의(Principle of Presumed Fault or Neglect)[10]에 입각한 원칙에 따라, 손해배상의 책임을 부담하도록 규정하고 있다. 또한 해상운송인의 책임과 의무를 강화하기 위해서 헤이그 규칙에서는 운송인의 면책사유이던 항해상의 과실 및 화재에 의한 손실 등을 운송인의 책임범위에 포함시켰으며, 면책 카탈로그도 폐지하였다.

(3) 손해배상한도

본 규칙에서는 운송인의 배상한도액을 크게 확대하여, 화물이 멸실 또는 손상된 경우에는 1포장 또는 1선적단위당 835SDR 또는 12,500포앙카레 프랑과 1㎏당 2.5SDR 또는 37.5포앙카레 프랑[11] 중 높은 금액을 한도액으로 규정하고 있다. 그리고 지연손해에 대하여는 지급한 운임의 2.5배를 한도액으로 하되, 해상물건운송계약 하에서 지급되는 운임총액을 초과할 수 없도록 규정하고 있다. 이와 같이 함부르크 규칙은 운송인의 배상한도액을 헤이그 및 헤이그-비스비 규칙에 비해 매우 큰 폭으로 확대함으로써, 화주의 입장을 고려한 규칙으로 평가받고 있다. 한편 컨테이너 화물의 경우에는 헤이그-비스비 규칙과 마찬가지로, 컨테이너에 적입된 화물의 수량과 단위가 명기되어 있는 경우에는 그 수량단위를 적용하고, 그렇지 않은 경우에는 컨테이너를 1포장 단위로 간주하여 배상금액을 산정하고 있다.

(4) 손해통지 및 제소기한

수하인은 화물을 인도 받은 다음 작업일 중 또는 즉시 발견하기 곤란한 손해에 대하여는 화물인도 후 연속 15일 이내에, 손해의 상황을 기재하여 서면으로 통지를 이행하여야 하고, 손해배상을 위한 중재 및 법적 절차는 화물 인도일 또는 인도되도록 약정된 일자로부터 2년 이내에 제기하여야만 하도록 규정하고 있다. 이는 헤이그 규칙이나 헤이그-비스비 규칙에 비해 상당히 연장된 것으로, 운송인의 책임과 의무를 강화하기 위한 것으로 해석할 수 있다.

---

10) 운송 중에 발생하는 모든 사고에 대하여 일단 운송인에게 과실이 있는 것으로 추정한다는 뜻이다. 따라서 운송인은 과실이 없었음을 자신이 입증하여야 하며, 이러한 의미에서 '입증책임이 전환된 과실 책임'이라고도 한다.

11) 책임제한액이 금 프랑으로 산정되는 것은 IMF 회원국이 아닌 국가로서, 법률에 의하여 SDR의 적용을 허용하지 않는 국가의 경우이다(규칙 제26조 제2항).

제3절 항공운송인

1. 항공운송인의 개요

항공운송업자는 공항에서 공항까지 항공기에 화물을 탑재하여 항공로를 통해 화물 운송업무를 수행하고, 그 대가로 항공운임을 수취하는 운송업자를 말한다. 특히 긴급을 요하는 화물의 운송이나 고가화물, 우편화물, 상업서류 등의 신속한 운송을 담당하고 있으며, 매우 안전하고 쾌적한 고품질의 운송서비스를 제공하고 있다.

이와 같은 항공운송인은 국내의 공항에서 운송서비스를 제공하는 내항운송업자와 국내의 공항과 해외의 공항 사이에서 운송 업무를 수행하는 외항운송업자로 구분된다. 우리나라의 경우, 내항운송업자들의 대부분은 여객을 운송하고 있으며, 외항운송업자들은 여객은 물론 수출입 항공화물을 주로 운송하고 있다. 특히 최근 들어 항공운송 수요의 증가와 화물운송을 위한 항공기의 대형화·신속화로 인해 항공운송업자의 운송서비스에 대한 효용이 크게 증가하고 있다.

2. 항공운송인의 운송책임

항공운송인의 책임범위를 규정하고 있는 조약으로는 제1차 세계대전 이후 국제항공운송의 급속한 증가에 따라, 1929년 바르샤바에서 개최된 국제항공협의회 제2차 회의에서 체결된 운송협정인 바르샤바 조약(Warsaw Convention)[12]과 바르샤바 조약에서 규정하고 있는 항공운송인의 책임한도가 현실적으로 맞지 않아 1955년에 헤이그에서 열린 국제사법회의에서 이를 개정하여 협정을 체결한 개정 바르샤바 조약으로 불리는 헤이그 의정서(Hague Protocol)[13]가 있다.

---

12) 정식 명칭은 '국제항공운송에 관한 규칙통일을 위한 조약'(Convention for the Unification of Certain Rules Relating to International Carriage by Air)이다.

13) 정식 명칭은 '1929년 10월 12일 바르샤바에서 서명된 국제항공운송에 관한 통일규칙을 위한 조약의 개정을 위한 의정서'(Protocol to Amend the Convention for the Unification of Certain Rules Relating to International Carriage by Air Signed at Warsaw on 12 October, 1929)이다.

또한 이러한 헤이그 의정서의 여객에 대한 보상한도에 불만을 지닌 미국의 주도로, 1965년 체결하여 출발지나 도착지 공항중의 하나가 미국인 경우에 적용되는 몬트리얼 협약(Montreal Agreement) 등이 항공운송인의 운송책임을 규정하고 있는 대표적인 국제조약이다.

1) 바르샤바 조약

바르샤바 조약은 1929년 바르샤바에서 열린 국제항공협의회에서 채택된 조약으로서, 미국, 중국, 러시아 등 100여 개국이 가입하고 있는 대표적인 항공운송 조약이다.

(1) 적용범위

본 조약의 적용을 받으려면, 항공운송 계약의 증거서류인 항공운송장이 본 조약의 체약국에서 발행된 경우로 규정하고 있다.

(2) 책임원칙

본 조약은 항공운송인의 책임원칙으로써, 유한책임주의와 과실추정주의[14]를 채택하고 있다. 즉, 항공운송인은 운송인 자신의 과실에 따른 손해에 대하여만 책임을 지는 것이다.

(3) 손해배상한도

본 조약에서는 항공운송인의 과실이 인정된 경우에 한하여, 여객이 입은 손해는 1인당 USD 10,000을 손해배상한도로 하고 있으며, 위탁수화물과 일반화물의 경우에는 kg당 USD 20,[15] 여행자의 휴대수화물에 대하여는 kg당 USD 400의 한

---

14) 조약 제20조에는 "운송인은 자기 및 그 사용인이 손해를 방지하기에 필요한 모든 조치를 취하였다는 사실 또는 그 조치를 취할 수 없었다는 사실을 증명한 때에는 책임을 지지 아니한다."고 규정하고 있다. 이것은 항공운송인의 책임이 과실책임주의에 의하지만 그 과실의 입증책임은 운송인에게 있다는 과실추정주의를 나타낸 것이다.

15) 원래 1929년 바르샤바조약에서는 1kg당 250금프랑이었으나 1975년 몬트리얼 제4추가의정서에서 17SDR로 변경하였다. 그 후 1978년 4월 IMF가 금평가를 폐지함에 따라 250금프랑=US$20이 되어 현재까지 사용되고 있다(전창원, 무역운송실무, 일신사, 1993, p.639).

도 내에서, 항공 운송인이 화주에 대해 손해배상을 하도록 규정하고 있다.

(4) 손해통지의 기한

항공운송인의 과실로 인하여 화물이 파손 및 손상된 위탁수화물은 화물수취 후 3일, 일반화물인 경우에는 화물수취 후 7일 이내에, 수하인은 운송업자에게 통지하여야 한다.

또한 일반화물의 인도가 지연된 경우에는 도착된 일자로부터 14일 이내에 통지하고, 위탁수화물의 인도지연의 경우에는 화물이 수하인의 처분 가능한 상태가 된 일자에 통지하여야만 한다. 어떠한 경우에도, 수하인은 화물의 파손상태와 상황을 기재하여 서면으로 운송인에게 통지하여야 한다.

2) 헤이그 의정서

헤이그 의정서는 바르샤바 조약의 문제점을 개선하고, 항공운송인의 책임한도를 현실화하기 위해 1955년 헤이그에서 개최된 국제사법회의에서 채택된 조약으로서 개정 바르샤바 조약으로 불리고 있으며, 현재 한국, 영국, 러시아 등 80여 개국이 가입하고 있는 조약이다.[16)]

(1) 적용범위

헤이그 의정서는 본 조약의 체약국에서 발행한 항공운송장에 적용되고 있다.

(2) 책임원칙

본 조약은 바르샤바 조약과 마찬가지로, 항공운송인은 유한책임주의 및 과실추정주의 원칙에 입각하여, 화주에 대한 배상책임을 지도록 규정하고 있다.

---

16) 바르샤바 조약의 당사국이 아니더라도, 동 의정서를 비준·가입하면 곧 바르샤바체제를 채택하고 있다고 할 수 있다. 우리나라는 1967년에 헤이그 의정서에 가입하여 개정 바르샤바 조약을 채택하였다. 하지만, 미국은 아직 가입하고 있지 않다.

(3) 손해배상한도

본 조약은 바르샤바 조약에서 규정하고 있는 여객이 입은 손해에 대한 손해배상 한도액을 1인당 USD 20,000으로 상향조정하여 운송인의 책임을 강화하였다. 그러나 위탁수화물, 일반화물, 여객의 수화물에 대한 손해액은 바르샤바 조약에서 규정하고 있는 한도액과 동일하다.

(4) 손해통지의 기한

본 조약에서는 위탁수화물이 손상되거나 파손된 경우에는 화물 수취 후 7일 이내, 일반화물인 경우에는 14일 이내에, 운송인 또는 운송계약서에서 지정하고 있는 대리인에게 통지하도록 규정하고 있다.

또한 화물의 인도가 지연된 위탁수화물의 경우에는 바르샤바 조약과 마찬가지로, 화물의 처분가능일자에 통지하여야 하며, 일반화물의 인도가 지연된 경우에는 화물 수취 후 21일 이내에, 서면으로 통지하도록 규정하고 있다.

3) 몬트리얼 협정

몬트리얼 협정은 헤이그 의정서에 가입하지 않고 보상한도에 불만을 가진 미국이 주도하여, 1965년 몬트리얼에서 채택한 협정이다. 미국의 주요 항공회사를 포함하여 500여개의 항공사가 가입하고 있는 협정이다.

(1) 적용범위

본 협정은 출발지나 도착지가 미국인 경우에 적용되는 것으로 규정하고 있다.

(2) 책임원칙

본 협정은 항공운송인의 운송책임에 대하여 절대책임주의를 채택하고 있으며, 오직 여객운송에 관한 규정만 두고 있다. 따라서 화물운송에 대해서는 바르샤바 조약의 과실추정주의가 그대로 적용된다.

(3) 손해배상한도

본 협정에서는 여객이 입은 손해에 대하여 소송비를 포함하여 1인당 USD 75,000 (소송비용 미포함 시에는 USD 58,000)으로 항공운송인의 배상한도액을 크게 확대함으로써, 항공운송인의 운송책임을 보다 엄격하게 적용하고 있다. 하지만, 위탁수화물 및 일반화물 등에 관한 손해배상 한도는 헤이그 의정서의 규정과 동일하다.

(4) 손해통지의 기한

바르샤바 조약의 규정과 동일하다. 따라서 헤이그 의정서에 비해 그 기간이 상당히 단축되었다.

제4절 복합운송인

1. 복합운송인의 개요

1) 복합운송인의 의의

복합운송인은 본인 또는 대리인을 통하여 복합운송 계약을 체결하고 운송의 주체로서 행동하며, 계약이행에 관한 모든 책임을 부담하는 운송업자이다. 이러한 복합운송인은 전 운송구간에 걸쳐 단일 책임을 지게 되며, 복합운송 계약의 증거서류로서 복합운송증권을 발행하게 된다. 따라서 화주는 복합운송인과 운송계약을 체결함으로써, 여러 운송수단이 가지고 있는 효율성과 장점을 통합적으로 이용할 수 있다

특히 운송서비스에 대한 화주욕구의 고도화 및 복합운송과 관련된 관련법규의 완화에 힘입어, 복합운송인의 역할과 중요성이 크게 증가하고 있는 상황이다.

2) 복합운송인의 형태

(1) 운송주체에 따른 유형

① 계약운송인

운송수단을 직접 소유하지 않고서도 실제운송인처럼 운송계약의 주체로서의 기능과 역할을 수행하는 자에 의해 복합운송계약을 체결하여 화물을 운송하는 형태로서, 계약운송인(Contracting Carrier)이 화주와 복합운송 계약을 체결할 때는 운송인으로서의 역할을 수행하는 것이며, 운송계약을 맺은 계약운송인이 다시 운송을 이행하기 위해 실제운송인과 운송계약을 체결할 때는 화주로서의 역할을 하게 된다. 이와 같은 역할을 수행하는 계약운송인으로는 무선박공중운송인(Non-Vessel Operating Common Carrier: NVOCC),[17] 국제운송주선업자(International Freight Forwarder), 통관업자 등을 들 수 있다.

② 실제운송인

실제 운송수단을 소유하고 있는 실제운송인(Actual Carrier)이 복합운송 계약을 체결하고 운송활동을 수행하는 형태로, 이에는 해상운송인형, 항공운송인형, 철도운송인형, 자동차운송인형 복합운송 등이 있다. 따라서 실제운송인형 복합운송은 실제로 한 가지 이상의 운송수단을 소유하고 있는 운송업자가 화주와 복합운송계약을 체결하고, 전 운송 구간에 걸쳐 모든 책임을 부담하고, 직접 운송활동을 수행하는 형태이다.

---

17) 선박을 직접 운항하지 않으면서 운송주체가 되어 자기의 태리프(Tariff)를 갖고, 자기의 명의로 운송증권을 발행하여 운송서비스를 제공하는 자이다. 즉, NVOCC는 선박공중운송인(Vessel Operating Common Carrier)에게 운송을 의뢰하므로 VOCC에게는 화주의 지위이면서, 동시에 화주에게는 운송인의 지위를 갖는다. NVOCC는 1984년 미국 신해운법에서 공중운송인(Common Carrier)으로서의 지위를 인정받았다.

(2) 운송계약에 따른 유형

① 하청운송인

1인의 운송인이 육상·해상·항공의 전 운송구간에 걸친 복합운송을 인수하여, 전부 또는 일부를 다른 운송업자에게 하청하는 형태의 복합운송을 말한다. 여기서, 복합운송계약을 체결한 운송인은 원청운송업자가 되며, 하청을 받아 운송을 수행하는 운송인은 하청운송인이 된다.

② 공동운송인

공동운송은 다수의 운송인이 처음부터 복합운송을 인수하는 것으로, 일종의 운송 컨소시엄 형태의 복합운송으로서 동일운송이라고도 한다. 이러한 컨소시엄은 복합운송계약이 종결되면 해체되기 때문에, 순수하게 복합운송계약을 체결할 목적으로 형성되는 것이다.

③ 순차운송인

순차운송은 연계운송이라고도 하는데, 다수의 운송인이 순차적으로 운송을 이행하는 형태이다. 이 경우, 송하인은 최초의 운송인에게 화물을 인도함으로써 다른 운송인도 이용할 수 있다.

2. 복합운송인의 책임원칙과 운송책임

1) 복합운송인의 책임원칙

복합운송은 원칙적으로 2개 이상의 운송수단을 결합하여 운송서비스를 화주에게 제공하는 일관운송체제이므로, 복합운송을 수행하는 과정에는 다수의 운송방식이 이용된다. 하지만, 복합운송의 경우 실제 운송활동의 수행여부에 관계없이, 화주와 복합운송계약을 체결한 복합운송인이 전 운송서 발생되는 모든 손해에 대하여 책임을 지게 된다.

다만, 그 책임의 원칙과 손해배상 한도액을 전 운송 단일하게 적용할 것인가, 아니면 각 운송방식을 구속하는 조약 및 법규에서 규정하고 있는 내용을 개별적으로 적용할 것인가에 대하여는 논란의 여지가 있을 수 있다. 따라서 복합운송계약을 체결할 당시에 복합운송인의 책임원칙과 체계를 명확히 명시함으로써, 이러한 문제를 해결할 수 있다. 일반적으로 복합운송인의 책임체계는 크게 이종책임체계, 단일책임체계, Tie-up Liability System, 수정단일책임체계 등의 원칙에 따라 명확히 구분되고 있는데, 자세한 내용을 살펴보면 다음과 같다.

(1) 이종책임체계

이종책임체계(Network Liability System)는 복합운송인이 전 운송 걸쳐 책임을 지지만, 책임의 원칙 및 손해배상 한도는 그 손해가 발생한 운송수단을 규제하고 있는 조약 및 법규에 따르는 원칙이다.

예를 들어, 해상운송 구간에서 손해가 발생한 경우에는 헤이그-비스비 규칙이나 함부르크 규칙에서 규정하고 있는 한도를 적용하고, 공로운송 구간에서는 CMR조약, 철도운송 구간에서는 CIM조약에서 규정하고 있는 운송인의 책임원칙과 손해배상 한도를 따르는 것이다.

(2) 단일책임체계

단일책임체계(Uniform Liability System) 원칙은 복합운송인이 전 운송 걸쳐 단일의 책임체계를 적용하는 원칙으로서, 운송에 개입하는 운송인의 운송책임을 규정하고 있는 하나의 조약을 정하여 이를 운송구간의 상이함에 관계없이, 전 운송구간에 복합운송인의 책임원칙으로 적용하는 방식이다.

(3) Tie-up Liability System

본 원칙은 복합운송인의 책임원칙과 하청운송인의 사적 계약상의 책임원칙을 전적으로 동일하게 하는 방식이다. 다시 말해서 책임은 일관하게 복합운송인이 지지만, 그 책임원칙은 하청인운송인이 복합운송인에 대하여 적용하는 것과 동일한 책임원칙을 적용하는 방식이다.[18)]

---

18) 예를 들어, 충돌의 경우 항해과실면책에 의해 하청운송인인 해상 운송인이 복합운송인에 대하여 책임을 지지 않는 것과 마찬가지로, 복합운송인도 화주에 대하여 책임을 지지 않

(4) 수정 단일책임체계

수정 단일책임체계(Modified Uniform Liability System)는 이종책임체계와 단일책임체계를 절충한 것으로, 책임의 원칙은 하나의 조약을 적용하고 책임한도는 각 운송방식별로 규정되어있는 조약을 적용하는 원칙이다. 대표적으로 UN 국제복합운송조약에서 채택하고 있다.

2) 복합운송의 운송책임

복합운송인의 운송책임 원칙과 배상한도를 처음으로 규정한 조약은 국제도로물건운송조약(CMR)을 근거로 하여, 복합운송인의 책임체계를 규정한 박게(Bagge) 안을 들 수 있다. 그러나 이 박게 안(1949년)은 도로운송을 근거로 하여 제정된 것이기 때문에, 해상운송을 주축으로 한 복합운송에 그대로 적용하기에는 무리가 있었다. 따라서 1924년에 제정된 해상부문의 헤이그 규칙을 개정하여 운송인 책임체계의 개선 및 유통성을 지닌 새로운 선하증권을 작성하여 사용할 수 있도록 규정하고 있는 복합운송조약인 동경규칙(1968)을 제정하였으나, 이 또한 해상운송에 치중하여 제정된 조약이었기 때문에 복합운송에 적용하기에는 많은 문제를 안고 있었다. 이에 따라 공로운송의 CMR 조약과 해상운송의 동경규칙(Tokyo Rules)을 절충하여 TCM(1971)[19] 조약을 제정하기에 이르렀다. 그러나 TCM 조약은 선진국 운송업자에게 유리한 체계를 확립시켜 준다는 이유로, 개발도상국들은 동 조약의 조기 성립을 반대하여 결국 TCM 조약은 백지화되었다.

따라서 복합운송조약 작성을 위한 무대는 UNCTAD의 무역개발위원회 내에 설치된 정부간 준비그룹(Intergovernmental Preparatory Group : IPG)으로 넘어갔다. IPG가 준비한 조약안에 따라, 1980년 5월 24일 UN국제복합운송조약(United Nations Convention on International Multimodal Transport of Goods, 1980), 이른바 MT 조약이 탄생되었다.

는 것이다.

19) TCM의 공식 명칭은 Project de Convention sur le Transport Combine Internationale de Marchandises(국제화물복합운송조약안)이다.

한편 국제복합운송이 증가함에 따라 종래의 신용장통일규칙에 규정된 B/L조항으로는 다루기 어려운 문제를 야기시켰다. 그래서 국제상업회의소(ICC)는 일정한 조건을 갖춘 복합운송증권을 은행이 매입할 수 있도록, 1973년 12월에 복합운송증권을 위한 통일규칙(Uniform Rules for a Combined Transport Document, 1973)을 제정·공표하였다. 그 후, 운송인들이 동 규칙의 지연책임에 이의를 제기하고 사용을 거부함으로써, 지연책임규정을 삭제하여 이 규칙의 개정판을 1975년에 ICC Publication No. 298로서 발표하였다. 이 개정판은 1991년까지 세계적으로 널리 사용되어 왔다.

한편 1980년 MT조약의 제정을 계기로, UNCTAD 해운위원회는 1988년 UNCTAD/ICC 합동작업반을 조직하여, 3년 동안의 작업과정을 거쳐 헤이그 규칙, 헤이그-비스비 규칙, ICC 통일규칙 등을 기초로 하여, 복합운송증권에 관한 국제규칙(UNCTAD/ICC Rules for Multimodal Transport Documents, 1992)을 제정, 1992년 1월 1일부터 시행에 들어가 오늘날에 이르고 있다. 현재, 우리나라를 비롯하여 전세계적으로 통용되고 있는 복합운송선하증권(FIATA Multimodal Transport Bill of Lading: FBL)은 이 규칙에 준거하여 개정되어, 1994년 3월 1일부터 사용하고 있다.

(1) UN 국제복합운송조약

① 적용범위

UN 국제복합운송조약에서는 출발지 및 도착지 국가 중 어느 한쪽이 본 조약의 체약국인 경우에, 이 조약의 적용을 받는 것으로 규정하고 있다.

② 책임원칙

본 조약 제16조에 의하면, 복합운송인은 자기 또는 그 이행보조자가 손해의 원인이 된 사고 및 그 결과를 회피하기 위하여 합리적으로 요구되는 모든 조치를 취하였음을 증명하지 못하면, 운송물에 대한 손해에 대하여 책임을 져야 한다고 규정하고 있다. 즉, 운송인이 무과실의 입증을 하지 못하는 한, 배상책임을 면할 수 없다는 과실추정주의를 채택하고 있는 것이다.

한편 이 조약은 수정 단일책임체계를 채택하고 있다. 다시 말해서 사고발생 구간에 강행법규가 존재하는 경우에도 조약의 규정이 우선적으로 적용된다. 다만,

그 강행 법규상의 책임한도액이 본 조약의 그것보다 높은 경우에는, 그 구간에 적용되는 그와 같은 강행법규가 우선 적용된다.

③ 배상책임한도

일반화물에 손해가 발생한 경우에는 함부르크 규칙의 배상한도에 10%를 인상하여, 포장 또는 단위당 920SDR이나 화물 1kg당 2.75SDR 중에서 높은 금액을 한도로 하여 복합운송인은 손해배상의 책임을 진다. 다만, 해상운송이나 내수로 운송이 포함되지 않은 경우에는, 화물 1kg당 8.33SDR을 한도로 책임을 진다.[20)]

한편 컨테이너에 적입하여 운송하는 화물의 경우에는, 헤이그-비스비 규칙이나 함부르크 규칙에서처럼 적입된 화물의 수량을 명기하지 않으면 1포장 단위로 간주하여 배상하고, 수량을 명기한 경우에는 기재된 수량단위를 기준으로 배상하도록 규정하고 있다.

④ 손해통지 및 소송기한

운송인의 책임을 규정하고 있는 대부분의 조약과 마찬가지로, 본 조약에서도 화물에 손해가 발생한 경우에는 수하인이 복합운송인에게 통지하도록 규정하고 있는데, 육안으로 확인 가능한 경우에는 화물 인도일의 다음날까지 통지해야 하고, 외관상 인지할 수 없는 손해에 대하여는 화물 인도한 후 연속 6일 이내에 통지하도록 규정하고 있다. 또한 화물의 인도가 연착되거나 지연된 지연손해에 대하여는 화물 인도일의 다음날로부터 60일 이내에 통지하도록 하고 있다. 한편 이러한 운송인의 손해배상과 관련된 어떠한 법적 절차도 2년 이내에 제기하여야 하는데, 이는 서면으로 연장할 수 있도록 규정하고 있다.

(2) UNCTAD/ICC 복합운송증권 규칙

① 적용범위

본 규칙은 운송계약을 체결하고 발행한 복합운송증권면에 본 규칙에 따를 것을

---

20) 해상운송이나 내수로 운송이 포함되지 않은 경우에는, CMR 조약에서의 책임한도액과 동일하다.

명기하고 있는 경우에 한하여 적용된다.

② 책임원칙

운송인의 반증책임을 전제로 한 과실책임주의와 함께 수정 단일책임체계를 채택하고 있다.

③ 손해배상한도

운송인의 책임한도는 종가운임이 지불된 경우가 아니면, 1포장당 666.67SDR 또는 1kg당 2SDR 중 많은 금액을 초과하지 않는다. 또한 해상 또는 내수로 운송이 없으면, kg당 8.33SDR을 초과하지 않는다. 컨테이너화물의 경우, 그 적입단위가 증권에 기재되면 그 단위를 책임한도 산정단위로 한다.

④ 손해통지 및 소송기한

본 조약에서 규정하고 있는 복합운송인의 과실로 인해 발생한 손해에 대하여 배상을 받고자 하는 수하인은 물품 인도 후 6일 이내에 손해의 상황을 통지하여야 하고, 손해배상의 청구를 위한 소송제기는 물품 인도일로부터 9개월 이내로 제한하고 있다.

제5절 운송주선인

1. 운송주선인의 개요

1) 운송주선인의 의의

운송주선인(Freight Forwarder)[21]은 아직까지 국제적으로나 국내적으로 통일된 개념이 정립되지 않아 Forwarder, Forwarding Agent,[22] Freight Promotor, Foreign

21) Freight Forwarder의 사전적 해석은 "운송을 위탁한 고객을 대리하여 화주의 화물을 통관, 입출고, 집하, 환적 또는 배달 등의 서비스를 제공하여 화주가 요구하는 목적지까지 안전하고 신속하게 운송하는 자"라고 정의되고 있다.

Freight Forwarder, Shipping & Forwarding Agent, Air Freight Agent 등으로 표시하며, 국문으로는 운송주선업자, 국제운송주선인, 복합운송인, 복합운송주선인 등으로 혼용·사용하고 있다.

미국의 경우는 운송주선인을 일반운송인으로서 보수를 받고 화물의 운송(Carry) 또는 주선(Arrange)을 업으로 하는 자로서 정의하고 있다.

일본에서는 운송주선인을 "타인의 수요에 응해서 보수를 받고, 물품운송을 주선, 대리 또는 매개하고, 혹은 운송인의 운송수단을 이용하여 물품을 운송하는 것을 업으로 하는 자를 말한다."라고 정의하고 있다.

한국의 상법은 자기의 명의로 물건운송의 주선을 영업으로 하는 자라고 간단히 정의하고 있다.[23] 그리고 운송주선인은 다른 약정이 없으면 직접 운송할 수 있으며, 이 경우의 주선인은 운송인과 동일한 권리의무를 갖게 되고, 만약 운송주선인이 위탁자에게 화물상환증 또는 선하증권 등을 작성·교부한 경우에는 직접 운송하는 것으로 본다고 규정하고 있다.[24]

이상과 같이 운송주선인은 그 개념이 아직 명확히 정립되어 있지 않지만, 일반적으로는 직접 운송수단을 보유하지 않은 채 그들의 고객을 위하여 화물운송의 주선이나 운송행위를 하는 자로 화주와 8운송인 사이에서 화주에게는 운송인의 입장이 되고 운송인에게는 화주의 입장이 되어 기본적인 기능을 수행한다.

이들이 국제운송에 참여하는 경우에는 국제운송주선인으로서 화물을 집하, 분배하는 운송수단 비보유운송인(Non-Carrier형)으로서 선사 및 항공사와 같은 운송수단 보유운송인(Carrier형)과는 구별된다. 이들 운송주선인은 종래에 화물집하점이나 대리점 업을 영업 기반으로 하고 있었으나 국제복합운송에의 참여를 계기로

---

22) Forwarding Agent와 Freight Forwarder의 개념은 본래 다르다. Forwarding Agent는 화주, 즉 수출자를 대신하여 선적수속, 선적서류의 작성, 화물의 본선에의 인도 등 작업을 하는 대행업체이나 Freight Forwarder는 혼재업무를 주로 하며 자기의 명의로 일관운송을 인수하는 계약운송인의 지위를 갖는다. 그러나 실제적으로는 Freight Forwarder의 업무는 대리점업무를 포함하고 있어서 광범위하고 다양하며 그 내용은 국가마다 다르다.

23) 우리나라 상법 제2편 상행위 제8장 제114조.

24) 이것을 개입권이라 하며 운송주선인은 동시에 운송인을 겸할 수 있다(우리나라 상법 제2편 상행위 제8장 제116조).

공중운송인(Common Carrier)의 자격으로 운송행위에 개입하게 되었으며, 특히 선사나 항공사 같은 일반운송인들도 복합운송인(MTO)[25]을 지향하는 경향이 있어 복합운송인의 개념에는 Carrier형인 VO(Vessel Operator)와 Non-Carrier형인 NVO (Non-Vessel Operator)가 포함된다.

2) 운송주선인의 기능

(1) 국제복합운송업무

운송주선인에 의한 복합운송에는 해상운송의 전후에 육상운송이 있는 경우가 주류를 이루고 있다. 이 경우는 먼저 복합운송을 하려고 하는 발송지 및 목적지의 운송주선인이 상호 제휴하여 해상운송을 담당할 선박회사를 선정하고 이들과 복합운송을 행해야 할 계약을 체결하는 것이 필요하다. 또한 양단의 운송주선인은 언제라도 자기의 고객에 대해 협정된 목적지까지의 운임·제비용을 제시할 수 있도록 준비하여야 한다.

수입업자는 최종목적지에서 수출지의 운송주선인이 발행한 복합운송증권에 기재되어 있는 상대국의 운송주선인 또는 그의 대리점에 그 증권을 제시하고 이와 상환으로 화물을 인도받게 된다.

(2) 국제혼재운송업무

소량화물운송의 경우 화물을 수령한 운송주선인은 개개의 수출업자에게 화물수령증(FCR : Forwarder's Cargo Receipt)[26] 또는 복합운송증권을 발행하고 이들 화물을 모두 동일 선박에 적재하여 하나의 선하증권을 발급 받음으로써 최저운임(Minimum Freight)[27]을 따로 따로 선박회사에 지급하는 대신 톤당 요율의 적용을

---

25) MTO는 Multimodal Transport Operator의 약자로 복합운송인을 의미하며, 이 복합운송인을 MT조약에서는 MTO라고 부르고 있다.

26) Forwarder가 화주에게 발행하는 화물수령증인 FCR은 Forwarder's Cargo Receipt 또는 Forwarder's Certificate of Receipt의 약어인데, FCR에서는 Forwarder가 운송상의 책임을 부담하지 않는다는 점에서 FBL(FIATA Multimodal Transport Bill of Lading)과는 구별된다. FCR은 신용장에 명시되어 있지 않으면 은행이 수리하지 않으므로 주의를 요한다.

받아 운임절감을 도모할 수 있다. 특히 컨테이너 화물운송에서 많이 이루어지는데 1개의 컨테이너에 여러 화주의 LCL화물을 채워 FCL화물로 만들어 운송하게 된다.

한편 화주 측에서 보면 소량화물을 가지고 선박회사와 선복예약을 할 경우에는 선박회사의 좋은 서비스를 기대하기 어려우나 운송주선인을 이용할 때는 이것이 가능하다.[28]

(3) 부대서비스업무

① 운송계약의 체결 및 선복의 예약

운송주선인은 수출업자를 대신하여 운송인과 운송계약을 체결하고, 선박, 항공기 및 육상운송기관에 필요한 공간(Space)을 예약한다.

② 운송서류의 작성 및 적재업무

운송주선인이 작성하는 주요 서류는 선하증권, 항공화물운송장, 보험증권, 통관서류, 기타 은행에 제출하여야 하는 서류이다.

③ 부보업무

화물의 운송에 따른 보험은 대단히 복잡한 전문지식을 필요로 하는데, 운송주선인이 화주를 대신해서 일을 처리해준다. 그들은 통상 보험대리점으로서 또는 독자의 보험 증권에 의해서 보험회사에 부보를 신청할 수 있다. 따라서 적하보험에 관계되는 가장 유리한 보험형태, 보험금액, 보험조건 등을 알고 있어야 할 번거로움을 피할 수 있다.

④ 포장 및 보관업무

대부분의 운송주선인은 화물의 포장방법에 관해서 운송방식이나 목적지에 따라 가장 적절한 것을 효과적으로 화주에게 조언한다. 한편 운송주선인은 운송의 주

27) 일반적으로 운임은 화물의 중량 또는 용적에 대한 톤數 또는 기타 단위를 기초로 하여 계산되지만, 그 중량 또는 용적이 단위이하인 경우 최소한도의 운임을 정하여 두는 데 이를 최저운임이라 한다.

28) 한국해사문제연구소, "컨테이너화물의 원활한 유통에 관한 연구", 1979, pp.249-250.

체자로서 또는 단순 혼재업자로서 화물을 집하·장치하기 위해 자기의 창고에 수출입화물의 보관 서비스를 제공하기도 한다.

⑤ 통관 및 분배업무

화주를 대신하여 수출입화물의 통관절차를 밟는 것은 운송주선인이 갖고 있는 주요기능 중의 하나이다. 특히 수입통관절차는 매우 복잡하고 다양하기 때문에 전문지식과 풍부한 경험이 있어야 한다. 한국의 경우에는 예외적으로 인정하는 경우를 제외하고는 관세사나 자기명의로 통관허가를 받은 자만이 할 수 있으나,[29] 영국의 경우에는 운송주선인이 할 수 있으며, 미국의 경우에는 미국세관으로부터 인가를 받은 운송주선인이 통관중개인(Custom House Broker)으로서 통관 업무를 할 수 있다.[30] 물품이 수입항에서 통관되고 나서 운송주선인은 선하증권을 선박회사에 제시하고 화물을 인수한다.

⑥ 국제운송에 관한 조언·상담업무

수출업자 또는 송하인의 요청에 따라서 해상·항공·철도 및 도로운송에 걸쳐서 소요비용, 소요시기, 신뢰성 및 경제성에 비추어 가장 적절한 운송루트(Route)를 조언한다. 동시에 그 운송루트 및 운송수단의 선정에 바탕을 두고 화물포장의 형태 및 정도 그리고 목적지국의 각종 규칙에 관해서도 조언한다.[31]

2. 한국의 운송주선인

우리나라에 운송주선인이 처음 진출한 것은 정부의 수출드라이브정책에 따라 유럽지역의 유수한 운송주선인들이 1960년대 말 개별적으로 진출하여 서비스를 제공하면서부터이다. 1976년 9월 해운항만청이 '외항해상운송 부대사업 면허요령'을 제정함에 따라 동년 10월 30일 26개사가 면허를 취득하였다. 1983년 12월에는

29) 한국복합운송주선업협회(KMTA)가 정부에게 수차례 운송주선인이 통관 업무를 할 수 있도록 요청하였으나 현재까지 허용되지 않고 있다.
30) 황근식·이원철, 국제복합운송실무, 한국해사문제연구소, 1985. p.340.
31) 추전정부, "영국화물 주선업계의 기능", 해양한국, 한국해사문제연구소, 1997.5. p.54.

해상운송사업법을 해운 법으로 바꾸고, 면허업종이었던 해상운송주선업을 등록업종으로 전환하였다.

그런데, 정부는 해상화물운송주선업이 명실 공히 육해공을 망라하는 국제복합운송인으로서 한계가 있다고 보고, 1991년 12월 화물유통촉진법을 제정하여 복합운송주선업이라는 새로운 업종을 탄생시켰다. 따라서 우리나라의 운송주선인은 해운 법에 의한 해상화물운송주선업과 화물유통촉진법에 의한 복합운송주선업으로 이원화되었다. 이와 함께 화물유통촉진법의 제정으로 항공법을 개정(1993. 12. 27)하여 항공운송주선업을 폐지함으로써, 국제간 교역화물을 취급하는 주선업은 해상화물운송업과 복합운송주선업으로 양분되어 취급업무가 유사함에도 불구하고 근거법률과 소관부처(해운항만청, 건설교통부)를 달리하고 있어 정책추진의 일관성 저하, 업종 간 이해다툼, 이용화주의 혼란 등 많은 문제점을 노출시켰다.

이러한 문제점을 들어 한국국제복합운송업협회(KIFFA)는 1994년 12월 양 업종의 일원화를 건의하게 되었고, 그동안 많은 논의 과정을 거쳐 1995년 12월 29일 정기국회에서 「복합운송주선업」으로 일원화되었다. 즉 해운법 및 화물유통촉진법을 동시에 개정하여, 해운 법에서 해상운송주선업을 삭제, 1996년 6월 29일부로 해운 법에 의해 등록된 해상운송주선업자를 화물유통촉진법에 의한 복합운송주선업자로 등록한 것으로 간주하고, 선박 또는 항공기만을 이용하여 운송주선업을 영위하려 할 경우에도, 화물유통촉진법에 의한 복합운송주선업으로 등록하도록 하였다.

이처럼 1996년 6월 29일부로 해상운송주선업이 복합운송주선업으로 통합됨에 따라, 한국국제복합운송업협회(KIFFA)도 한국복합운송주선업협회(KMTA)와 통합되어, 한국의 운송주선업은 화물유통촉진법에 의한 복합운송주선업으로 일원화되었다.

15 Chapter 운송관리시스템

제1절 단위적재운송시스템

1. 단위적재운송시스템의 개요

1) 단위적재운송시스템의 의의

단위적재운송시스템(Unit Load System)은 운송하고자 하는 화물을 단위적재용기를 이용하여 하역과 운반의 합리화를 이룩하기 위한 혁신적인 운송체제인 동시에, 화물을 일정한 중량과 용적으로 단위화하여 기계화된 하역 및 운송을 가능하게 하는 일관적인 물류시스템[1]이다.

이와 같은 단위적재운송시스템은 인력에 의한 작업을 경감하고 기계화 및 시스템화를 추진함으로써, 신속하고 안전하게 화물을 운송할 수 있는 체제이다.

실제로 단위적재운송시스템은 종래의 운송방식과 비교해 볼 때, 보험료 45-75% 및 인건비 25-40% 가량을 경감할 수 있는 것으로 분석되고 있다. 또한 단위적재용기 자체가 포장설비의 역할을 수행하기 때문에 포장비의 25-70% 정도를 줄일 수 있으며, 하역비 및 운송비용 또한 10-40% 가량 절감할 수 있기 때문에 경제적 효과가 매우 큰 운송시스템이다.

---

1) Unit Load System은 화물의 유통과정에서 요구되는 화물 취급횟수의 감소와 계면활성지수의 효율화를 도모할 수 있는 일관운송체제이다.

2) 단위적재운송시스템의 형태

(1) 파렛트시스템

파렛트시스템은 표준화된 파렛트(Pallet)[2]를 사용하여 화물을 운송하는 단위적재시스템의 일종으로, 팔레트의 특성상 원거리 운송보다는 창고나 작업장 내에서의 근거리 운송에 적합한 운송시스템이다.

(2) 컨테이너시스템

컨테이너시스템은 화물을 표준화된 규격의 컨테이너[3]에 적입하여 운송하는 방식이다. 이러한 컨테이너시스템은 송하인의 문전에서 수하인의 문전까지 안전하게 운송할 수 있는 일관운송체제를 이룩하였으며, 주로 수출입 일반화물의 장거리 운송에 이용되고 있다.

(3) 프레이트 라이너시스템

프레이트 라이너시스템(Freight Liner System)[4]은 컨테이너에 화물을 적입한 다음 컨테이너 전용열차를 이용하여 정기적으로 화물을 운송하는 방식을 말하며, 이와 같이 컨테이너를 전문적으로 운송하는 고속 화물전용열차를 일컬어 프레이트 라이너(Freight Liner)[5]라 한다.

(4) 랜드브리지시스템

랜드브리지시스템(Land Bridge System)은 컨테이너와 같은 단위적재용기에 화물을 적입하여 해상운송, 철도운송 및 해상운송을 순차적으로 수행하여 화물을 송

---

2) 국제표준기구(ISO)에서 권장하고 있는 팔레트의 표준규격은 1.1m×1.1m(가로×세로)이다.
3) 국제표준기구(ISO)에서는 컨테이너의 가로와 세로가 8피트, 길이가 20피트인 컨테이너와 길이가 40피트인 컨테이너를 표준규격으로 정하여 사용을 권장하고 있다.
4) 프레이트 라이너시스템은 1965년 11월 영국의 국철회사에서 개발된 운송방식으로 고속 화물전용열차를 정기적으로 배차하여 컨테이너를 일관 운송하는 방식이다.
5) 컨테이너전용열차인 프레이트 라이너는 지역에 따라, 블럭 트레인(Block Train), 컨테이너 유닛 트레인(Container Unit Train) 등으로 불리고 있다.

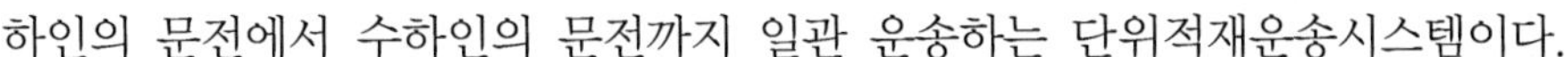

하인의 문전에서 수하인의 문전까지 일관 운송하는 단위적재운송시스템이다.

3) 단위적재운송시스템의 효과

표준화된 파렛트와 컨테이너를 이용하여 운송하는 단위적재운송시스템은 하역 기계화에 의한 보관효율의 향상 및 노동력 감소 효과가 매우 높기 때문에 하역비용 및 시간을 단축시킬 수 있다.

또한 운송 및 보관의 편의성과 트럭 회전율을 향상시킴으로써 보관비용 및 운반비용을 경감할 수 있고, 작업의 기계화와 일관화에 따른 화물의 파손 감소와 화물포장 비용의 절감 등이 가능하다. 이러한 맥락에서 볼 때, 단위적재운송시스템은 운송비, 포장비, 하역비, 보관비 등의 제반 물류비용을 절감할 수 있는 획기적인 운송시스템으로서의 역할을 수행하고 있는 것으로 평가받고 있다.

그러나 단위적재운송의 효과를 극대화하기 위해서는 필수 불가결하게 국제적으로 통일된 단위적재용기가 사용되어야 하는데, 화물의 특성과 형상, 보관 및 운송설비의 특성, 포장단위의 상이성 등으로 인해 기업들은 서로 다른 규격의 용기를 사용하고 있기 때문에 적재용기의 단위화에 많은 어려움을 겪고 있다. 따라서 화물 적재용기의 규격화 및 표준화 작업을 위한 국제적이고 다각적인 노력이 필요하다.

4) 단위적재설비

단위적재운송시스템이 효과를 거두기 위해서는 파렛트 및 컨테이너를 취급할 수 있는 운송설비, 하역설비, 포장설비, 보관설비 등이 갖추어져야만 한다. 예를 들어, 운송설비의 경우 육상운송을 위해서는 화물자동차나 철도화차에 파렛트를 적재하거나 하역할 수 있는 파렛트 로더(Pallet Loader)가 필요하며, 컨테이너를 탑재할 수 있는 전용트럭 또는 전용화차 등이 필요하다. 또한 해상운송이나 항공운송을 이행하기 위해서는 컨테이너 전용선 및 전용화물기 등이 필요하다.

한편 단위적재용기를 운송수단에 적재하거나 탑재하기 위한 하역설비로는 크레인, 트랜스테이너(Transtainer),[6] 파렛트 로더(Pallet Loader), 컨테이너 로더(Container

Loader), 승강기(Elevator) 등이 필요하며, 단위적재용기에 화물을 적입하기 위한 포장설비로는 대형포장기, 밴드조립기 등이 필요하다.

2. 단위적재운송시스템의 선택방안

단위적재운송시스템은 파렛트에 화물을 적재하여 운송하는 파렛트시스템과 컨테이너에 화물을 적입하여 운송하는 컨테이너시스템[7]으로 대별할 수 있는데, 어떠한 방식을 이용할 것인지는 운송거리, 화물의 수량, 화물의 형상, 운송에 필요한 설비 등을 종합적으로 고려하여 선택하여야 한다.

1) 선택기준

(1) 운송거리

본래 파렛트는 보관 및 운반을 위해 고안된 용기이기 때문에 근거리의 인접지역 운송이나 창고 내에서의 효율적 보관에 적합한 설비이다. 이와 비교해 볼 때, 컨테이너는 컨테이너 전용선(Container Ship)이나 전용화차(Container Unit Train)를 이용하여 대량의 수출입 화물을 장거리 운송하는데 매우 적합한 설비이다. 따라서 파렛트는 단거리 및 근거리 운송에 적합하고 컨테이너는 장거리 운송[8]에 주로 이용되고 있다.

(2) 하역능력

하역능력은 하역작업의 대상이 되는 화물의 특성에 따라 달라지게 된다. 왜냐하면, 화물의 특성에 따라 기계화의 정도가 결정되기 때문이다. 일반적으로, 파렛트 보다는 컨테이너에 화물을 적입하여 하역하는 것이 보다 유리하다. 실제로 무

---

6) 트랜스테이너는 컨테이너를 줄지어 여러 단으로 적재하기 위한 크레인의 일종이다.
7) 프레이트 라이너시스템이나 랜드브리지시스템은 화물을 컨테이너에 적입하여 운송하기 때문에 컨테이너시스템의 범주에 포함되는 것으로 볼 수 있다.
8) 효율성을 높이기 위해 파렛트에 화물을 적재한 상태에서 이를 컨테이너에 적입하여 운송하는 파렛트와 컨테이너가 복합적으로 결합된 운송형태도 있다.

포장 화물인 산화물 하역의 경우 시간당 100톤 정도를 하역할 수 있는데 비해, 파렛트를 이용한 하역방식은 시간당 240톤, 컨테이너를 이용하는 경우에는 시간당 400톤 이상을 하역할 수 있는 것으로 나타나고 있다. 따라서 운송 및 하역을 위한 화물의 수량이 많은 경우에는 컨테이너를 이용하는 것이 적합하고 소량화물의 경우에는 파렛트를 이용하는 것이 적합하다.

(3) 화물의 형상

파렛트는 정방형의 평판부 상단에 화물을 적재하여 운송하는 설비이기 때문에, 일반적으로 정육면체 또는 직육면체의 화물을 적재하기는 편리하지만, 분립제나 액체화물의 경우에는 적재가 곤란하다. 그러나 컨테이너의 경우에는 장척화물(Lengthy Cargo)이나 대용적 화물 등과 같이 컨테이너에 적입하기 곤란한 화물을 제외하고는 거의 모든 화물을 적입하여 운송할 수 있다.

(4) 필요설비

파렛트나 컨테이너와 같은 단위적재용기를 취급하기 위해서는 특별한 설비가 필요하다. 따라서 이러한 설비가 갖추어져 있는가에 따라 파렛트를 이용할 것인지, 아니면 컨테이너를 이용할 것인가를 결정해야 하는 것이다. 예컨대, 파렛트의 경우에는 파렛트 운송 및 하역에 필요한 기기인 포크리프트 트럭(Forklift Truck), 파렛트 로더(Pallet Loader), 승강장치 등이 필요하며 창고에서의 보관을 위한 운반 및 반송용 기기 등이 필요하다. 한편 컨테이너의 경우에는 컨테이너 터미널(Container Terminal), 컨테이너 취급장소(CY, CFS), 컨테이너 적재장소(Empty Container Stacking Area), 컨테이너 보수장소(Maintenance Shop, Repairing Shop), 각종 크레인 및 컨테이너 적재선박 및 전용화차 등과 같은 운송장비가 필요하다.

2) 선택방안

단위적재운송시스템의 특성을 종합적으로 고려해 보면, 팔렛트시스템은 규격화된 소량화물의 단거리 운송에 적합하며, 컨테이너시스템은 규격 및 비규격 화물을 대량으로 장거리 운송하는데 적합한 운송시스템이라 할 수 있으므로, 앞에서 설명한 요인들을 종합적으로 검토하여 어떠한 운송방식을 선택할 것인가를 판단하는 것이 바람직하다. 예를 들어 창고 내에서의 규격화된 정방형 화물의 경우에는 팔렛트시스템이 유용하고, 대량의 수출입 화물의 경우에는 컨테이너시스템을 이용하는 것이 유용한 선택방안이 될 수 있다.

3. 일관컨테이너 운송시스템

1) 컨테이너시스템의 의의

컨테이너는 1920년대 미국에서 철도운송을 위한 육상운송 용구로 개발되어 발전을 거듭해 오다가 1956년 미국의 Sea-Land사(社)에 의해 해상용 컨테이너가 개발되어 국제적인 운송활동에 이용되기 시작하였다.

이와 같이 컨테이너를 철도운송 및 자동차운송은 물론 해상운송에 이용하는 컨테이너시스템이 도입됨에 따라 화물 파손율 및 포장비용 등이 획기적으로 줄어들게 되었고, 송하인의 문전에서 수하인의 문전까지 화물을 운송할 수 있는 일관운송체제를 구축할 수 있는 토대를 마련하게 되었다. 예컨대, 송하인의 공장에서 컨테이너에 화물을 적입하고 봉인(Seal)한 후에는 목적지까지 화물의 포장을 열지 않고 수하인의 문전까지 운송하게 되는 것이다. 또, 규격화된 컨테이너를 도입하면서 전통적으로 인력에 대한 의존도가 매우 높은 것으로 알려진 하역작업의 기계화가 급속히 진전되어 하역비용을 크게 감소시키는 전기를 마련하였다.

이러한 컨테이너시스템의 효율성을 극대화하기 위해서 국제표준기구(ISO)에서는 컨테이너의 구비조건을 규정하고 있는데, 그 내용을 정리하면 다음과 같다. 첫째, 내구성을 지니고 반복사용에 적합한 충분한 강도를 유지하고 있어야 하며, 둘째, 운송 도중 내용물의 이적 없이 화물 운송이 용이하도록 설계되어야 하고, 셋째, 환적작업이 신속하게 이루어질 수 있는 장치를 구비하여야 하며, 넷째, 화물 적입 및 적출이 용이하도록 설계된 것이어야 하며, 끝으로, 컨테이너의 내부용적이 1㎥(35.3ft) 이상이 되어야 하는 것으로 규정하고 있다. 이는 컨테이너의 활용도 및 효율성 향상을 위한 최소한의 구비조건이라 할 수 있다.

2) 컨테이너의 형태

(1) 건화물 컨테이너

건화물 컨테이너(Dry Container)는 가장 일반적인 컨테이너의 형태로서 액체화물(Liquid Cargo)을 제외한 일반잡화물(General Cargo)을 주로 운송할 수 있도록 고안된 형태이다.

(2) 냉장용 컨테이너

화물이 특별히 냉장을 요하는 경우에 이용되는 컨테이너로서 컨테이너 내부에 냉장장치가 되어있으며, 주로 생화, 과일 등과 같은 화물을 운송하기에 적합하도록 설계된 컨테이너이다.

(3) 통풍 컨테이너

일반적인 컨테이너는 철재로 되어있어 공기가 잘 통하지 않기 때문에 통풍이 잘되지 않는다. 그러나 통풍 컨테이너는 이러한 문제를 해결하여 통풍이 잘되도록 설계된 형태로서 냄새나 악취가 심한 화물의 운송에 주로 이용되고 있다.

(4) 특수 컨테이너

특수 컨테이너는 상자형의 일반 컨테이너와는 달리 형상 등에서 특수하게 설계된 컨테이너이다. 대표적인 특수 컨테이너로는 화물의 하역 효율성을 고려하여 측면이 열리는 사이드 오픈형 컨테이너(Side-Open Container), 산화물 운송에 적합하도록 컨테이너 지붕을 제거한 오픈탑 컨테이너(Open-Top Container) 및 동물가죽을 걸어서 운반하기에 적합하도록 설계된 하이드형 컨테이너(Hide Container),[9] 액체화물을 운반하기 위한 탱커 컨테이너(Tanker Container), 살아있는 동물을 운반하기 위한 팬 컨테이너(Pen Container) 등이 있다.

---

9) 하이드 컨테이너는 가공되지 않은 동물의 생가죽을 운반하기에 적합하도록 설계된 특수 컨테이너의 일종으로 오물이나 악취를 제거하기가 매우 적합한 컨테이너이다.

3) 컨테이너 운영방식

컨테이너 운영방식에는 화주소유 컨테이너를 이용하는 방식, 운송회사 소유의 컨테이너를 이용하는 방식, 컨테이너 리스회사의 컨테이너를 이용하는 방식 등이 있다. 일반적으로 컨테이너는 화물을 운송하고자 하는 화주가 소유하고 있는 경우도 있지만, 일반적으로 선박회사, 운송주선업자, 컨테이너 전문운영업자 등이 소유하고 있는 컨테이너를 이용하여 화물을 운송하는 경우가 대부분을 차지하고 있다. 따라서 송하인이 컨테이너를 이용하여 화물을 운송하고자 할 경우에는 빈 컨테이너를 선박회사나 운송주선업자에게 신청하거나 컨테이너 임대업자로부터 리스(Lease)하여 화물을 운송해야 하는데, 이와 같은 컨테이너의 리스형태를 구체적으로 살펴보면 다음과 같다.

(1) 트립리스

트립리스(Trip Lease)는 컨테이너를 운송구간별로 리스하는 방식으로서, 이에는 편도리스와 왕복리스가 있다. 편도리스는 도착지에서 리스회사에 빈 컨테이너를 반납하는 형태[10)]이며, 왕복리스는 왕복구간을 모두 리스하는 방식이다.

(2) 마스터리스

마스터리스(Master Lease)는 일정기간 동안 컨테이너의 개수에 관계없이 컨테이너를 자유롭게 이용할 수 있는 마스터 계약을 체결하여 컨테이너를 리스하는 형태이다.

(3) 롱텀리스

롱텀리스(Long-Term Lease)는 특정 컨테이너를 일정기간 동안 장기간 임차하는 방식으로 원칙적으로 마스터리스 방식과 동일하게 운용되지만, 이용할 수 있는 컨테이너의 수량이 한정적이라는 점에서 차이가 있다.

---

10) 편도리스의 경우에는 반납된 컨테이너를 임대업자가 국내로 재반입해야 하기 때문에 왕복리스에 비해 임차료가 상대적으로 비싼 편이다.

4) 컨테이너시스템의 운송형태

컨테이너 화물의 운송형태는 운송하고자 하는 화물의 송하인과 수하인의 구성에 따라 여러 가지 방식으로 나누어진다.

첫째, 다수 송하인의 LCL 화물을 혼재하여 다수의 수하인에게 운송하는 형태인 CFS → CFS 형태가 있는데, 이는 MTM(Many to Many) 방식으로 불리기도 한다. 여기서 CFS(Container Freight Station)는 소량의 LCL 화물을 혼재하여 FCL 화물로 만드는 장소이다.

둘째, 다수 송하인의 LCL 화물을 혼재하여 컨테이너에 적입한 후 이를 하나의 수하인에게 운송하는 형태인 CFS → CY 형태를 들 수 있는데 이는 MTO(Many to One) 방식이라고도 부른다. 여기서 CY(Container Yard)는 FCL 화물을 취급하는 장소이다.

셋째, 단일 송하인의 FCL 화물을 다수의 수하인에게 운송하는 형태로서 CY에서 적재되어 도착지의 CFS에서 다수의 소량화주에게 분배되는 CY → CFS 또는 OTM(One to Many) 형태의 운영방식을 들 수 있다.

넷째, 단일 송하인의 FCL 화물을 단일의 수하인에게 운송하는 방식이 있는데, 이는 FCL 화물을 취급하는 수출국의 CY에서 수입국의 CY로 운송되기 때문에 CY → CY 또는 OTO(One to One) 방식이라 한다.

5) 컨테이너 운송협약

일관컨테이너 운송시스템은 수출국에서 화물을 컨테이너에 적재하여 수입국까지 운송하는 방식이다. 따라서 컨테이너 자체는 물론 컨테이너 탑재차량 및 화차 등이 자연스럽게 국경을 초월하여 이동하게 된다. 이에 컨테이너와 운반차량 등을 국경이나 통관지에서 어떻게 취급할 것인가에 관한 국제적인 논의가 지속적으로 있어왔다. 이와 같은 논의의 결과로 나타난 컨테이너 운송과 관련된 국제협약의 내용을 정리하면 다음과 같다.

(1) 컨테이너 통관협약

컨테이너 통관협약(CCC : Customs Convention on Container)은 컨테이너가 국경을 통과할 때 발생하는 관세 및 통관문제의 해결을 위해 1956년에 제정된 국제협약이다.

본 협약의 주요 내용은 일시 반입된 컨테이너에 대해 재반출을 조건으로 관세를 면제한다는 내용과 국내 보세운송에 있어서 체약국 세관의 봉인(Seal)을 존중한다는 내용으로 되어 있다. 따라서 본 협약은 컨테이너에 관한 관세를 면제하고 수출국이 체약국인 경우 봉인을 인정해줌으로써 컨테이너를 이용한 국제운송이 급속히 증가할 수 있는 토대를 마련한 협약으로 평가받고 있다.

(2) TIR 협약

컨테이너 통관협약이 컨테이너 자체의 관세 및 통관에 관한 사항에만 제한되어 있는 것에 비해, TIR 협약(Trailer Interchange Receipt)은 컨테이너뿐만 아니라 이를 적재하고 도로를 주행하는 차량의 원활한 통관을 위해 체결된 협약이다.

본 협약은 컨테이너 자체는 물론이고 적재차량에 대한 통과지(경유지)에서의 관세납부 및 공탁면제 등을 규정하고 있을 뿐만 아니라, 경유지 세관에서도 세관검사를 면제해줌으로써 다수의 국가를 거쳐 컨테이너를 운송하는데 상당한 편의를 제공하고 있는 협약이다.

(5) ITI 협약

ITI 협약(Customs Convention on the International Transit of Goods)은 TIR 협약의 적용범위를 모든 운송기기의 이동과 육·해·공의 운송수단까지로 확대할 목적으로 1971년 제정된 협약이다. 특히 본 협약은 화물자동차를 이용한 자동차운송은 물론 모든 운송수단에 의한 컨테이너 운송의 확대 및 활성화를 촉진하는 전기를 마련한 것으로 평가받고 있다.

4. 일관파렛트 운송시스템

1) 파렛트시스템의 의의

파렛트시스템은 스웨덴에서 개발되어 일명 스웨덴 방식이라 불리는 것으로 송하인에서 수하인에 이르는 전 운송과정을 파렛트화한 운송시스템의 일종이다. 이와 같은 파렛트시스템은 화주의 입장에서 볼 때, 화물취급상의 편의를 제공하고 인력하역에 비해 약 20% 정도의 하역시간을 단축할 수 있는 효과가 있을 뿐만 아니라, 운송 중에 발생할 수도 있는 화물파손의 감소와 포장의 간소화에 따른 비용절감 등과 같은 경제적 효과를 얻을 수 있다. 또한 운송업자 입장에서는 효율적인 운송의 실현과 하역의 기계화 촉진, 하역 작업능률의 향상을 도모할 수 있다.

하지만 파렛트시스템은 파렛트화가 가능한 화물이 매우 제한적이기 때문에, 이 시스템을 이용할 수 없는 화물(가구류, 액체물, 분립제 등)의 운송에는 한계가 있으며, 파렛트 구입 및 유지·운용에 따른 비용 증가, 파렛트 규격의 상이성 및 운송거리의 제약 등과 같은 문제로 인해 매우 제한적으로 이용되고 있는 실정이다.

2) 파렛트의 형태

파렛트는 화물을 직접 적재하는 평판부와 이를 지지하는 받침부로 구성되어 있다. 특히 받침대는 지면과 화물 적재부와의 공간을 확보하여 포크리프트의 포크를 차입할 수 있도록 하는 매우 중요한 부분[11)]이다. 따라서 파렛트의 형태는 팔레트를 구성하고 있는 평판부와 받침대의 형상과 재질에 따라 구분하는 것이 보통이다.

(1) 재질에 따른 유형

파렛트를 구성하고 있는 평판부와 받침부의 재질에 따라 목재, 합판, 철재, 알루미늄, 종이, 플라스틱 팔레트 등과 같이 매우 다양한 형태로 나누어 볼 수 있으며, 그 재질에 따라 상이한 특성과 장단점을 가지고 있다.

---

11) 이러한 역할은 평판부가 위와 아래 모두에 있는 볼록형 팔레트의 경우에도 마찬가지이다.

예컨대, 알루미늄 파렛트는 매우 가볍기 때문에 항공기 탑재용으로 사용하기에 적합하지만 가격이 비싸다는 단점을 가지고 있어 해상운송에는 이용하기 곤란한 점이 있다. 플라스틱 파렛트의 경우에는 씻고 말리기가 편리하기 때문에 관리가 용이하지만 미끄러지기 쉽고 흠집이 나거나 깨지는 경우 복구가 불가능하다는 단점이 있다. 또한 목재 파렛트의 경우에는 재료의 확보가 용이하고 가격이 비교적 저렴한 편이지만 다른 팔레트에 비해 부서지기 쉽고 무겁다는 단점이 있다.

(2) 형상에 따른 유형

파렛트를 형상에 따라 분류하는 데에는 매우 다양한 기준이 적용될 수 있다. 먼저, 파렛트를 운반하는 포크리프트의 포크가 차입되는 방향에 따라 양방향 차입식(Two Way Pallet)과 네 방향 차입식(Four Way Pallet) 파렛트로 나누어 볼 수 있으며, 화물 적재부의 형식에 따라 평면형과 양면형 파렛트로 구분하기도 한다. 또한 화물 적재부의 형태에 따라 평면형과 날개형(Wing Pallet), 상자형(Box Pallet), 기둥형(Post Pallet) 등으로 구분하기도 한다. 여기서 평면형은 적재부가 평평한 형태로서 규격화물의 적재에 주로 이용되는 형태이고, 날개형은 양면형 파렛트와 같이 적재부가 양면에 모두 있는 형태이다. 그리고 상자형은 적재부가 박스 형태로서 비규격 화물을 운송할 수 있도록 특수하게 설계된 형태이며, 기둥형은 평면형 파렛트의 네 모서리에 기둥(Post)을 부착하여 적재된 화물이 붕괴되지 않도록 고안된 파렛트 형태이다.

3) 파렛트 적재방식

파렛트 운송시스템을 이용하기 위해서 가장 필요한 작업은 파렛트 위에 화물을 적재하는 작업이라 할 수 있다. 특히 화물 적재작업에서 가장 유의해야 할 사항은 운반 시 적재된 화물이 갈라지거나 붕괴되지 않도록 하는 것이 가장 중요한 관건이다. 따라서 파렛트의 화물 적재유형은 적재형태와 방식에 따라 나누어 볼 수 있는데, 구체적인 내용을 살펴보면 다음과 같다.

(1) 블록쌓기

가장 단순한 형태로 맨 아래에서 상단까지 일렬로 쌓는 방법으로 적재하기는 매우 용이하지만, 화물이 갈라질 염려가 있어 안정감이 떨어지는 문제가 있다.

(2) 교호열쌓기

짝수 층과 홀수 층을 90도 회전시켜 쌓는 방식으로 화물이 갈라질 염려가 적고 정방형 화물의 적재에 매우 적합한 형태이다. 하지만 이 방식은 화물의 규격이 일정해야 하며, 적재작업에 많은 시간이 소요된다는 문제점이 있다.

(3) 벽돌쌓기

벽돌을 쌓아 올리듯이 가로와 세로를 조합하여 1단을 쌓고 홀수 층과 짝수 층을 180도 회전시켜 쌓는 방식으로, 교호열쌓기와 유사한 특성을 갖고 있는 적재형태이다.

(4) 핀홀쌓기

풍차형으로 쌓아 중앙에 빈 공간이 생기게 하는 방식으로서, 적재효율이 떨어지고 매우 불안정한 적재방법이다.

(5) 스플릿쌓기

일반적으로 파렛트는 규격화된 화물을 운송하기 위해 설계된 장비라 할 수 있으나, 스플릿쌓기는 비규격 화물이나 정방형 파렛트가 아닌 경우에 이용할 수 있는 파렛트 적재방식으로서, 다양한 화물을 적재하여 운송할 수 있기 때문에 그 적용범위가 매우 광범위한 형태이다.

4) 파렛트시스템의 운영방식

(1) 파렛트 풀 회사를 이용하는 방식

파렛트 풀 회사가 보유한 파렛트 이용방식으로 가장 폭넓게 이용되고 있는 파렛트시스템이다. 이 방식은 파렛트 풀 회사가 보유하고 있는 파렛트에 화물을 적재하여 목적지까지 운송한 후 파렛트를 다시 가져오는 것이 아니라, 현지에서 가장 가까운 파렛트 풀 회사에 반납하는 형태이다. 따라서 화주 또는 운송업자는 파렛트 확보와 유지에 따른 과도한 비용지출을 하지 않고도 원하는 시점에 파렛트를 이용할 수 있으며, 운송 후에 파렛트를 회수하지 않고 가까운 곳에 반납하면 되기 때문에 경제적 효과가 매우 큰 방식이다.

(2) 물류업자의 파렛트를 이용하는 방식

이 방식은 선박회사, 철도회사, 트럭운송업자 및 운송주선업자 등과 같은 물류회사가 보유하고 있는 파렛트를 이용하는 형태이다. 이 방식은 화주가 직접 파렛트를 보유하지 않아도 되는 장점이 있으나, 각 운송 및 물류기관이 보유하고 있는 파렛트의 규격과 형상이 상이하기 때문에 효율성이 저하될 수 있는 단점이 있다.

(3) 화주소유 파렛트를 이용하는 방식

화주가 소유한 파렛트를 이용하는 것으로서, 화주는 운송하고자 하는 화물의 특성과 규격을 고려하여 이에 적합한 파렛트를 이용할 수 있기 때문에 효율적이기는 하지만, 파렛트의 구입과 관리를 위한 비용지출과 파렛트 규격의 상이성으로 인한 일관운송시스템을 구축하기가 곤란하다.

5. 파렛트 풀 시스템

1) 파렛트 풀 시스템의 의의

파렛트 풀 시스템(Pallet Pool System)은 파렛트의 규격, 치수 등을 통일화함으로써 업체에서 상호 교환성을 가지도록 한 후, 파렛트를 서로 교환하여 사용함으로써 개별기업의 물류합리화를 이루어 물류비를 절감하고자 하는 제도이다. 이러한 파렛트 풀 시스템을 활용함으로써 포장비를 절감하고 작업 능률의 향상은 물론이고 운임 및 부대비용을 절감할 수 있다. 또한 파렛트 풀 시스템의 경우 파렛트의 회수가 불필요하고 운송수요의 변동에 탄력적으로 대응할 수 있으며, 파렛트 수급파동

의 조정 및 파렛트 관리체제를 개선할 수 있는 경제적 효과를 기대할 수 있다.

하지만 이 시스템은 기업 간 유통의 폐쇄성과 공공성의 결여현상과 기업의 상품 규격과 파렛트 규격의 다양성, 물류 단계의 복잡화 및 물류설비의 미비 등과 같은 요인에 의해 그 효율성이 저하되고 있다. 따라서 파렛트 풀 시스템을 실현하기 위해서는 기업단위의 풀 운송에서 화물의 특성이 비교적 유사한 업계단위의 풀 시스템으로 확대한 후, 이를 다시 이종의 업체가 참여하는 개방형 풀 시스템 또는 국가 단위의 풀 시스템으로 넓혀나가는 것이 바람직하다.

2) 파렛트 풀 시스템의 운영형태

(1) 교환방식

철도운송시스템이 조직화되어 있는 유럽에서 발전한 방식으로 파렛트에 적재되어 철도운송된 화물을 도착역에서 수하인이 인수할 때 동일한 수량의 빈 파렛트를 철도역에 반입하는 형태이다. 따라서 교환방식은 파렛트의 관리 및 통제는 용이하지만 동일한 규격의 파렛트를 불필요하게 많이 보유하고 있어야만 하고, 파렛트의 파손 및 분실에 따른 책임소재를 가리기가 매우 어렵다는 단점이 있다.

(2) 리스·렌탈방식

호주에서 시작하여 그 후 미국, 캐나다, 일본 등지에서 사용하고 있는 방식으로 개별기업에서 파렛트를 보유하지 않고 파렛트 풀 회사에서 일정기간 동안 임대하여 사용하는 제도이다. 이 방식은 파렛트의 품질유지나 보수가 용이하고 파렛트의 수급파동에 탄력적으로 대응할 수 있으며, 파렛트 개수를 최소화할 수 있는 장점이 있으나, 파렛트의 관리가 어렵고 임차 요금에 대한 부담이 있으며, 파렛트의 수급 불균형을 초래할 수 있는 문제점이 있다.

(3) 교환·리스 병용방식

1975년 영국에서 교환방식과 리스·렌탈 방식을 혼합하여 개발된 제도로서 매우 편리한 방식이지만, 운송회사가 파렛트를 렌탈하여 운영함으로써 이 방식은 파렛트의 교환 및 렌탈업무의 복잡화로 인해 운영 및 관리가 어려운 문제가 있다.

(4) 대차결제방식

1968년 스웨덴의 파렛트 풀 회사가 교환방식의 단점을 개선하기 위하여 도입한 제도이다. 구체적으로 교환방식처럼 국영철도역에서 화주가 화물을 인수할 때 파렛트를 즉시 반납하지 않고 일정기간[12] 이후에 반납하도록 하는 제도이다. 그러나 이 방식은 파렛트의 손상 및 분실에 대한 책임 소재가 불명확하다는 단점이 있다.

제2절 소화물 일관운송시스템

1. 소화물 일관운송시스템의 개요

1) 소화물 일관운송시스템의 의의

특송 또는 택배서비스로 불리는 소화물 일관운송은 화주의 요청에 따라 소형 및 소량의 화물을 운송인의 책임 하에 송하인의 문전에서 수하인의 문전까지 집하, 포장, 운송, 배달 등을 포함한 일련의 서비스를 신속하고도 정확하게 제공하는 편의성을 위주로 한 일종의 복합운송 체제이다.

이와 같은 소화물 운송체제는 물류 특성이 다품종 소량생산 체제로 변모하면서 운송단위가 소량화되고, 소비자 욕구의 다양화, 편의화 추세가 진전되면서 운송수요가 크게 증대되고 있는 상황이다. 또한 운송인과 일반 소비자의 직접적 연결방식의 증가와 일반 소비자들의 물류에 대한 인식 향상도 소화물 일관운송체제에 대한 수요를 증가시키고 있는 원인이 되고 있다.

---

12) 팔레트를 도착역에서 수령한 날로부터 보통 3일 이내에 반납하는 것으로 되어 있다. 따라서 도착역에서 빈 팔레트와 교환으로 화물을 인수하는 교환방식과는 달리 빈 팔레트를 보유할 필요가 없다.

2) 소화물 일관운송시스템의 효과

소화물 일관운송시스템은 주로 소량 및 소형화물의 운송을 위한 체제로서, 일반적으로 30kg 이하의 화물[13]을 주로 운송하기 위한 운송방식으로 이용되고 있으며, 문전에서 문전까지의 일관서비스를 제공하고 있는 운송 서비스 분야의 혁신적 시도로 평가받고 있다.

또한 소화물 운송체제는 고가의 소량화물을 안전하고 신속하게 운송함으로써 사회적 요구에 부응하고 있는 것은 물론이고, 기존의 낙후된 운송체제에 자극을 가하는 등의 부수적 효과도 거두고 있다. 특히 전자상거래의 발전과 고객서비스 욕구의 고도화 현상이 진전되는 상황 하에서 소화물일관운송시스템의 수요가 급증하고 있다.

2. 국제 소화물 일관운송시스템

1) 국제 소화물 일관운송시스템의 의의

국제 소화물 일관운송시스템은 소량 및 경량화물, 상업서류, 견본품 등을 항공운송을 주축으로 신속·정확하게 문전 운송하는 일종의 국제복합운송체제로서 국제택배업, Courier 시스템 등으로 불리고 있는 일관운송체제이다. 이러한 국제 소화물운송은 항공기를 이용하기 때문에 24시간 내 배달이 가능하고, 포장의 간소화는 물론 고객의 요구를 신속하게 충족시킬 수 있는 장점을 가지고 있어 그 수요가 급증하고 있는 상황이다.

2) 국제 소화물 일관운송의 형태

(1) 자사혼재 방식

소화물 운송방식을 이용하여 화물을 운송하고자 하는 화주가 직접 화물을 혼재하

---

13) 다만, 화물중량 45kg까지는 가로·세로·높이의 총 합계가 160㎝ 이하인 화물도 소화물운송으로 간주한다.

여 이를 운송하는 형태로서, 화주가 필요한 시점에 언제든지 이용할 수 있기 때문에 매우 편리하지만, 화물 혼재에 따른 시간과 비용부담이 불가피하다는 단점이 있다.

(2) 타사혼재 방식

화주가 항공회사 또는 소화물 운송업체에 운송하고자 하는 화물을 인도하면 소화물업체가 인도받은 화물을 책임지고 운송하는 방식이다. 이와 같은 방식을 이용하는 경우에 화주는 화물의 혼재에 따른 제반 비용을 절감할 수 있으며, 안전하고 신속한 문전운송 서비스를 이용할 수 있기 때문에 매우 경제적인 운송방식이다.

제3절 공동수배송시스템

1. 공동수배송시스템의 개요

1) 공동수배송시스템의 의의

공동수배송시스템은 소량화되고 있는 물류의 특성변화에 맞추어 생산자에서 소비자까지의 운송 및 배송을 다수의 화주가 공동으로 수행함으로써, 규모의 경제(Economy of Scale)를 달성하고 비용을 절감하여 궁극적으로는 물류합리화를 도모하고자 하는 운송체제이다.

이와 같은 공동수배송체제를 구축함으로써 유통업체(대리점)들의 요구에 효율적인 대응이 가능하며, 규모의 경제 달성으로 인한 이익증대 및 업계의 물류 최적화를 실현할 수 있다. 특히 화물의 취급을 위한 배송센터, 화물집배단지의 설치 및 운영에 소요되는 비용을 공동으로 부담하고, 생산자의 유통업체에 대한 공동납품 내지 유통업체의 고객주문에 대한 공동배송 업무 등을 공동화함으로써 비용절감은 물론이고 고객서비스의 향상을 도모할 수 있는 물류시스템이다. 따라서 공동수배송시스템은 동종업체들이 특정지역에 집중되어 있는 가구단지, 전자제품 및 컴퓨터판매장 등지에서의 고객에 대한 공동배송이나 대형 유통업체에 물품을

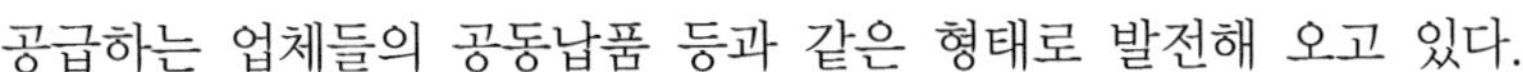

공급하는 업체들의 공동납품 등과 같은 형태로 발전해 오고 있다.

2) 공동수배송시스템의 효과

공동수배송은 지역 또는 업계 차원에서 배송 및 운송활동을 공동으로 수행하는 운송시스템의 일종으로서 다음과 같은 경제적 효과를 기대할 수 있다.

첫째, 다수의 화주가 공동으로 운영함으로써 운송수단의 적재율 향상에 따른 수배송 능률을 높일 수 있으며, 배송비용의 절감효과 또한 매우 높다.

둘째, 고가의 첨단 물류설비를 공동구매 함으로써 화주 기업의 입장에서는 비용을 절감할 수 있고, 고객의 입장에서는 고품질의 서비스를 매우 저렴한 비용으로 활용할 수 있다.

셋째, 기업 간 통합전산망 구축을 통한 출하작업의 시스템화와 사무자동화 및 EDI 등을 통한 공동회계 및 화물정보망을 구축함으로써 효율성을 향상시킬 수 있다.

넷째, 동일지역에 대한 중복 및 교차배송을 억제하고, 소량화물의 집하 및 배송을 위한 필요차량의 감소와 교통 혼잡을 사전에 방지함으로써 경제적 효과가 크다. 결과적으로, 공동수배송 방식은 관리비 및 물류비를 경감하고 고객에 대한 서비스 수준의 향상을 도모할 수 있는 매우 혁신적인 운송시스템이다.

2. 공동수배송시스템의 형태와 운영방식

1) 공동수배송시스템의 형태

(1) 다이어그램 배송시스템

다이어그램(Diagram) 배송방식은 정시루트 배송시스템으로 집배구역 내에서 차량의 효율적인 이용을 도모하기 위해 배송처의 거리, 수량, 지정시간, 도로상황 등을 감안하여 여러 곳의 배송처를 묶어서 정시에 정해진 루트로 배송하는 형태이다.

(2) 루트 배송시스템

루트(Route) 배송방식은 비교적 광범위한 지역에 소량화물을 요구하는 다수의 고객을 대상으로 수배송 할 때에 유리한 방법으로 판매지역에 대하여 배송 담당자가 배송 트럭에 스스로 화물을 적재 또는 하차하고 화물을 수수함과 동시에 현금수수도 병행하는 방식이다.

(3) 혼합 배송시스템

혼합(Consolidation) 배송방식은 적재율을 기준으로 한 방식으로 배송처에 관계없이 차량의 적재율에 따라 배송하는 형태이다. 이 방식은 운반차량의 적재율을 향상시킴으로써 비용을 절감할 수 있는 반면에, 화물의 적재량만을 고려하고 배송처, 배송거리 및 배송시간을 고려하지 않기 때문에 고객의 만족감이 저하될 수 있는 단점이 있다.

(1) 배송공동형

배송공동형은 각 기업이 물류거점인 물류센터까지는 개별적으로 수송하고 배송만을 공동화하는 방식으로서, 공동수배송시스템의 가장 일반적인 운영방식이다.

(2) 집배공동형

집배공동형은 물류센터에서의 배송뿐만 아니라, 화물의 보관 및 집하업무까지 공동화하는 방식으로서 주문처리를 제외한 거의 모든 물류업무에 관해 협력하는 형태이다.

(3) 공동수주·공동배송형

운송회사가 협동조합을 설립하여 화주로부터 수주를 받아 조합원들에게 공동배송을 위한 배차지시를 하는 방식이다. 따라서 이 방식은 고객의 주문처리에서 화물보관, 운송, 배송까지의 모든 업무를 공동화함으로써 매우 높은 효율성을 기대할 수 있는 형태이다.

(4) 납품대행형

납품대행 방식은 다수의 화주가 대형 백화점이나 양판점에 납품하는 경우 각각의 화주가 개별적으로 납품하는 것이 아니라, 각 납품업자들을 대행하여 화물의 공동집하와 배송업무를 수행하는 방식으로서 납품업자 입장에서는 납품비용을 절감할 수 있고, 유통업자 입장에서는 납품업무의 효율적 관리와 혼잡을 방지할 수 있는 운영방식이다.

제4절 신 운송관리시스템

1. 크로스도킹시스템

크로스토킹(Cross Docking)은 창고나 물류센터에서 수령한 상품을 창고에서 재고로 보관하는 것이 아니라 즉시 배송할 준비를 하는 물류시스템이다. 다시 말해 제품을 창고에 보관하지 않고 곧바로 다시 배송에 나가는 작업을 말한다. 이러한 크로스도킹방식에는 기포장 크로스도킹과 중간처리 크로스도킹이 있다.

1) 기포장 크로스도킹

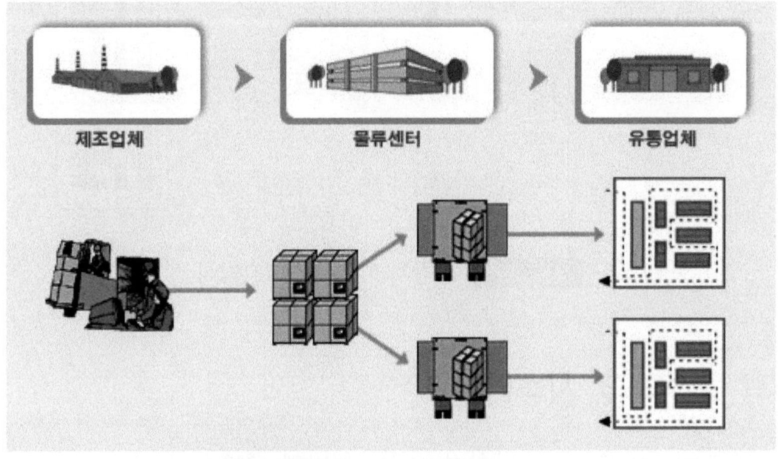

그림 3-10 기포장 크로스도킹방식

유통업체 점포의 주문에 따라 제조업체가 미리 선택한 파렛트, 케이스 등 패키지를 수령하고, 추가 작업 없이 다른 제조업체에서 배달되어 점포로 배송할 차량에 적재된 유사한 패키지와 함께 배송도크로 이동시키는 방식이다.

2) 중간처리 크로스도킹

파렛트, 케이스 등 패키지를 수령하여 물류센터에서 소량으로 분류(小分)하고 소분된 패키지에 다시 라벨을 붙여 새로운 패키지로 만들어 점포로 배송하는 방식이다. 이렇게 만들어진 새로운 패키지는 다른 제조업체에서 배송되어 배달차량에 적재된 유사한 패키지와 함께 배송도크로 이동한다.

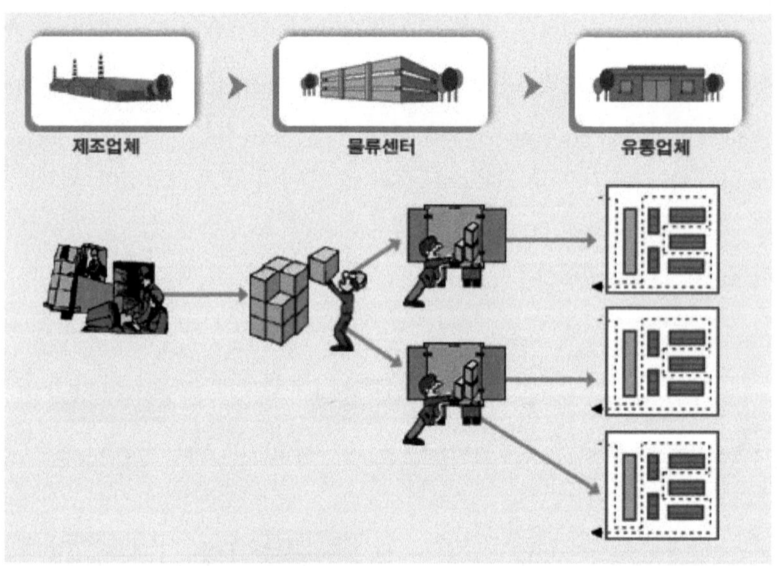

그림 3-11 중간처리 크로스도킹방식

2. 허브 & 스포크 시스템

물류에서 Point-to-Point의 단선적 수송개념만이 존재하던 1960년대, 예일대학의 프레드 스미스(Fred Smith)는 허브 앤 스포크(Hub-and-Spoke) 네트워크의 효

율성을 제시하였으며, 1973년 페덱스(Fedex)를 설립하여 Hub-and-Spoke 시스템을 활용한 물류서비스를 제공하였다. 현재는 다수 항공사와 택배사가 Hub-and-Spoke 네트워크를 기반으로 한 물류시스템을 구축하고 사업을 영위하고 있다. Hub-and-Spoke에서 허브는 바퀴의 중심축을 말하고 스포크는 바퀴살을 의미한다. 따라서 이 시스템은 물류의 모든 거점을 한곳으로 통합하여 관리하는 방식이다.

Hub-and-Spoke 네트워크의 전통적인 운영 방식은 전국의 각 출발지(Spoke)에서 발생하는 물량을 한 곳(Hub)으로 집중시킨다. 이곳에서 일괄적인 분류작업을 거친 물량은 다시 각 목적지(Spoke)로 보내지게 된다.

통상적으로 Hub에서는 제품 보관의 기능은 없고 제품의 분류(Sporting)라는 기능을 담당한다. 이 방식은 중복적 물류거점의 존재, 배달·탁송구조의 비효율, 재고저장공간의 부족 및 낮은 수배송 효율을 해결하고자 하는 대안으로 도입되었다.

3. 첨단화물운송 제어시스템

첨단화물운송제어시스템(CVO : Commercial Vehicle Operations)은 지능형 교통시스템(ITS)사업의 하나로 물류 난 해소와 효율적인 화물운영을 지원하기 위해 마련된 운송차량관리시스템이다. 위성위치측정시스템(GPS)과 위성을 이용한 차량위치추적서비스(AVLS)등이 있으며, 무선 통신망 중앙관제센터에 구축한 전자지도 등을 활용하여 실시간 차량위치 파악, 예정 운행경로의 진척사항 감시, 운행 중인 차량과의 공차정보 교류 등을 통해 화물차 운행을 최적화하여 물류비용을 절감시키는 시스템이다.

컴퓨터를 통해 각 차량의 위치, 운행상태, 차내 상황 등을 관제실에서 파악하고 실시간으로 최적운행을 지시함으로써 물류비용을 절감하고, 통행료 자동 징수, 위험물 적재 차량 관리 등을 통해 물류의 합리화와 안전성 제고를 도모한다.

부록

무역서식 작성실습

〈부록〉 무역서식작성실습

1. 물품매도확약서

(1) 품명(Commodity Name)

품명의 오기는 무역클레임의 중대한 사유가 될 수 있음으로 정확하게 영문으로 표기하여야 한다.(예를 들어 꽃게는 "CRAB"가 아니라 "BLUE CRAB"로 기재한다)

(2) 규격(Grade or Specificantion)

동일한 품명이더라도 그 물품의 원료구성비, 폭, 길이 등에 따라 가격이 달라질 수 있음으로 이를 정확히 기재한다.

(3) 원산지(Origin)

상품에 따라서는 원산지에 따라 가격이 다를 수 있다. 따라서 원산지를 영문으로 정확히 표기한다.

(4) 유효기일(Validity)

오퍼의 종류에 관계없이 오퍼에는 유효기일이 명시되어 있어 이 기간 내에 상대방이 수락할 수 있도록 하고 있다. 일반적으로 유효기일은 "until 월 일"로 표기한다.

(5) 선적일(Shipping Date, Delivery Date)

선적일자는 수출상의 수입상에 대한 물품인도일로 매우 중요한 사항이라 할 수 있다. 일반적으로 선적일자는 신용장 수취 후 며칠 이내, 즉 "within days after receipt of L/C" 등의 문구로 표기한다.

(6) 포장방법(Packing Method)

일반적으로 "EXPORT STANDARD PACKING"으로 표시하는데 이것은 물품을 나무상자에 넣고 철재로 묶어 포장하는 것을 의미한다. 철광석 등과 같은 무포장 화물은 "IN BULK"로 표기한다.

(7) 수량(Quantity)

공급가능한 수량만을 정확히 기재하여야 한다. 수량단위는 물품의 종류에 따라 piece, kg, km, cubic meter(CBM) 등으로 정확히 기재한다.

(8) 단가(Unit Price)

단가를 표기할 때는 단가산정의 기초가 되는 화물의 수량단위를 명시하고 금액과 통화의 종류를 명기해야 하며, 가격산정의 기준이 되는 가격조건(CIF, FOB 등)을 명시해야 한다. 예를 들어 "US$ 100.00 per ton, CIF, PUSAN" 등으로 표시한다.

(9) 대금결제방법(Payment Condition)

대금결제 방법은 오퍼의 내용 중 가장 중요한 사항이다. 일반적으로 대금결제 방법은 신용장 방식, 추심결제 방식, 송금방식 등이 있다. 예를 들어 취소불능화환신용장하에서 일람출급 환어음 결제방식인 경우 "By a sight draft under an irrevocable L/C"와 같이 명기한다.

(10) 오퍼 수취인

오퍼를 받는 상대방의 이름과 주소를 명기한다.

(11) 오퍼 발행자

오퍼를 발행한 자 즉 자신의 회사를 명기한다. 대부분은 인쇄되어 있다.

(12) 가격조건

가격조건(FOB, CIF 등)을 명확히 기재한다.

(13) 총수량 및 총금액

오퍼의 총수량과 총금액을 통화단위와 함께 기재한다.

물 품 매 도 확 약 서

(OFFER SHEET)

⑩

Messrs.

⑪ Our Ref.

Seoul ....

We are pleased to offer the under-mentioned article(s) as per conditions and details

described as follows:

Item No.	①② Commodity & Description	⑧ Unit	⑦ Quantity	⑧ Unit Price	⑬ Amount

③ Origin :

⑥ Packing

⑤ Shipment :

Shipping port:

Inspection :

Destination :

⑨ Payment :

④ Validity :

Remarks :

2. 수출입대행계약서

1) 수출대행계약서

(1) 대행계약당사자

갑은 수출대행자의 상호, 대표자, 주소를 기재하고, 을은 대행위탁자의 상호, 대표자 및 주소를 기재한다.

(2) 수출품에 관한 사항

수출품의 품명, 단가, 규격, 수량 등을 기재하는데 대행의뢰한 신용장상의 기재 내용과 동일하게 작성한다.

(3) 신용장에 관한 사항

대행의뢰하는 수출신용장 번호를 기재한다.

(4) 대행방법과 대행수수료

대행자와 대행의뢰자의 수출대행방법이 표시되는데 단순대행이 일반적이며, 대행수수료는 원/US$로 표시한다.

(5) 수출물품 확보 및 제반비용 부담

대행의뢰자의 요청에 의해 원자재의 확보를 위해 내국신용장이 개설되거나 수출물품의 확보 및 선적 등 제반조치는 대행의뢰자의 책임과 비용으로 이루어짐을 나타낸다.

(6) 클레임에 관한 사항

클레임의 당사자는 누가 될 것인가, 또는 클레임 비용, 제반서류의 제출 등 클레임의 책임소재를 명확히 기재해야 한다.

(7) 수출대금의 처리

수출대행자는 수출대금을 추심할 경우 제반비용을 뺀 차액을 대행의뢰자에게 즉시 지급할 것을 명시한다.

(8) 수출실적 귀속

수출대행에 따른 수출실적은 대행자에 귀속됨을 표시한다.

(9) 수출대행계약의 위반

수출대행계약 위반 시의 손해배상문제, 분쟁발생시 관할법원 등을 명기한다.

(10) 준거법

계약서에 표시되지 않은 사항들에 관한 처리방법을 표시한다.

(11) 대행계약당사자

앞의 (1)에 명기한 대행계약 당사자의 상호 및 대표자, 주소를 명기하고 날인한다.

2) 수입대행계약서

앞에서 설명한 수출대행계약서의 내용과 동일하다.

수 출 대 행 계 약 서

① 갑

을

상기 갑, 을 양자간에 다음과 같이 수출대행 계약을 체결한다.

다 음 File No.

③ L/C No.

② 제1조 수출대행 물품의 규격, 수량 및 금액은 다음과 같다.

품 명	규 격	수 량	단 가	금 액	비 고

④ 제2조 갑은 을 또는 제3자의 명의로 내도된 신용장을 양도받거나 을이 갑명의로 개설받은 신용장에 의하여 제1조의 물품을 단순 수출대행하며 을은 대행수수료조로 신용장 네고금액의 $ 당 원을 갑에게 지불한다.

⑤ 제3조 을의 요청에 의하여 갑 명의로 원자재 내국신용장이 발급되는 경우에는 을과 원자재 공급자간에 세금계산서를 교부하고 이에 대한 대금결제는 제1조의 수출물품이 선적되어 매입된 자금으로 결제키로하고 별도 합의 각서를 제출하여야 한다.

제4조 을이 갑을 통하여 확보한 수출용 원자재는 본 수출품 제조외에 타에 전용할 수 없으며 신용장상의 선적기일내에 충분히 선적할 수 있도록 을의 책임하에 선박수배, 검사, 통관 등의 제반 조치를 취하여야 한다.

제5조 을은 신용장상에 명시된 제조건 및 을과 수입자간에 수출계약조건에 따라 충실하게 물품을 제조, 선적하여야 하며, 본 수출로 인하여 발생되는 제공과금 및 각종 경비와 수수료를 부담한다.

⑥제6조 갑은 수출완료 후 수입상으로부터 제기되는 여하한 Claim(대금결제거절, 인도지연 및 수출 불이행등 모든 청구를 포함) 및 기타 본 수출로부터 야기되는 상상치 못한 사태에 대하여도 일절의 책임을 부하지 않으며 모든 책임을 을의 부담으로 한다.

또한 본 건 수출에서 편의상 갑의 명의로 관공서 및 은행 등에 제출되는 각서, 기타 증빙서류에 대한 책임의 이행도 일절 을이 부담한다.

⑦제7조 갑은 수출대전을 추심하는 대로 전 각조에 명시된 을이 부담할 금액과 수출용 원자재 대금을 공제한 차액을 을에게 지불하여야 한다.

단, 예기치 않은 Claim 발생등 사태에 대비하여 일정기간동안 갑이 을에게 지불한 금액상당 이상의 어음을 예치시키거나 을에 지불할 금액 중 일부를 갑에게 예치시키거나 기설정된 담보물을 갑에게 유치시켜야 한다.

⑧제8조 본 수출로 인한 수출실적에 따르는 정부의 제반 특혜는 갑이 취득함을 원칙으로 한다.

⑨제9조 갑, 을 공히 본 계약을 위약하였을 경우 위약당사자는 그 손해를 배상하여야 한다.

제10조 본 계약조문상의 해석에 갑, 을 간 이견이 있을 시는 갑의 해석이 우선한다.

제11조 본 계약에 관한 분쟁발생 시는 갑의 주소지를 관할하는 법원을 합의 관할로 한다.

⑩제12조 이상 제조항에서 명시되지 않은 사항은 상호 협의하여 정하되 상관습에 따르며 후일에 증하기 위하여 본 계약서 2통을 작성하여 각자 서명날인 한 후 1통씩 보관키로 한다.

20 년 월 일

⑪ 갑 (인)

을 (인)

3. 수출계약서

(1) 계약서 번호는 SC 45-67로 기재한다.
(2) 계약서 작성일자는 금일 날짜로 기재한다.
(3) 수입업자의 상호와 대표자를 기재한다.
(4) 앞에서 작성한 오퍼를 기초로 하여 물품, 선적일자, 수량, 대금결제 방법, 수량, 단가, 포장방법 등을 기재한다.
(5) 수출업자와 수입업자의 상호와 대표자를 명기한다.
(6) 상세한 거래조건에 관해 영문으로 명기한다.

SAN YOUNG TRADING CO., LTD.
PUSAN, KOREA

SALES NOTE

① SALES NOTE NO. : ② DATED :

③ MESSRS :

④ We as Seller confirm having sold you as buyer the following goods on the terms and conditions as stated belowand on the back hereof.

Shipment :

Payment :

Packing :

Shipping Port :

Origin :

HS NO.	Description of Commodity	Quantity	Unit/Price Amount

PLEASE SIGN AND RETURN THE DUPLICATE

⑤ BUYER : SELLER :

SAN YOUNG TRADING CO.,LTD.

S. T. PARK

S.T. PARK, PRESIDENT

⑥

Basis of Transaction :

This contract recognizes the fact that it is on a principal to principal basis between Seller and Buyer.

Trade Terms :

The trader terms used in this contractshall be governed and interpreted by the provisions of the latest Incoterms unless otherwise stated on the face hereof.

Shipment :

① The date of Bill of Lading shall be taken as the conclusive proof of the date of shipment.

② Seller shall not be responsible for non–shipment or late shipment in whole or in part due to force majeure.

Property :

Seller reserves the property in the goods sold until the price is paid.

Force Majeure :

Seller shall not be responsible for failureto perform in whole or in part his obligation under this contract when such failure is due to force majeure.

Claim :

Any claim by buyer must be made in writing within 30 days after receipt of the goods at the destination stated on the face hereof.

Arbitration :

All disputes, controversies, or ditterences which may arise between the parties, out of or in relation to or in connection with this contract or from the breach thereof, shall be finally settled by arbitration in Seoul, Korea in accordance with the Commercial Arbitration Rules of the Korean Commercial Arbitration Board and under the Laws of Korea. The award rendered by the arbitrator(s) shall be final and binding upon bith parties concerned.

Governing Law :

Both the conclusion and the performance of this contract shall be governed by korean law.

4. 수출입승인서

(1) 수출(입)업자의 상호, 주소 및 대표자 성명을 기재한다. 무역업신고번호를 함께 기재한다.

(2) 수출(입)을 위탁한 경우 위탁자의 주소, 대표자의 성명을 기재한다. 무역업 신고번호 대신 사업자등록번호를 함께 기재한다. 위탁하지 않은 경우에는 원 수출(입)자와 동일하게 기재한다.

(3) 원산지를 정확히 기재한다.

(4) 선적항과 선적국가를 정확히 기재한다.(SHANGHAI, CHINA)

(5) 도착항을 기재한다.

(6) 신용장 또는 계약서번호를 기재한다.

(7) 총금액을 화폐단위화 함께 기재한다.(US$ 500,000,000)

(8) 수출(입)대금 결제기간을 기재한다.(AT SIGHT, AT 90 DAYS AFTER SIGHT)

(9) 가격조건을 기재한다.(CIF, FOB 등)

(10)-(19) 오퍼나 무역계약서를 참고로 정확히 기재한다.

수출입승인(신청서)

처리기간 : 1일
Handling Time : 1Day

<table>
<tr><td colspan="3">① 수입자 무역업신고번호
(Exporter) (Notification No.)

상호, 주소, 성명
(Name of firm, Address, Name of Representative)
(서명 또는 인)
(Signature)</td><td colspan="3">⑥ 신용장 또는 계약서 번호(L/C or Contract No.)

⑦ 금액(Total Amount)</td></tr>
<tr><td colspan="3">② 위탁자 사업자등록번호
(Requester) (Business No.)
상호, 주소, 성명
(Name of firm, Address, Name of Representative)
(서명 또는 인)
(Signature)</td><td colspan="3">⑧ 결제기간(Period of Payment)</td></tr>
<tr><td></td><td>수 출
(Export)</td><td>수 입
(Import)</td><td colspan="3">⑨ 가격조건(Terms of Price)</td></tr>
<tr><td>③ 원산지
(Origin)</td><td></td><td></td><td colspan="3"></td></tr>
<tr><td>④ 선적항
(Port of Loading)</td><td></td><td></td><td colspan="3"></td></tr>
<tr><td>⑤ 도착항
(Port of Arrival)</td><td></td><td></td><td colspan="3"></td></tr>
<tr><td colspan="6">수출물품의 명세</td></tr>
<tr><td>⑩ Hs부호
(HS Code)</td><td colspan="2">⑪ 품명 및 규격
(Description/Size)</td><td>⑫ 단위 및 수량
(Unit/Quantity)</td><td>⑬ 단가
(Unit Price)</td><td>⑭ 금액
(Amount)</td></tr>
<tr><td colspan="6">수입물품의 명세</td></tr>
<tr><td>⑮ Hs부호
(HS Code)</td><td colspan="2">⑯ 품명 및 규격
(Description/Size)</td><td>⑰ 단위 및 수량
(Unit/Quantity)</td><td>⑱ 단가
(Unit Price)</td><td>⑲금액
(Amount)</td></tr>
<tr><td colspan="6">⑳ 승인기관기재란(Remarks to be filled out by an Approval Agency)</td></tr>
<tr><td colspan="6">㉑ 유효기간(Period of Approval)</td></tr>
<tr><td colspan="6">㉒ 승인번호(Approval No.)</td></tr>
<tr><td colspan="6">㉓ 승인기관 관리번호(No. of Approval Agency)</td></tr>
<tr><td colspan="6">㉔ 위의 신청사항을 대외무역법 제14조제2항 및 동법 시행령 제26조제1항의 규정에 의하여 승인합니다.
(The undersigned hereby approves the above-mentioned goods in accordance with Article 14(2) of the Foreign Trade Act and Article 26(1) of the Enforcement Decree of the said Act.)
20 년 월 일
승인권자 (인)</td></tr>
<tr><td colspan="6">※승인기관이 2이상인 경우 ㉓~㉖의 기재사항은 이면에 기재하도록 합니다.
※이 서식에 의한 승인과는 별도로 대금결제에 관한 사항에 대하여는 외국환거래법령이 정하는 바에 따라야 합니다.</td></tr>
</table>

5. 취소불능화환신용장 및 내국신용장 개설신청서

(1) 신용장 개설 신청인의 상호, 대표자, 주소 등을 명기한다.

(2)-(4) 거래통화 및 총금액을 명기한다.

(5) 신용장 수익자(수출업자, 원수익자)의 상호, 대표자, 주소를 명기한다.

(6) 물품인도 기간을 명기한다.

(7) 신용장의 유효기일을 명기한다.

(8)-(10) 제출서류를 명시한다.

(11) 물품의 품명, 단가, 수량, 규격 등을 기재한다.

(12) 분할양도 허용여부를 명기한다.

(13) 서류제시기간을 명기한다.

(14)-(15)신용장의 용도를 명기한다.

(16)-(28) 내국신용장의 경우에 원신용장을 근거로 작성한다.

담 당	결재권자

취소불능내국신용장개설신청서

취 소 불 능 내 국 신 용 장	신용장번호
1 CMF 번호 | | | | | | 개설신청인(상호, 주소, 대표자, 전화)	2원화여부 □①원 화 다만, 환어음 매입시 대고객 전신환 매입율이 개설시와 다를 경우 원화금액은 동 매입율로 환산한 금액으로 함. □②외 화 다만, 개설의뢰인 명의거주자계정으로부터 수혜자명의 거주자계정에 이체 지급할 것을 조건으로 함.
5수 혜 자(상호, 주소, 대표자, 전화)	3통 화 4외화금액 6물품인도기일 | 7유효기일

형식:수익자가 신용장 금액을 한도로하여 송장금액 전액을 이용금액으로 하고 본인(당사)을 지급인 귀행을 지급장소로하는 일람출급환어음을 발행함을 허용하는 신용장

제 출 서 류

8물품수령증명서 통 9물품명세가 기재된 송장 10공급자발행 세금계산사본 통

기 타

공 급 물 품 명 세

HS부호	11품명 및 규격	단위 및 수량	단 가	금 액

12분할일도 □①허용함 □②불허함	13서류제시기간 물품수령증명서발금일로부터 영업일이내
14기 타	15용 도

원 수 출 신 용 장 등 의 내 용

16종류:□수출L/G. □D/A □D/P □외화표시물품공급계약서. □내국신용장 □외화표시건설·용역공급계약서. □기타 수출관련계약서.

17신용장(계약서)번호	18결제통화	19금 액	20 선적(인도)기입	21유효기일
22수출(공급)상대방	23발행은행		24대금결제조건	25출지역
26HS부호	27품명 및 규격		28단위 및 수량	

귀행이 개설하는 내국신용장은 상기 원 신용장과는 독립 별개의 것임을 서약하고 위와같이 내국신용장 개설을 신청하오며 귀행 별도 소정 외국환거래약정서 조건을 무위 준수할 것을 확약합니다.

주 소 :

20 년 월 일 신 청 인 : (인)

귀하 Tel.

이 신용장에 관한 사항은 다른 특별한 규정이 없는한 국제 상공회의소 제정(1993년개정) 화환신용장 통일규칙에 따릅니다.

*은행사용란

29 융자조건	30 수수료구분	지급보증	금 액		확 인	
31 수입보증금	32 입금구분		번 호		검 인	
33 자기앞금액	34 기 산 일		일 자		인감대조	

6. 취소불능화환신용장 및 내국신용장 조건변경신청서

(1) 신용장 조건변경 회수를 명기한다.

(2) 신용장 번호를 명기한다.

(3) 신용장 개설일자를 명기한다.

(4) 신용장의 수익자를 명기한다.

(5) 신용장의 총금액을 명기한다.

(6) 신용장 조건변경의 사항을 명기한다.

(7) 조건변경 신청날짜와 신청인의 상호, 대표자, 주소 등을 명기한다.

내국신용장조건변경신청서 (① 차)

귀중

② 신 용 장 번 호 :
③ 개 설 일 자 :
④ 수 익 자 :
⑤ 금 액 :

위 신용장의 조건을 다음과 같이 변경하고자 이에 신청하오니 변경 내용을 수익자에게 통지하여 주시기 바랍니다.

⑥ 변 경 내 용
변경전 내용

변경후 내용

그 밖의 다른 조건은 종전과 같음.

위와 같이 이 신용장의 조건을 변경함에 있어 당사(본인)은 신용장 개설 신청 당시 귀행에 제출한 약정서에 정하여진 바에 따라 모든 조항을 어김없이 이행할 것을 확약합니다.

⑦ 신청일자
신청인주소
회사명
대표자 ㉼
전화번호

계 원	대 리

7. 분할양도신청서

(1) 원신용장번호를 기재한다.
(2) 원신용장 총금액을 명기한다.
(3) 원신용장의 수익자를 기재한다.
(4) 원신용장 개설은행을 기재한다.
(5) 제2수익자(신용장 양수인)을 기재한다.
(6) 분할 받고자하는 양도금액을 명기한다.
(7) 선적기일을 당해 신용장의 선적기일 내에서 명기한다.
(8) 유효기일을 당해 신용장의 유효기일 내에서 명기한다.
(9) 양도하고자 하는 물품명 및 수량을 명기한다.
(10) 기타 특별한 사항을 원 신용장이 허용하는 범위내에서 정하여 기재한다.
(11) 양수자의 인감 및 명판
(12) 양도인의 인감 및 명판
(13) 신용장 양도 신청일자를 명기한다.
(14) 당해 금융기관의 통지번호
(15) 수입인지를 첨부한다.

APPLICATION FOR ADVICE OF PARTIAL TRANSFER

⑬ DATE:
⑭ YOUR ADVICE No:

Gentlemen:

① RE: L/C No
④ Issued by
For ②③ Dated
In favor of the undersigned and/or transferee

We hereby irrevocably transfer in part the abovementioned credit

to:
⑤ (Name of Transferee)

(Address)

Under the same terms and conditions of the credit with the following exceptions;
⑥ The amount to be transferred:
⑦ The latest shipping date:
⑧ The expiry date:
⑨ The quantity of commodities:
⑩ Special instruction:
Any amendment(except the increase of the amount) to the credit hereafter made is to be advised to the transferee (Second Beneficiary)with same notice to us.

The origin credit (including amendments to this date, if any) is attached and we request you to endorse this transfer on the reverse thereof and to return the same to us.

We agree to indemnify and hold you harmless against any all losses, damages and expenses arising from your action on this transfer.

Accepted your very truly,

⑪
Authorized Signature &
Name of Second Beneficiary

⑫
Authorized Signature &
Name of first Beneficiary

취급⑮
점명

8. 전액양도신청서

(1) 원신용장번호를 기재한다.

(2) 원신용장 최초 발행일자를 기재한다.

(3) 신용장 양도 신청일자를 기재한다.

(4) 당해 통지번호를 기재한다.

(5) 신용장 개설은행을 명기한다.

(6) 원신용장의 총금액과 수익자를 명기한다.

(7) 신용장 양수인을 명기한다.

(8) 양수인의 명판 및 인간

(9) 양도인의 명판 및 인감

(10) 수입인지를 부착한다.

APPLICATION FOR ADVICE OF TOTAL TRANSFER

③ DATE:
④ YOUR ADVICE No:
T/S No:

Gentlemen:

① RE: L/C No ② DATED :
⑤ Issued by
For ⑥
In favor of the undersigned and/or transferee

We hereby irrevocably transfer in part the abovementioned credit

to:
⑦ (Name of Transferee)

(Address)

By this transfer, all right of the undersigned beneficiary in such Letter of Credit are transferred to the transferee and the transferee shall have the sole right as beneficiary thereof, including sole right relating to any amendments, whether increases or extensions or other amendments and whether now existing or hereafter made. All amendments are to be advised direct to the transferee without necessity of any consent or not notice to the undersigned beneficiary.

The origin credit (including amendments to this date, if any) is attached and we request you to endorse this transfer on the reverse thereof and to return the same to us.

We agree to indemnify and hold you harmless against any all losses, damages and expenses arising from your action on this transfer.

Accepted your very truly:

⑧ Authorized Signature & Name of Second Beneficiary

⑨ Authorized Signature & Name of first Beneficiary

⑩

취급점명			

9. 환어음

(1) 환어음의 금액을 숫자로 적는다.

(2) 환어음의 발행날짜와 장소를 적는다.

(3) 환어음의 결제기간을 표시한다. At Sight의 경우에는 그 여백을 채우기 위해 XXX로 기재한다.

(4) 매입은행을 기재한다.

(5) 환어음의 금액을 문자로 기재한다. 첫머리에 SAY(일금)을 적고 결제통화를 적고 맨 끝에 ONLY(정)을 적는다.(SAY US DALLARS 금액 ONLY)

(6) 환어음 금액을 최종적으로 부담하는자 즉 수입업자(신용장 개설신청인)을 기재한다.

(7) 신용장 개설은행명을 기재한다.

(8) 신용장 번호를 기재한다.

(9) 신용장 개설일자를 적는다.

(10) 환어음상의 지급인의 상호를 적는다.

(11) 환어음 발행자의 기명날인을 한다.

BILL OF EXCHANGE

NO. ______________________ BILL OF EXCHANGE, ______________________

FOR : ① ② July 20, 2018, PUSAN, KOREA

AT ______ ③ ______ SIGHT OF THIS FIRST BILL OF EXCHANGE(SECOND OF THE SAME TENOR AND DATE BEING UNPAID) PAY TO ______ ④ ______ OR ORDER THE SUM OF

⑤

VALUE RECEIVED AND CHARGE THE SAME TO ACCOUNT OF ____________

⑥ ____

______________________ DRAWN UNDER ____________

⑦ ____

L/C NO. ⑧ ______ dated ______ ⑨ ______ ⑧

______________________________ TO ______________ ⑩

____

⑪

780603-626 13(X)B-16B

10. 상업송장

(1) 수출자의 상호와 주소를 기재한다.
(2) 수하인을 개재하되 신용장상의 선하증권에 명시된 조건과 일치하도록 기재한다.
(3) 상업송장 번호(수출자가 임의로 기재한 참조번호)를 기재한다.
(4) 신용장 번호와 개설일자를 적는다.
(5) 수입자의 이름과 주소를 적는다.
(6) 기타사항을 적는다. 보통 원산지, 오퍼, 계약서의 발행일자 등을 기재한다.
(7) 출발예정 날짜를 기재한다.
(8) 선박명이나 항공기명을 기재한다.
(9) 선적항을 기재한다.
(10) 인도조건(가격조건) 및 지불조건을 기재한다.(FOB PUSAN, L/C AT SIGHT IN US$)
(11) 도착항을 기재한다.
(12) 화인을 기재하는데 실제 포장단위에 기재된 것과 동일하게 하고 선하증권이나 포장명세서와도 동일하게 기재한다.
(13) 물품명세를 기재하되 신용장상의 물품명세와 글자 한자도 틀리지 않게 기재한다.
(14) 수량을 정확히 기재한다.
(15) 단가를 정확히 기재한다.
(16) 금액을 기재한다.
(17) 수출자가 서명한다.

11. 원산지증명서

(1) 수출자의 상호와 주소를 기재한다.
(2) 선하증권상의 수하인을 기재한다.
(3) 선적항 및 도착항, 선박명, 선적일자를 기재한다.
(4) 수입자를 기재하며 위의 수하인과 동일할 때는 "Same As Buyer"로 기재한다.
(5) 원산지를 기재한다.(Republic of Korea)
(6) 상업송장의 번호와 발행일자를 기재한다.
(7) 수입자가 지정한 화인을 기재하며 지정하지 않았을 때에는 수출자가 임의로 기재한다.
(8) 신용장상의 물품명세와 동일하게 물품명세를 기재한다.
(9) 총중량이나 기타 내용을 기재한다.

COMMERCIAL INVOICE

<table>
<tr><td colspan="2" rowspan="2">①Seller</td><td colspan="4">⑦Invoice No. and date</td></tr>
<tr><td colspan="4">⑧L/C No. and date</td></tr>
<tr><td colspan="2" rowspan="2">②Consignee</td><td colspan="4">⑨Buyer(if other than consignee)</td></tr>
<tr><td colspan="4" rowspan="2">⑩Other references</td></tr>
<tr><td colspan="2">③Departure date</td></tr>
<tr><td colspan="2">④Vessel/flight
⑤From</td><td colspan="4" rowspan="2">⑪Terms of delivery and payment</td></tr>
<tr><td colspan="2">⑥To</td></tr>
<tr><td>⑫Shipping Marks</td><td>⑬No.&kind of packages</td><td>⑭Goods description</td><td>⑮Quantity</td><td>⑯Unit price</td><td>⑰Amount</td></tr>
<tr><td colspan="4"></td><td colspan="2">Signed by
⑱</td></tr>
</table>

12. 포장명세서

(1) 수출자의 상호 및 주소를 기재한다.
(2) 선하증권상의 수하인과 일치하도록 기재한다.
(3) 관련 상업송장 번호와 발행일자를 적는다.
(4) 수입자의 상호와 주소를 적는다.
(5) 신용장 번호, 신용장 개설일, 주문서 번호 등 기타사항을 적는다.
(6) 출항 예정일을 적는다.
(7) 선박명이나 항공기명을 적는다.
(8) 선적항(출항지)를 적는다.
(9) 도착항을 기재한다.
(10) 선하증권이나 상업송장에 기재된 화인을 적는다.
(11) 상업송장에 기재된 물품명세를 그 대로 적는다.
(12) 화물의 수량이나 순중량을 기재한다.
(13) 화물의 총중량을 기재한다.
(14) 화물의 용적을 적는다.
(15) 발행자의 서명을 한다.

PACKING LIST

<table>
<tr><td colspan="2">①Seller</td><td colspan="4">⑦Invoice No. and date</td></tr>
<tr><td colspan="2" rowspan="2">②Consignee</td><td colspan="4">⑧Buyer(if other than consignee)</td></tr>
<tr><td colspan="4" rowspan="4">⑨Other references</td></tr>
<tr><td colspan="2">③Departure date</td></tr>
<tr><td>④Vessel/flight</td><td>⑤From</td></tr>
<tr><td colspan="2">⑥To</td></tr>
<tr><td>⑩Shipping Marks</td><td>⑪No.&kind of packages</td><td>⑫Goods description</td><td>⑬Quantity or net weight</td><td>⑭Gross Weight</td><td>⑮Measurement</td></tr>
<tr><td colspan="3"></td><td colspan="3">Signed by
⑯</td></tr>
</table>

13. 수입화물선취보증신청서

(1) 화물의 운송업자, 즉 선하증권이나 항공화물운송장상의 운송업자를 기재한다.
(2) 송하인은 선하증권이나 항공화물운송장상의 Shipper(선적자)와 일치해야 한다.
(3) 수입자가 제출하는 상업송장상의 금액과 반드시 일치하도록 기재한다.
(4) 선하증권이나 상업송장상의 화물표시 및 번호와 일치하도록 기재한다.
(5) 수입화물의 포장 개수로 선하증권상의 내용과 일치하도록 기재한다.
(6) 신용장 번호를 기재하며 신용장방식의 수입이 아닌 경우에는 수입계약서 번호를 기재한다.
(7) 수입자가 기재하는 것이 아니고 개설은행이 L/G 발급시에 기재한다.
(8) 선하증권이나 항공화물운송장의 번호를 기재한다.
(9) 수입화물이 선적된 선박이나 항공기명을 기재한다.
(10) 화물 도착통지서상의 화물 도착일자를 기재한다.
(11) 선박이나 항공기의 항해(비행) 번호를 기재한다.
(12) 화물의 선적항(공항)을 기재한다.
(13) 화물의 도착항을 기재한다.
(14) 선하증권상의 물품명세를 기재한다.

수입화물선취보증신청서
(Application For Letter of Guarantee)

계	대리

<table>
<tr><td colspan="2" rowspan="2">①선박회사명 (Shipping Co)</td><td colspan="2">⑥신용장(계약서)번호
(Number of Credit)</td><td>⑦L/G번호
(L/G Number)</td></tr>
<tr><td>⑧선하증권번호
(Number of B/L)</td><td colspan="2"></td></tr>
<tr><td colspan="2" rowspan="3">②송화인(Shipper)</td><td>⑨선박명
(Vessel Name)</td><td colspan="2"></td></tr>
<tr><td>⑩도챳(예정)일
(Arrival Date)</td><td colspan="2"></td></tr>
<tr><td>⑪항해번호
(Voyage No.)</td><td colspan="2"></td></tr>
<tr><td colspan="2" rowspan="2">③상업송장금액(Invoice Value)</td><td>⑫선적항
(Port of Loading)</td><td colspan="2"></td></tr>
<tr><td>⑬도착항
(Port of Discharge)</td><td colspan="2"></td></tr>
<tr><td>④화물표시 및 번호
(Nos. & Marks)</td><td>⑤포장수
(Packages)</td><td colspan="3">⑭상품명세(Description of Goods)</td></tr>
<tr><td></td><td></td><td colspan="3"></td></tr>
</table>

본인은 위 신용장등에 의한 관계 선적서류가 귀행에 도착하기 전에 수입화물을 인도받기 위해 수입화물 선취보증을 신청하며 본인이 따로 제출한 수입화물 선취보증서(LETTER OF GUARANTEE)에 귀행이 서명함에 있어 다음 사항에 따를 것을 확약합니다.

1. 귀행이 수입화물 선취보증서에 서명함으로써 발생하는 위험과 책임 및 비용은 모두 본인이 부담하겠습니다.
2. 본인은 귀행의 요청이 있으면 언제든지 위 수입화물을 귀행에 인도하겠습니다.
3. 본인은 위 수입화물에 관한 관계 선적서류를 제3자에게 담보로 제공하지 않았음을 확인하며, 또한 귀행의 서면 동의없이 이를 담보로 제공하지 않겠습니다.
4. 본인은 위 수입화물에 관한 관계 선적서류가 도착할 때에는 신용장 조건과의 불일치 등 어떠한 흠에도 불구하고 이들 서류를 반드시 인수하겠습니다.

20 년 월 일

신청인 ㉢
주 소
TEL.

인감대조

14. 수입화물대도(T/R)신청서

(1) 대도 신청을 하고자 하는 선하증권에 기재된 선하증권번호, 발행일자, 발행인(선박회사) 등을 기재한다.

(2) 수입화물의 수량에 상당하는 상업송장의 외화금액을 원화(신청 당일 전신환 매도환율을 기준)로 환산하여 기재한다.

(3) 대도신청과 관련된 수입신용장의 번호, 개설일자, 신용장 금액 등을 기재한다.

(4) 상업송장, 선하증권, 포장명세서를 참조하여 물품명세를 기재한다.

(5) 신청서에 첨부되어야 할 각각의 서류를 통수대로 기재한다.

계	대 리	차 장	부점장

수입화물대도(T/R) 신청서

①선하증권 기 타	번 호 : 발행인 :				발행인 :				
②대 도 (T/R)금액	금 액 : US$				(원화 :)]				
③신용장등	번 호 : 금 액 : US$				발행인 :				
⑦물 품 명 세	물품명 : 수 량 : 단 가: 금 액 : US$				화물표시 및 번호:				
	선적항 : 도착항 : 도착(예정일) :				선 명 :				
⑧선적서류	선 하 증 권	항공화물운송장등	상 업 송 장	보 험 서 류	포장명세서	원산지 증명서	중 량 용 적 증명서	검 사 증명서	기타
통 수									

20 년 월 일

신청인 ㊞

주 소

인감대조

찾아보기

ㄱ

ⓞ

ㅊ

ㅋ

O

저 자 약 력

■ 유창권(劉昌權)

- 대전대학교 물류통상학과 부교수(경영학박사)
- 대전대학교 물류통상학과장
- 서강대학교 대학원 무역학과(상학석사)
- 서강대학교 대학원 무역학과(경영학박사 수료)
- 국토교통부 글로벌물류인력양성사업단 사업단장
- 고용노동부 HRD 지역산업맞춤형인력양성사업 물류관리직무(NCS) 책임교수
- 국토교통부 물류산업공생발전협의체 신산업분과 자문위원
- 대전광역시 유통업 상생발전협의회자문 위원
- 대전광역시 동구청 유통업 상생발전협의회자문 위원
- 물류관리사 출제위원

〈주요저서 및 논문〉
- 무역학개론, 두남(2021)
- 보관하역론, 두남(2020)
- 물류관리론, 두남(2019)
- 화물운송론, 두남(2018)
- 국제물류론, 두남(2018)
- 스마트 물류, 형설출판사(2018)
- 무역창업과 수출입실무가이드, 두남(2016)
- 글로벌 물류의 이해, 형설출판사(2014)
- An Empirical Analysis of the Effects of Information Collection and Utilization Capabilities of Chinese Small and Medium Enterprises(2022)
- A Study on the Activation Strategy of Underground Shopping Malls: Focusing on Public Underground Shopping Malls in Six Major Cities(2022)
- A Study on the Institutional Improvements in the Operation and Management of Underground Shopping Malls(2022)
- 전통시장 상권 활성화를 위한 공유 재산 및 물품관리법에 관한 소고(2022)
- 배달앱을 활용한 전통시장 배송모형에 관한 실증분석(2019)
- 편의점 PB 상품속성이 구매의도와 브랜드신뢰에 미치는 영향관계에 관한 실증분석(2018)
- 한국과 중국이 체결한 FTA 무역구제제도 비교고찰(2017)
- A study on the determinants of third-party logistics service supplier of Dong-daemoon market(2017)
- An empirical study on logistics barriers in three countries(2016)
- Counteractions against Changes of Logistics Environment in Northeast Asia(2015)
- 유통업체의 정보물류시스템 아웃소싱 성과에 관한 실증연구(2014)
- 한국과 중국의 물류장벽에 관한 실증연구(2012)
- 중국 진출 한국기업의 물류아웃소싱 성과에 관한 실증연구(2011)
- 일본의 유통장벽에 관한 실증연구(2010)
- 중국의 물류장벽에 관한 실증연구(2010) 외 다수

국제물류론 – 개정2판

초　판 1쇄 발행 —— 2014년 3월 3일
개정판 1쇄 발행 —— 2018년 9월 3일
개정2판 1쇄 발행 —— 2022년 9월 3일
지은이 —— 유 창 권
펴낸이 —— 전 두 표
펴낸곳 —— 도서출판 두남
서울시 강동구 성내로 6길 34-16 두남빌딩
신 고 : 제25100-1988-9호
TEL : 02) 478-2065~7, 2311
FAX : 02) 478-2068
E-mail : dnbooks@dunam.co.kr
http://www.dunam.co.kr

정가 32,000원

ISBN 978-89-6414-954-6 93320